LANGUES SANS FRONTIÈRES

À la découverte
des langues de l'Europe

Mise en page : Evelyne Dreano
Illustrations : Marc Taraskoff

Édition exclusivement réservée aux adhérents du Club, Le Grand Livre du Mois,
15, rue des Sablons, 75016 PARIS

ISBN : 2-7028-6877-0

Achevé d'imprimer en novembre 2001 sur les presses de l'imprimerie Corlet à Condé-sur-Noireau (Calvados)

Dépôt légal : 4e trimestre 2001

GEORGES KERSAUDY

LANGUES SANS FRONTIÈRES

À la découverte
des langues de l'Europe

- *Faits méconnus,
idées reçues,
aspects nouveaux.*
- *Problèmes et solutions,
méthodes d'apprentissage.*
- *Avec vocabulaires parallèles
de 39 langues d'Europe.*

Al la multlingvaj gestudentoj de la tria jarmilo
Aux étudiants polyglottes du troisième millénaire

LE GRAND LIVRE DU MOIS

Zer ikusi, hura ikasi…
(voir c'est apprendre)

Proverbe basque

Sommaire

II. Examen macroscopique

III. Les écritures de l'Europe

IV. Les problèmes linguistiques de l'Europe et leurs solutions

Tableaux

Cartes

1. Introduction

À une époque où le grand public commence à prendre pleinement conscience de la réalité européenne, on se rend enfin nettement compte du fait que les différences entre les peuples de ce continent résident principalement dans les langues qu'ils parlent et dans les cultures dont ces langues sont les véhicules. Cette extrême diversité des langues de notre continent, qui est à la fois un précieux héritage du passé et un obstacle à la compréhension et à la coopération entre les peuples, n'a jamais fait l'objet d'un exposé d'ensemble et n'a jamais été perçue de manière précise par les Européens eux-mêmes.

Le présent ouvrage paraît justement au cours de « l'Année des langues » organisée par l'Union Européenne. C'est une coïncidence, mais elle n'est peut-être pas fortuite : il semble qu'à l'heure actuelle, on commence à se rendre vraiment compte de l'importance des questions linguistiques en Europe. Le risque habituel des campagnes médiatiques de ce genre, c'est que l'on se gargarise pendant un an avec les langues de l'Europe, sans jamais savoir combien il y en a, à quoi elles ressemblent, qui les parle et comment les apprendre... Sur ce sujet, le public ne dispose que de notions extrêmement vagues et contradictoires ; c'est par excellence le domaine des idées reçues, des conceptions erronées et surtout d'une absence totale d'informations sérieuses.

Il y a bien eu, depuis une dizaine d'années, quelques tentatives de présenter les langues de l'Europe, mais les ouvrages consacrés à cette question ne traitent généralement que de quelques langues de l'Europe occidentale. En outre, beaucoup d'auteurs dissertent doctement sur des langues qu'ils ne connaissent pas, mais dont ils ont seulement entendu parler. Du reste, certains ouvrages sont résolument farfelus : c'est ainsi qu'on vient de publier un atlas des langues imaginaires, qui passe même en revue les langues des extra-terrestres ! Pour 53 Euros, le lecteur connaîtra tous les secrets du vénusien et du jupitérien, mais il ne saura toujours pas à quoi ressemblent le suédois, le portugais, le breton ou l'ukrainien... Et ceci au milieu de l'Année des Langues de l'Europe, ce qui est un comble !

Jusqu'à ces derniers temps, aucun enseignement particulier n'avait traité de la situation linguistique de l'Europe. C'est en 1992 que le Centre d'Etudes Européennes de l'Université de Marne-la-Vallée a pris l'initiative d'inclure un tel enseignement dans le programme de ses cours, dispensés en vue de l'admission à la Maîtrise d'Études Européennes et au DESS de Géopolitique européenne. Nous avons pu observer à cette occasion combien les étudiants apprécient cet enseignement, qui comble une lacune importante dans les connaissances générales concernant le continent européen, et nous avons pensé qu'il conviendrait d'éclairer le grand public sur cette question traditionnellement mal connue, en faisant table rase de bon nombre de notions erronées et d'idées reçues. Nous avons eu constamment le souci de ne présenter dans cet ouvrage que des faits précis et des notions élémentaires, de combler les lacunes les plus fréquentes dans ce domaine, et de faire oeuvre de vulgarisation et de mise au point, sans abaisser le niveau des connaissances indispensables.

La plupart des Européens ne se sont jamais préoccupés de savoir combien de langues sont parlées en Europe. Si vous mentionnez le chiffre de 50 ou 60 langues principales, (on pourrait aussi bien en énumérer une centaine), vous vous attirez immanquablement la réponse suivante : « Mais il n'y a pas 50 langues dans le monde ! ». Vous vous croyez alors obligé de faire remarquer qu'il existe actuellement dans le monde au moins 6500 langues connues et répertoriées (le chiffre total officiel retenu par l'UNESCO est de 6528). Là encore, la réaction de l'interlocuteur est parfaitement prévisible : « Ah oui ! en comptant les dialectes… ».

À ce moment-là les choses se compliquent : personne ou presque n'est en mesure de dire de manière précise quelle est la différence entre une langue et un dialecte. Pour essayer de bien vous faire comprendre, vous pouvez alors faire remarquer que l'allemand, à lui seul, a déjà 3000 dialectes, et que presque chacune des 6500 langues existantes est assortie de dialectes plus ou moins nombreux… Lorsque la conversation en arrive à ce point précis, l'interlocuteur vous regarde d'un air vaguement inquiet et s'arrange pour changer de sujet. Sa patience a des limites, et la conversation ira rarement plus loin.

Le présent ouvrage s'adresse aux Européens qui aimeraient avoir quelques précisions sur ce sujet ; leur nombre commence à croître depuis 1991. C'est en effet à cette date récente que beaucoup de Français ont découvert avec stupeur que l'Europe compte à peu près autant d'Ukrainiens que de Français, et que les Ukrainiens ne parlent pas toujours le russe, mais utilisent couramment l'ukrainien. Le grand public a appris en même temps, (du moins on l'espère) l'existence de la Biélorussie, que les journalistes et personnages officiels appellent de préférence Belarus, le nom français correspondant étant généralement inconnu. Il s'agit pourtant d'un pays membre des Nations Unies, tout comme l'Ukraine, depuis 1945. Et ces dix millions de Biélorusses, vivant au cœur de l'Europe, parlent le biélorusse.

Bien des gens ont appris en 1991 que les deux millions de Slovènes parlent le slovène, et ont découvert avec étonnement en 1992 que les cinq millions de Slovaques ne parlent pas le tchèque, mais bien le slovaque. Ils ne sont pas au bout de leurs surprises : beaucoup commencent déjà à s'apercevoir que dans l'ex-Yougoslavie, plus de 90 % des habitants du Kosovo parlent l'albanais, que les Macédoniens parlent le macédonien (et que 27 à 35 % d'entre eux sont des albanophones). Nos journalistes ont également découvert l'existence des Abkhazes, puis des Tchétchènes et des Ingouches, et ils découvriront un jour une bonne cinquantaine d'autres peuples, qui ont tous leur langue nationale et attendent impatiemment leur tour de se signaler à l'attention de leurs frères Européens de l'Ouest.

On trouvera entre autres dans cet ouvrage une esquisse de l'évolution de la situation linguistique en Europe et un exposé de la situation actuelle dans ce domaine. Un autre chapitre est consacré à l'organisation et au fonctionnement des services linguistiques de l'Union Européenne. Le lecteur pourra constater à cette occasion qu'en l'espace de 48 ans, l'Union Européenne a mis au point des services linguistiques remarquablement organisés, fonctionnant harmonieusement dans onze langues des quinze pays membres – français, allemand, italien, néerlandais, anglais, danois, grec, espagnol, portugais, suédois et finnois – et dans certains cas en irlandais.

On ne saurait prétendre pour autant que le problème de la multiplicité des langues a été entièrement résolu. On prépare actuellement la prochaine transformation de l'Europe des Quinze en Europe des Vingt-et-un, et le nombre des langues officielles de l'Union passera ainsi probablement, dans quelques années, de onze à seize (avec l'adjonction du polonais, du hongrois, du tchèque, du slovène et de l'estonien) et ensuite à vingt deux, avec le roumain, le bulgare, le slovaque, le letton, le lituanien et le maltais, en attendant mieux... En effet, la Norvège, l'Islande, la Croatie, et par la suite, l'Albanie et la Macédoine, par exemple, ne pourront rester indéfiniment hors de l'Union Européenne. Il en va de même de la Fédération de Russie, de l'Ukraine, de la Biélorussie et des trois grandes républiques du Caucase, l'Arménie, la Géorgie et l'Azerbaïdjan.

Les problèmes linguistiques qui se posent dès maintenant à l'Union Européenne peuvent donner une idée assez précise de ceux qui vont se poser à toute l'Europe dans les domaines des relations politiques, économiques et sociales, et particulièrement dans les domaines des échanges commerciaux, des transports, des communications, des media et des relations culturelles. Même si nous laissons de côté 50 ou 60 langues d'importance locale, dont certaines risquent malheureusement de s'estomper ou de disparaître dans l'Europe du troisième millénaire (et dont d'autres s'imposeront un jour au même titre que les langues nationales et à égalité avec elles), les Européens de demain devront trouver un moyen de s'entendre et de s'organiser, tout en conservant précieusement une quarantaine ou plus de langues nationales différentes, dont chacune représente un véritable trésor du patrimoine culturel de l'Europe. Nous avons pensé qu'il importait de présenter aux Européens d'aujourd'hui une vue d'ensemble de cet aspect caractéristique de l'Europe, et d'examiner les solutions qui permettraient de résoudre les problèmes posés par cette situation.

Il va de soi que dans l'énumération et la description des langues actuellement parlées en Europe, nous avons dû laisser de côté les langues des minorités immigrées non européennes et des nombreuses communautés étrangères présentes dans la plupart des grandes villes d'Europe. Il est évident que le hindi, l'arabe, le viêtnamien et plusieurs dialectes chinois, ainsi que diverses autres langues d'Asie et d'Afrique occupent une place non négligeable dans certaines métropoles européennes. Toutefois, on ne saurait traiter cet aspect particulier sans risquer de sortir largement du cadre de cet ouvrage, ce qui reviendrait en fin de compte à passer en revue non seulement les langues d'Europe, mais encore une partie assez importante des langues du monde.

Nous avons par ailleurs jugé indispensable de montrer au lecteur les divers systèmes graphiques appliqués en Europe et de l'initier à l'écriture cyrillique, qu'utilisent plus de deux cents millions d'Européens, en même temps qu'à l'écriture grecque, estimant que ces deux systèmes graphiques, si proches des nôtres, ne devraient plus être ignorés par les Européens occidentaux.

À notre connaissance, tous les documents publiés depuis plus de 75 ans dans ce domaine traitent presque exclusivement (et très partiellement) des aspects socio-linguistiques et des problèmes socio-culturels, politiques et juridiques soulevés par la multiplicité des langues existantes. On ne trouve pas d'ouvrage écrit par un auteur ayant réellement pratiqué la majeure partie des langues de l'Europe, et traitant des faits concrets et des langues elles-mêmes, de leur nombre, de leur importance relative, de leur nature, de leurs rapports entre elles et de leurs caractéristiques.

Le présent ouvrage a pour objet de faire prendre conscience de l'existence et de l'importance relative de **toutes** les langues de l'Europe. Nous nous sommes efforcés de donner ici un tableau précis et détaillé des langues parlées en Europe, quels que soient leur statut actuel et la région où elles sont parlées, sans nous limiter, comme on le fait généralement, au cadre étroit de l'Europe occidentale. Au début du troisième millénaire, qui verra enfin le triomphe d'une Europe unie et pacifique, puisse le présent ouvrage agir comme un coup de projecteur sur cette *terra incognita*, dans le domaine encore mal défriché des connaissances générales concernant notre continent.

I. Inventaire

2. Les nations d'Europe

Langue et nation

À l'aube de l'histoire, la nation était constituée par la population d'un territoire où l'on parlait la même langue.

A la suite des grandes migrations, des brassages de populations, des invasions et des guerres qui ont ravagé l'Europe au cours des siècles, on a assisté à des modifications spectaculaires de la répartition des territoires entre les nations. De ce fait, la situation linguistique de l'Europe a subi d'innombrables bouleversements.

Le plus important pour nous a été causé par l'arrivée en Europe, il y a plus de quatre millénaires, de peuplades venues (selon l'hypothèse classique et selon nous) du Caucase, de l'Iran et du Nord de l'Inde, lesquelles ont imposé leurs langues indo-européennes, d'où sont issus les premiers prototypes des langues balto-slaves, slaves, celtes, grecques, latines et germaniques.

L'indo-européen et son évolution

Des langues parlées en Europe avant l'arrivée des Indo-européens, il ne reste que de rares témoins. Seuls ont survécu à la marée indo-européenne les langues de petites peuplades retranchées dans leurs montagnes : à l'Ouest le basque, et au Caucase trente-six langues, dont la plus importante est de loin le géorgien.

Au cours des quatre derniers millénaires, les langues indo-européennes se sont encore différenciées pour aboutir à leur état actuel. Toutes les observations indiquent qu'auparavant, elles étaient extrêmement proches les unes des autres. Même si, au premier abord, elles peuvent nous paraître très dissemblables, leur parenté est toujours manifeste, non seulement pour les linguistes, mais même pour toute personne non avertie qui se trouve en contact avec elles.

Ces langues n'ont pas évolué séparément; elles ont eu entre elles de nombreux contacts, le plus souvent sous la forme d'antagonismes acharnés entre les peuples qui les parlaient.

Il y a seulement un peu plus de 2000 ans, la majorité de l'Europe occidentale et centrale était encore celte. Par la suite, la plus grande partie de cette région a été finalement partagée entre les latins, les germaniques et les slaves.

Les noms de pays et de villes : ce qu'ils cachent ou révèlent

Nos nations modernes portent encore dans leur nom même la trace de leur récente origine. C'est ainsi que le nom de la France désigne le pays conquis par la tribu germanique des Francs, dont la langue était le francique. Lors de la naissance de notre pays, et même plusieurs siècles après, les Francs peuplaient le Sud-Est de la Belgique ; leur capitale était Tournai (en néerlandais *Doornik*), non loin de la frontière française. Lorsque nous disons « nos ancêtres les Gaulois », nous simplifions à l'extrême une situation infiniment complexe ; même s'il y a là une petite part de vérité, nous oublions facilement que les Belges étaient « les plus forts parmi les Gaulois », selon l'expression de Jules César, et qu'à l'époque romaine toute l'Italie du Nord était elle aussi peuplée de Gaulois.

Néanmoins, dans plusieurs langues relativement anciennes, le nom de la Gaule est toujours employé pour désigner la France. En arménien classique, « la langue française » se dit *gaghghieren*, anciennement *gallieren* ; en grec moderne ἡ Γαλλία - *i Ghallía* = la France, ὁ γάλλος - *o ghállos* = le Français ; en breton, *Gall* ou *Bro C'hall* = la France, *Gall* = Français, *ar C'hallaoued* = les Français, *galleg* = langue française, (*Galia* = la Gaule, *Galian* = le Gaulois, *galianeg* = langue gauloise).

Le mot *England*, que nous traduisons par Angleterre, signifie « le pays des Angles », les Angles étant, avec les Saxons, l'une des deux tribus germaniques qui conquirent l'île de Bretagne aux premiers siècles de notre ère. L'ancienne Bretagne a retrouvé son vieux nom celtique en adoptant l'appellation de *Grande-Bretagne*.

La Bretagne d'aujourd'hui est le pays d'Armorique, où des Gallois de l'île de Bretagne, chassés de leur pays par les Saxons au VIe siècle, ont trouvé un refuge. Ils ont tout naturellement donné à leur nouveau pays le nom de celui qu'ils venaient de quitter : *Breizh*, c'est à dire la Bretagne. En breton, l'Angleterre s'appelle depuis lors *« Bro Saoz »*, c'est-à-dire le pays des Saxons, et non pas le pays des Angles, où l'on parle « l'anglais », c'est-à-dire le saxon : en breton *saoznek*, en gallois *saezneg*, en irlandais *sassanach*.

En revanche, si les mots *France* et *England* sont des noms germaniques, le nom de la Prusse ne l'est pas du tout. À lui seul, le nom latin, *Borussia*, indique nettement son origine : *Bielorussia*, c'est à dire Russie blanche. Il y a seulement quelques siècles, on y parlait encore le vieux-prussien, langue balto-slave proche du lituanien.

Même le mot « germanique », *germanisch*, n'est certainement pas d'origine germanique ; il vient d'un mot latin, lui-même emprunté aux langues celtes, très probablement à une langue gauloise, et qui signifiait à l'origine « voisin », « proche », comme notre mot français « germain ». Selon la tradition, ce mot viendrait de *germen* = la graine (issu des mêmes parents) et il a gardé ce sens dans le mot catalan *germà*, en espagnol *hermano*, portugais *irmão* = frère. Certains linguistes se sont efforcés de lui trouver tout de même une origine germanique et le font descendre de *Gehrmann* (l'homme qui porte le javelot) ou de *Wehrmann* (le soldat).

S'il y a là de quoi vexer un nationaliste germanique, l'intéressé peut toujours se consoler en se disant que le beau nom de Россия - Russie, anciennement Русь - *Rus'*, n'est autre que le nom qui désignait les hommes roux venus du Nord, c'est-à-dire les

Varègues (en russe : Варяги - *Variagi*, en suédois *Väringar*), de la tribu scandinave à laquelle appartenaient les mercenaires qui ont conquis et unifié les terres des Slaves du Nord, et que les Empereurs de Byzance devaient enrôler aux Xe et XIe siècle dans leur garde personnelle. Ils venaient sans doute du *Varanger Fjord*, sur le rivage de la mer de Barents, à l'Ouest de Mourmansk, et c'est probablement leur trace que l'on retrouve encore dans le nom de Varengeville-sur-Mer, charmante localité du Pays-de-Caux, non loin de Dieppe, en Normandie. On admet généralement que le vieux nom de *Rus'* a été emprunté au finnois « *Ruotsi* », qui signifie encore de nos jours « la Suède ». Mais il n'en reste pas moins que Berlin et Vienne sont des noms slaves, aussi sûrement que Sankt Pieterburg est un nom néerlandais.

Les Bulgares, qui parlent une langue slave très proche du macédonien (la langue de Cyrille et Méthode, c'est-à-dire le slavon, sur la base duquel s'est formé le russe littéraire) portent fièrement aujourd'hui le nom d'une tribu turco-tatare venue de la Kama, affluent de la haute Volga, tout comme nous portons celui de la tribu des Francs.

Il arrive également que des nations aient gardé ou aient cru avoir conservé dans leur nom le souvenir d'une origine très ancienne, mais sans qu'on puisse vraiment affirmer avec certitude qu'ils sont bien les descendants de la nation (souvent considérée comme prestigieuse) dont ils se réclament. C'est ainsi que de nombreux linguistes ont reconnu, ou cru reconnaître, dans le nom de l'Irlande *(Éire)*, le sanskrit ārya (avestique : *airya*), c'est à dire « le pays des Aryens ». C'est probablement pour des raisons analogues que les Persans ont tenu à conserver le mot Irān et que les Afghans donnaient autrefois à leur ancien pays le nom d'Aryānā.

Il se peut aussi que l'on change le nom d'une ville pour des raisons de fierté nationale : au cours de la première guerre mondiale, Sankt Pieterburg est devenue pendant quelques années Petrograd, pour effacer la consonance germanique. Quelques années plus tard, la ville de Constantinople, l'ancienne Byzance, a été rebaptisée et s'appelle aujourd'hui « Istanbul », nom qui désignait déjà la ville dans le langage populaire de ses habitants : l'administration turque ne pouvait plus tolérer l'usage d'un nom trop manifestement grec... Malheureusement, le nom d'Istanbul n'est que la prononciation populaire turque de l'expression grecque εἰς την πόλι - *ís tin póli*, qui veut simplement dire « en ville » !

3. La notion d'Europe et le nombre des langues

Les limites de l'Europe : du Groenland aux frontières du Kazakhstan

Avant de parler des langues de l'Europe, il serait bon de se demander où commence et où finit l'Europe.

Il ne s'agit évidemment pas de l'Europe des quinze, ni même de ce que l'on appelle l'espace européen, et pas davantage de l'Europe de l'Atlantique à l'Oural. L'Europe proprement dite s'étend aussi de l'Islande et du Groenland jusqu'à Bakou, de la Nouvelle Zemble à Malte et des Canaries jusqu'aux frontières du Kazakhstan : il va falloir s'habituer à envisager une Europe beaucoup plus vaste que celle des circuits touristiques.

Nous employons toujours, par la force de l'habitude et pour être mieux compris du plus grand nombre, des expressions comme « pays d'Europe centrale » et « pays d'Europe orientale » qui en fait ne signifient plus rien. Il s'agit là uniquement d'expressions conventionnelles et traditionnelles, sans rapport avec nos notions actuelles de géographie. Il est aujourd'hui officiellement admis par l'Institut Géographique National de France que le centre géographique de l'Europe est situé en Lituanie, à 20 kilomètres à l'Ouest de Vilnius, près de l'autoroute Vilnius-Riga ; on a même créé à cet endroit un « Parc de l'Europe », d'une superficie de cinq hectares. Mais les conventions traditionnelles ont la vie dure : les habitants du continent américain situent toujours en « Extrême Orient » *(Far East)* le Japon et la Chine, qui sont pourtant à l'Ouest de leur continent.

Il n'est vraiment pas facile de définir strictement les frontières géographiques de l'Europe ; si la Fédération de Russie fait partie de l'Europe, et cela ne fait aucun doute, on peut être tenté de repousser les limites de l'Europe très loin derrière l'Oural, jusqu'au détroit de Behring et jusqu'à la frontière de la Mandchourie. On se trouve donc obligé de considérer ce qu'on appelle la Russie d'Europe, celle qui est limitée par une ligne théorique allant de la Nouvelle Zemble à la Caspienne, c'est-à-dire en gros la ligne longeant l'Oural, qui figure dans tous les manuels de géographie, et constitue une limite conventionnelle, purement arbitraire.

En effet, le voyageur qui se rend en Sibérie traverse sans la voir cette fameuse Chaîne des Monts Oural, qui n'est en réalité que la succession de quelques basses collines insignifiantes au milieu d'une immense plaine. Contrairement à ce que semblent indiquer certains atlas, il n'y a pas de crête centrale de l'Oural, les collines occupant une assez large superficie ; elles ne se prolongent d'ailleurs pas jusqu'à la Caspienne : 500 kilomètres les en séparent. Il nous faudrait donc renoncer à fixer de manière précise les limites orientales de l'Europe.

Au Sud, faut-il placer la ligne de séparation à la frontière du Kazakhstan ou sur le fleuve Oural ? Dans ce dernier cas, une partie du Kazakhstan se trouverait en Europe. Au centre, pour certains cartographes, l'Europe s'arrête à Ijevsk, la capitale de la République oudmourte ; pour d'autres, elle va jusqu'à Perm (Molotov), et pour d'autres encore elle s'arrête à Iekaterinbourg (Sverdlovsk). On relève donc selon les cas des différences de 300 à 500 kilomètres. Sur certaines cartes, les limites de l'Europe sont repoussées jusqu'à Tobolsk, ce qui porte la différence à 1 000 kilomètres ou plus, selon les endroits considérés. Au Nord, l'extrémité des Monts Oural est toute proche de la Nouvelle Zemble, mais certains cartographes fixent la limite sur le cours de la Petchora, dont l'embouchure est située à quelque 700 kilomètres de la pointe Nord des Monts Oural…

Entre l'Asie et l'Amérique

D'un autre côté, parmi les 484 îles du territoire danois, il en est une dont la superficie est égale à quatre fois celle de la France ; il s'agit évidemment du Groenland qui, du point de vue strictement géographique, serait situé sur le continent américain. Ce n'est, là encore, qu'une convention tout à fait arbitraire et éminemment contestable : l'Amérique n'a été découverte qu'en 1492, et le Groenland était déjà territoire norvégien, c'est-à-dire européen, en l'an 982. Pour des raisons bien précises, le Groenland, autonome depuis 1978, a choisi en mai 1985 de ne plus faire partie de la Communauté Economique Européenne, mais il n'en est pas moins un territoire européen, associé à l'Union Européenne avec statut de PTOM (Pays et Territoires d'Outre-Mer) et il a toujours la possibilité d'adhérer de nouveau un jour prochain à l'Union Européenne. On pourrait aussi mentionner le cas des trois départements français des Antilles : Martinique, Guadeloupe et Guyane, mais ces territoires font également partie du continent américain, et ont été découverts en même temps.

Un autre cas qui n'a pas fini de soulever des controverses est celui de la Turquie : une toute petite partie de la Turquie se trouve incontestablement en Europe, et il était prévu depuis longtemps que les négociations pour l'adhésion de la Turquie à la CEE commenceraient en 1996 ; la question revient maintenant à l'ordre du jour. Si cette adhésion se réalisait, l'Europe aurait des frontières communes avec l'Iran, l'Irak et la Syrie, comme elle risquerait d'en avoir avec le Japon, la Corée, la Mongolie et la Chine en cas d'adhésion de la Fédération de Russie.

Le moins que l'on puisse dire dans ces conditions est que les frontières géographiques et politiques de l'Europe sont très vaguement délimitées !

Langues et dialectes

Dans le territoire de cette « grande Europe » dont nous avons tenté de reconnaître les contours, on dénombre actuellement plus d'une centaine de langues. Pour ne pas en augmenter démesurément le nombre, nous devrons laisser de côté des langues qui sont, certes, intéressantes pour le spécialiste, mais qui ne risquent pas de jouer un rôle important dans les événements politiques européens. Certaines langues européennes sont parlées par 100 millions de personnes ou plus, d'autres par 50 000 ou moins ; nous ne parlerons donc que pour mémoire du manxois, du live, du vepse, de l'olonetsien, de l'aranais, des langues tsiganes, etc.

Sur les quelque 90 langues que nous retiendrons, il en est une trentaine que nous mentionnerons en passant, parce qu'il est utile de savoir qu'elles existent, mais il nous faudra examiner les autres d'un peu plus près, c'est-à-dire que nous devrons accorder une attention, plus ou moins grande selon les cas, à une soixantaine de langues.

Bien entendu, pour arriver à ce chiffre, nous avons dû laisser de côté des parlers auxquels certains Européens accordent une grande importance. C'est ainsi que les Luxembourgeois, qui utilisent tous l'allemand et le français dans leurs relations avec les étrangers, ont leur langue nationale, le luxembourgeois, seule langue qu'ils utilisent entre eux, et langue officielle écrite et parlée ; les débats au Parlement ont lieu le plus souvent dans cette langue et sont reproduits tels quels au Journal Officiel. Nous avons néanmoins choisi de ne pas l'inclure dans le cadre de notre statistique, parce que les sujets parlants ont plus ou moins conscience du fait qu'il s'agit d'une des formes particulières de l'allemand, c'est à dire ce qu'il est généralement convenu d'appeler un dialecte.

Nous entrons là dans un domaine très délicat. Où finit la langue et où commence le dialecte ? Les linguistes qui ont essayé de résoudre la question n'ont fait que l'embrouiller. On s'en tire généralement en disant que le dialecte est une forme d'une langue qui a son système lexical, syntaxique et phonétique propre, et qui est utilisée dans un environnement plus restreint que la langue elle-même. On parle aussi de dialecte régional, ce qui n'arrange rien non plus…

Si nous devions absolument donner une définition du dialecte, nous dirions, en pesant bien nos mots, qu'il s'agit d'un moyen d'expression ressenti par le sujet parlant comme une variante d'une langue de civilisation ou d'une grande langue véhiculaire. Cette définition n'est pas entièrement satisfaisante, elle non plus, mais elle a le mérite d'être prudente. Toutes les définitions données par les linguistes ne résistent pas à une analyse sérieuse.

Langues officielles et langues minoritaires

C'est ainsi que nous serons obligés, bien à regret, de laisser de côté l'occitan (avec le provençal), et même l'alsacien qui est pourtant très vivant et parlé dans toute l'Alsace. Nous ne retiendrons pas non plus le picard, un parler qui a donné naissance à une langue moderne aujourd'hui couramment parlée au Canada : le joual.

En revanche, il nous faut bien prendre en compte, dans notre soixantaine de langues européennes, des langues minoritaires telles que le corse, le sarde, le roumanche, le frioulan et le wallon, qui ont en Europe une importance politique bien affirmée. De même, il est indispensable de prendre en compte le catalan, le galicien (galego) et le basque, qui sont des langues officiellement utilisées par l'administration des régions où elles sont parlées. Le catalan, langue nationale de la Généralité de Catalogne, troisième langue de la péninsule ibérique, s'affirme de plus en plus dans tous les domaines en tant que grande langue nationale européenne.

Tableau 1 a

40 langues parlées en Europe par 1 million d'habitants ou plus

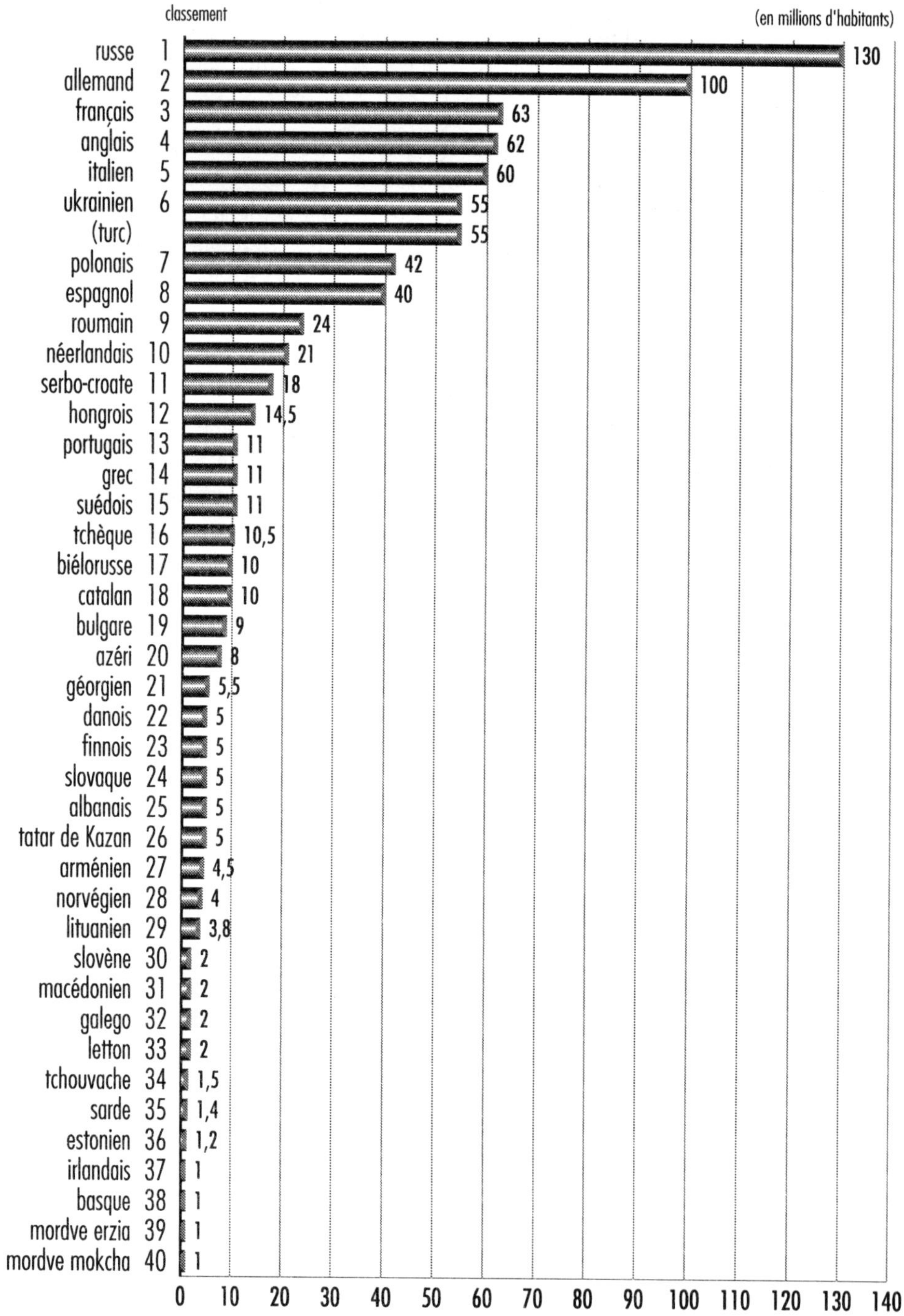

Tableau 1 b
Principales langues parlées par moins d'un million d'habitants

wallon	800 000
frioulan	500 000
aroumain	500 000
corse	200 000
roumanche	44 000
ladin	30 000

frison	500 000
islandais	350 000
feroïen	40 000

breton	600 000
gallois	500 000
gaél.Écosse	80 000

kalmyk : 100 000 maltais : 350 000 groenlandais (kalaallisut) : 50 000

kachoube	100 000 (?)
sorabe	100 000

ossète	450 000
talych	100 000
tate	20 000

oudmourte (votiak)	700 000
mari (g) (tchérémisse)	500 000
mari (l) (tchérémisse)	500 000
komi (zyriène)	350 000
komi permiak (permien)	200 000
lapon (saami)	70 000
khanty (ostiak)	25 000
nenets (samoyède)	25 000
mansi (vogoule)	6 000

tchetchène	600 000
mingrélien	350 000
adyghéen (tcherkesse)	250 000
kabarde	120 000
abkhaze	120 000
ingouche	100 000
balkare	50 000
laze (tchan)	20 000
svane	20 000

avar : 350 000 dargin : 200 000 kourin : 200 000 lak : 150 000

bachkir :	700 000	gagaouz :	130 000	koumyk :	130 000
karatchaï :	100 000	nogaï :	50 000	karapapakh :	50 000

Pour mémoire :
Lallans, occitan, langues tsiganes, carélien, manxois, cornique, olonetsien, vepse, ingre, live, 22 autres langues caucasiques du rameau lezghien, etc.

Par ailleurs, si nous pouvons laisser de côté une vingtaine de langues du Caucase, il en est d'autres qui sont déjà entrées dans l'actualité ou vont y entrer, au point qu'il n'est plus possible de les ignorer. Depuis quelques années, on commence à parler dans le monde entier des Ossètes, des Abkhazes, des Tchétchènes et des Ingouches. Au train où vont les choses au Caucase, on ne tardera pas à parler aussi des Avars, des Mingréliens, des Tcherkesses (Adyghéens) et d'autres populations qui ont quelques raisons d'éprouver des craintes pour l'avenir.

En fait, l'importance d'une langue n'est pas toujours proportionnelle au nombre des sujets parlants ; il existe de très petites langues qu'on ne pourrait passer sous silence. L'islandais est parlé par 350 000 personnes, mais c'est la langue nationale, la langue officielle et la seule langue de la République d'Islande ; c'est aussi une grande langue littéraire, qui fait partie depuis l'aube de notre histoire du patrimoine de la civilisation européenne.

Le maltais, également parlé par 350 000 personnes, est, à égalité avec l'anglais, la langue officielle de l'Ile de Malte. Les Maltais ne parlent entre eux que le maltais, et le plus souvent, ils parlent anglais avec les étrangers. Le maltais est la seule langue sémitique d'Europe ; utilisée à Malte depuis l'époque des colonies phéniciennes, c'est toujours une langue bien vivante, moderne, et profondément marquée par la civilisation occidentale, bien que son vocabulaire soit largement composé de mots arabes. L'Européen qui n'a pas eu l'occasion d'entendre chanter des cantiques en maltais à la cathédrale de La Vallette ne pourra jamais comprendre à quel point peut se manifester l'émouvante beauté des langues humaines.

4. Évolution de la situation linguistique

Langues d'hier, d'aujourd'hui et de demain

En faisant l'inventaire des langues de l'Europe contemporaine, il convient de ne pas oublier que la situation linguistique est en évolution constante, en Europe et dans le reste du monde. L'importance relative des langues évolue rapidement en fonction d'événements historiques, politiques, économiques ou sociaux, ou tout simplement en fonction de la démographie.

Les facteurs historiques, économiques et sociaux

S'il est vrai que les langues naissent, vivent et meurent - et parfois même ressuscitent -, c'est presque toujours sous l'influence de grands événements historiques, de bouleversements économiques ou sociaux. L'évolution de la situation linguistique n'est bien souvent que le reflet de ces événements : on ne saurait se faire une idée, même approximative, de l'évolution linguistique en Europe centrale, sans tenir compte au moins de l'histoire des dernières années de l'Empire d'Autriche-Hongrie. À une époque plus reculée, l'importance et l'influence de nombreuses langues ont suivi les ascensions et les chutes des grands empires ; c'est ainsi que l'Européen d'aujourd'hui a du mal à concevoir qu'au XIVe siècle, le Royaume de Lituanie s'étendait de la Baltique à la Mer Noire, englobant toute l'Europe orientale.

Un simple accroissement démographique peut modifier d'une manière surprenante le nombre des sujets parlants. Dans d'autres cas, des nations entières peuvent disparaître et être remplacées par d'autres populations, parlant une langue tout à fait différente. On pouvait ainsi considérer à juste titre pendant le Moyen Âge que, du point de vue linguistique et culturel, le Proche-Orient faisait partie de l'Europe. Dans l'immense empire de Byzance, la langue la plus parlée, langue officielle de l'administration, était le grec ; en moins d'un siècle, les Turcs osmanlis ont absorbé l'empire byzantin, et dans tous ses territoires, le grec a été remplacé par le turc et en partie par l'arabe.

À l'époque moderne, dans la marée du turc osmanli, de nombreux îlots de langue grecque ont longtemps subsisté, mais en 1922-1923, à l'issue de la guerre gréco-turque, tous les foyers de langue grecque en Anatolie ont été éliminés par l'armée turque, et la langue grecque a aujourd'hui presque entièrement disparu de l'Asie mineure et de la Turquie d'Europe. Le turc osmanli est aujourd'hui considéré parfois comme l'une des langues de l'Europe, mais la Turquie d'Europe ne représente que 3 % de la superficie du pays. En Anatolie, une autre langue européenne, l'arménien, a aujourd'hui disparu ; et pourtant, avant 1915, on comptait plus de deux millions de sujets turcs de langue arménienne…

Le cas bien actuel de la région du Kosovo nous montre à quel point les événements historiques peuvent exercer une influence déterminante sur la situation linguistique : la région de Kosovo et Metohija constituait avant l'arrivée des Osmanlis le plus important royaume serbe orthodoxe de la péninsule balkanique. En 1389, les Ottomans écrasèrent les armées serbes dans la plaine de Kosovo (*Kosovo polje*) ; le souvenir de cette défaite et de l'héroïque résistance du peuple serbe est toujours présent dans les innombrables « *pesme* », les chansons de geste, que tous les Serbes connaissent par coeur depuis l'enfance. Pendant les cinq siècles d'occupation turque, des Albanais musulmans vinrent occuper ce pays dévasté, et de nombreux Serbes émigrèrent en masse vers des territoires de population chrétienne.

Lorsque les Turcs quittèrent le pays en 1912, la moitié des habitants était formée d'Albanais, et le nombre de ces derniers continua à augmenter en raison de la forte natalité albanaise, de l'immigration en provenance d'Albanie et de l'émigration des Serbes. Dans la Yougoslavie communiste de Tito, le « Kosmet » (Kosovo et Metohija), également dénommé AKMO (Territoire autonome de K. et M.), devint un territoire nominalement autonome, dans lequel l'albanais était reconnu comme langue officielle et enseigné dans les écoles. Les albanophones du Kosovo sont aujourd'hui officiellement au nombre d'environ 1 700 000, et constituent actuellement 90 % ou 95 % de la population du territoire. Si l'on considère l'attitude du Gouvernement serbe face à cette situation, il est évident qu'un problème encore plus grave que celui de la Bosnie devait obligatoirement se poser. En Bosnie, les trois forces en présence ont une origine ethnique et une langue communes et ne diffèrent que par la religion ; au Kosovo, il s'agit d'un conflit à la fois ethnique, linguistique et religieux. Le problème de la minorité albanaise se pose également dans la partie Sud-Ouest de la Serbie et dans la République de Macédoine ; nous en entendrons beaucoup parler dans les années à venir.

En Espagne, le pays des Ibères, d'abord celtisé, puis latinisé par la conquête romaine, a été ensuite soumis par les Wisigoths, qui ont d'abord essayé d'imposer le gotique, langue germanique, jusqu'à la conquête arabe. La langue espagnole, héritière du latin, s'est maintenue, mais reste fortement marquée par la langue et par la civilisation arabes, sans cesser pour autant d'être une langue romane typique.

Il arrive que des événements de l'histoire politique, économique, administrative ou culturelle d'un pays aient pour conséquence la disparition totale de langues autrefois assez répandues ; c'est ainsi que le siècle des lumières, le XVIIIe siècle, l'époque des encyclopédistes et de l'Aufklärung, a vu disparaître presque simultanément un certain nombre de langues européennes, sous la poussée des grandes langues de civilisation qu'étaient l'allemand, le français et l'anglais. C'est également à cette époque qu'ont disparu deux langues celtes, le cornique en Grande-Bretagne et le galicien en Espagne, une langue balto-slave, le vieux-prussien, et plusieurs langues slaves d'occident dont le bas-sorabe.

En revanche, le romantisme, puis le mouvement folklorique celte porté par le succès mondial de l'Ossian de McPherson, eurent pour conséquence la résurrection du cornique, qui était devenu langue morte en 1763 avec la disparition du dernier sujet parlant. Ce grand mouvement culturel du XIXe siècle a contribué à éviter la disparition d'un certain nombre de petites langues d'Europe ; c'est de cette époque que date la renaissance - on pourrait presque dire le dernier sursaut - des langues celtes moribondes de l'Occident et du haut-sorabe en Allemagne.

L'évolution linguistique ne s'est pas ralentie à notre époque ; elle aurait plutôt tendance à s'accélérer, et à donner naissance à des phénomènes de transformation rapides et souvent difficilement prévisibles. C'est ainsi qu'au Proche-Orient, on a pu assister au cours du XXe siècle à la résurrection presque miraculeuse de l'hébreu, langue morte depuis près de deux millénaires ; là encore, les conditions politiques, économiques et culturelles ont joué un rôle déterminant, mais le succès de cette incroyable entreprise est pour une grande part l'oeuvre d'un seul homme : Eliezer Ben Yehuda. Si l'on considère que l'hébreu est aujourd'hui une langue bien vivante, parlée par dix millions de personnes, on a peine à imaginer qu'au début du siècle, c'était une langue aussi morte que le latin. Pour tous les gens raisonnables de cette époque, le projet de Ben Yehuda faisait figure d'utopie délirante.

Plus près de nous encore, l'Europe a connu des cas de disparition subite de plusieurs langues. C'est ainsi qu'en 1939, il existait environ 15 millions de personnes, disséminées dans toute l'Europe, dont la langue principale était le yiddish. Cette langue est aujourd'hui très vraisemblablement en voie d'extinction ; elle a jeté ses derniers feux en 1978, lorsqu'un écrivain de langue yiddish, Isaac Bashevis Singer, a reçu le prix Nobel de littérature. Toutefois, il existe encore dans les grandes villes d'Europe et d'Amérique des cercles et des écoles où l'on s'efforce de maintenir chez les adultes et de promouvoir parmi les jeunes la connaissance de cette langue germanique originale, qui a produit de nombreux chefs d'oeuvre littéraires européens, et qu'ont illustrée des auteurs tels que Yitskhok Leïb Peretz et Sholeïm Aleïchem.

Une autre langue européenne, le judéo-espagnol, répandue autrefois dans tout le bassin méditerranéen, était jusqu'en 1941 la langue de la majorité des habitants de Salonique. Il y avait là une sorte de micro-civilisation qui a connu un rayonnement culturel extraordinaire, non pas seulement après l'arrivée des Séphardites qui y apportèrent leur langue à la fin du XVe siècle, mais dès le IIe siècle avant notre ère. Tout cela a été détruit en quelques jours il y a près de soixante ans, et aujourd'hui, le souvenir même de cette civilisation et de sa langue s'estompe et disparaît. L'Institut des Études Balkaniques de Salonique, organisme officiel grec, a publié il y a quelques années seulement une très belle histoire de Salonique ; les Juifs de Salonique n'y sont même pas mentionnés, on ne leur consacre pas une ligne, pas même un seul mot. À la lecture de cet ouvrage historique officiel, on a l'impression qu'ils n'ont jamais existé…

Le facteur démographique

Un simple accroissement démographique normal peut parfois modifier considérablement le nombre des sujets parlants : les statistiques de 1939 évaluaient à deux millions le nombre de personnes parlant le slovaque ; elles sont aujourd'hui plus de cinq millions. De même, en 1939, on estimait que l'albanais était parlé par 1 200 000 personnes ; on admet aujourd'hui que le chiffre de cinq millions est plus proche de la réalité. Pour cette langue, le nombre des sujets parlants a quadruplé en cinquante ans ; l'albanais a aujourd'hui la même importance numérique que le danois ou le slovaque.

Au XVe siècle, l'irlandais était encore l'unique langue de l'Irlande. Là encore, une modification démographique brutale a entraîné un changement radical de la situation linguistique : en 1841, l'Irlande comptait 8,2 millions d'habitants ; en 1850, c'est-à-dire 9 ans plus tard, il n'en restait que 4 millions… Il y a aujourd'hui 3,6 millions d'habitants en République d'Irlande, et 1,5 million en Irlande du Nord.

L'irlandais, aujourd'hui langue officielle de la République d'Irlande au même titre que l'anglais, et compris ou parlé plus ou moins par un million de personnes, était moribond à la fin du siècle dernier. Aujourd'hui encore, face à la formidable attraction de l'anglais, la langue irlandaise se relève péniblement, entretenue malgré tout avec acharnement par l'enseignement primaire et secondaire. On se rend compte toutefois en haut lieu du fait que la situation des milliers d'Irlandais vivant dans les « *gaeltachtai* », qui ne parlent pas un mot d'anglais, est bien plus tragique que celle des Irlandais qui ignorent la langue nationale. La langue bretonne, elle, est aujourd'hui dans une situation presque désespérée, et on peut dire que l'administration et l'enseignement primaire et secondaire officiel l'ignorent délibérément.

Il n'est pas toujours facile d'expliquer le maintien ou la disparition d'une langue par des considérations historiques ou sociologiques ; dans les années qui suivirent la conquête arabe de l'Espagne, l'aragonais semblait appelé à jouer un rôle aussi important que le castillan ou le catalan. Par la suite, le Royaume d'Aragon devait englober tous les territoires de langue catalane, et pourtant, l'usage de l'aragonais ne cessait de reculer. L'aragonais est aujourd'hui moribond et n'est plus pratiqué que par quelque 30 000 sujets parlants, qui sont le plus souvent des personnes âgées.

Comme on peut le voir par ces quelques exemples, la situation linguistique d'un pays peut connaître des changements rapides sous l'effet d'événements très divers. Cette évolution est largement imprévisible ; dans une région donnée, la langue d'hier n'est pas nécessairement celle d'aujourd'hui, et la langue d'aujourd'hui n'est pas forcément celle de demain…

5. Les familles de langues en Europe

Les langues de l'Europe appartiennent à six groupes ou familles très différents les uns des autres, et d'importance très inégale.

A. Famille indo-européenne

B. Famille finno-ougrienne

C. Famille altaïque

D. Langues européennes (basque et langues caucasiennes)

E. Une langue sémitique (maltais)

F. Groenlandais ou kalaallisut (inuktut)

A. Les langues indo-européennes

C'est de loin le groupe de langues le plus important, il comprend en Europe huit branches bien distinctes mais nettement apparentées, issues de l'indo-européen commun, parlé à une époque mal déterminée par les peuplades qui ont fait leur apparition en Europe il y a plus de quatre millénaires.

I. Langues romanes

Dans ce groupe figurent quatre langues parlées par plus de 20 millions d'Européens : français (63 millions), italien (60 millions), espagnol (40 millions) et roumain (24 millions). Il convient d'y ajouter le portugais, parlé en Europe par 11 millions de personnes (et sur quatre continents par 190 millions) et le catalan, langue principale de 10 millions de personnes.

Y figurent également le galicien (galego), le wallon, le corse, le sarde, l'occitan avec le provençal, les langues dites rhétoromanes (roumanche, frioulan et ladin), et l'aroumain (mégléno-roumain, méglénite, macédo-roumain, roumain du Pinde ou koutso-valaque). Nous mentionnerons pour mémoire l'aranais, actuellement parlé par 6000 personnes dans le val d'Aran, aux sources de la Garonne.

Certaines de ces langues sont menacées de disparition à brève échéance, et c'est sans doute le cas pour une autre langue romane, le judéo-espagnol.

Trois langues de ce groupe, l'espagnol, le français et le portugais, sont également très répandues sur d'autres continents.

II. Langues germaniques

Trois langues de ce groupe sont parlées par plus de 20 millions d'Européens : allemand (100 millions), anglais (62 millions) et néerlandais (21 millions).

Trois autres présentent une grande importance dans les domaines économique et culturel : suédois, danois et norvégien (en tout 21 millions de sujets parlants).

Restent l'islandais, vestige toujours bien vivant d'une très ancienne culture, le luxembourgeois, le frison et ses dialectes, le lallans, et une langue aujourd'hui en voie d'extinction qui a connu en Europe un grand rayonnement sur une aire géographique étendue : le yiddish.

Une seule langue d'origine germanique a une audience mondiale ; c'est évidemment l'anglais, que parlent aujourd'hui dans le monde au moins un milliard d'individus.

III. Langues slaves

a) Branche orientale : russe, ukrainien, biélorusse.

b) Branche occidentale : polonais, tchèque, slovaque (et sorabe, kachoube).

c) Branche méridionale : serbe et croate, slovène, bulgare, macédonien, (et pomaque).

Trois langues slaves sont parlées en Europe par plus de 40 millions d'Européens : russe (130 millions), ukrainien (55 millions) et polonais (42 millions).

Quatre autres sont parlées par 9 millions d'Européens ou plus : serbe et croate (18 millions), tchèque, biélorusse et bulgare.

Le russe est parlé ou compris par près de 300 millions de personnes en Europe et en Asie.

IV. Langues balto-slaves

Lituanien, letton (et latgalien).

V. Le grec

Langue parlée par 11 millions d'Européens.

VI. Langues celtiques

Cinq langues, dont chacune est parlée par moins d'un million d'Européens ; elles se répartissent en deux groupes principaux : le groupe gaélique comprenant l'irlandais *(gaeilge)*, l'erse ou écossais *(gaidhlig)* et le groupe britonnique englobant le gallois *(cymraeg)*, le breton *(brezhoneg)* et le cornique *(kernewek)*. Mentionnons aussi le manxois, encore vivant dans l'Île de Man.

Les langues gauloises étaient des langues celtiques ; certaines d'entre elles ont été romanisées, et ont donné naissance au français.

VII. Langues thraco-illyriennes

Deux langues seulement, dont chacune est parlée par plus de 4 millions d'Européens : albanais et arménien. Elles ne se ressemblent pas à première vue, mais sont bien de même origine. L'arménien est une langue littéraire très ancienne, langue véhicule d'une culture originale bimillénaire ; sa littérature est née avec la religion chrétienne, aux premiers siècles de notre ère. L'albanais moderne s'est formé sur un fond thraco-illyrien vers le VIe siècle, et a subi un début de latinisation encore sensible dans la langue moderne. Le roumain s'est formé à partir du dace, langue thraco-illyrienne, qui a été romanisée au point de devenir une langue romane.

VIII. Langues indo-iraniennes d'Europe

Ossète, kurde, tate, talych. Langues tsiganes.

B. Les langues finno-ougriennes

La principale langue de cette famille est le hongrois, parlé par 14 millions d'Européens. Deux autres langues nationales d'Europe : finnois et estonien.

Autres langues d'Europe : carélien, lapon (sami ou saami).

Il existe dans la Fédération de Russie un nombre important de langues finno-ougriennes :

Deux langues appartiennent à la branche ougrienne : le mansi (vogoule), et le khanty (ostiak).

Les autres représentent la branche finnoise : ce sont, outre le finnois, le carélien et l'estonien. Elles comprennent deux langues parlées chacune par environ un million d'Européens dans la République autonome de Mordovie (capitale Saransk) : le mordve (erzia) et le mordve (mokcha).

Autres langues numériquement moins importantes : oudmourte (votiak), gornomari et lugomari (tchérémisse), komi (zyriène) et komi permiak (permien), nenets (samoyède).

Langues en voie de disparition : olonetsien, vepse, ingre, live.

C. Les langues altaïques

a) branche turco-tatare

La principale langue de ce groupe est le turc osmanli (55 millions de sujets parlants, dont une très petite partie en Europe proprement dite).

Langues également parlées en Europe : l'azéri ou turc oriental, le tatar de Kazan, le tchouvache, le bachkir, le karatchaï, le găgăuz, le koumyk, le nogaï et le karapapakh.

b) branche mongole

Le kalmyk, parlé par 100 000 personnes dans la vaste steppe située sur la rive droite du cours inférieur de la Volga, est la seule langue mongole parlée en Europe.

D. Les langues européennes (dites « japhétiques »)

On a classé dans ce groupe, arbitrairement constitué, les langues parlées en Europe avant l'invasion des Indo-européens. Une seule langue a subsisté à l'Ouest, c'est le basque.

Toutes les autres sont des langues « caucasiques ».

Une seule d'entre elles est vraiment importante, c'est le géorgien, parlé par 5,5 millions d'Européens. Depuis le onzième siècle, le géorgien est une langue littéraire riche, puissante et originale.

Nous mentionnerons les autres pour mémoire : le mingrélien, le laze, le svane, l'abkhaze, l'adyghéen (tcherkesse), le kabarde, le balkare, le tchétchène, l'ingouche, et les 26 langues du rameau lezghien des langues caucasiques du Nord, dont les principales sont l'avar, le dargin, le lak et le kourin.

E. Le maltais

Unique langue sémitique d'Europe. Probablement d'origine phénicienne, avec un vocabulaire très influencé par l'arabe, le maltais s'écrit en caractères latins, les voyelles étant notées comme dans les autres langues d'Europe.

F. Le groenlandais (kalaallisut)

Le groenlandais ou *kalaallisut* (en danois *grønlandsk*) est, avec le danois, une des deux langues officielles du Groenland. C'est un des dialectes de *l'inuktut* ou langue des *Innuit*, que les Canadiens appellent encore « eskimo » ou « esquimau », d'après un vocable péjoratif emprunté à la langue des Indiens Cree et signifiant « mangeur de viande pourrie ».

« Innuit » est le pluriel du mot *« inuk »* (homme). En effet, les Innuit ont cru longtemps qu'ils étaient les seuls au monde : Angmassalik n'a été découverte qu'en 1884.

Nous avons emprunté à l'inuktut les mots « kayak » « anorak » et « iglo » *(idglo)*.

Les autres dialectes de l'inuktut sont parlés au Canada, en Alaska, sur la rive asiatique du détroit de Behring et dans les Iles aléoutiennes. Les linguistes ont fait de l'inuktut une famille à part, dite « esquimau-aléoutienne ».

6. Langues nationales et langues minoritaires

L'unité dans la diversité

Cent millions de minoritaires

Sur les 340 millions de citoyens de l'Union Européenne, 50 millions parlent ou comprennent une langue locale autre que la langue majoritaire de leur pays. Pour l'ensemble de l'Europe, on peut évaluer à une centaine de millions au moins le nombre des personnes parlant une langue locale différente de la langue majoritaire ou officielle de leur pays.

L'importance, la situation et le statut des langues minoritaires varient énormément d'un pays à l'autre et également à l'intérieur de chaque pays. Certaines langues minoritaires s'affirment aujourd'hui avec vigueur et prennent peu à peu dans tous les domaines la place qui leur est due. C'est notamment le cas du catalan, minoritaire en Espagne et en France, mais largement majoritaire dans les régions où il est parlé ; langue officielle dans la Généralité de Catalogne et dans les communautés autonomes de Valence et des Baléares, seule langue officielle de la République d'Andorre, le catalan est parlé par plus de dix millions d'Européens.

Parmi les langues locales bien vivantes qui s'affirment et dont l'avenir paraît aujourd'hui assuré, on peut également citer le basque, le frison, le luxembourgeois, le galicien, le corse et le gallois. Beaucoup d'autres jouissent d'un statut moins favorable et perdent nettement du terrain, souvent depuis un ou deux siècles, comme par exemple le breton, l'occitan, le frioulan et le sorabe ; d'autres encore sont menacées d'extinction à brève échéance, comme l'arvanite et l'arbëreshë, l'aroumain, le pomaque, ou comme l'aranais, qui est encore parlé par 6 000 personnes.

Dans le cas des langues minoritaires, il est extrêmement difficile de donner des indications statistiques précises concernant le nombre de locuteurs. Certains pays, comme la France, ne font pas figurer, dans les questionnaires des recensements, des rubriques concernant la langue parlée par les habitants. Même dans les pays où la question est posée, il n'est généralement pas facile d'y répondre, étant donné que de nos jours la plupart des personnes parlant des langues minoritaires sont au moins bilingues ; le degré de bilinguisme pouvant varier largement selon les personnes, les lieux et les circonstances.

En outre, dans certains pays, l'administration a tendance à fausser, pour des raisons diverses, dans un sens ou dans l'autre, les données du recensement concernant la langue locale. Par ailleurs, lorsqu'on fournit une donnée chiffrée au sujet du nombre de personnes utilisant une langue minoritaire, on ne donne généralement aucune indication, ou très peu, sur le degré de connaissance ou d'utilisation de la langue en question. Une langue peut être parlée par 800000 habitants, mais comprise par plus d'un million ; et le nombre de locuteurs n'indique pas si la langue n'est parlée qu'en famille, à l'école, au cours de l'activité professionnelle, dans les rapports avec l'administration, etc.

Compte tenu de ces considérations, lorsque nous disons qu'une langue est « parlée » par un certain nombre d'habitants, il faut entendre « parlée ou comprise », cette expression pouvant recouvrir des degrés divers de connaissance de la langue.

En ce qui concerne les langues minoritaires parlées dans l'Est de l'Europe, les données statistiques sont encore plus approximatives. Pour de nombreux pays de l'Europe orientale, il n'existe pas de statistiques officielles concernant les langues minoritaires, et là où il en existe, elles ne sont généralement pas accessibles. En Pologne, dans les Pays Baltes, en Roumanie et en Bulgarie, les autorités administratives ne disposent pas de statistiques sérieuses sur les langues minoritaires, et il est hautement probable qu'à l'heure actuelle, cette question ne figure pas dans les priorités qui doivent retenir l'attention de l'administration. Il serait sans doute, par exemple, très difficile à l'heure actuelle d'obtenir, dans le cas de la Pologne, des statistiques concernant les langues minoritaires. Nul ne sait aujourd'hui s'il existe encore des locuteurs de langue kachoube ; et pourtant, dans les territoires qui constituent de nos jours l'extrémité Ouest de la Pologne, ils étaient encore plus de 100000 en 1913.

Des questions de politique intérieure et internationale viennent encore modifier l'attitude des gouvernements à l'égard des populations minoritaires et de leurs langues. Depuis 1993, les Slovaques de langue hongroise ont maintenant un statut conforme aux normes fixées par la « Charte européenne des langues régionales et minoritaires », à la suite d'un traité signé à Paris par les chefs de Gouvernement Gyula Horn et Vladimir Mečiar. Un autre traité à été signé en 1993 entre la Hongrie et l'Ukraine, pour régler la situation des minorités. En revanche la situation des habitants de langue hongroise en Roumanie (Transylvanie) et en Serbie (Voïvodine) laisse toujours beaucoup à désirer, et on n'entrevoit même pas la possibilité d'arriver dans un proche avenir à une entente sur ce sujet entre les pays concernés.

Dans les pays de l'ex-Union Soviétique, les indications statistiques dont on dispose datent de la période soviétique. Elles ont été établies selon des critères largement inconnus, et il serait prudent de les considérer uniquement comme des ordres de grandeur approximatifs. Non seulement les réponses données par les individus peuvent varier selon leurs intérêts personnels à l'époque du recensement, mais encore les données recueillies peuvent avoir subi de nombreuses manipulations, en application des directives données aux fonctionnaires des services administratifs plus ou moins compétents. Compte tenu de la situation qui prévaut de nos jours dans la plupart de ces pays, où les diverses nationalités s'affrontent avec la plus grande violence, il est bien évident que tout recensement portant sur la langue des habitants donnerait des résultats encore moins fiables.

Les droits des minorités linguistiques sont nominalement garantis par un certain nombre de traités et de conventions internationales, notamment la Convention européenne des Droits de l'Homme et l'Acte final de la Convention d'Helsinki sur la sécurité et la Coopération en Europe (1975). Le Conseil de l'Europe a adopté en 1992 la Convention relative à la « Charte européenne des langues régionales et minoritaires ».

(Se sont abstenus : la France, le Royaume-Uni, Chypre et la Turquie.) Il existe également un « Projet de Déclaration universelle sur les droits des peuples autochtones », établi en 1991 par le Conseil Economique et Social des Nations Unies, ainsi que de nombreux autres textes de diverses commissions des Nations Unies, et des recommandations de l'UNESCO et d'autres organisations internationales.

Une des dernières interventions en ce sens est la « Déclaration des droits des personnes appartenant à des minorités nationales ou ethniques, religieuses et linguistiques », adoptée par l'Assemblée générale des Nations Unies le 18 décembre 1992.

Le Bureau européen pour les langues moins répandues *(An Biúró Eorpach do Theangacha Neamhfhorleathana)*, a été créé en 1982 à l'initiative du Parlement Européen. Il s'occupe activement de promouvoir et de défendre les langues autochtones et régionales des pays de l'Union Européenne et les droits linguistiques de leurs locuteurs ; le Secrétariat général du Bureau est situé à Dublin. Depuis 1992, il existe également à Bruxelles un Centre d'information de ce Bureau.

Le Bureau organise l'échange d'informations sur les langues moins répandues. Il désigne dans chaque Etat membre un comité représentant les minorités linguistiques et culturelles, et publie une revue mensuelle intitulée « Contact Bulletin », qui constitue une mine de renseignements sur les activités en faveur des langues minoritaires de l'Europe. Les indications figurant dans le présent ouvrage sur la situation actuelle des langues minoritaires de l'Union Européenne ont été en grande partie vérifiées au moyen des données fournies par cette revue.

Le Bureau européen pour les langues moins répandues est étroitement associé aux activités communautaires en faveur des langues et cultures moins répandues. Il participe à toutes les réunions de « l'Intergroupe langues minoritaires » du Parlement européen. La Commission Européenne contribue par des appuis financiers et politiques à la réalisation de projets en faveur des cultures minoritaires ou régionales. Le Bureau européen bénéficie lui-même de subventions de la Commission de l'Union Européenne, des Gouvernements de l'Irlande et du Luxembourg, du Gouvernement provincial de la Frise, de la Communauté germanophone et de la Communauté française de Belgique.

Une situation précaire

Il semble bien que de nos jours, au moins en Europe occidentale, tout le monde, ou presque, s'accorde à reconnaître la valeur culturelle des langues minoritaires et la nécessité de leur préservation. Il semble bien aussi qu'au niveau national, fort peu de gens soient décidés à agir en ce sens et que, dans l'ensemble, les administrations nationales se fassent sans peine une raison devant le déclin et la disparition progressive d'un bon nombre de langues minoritaires.

À l'heure actuelle, deux facteurs jouent un rôle déterminant dans ce processus de déclin et de disparition : ce sont l'école et la télévision. Tant que les langues minoritaires ne seront pas enseignées à l'école primaire et tant que les chaînes de télévision locales ne consacreront pas plusieurs heures par jour aux émissions dans la langue locale, les chances de survie de ces langues seront de plus en plus faibles.

Carte 1

Langues minoritaires en Europe occidentale

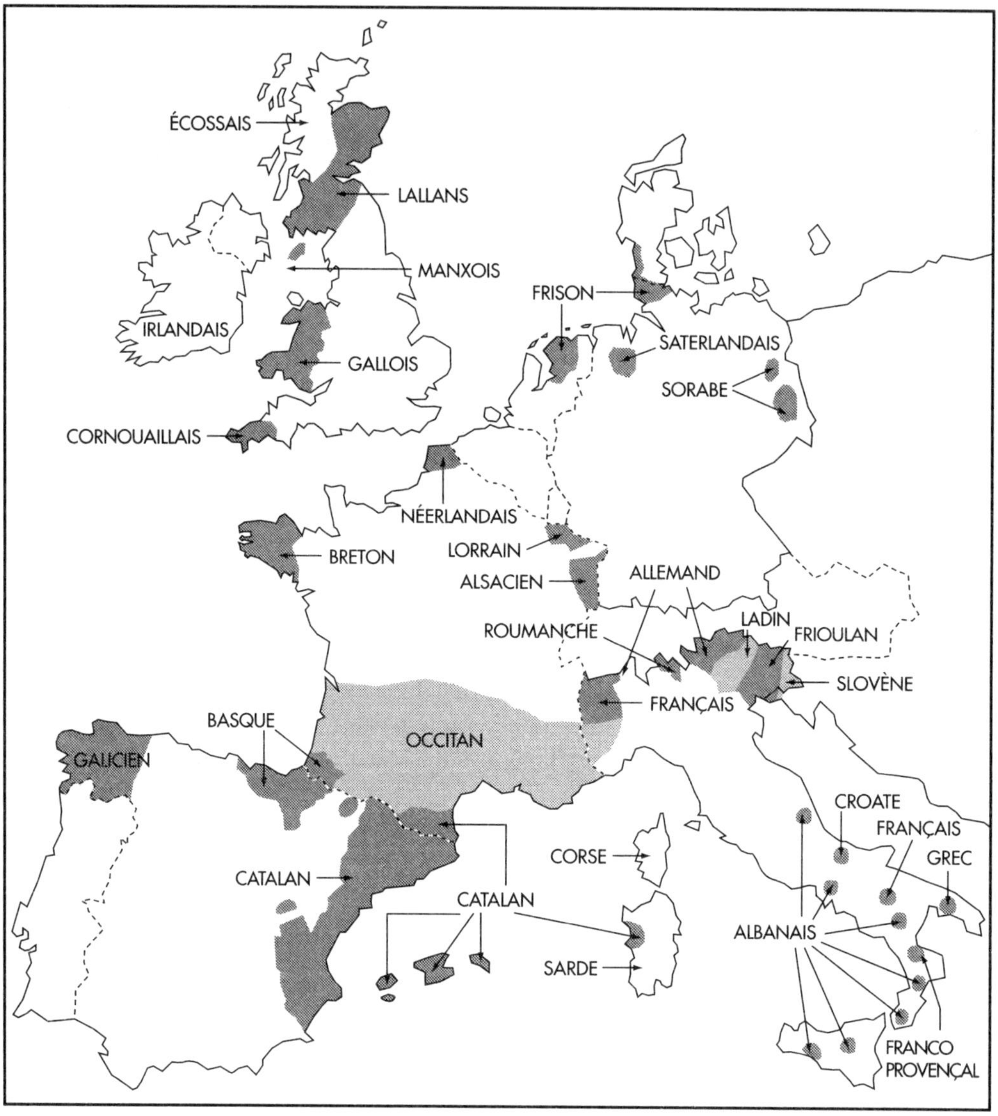

Irlande (Éire)

L'irlandais *(Gaeilge)*

De nombreux auteurs désignent l'irlandais sous le nom de gaélique, ce qui correspond bien à l'appellation d'origine « *gaeilge* », mais présente l'inconvénient de créer une confusion avec le gaélique d'Ecosse *(gàidhlig)*, autre langue celtique proche de l'irlandais. On l'appelait aussi autrefois « *erse* », mais ce mot a été également utilisé pour désigner le gaélique d'Écosse.

L'irlandais, langue minoritaire, est aussi la langue nationale et la première langue officielle de la République d'Irlande, la deuxième langue officielle, qui est aussi la plus répandue, étant l'anglais. Environs 5 000 personnes parlent uniquement l'irlandais et ne connaissent pas l'anglais. Sur une population de 3 500 000 habitants, un million d'habitants sont bilingues irlandais-anglais.

Au premier abord, ce chiffre peut sembler modeste, mais si l'on tient compte de l'histoire de la langue, il est presque miraculeux. On peut dire en effet que la langue irlandaise revient de loin ; elle était encore la seule langue parlée dans l'île au début du XVIe siècle, malgré les progrès de l'occupation anglaise. Au début de ce siècle, l'irlandais était en voie de disparition et n'était parlé que par 30 000 à 40 000 personnes, dans quelques régions de l'intérieur. Depuis la création de l'État libre d'Irlande en 1919 et depuis l'indépendance totale en 1948, un grand mouvement en faveur de la renaissance de l'irlandais s'est développé, et la langue est aujourd'hui enseignée dans toutes les écoles. Un Conseil de la langue irlandaise *(Bord na Gaeilge)* garantit l'usage de la langue irlandaise, conjointement avec l'anglais, dans l'administration publique.

L'irlandais est toujours minoritaire en Irlande, mais son avenir paraît aujourd'hui assuré. L'une des trois grandes stations de radio est entièrement réservée aux émissions en irlandais. Une étape décisive a été franchie en 1996, avec l'inauguration de la première chaîne de télévision en langue irlandaise, principalement orientée vers un public de jeunes : la TnaG *(Teilifis na Gaeilge)*. C'est là aujourd'hui le plus sûr garant de la survivance d'une langue.

Pour l'étranger qui entreprend l'étude de l'irlandais sans l'aide de bonnes méthodes audiovisuelles, la question de la prononciation pose le même problème que dans le cas de l'anglais. D'autre part, alors que la parenté des vocables bretons, gallois et corniques est particulièrement frappante, les mots irlandais ont, environ six fois sur dix, une forme tout à fait différente.

La langue anglaise

Il nous paraît superflu de donner ici des indications sur la langue anglaise qui occupe actuellement dans le monde entier une place prépondérante et qu'il est impossible d'ignorer. L'extraordinaire développement des communications, des réseaux informatiques, et particulièrement d'Internet, ne fera que renforcer l'importance internationale de la langue anglaise, qui aura de plus en plus tendance à pénétrer dans les langues nationales, par le biais des jargons techniques. L'anglais risque donc de devenir, en Europe, comme en Asie et partout ailleurs, une sorte de sabir ou de pidjin, à l'usage des populations défavorisées sur le plan intellectuel.

Une telle situation serait catastrophique, aussi bien pour la totalité des langues de l'Europe que pour l'anglais lui-même, dont le triomphe définitif à l'échelle mondiale serait atteint, en pareil cas, au prix d'une dégénerescence de plus en plus marquée de ce qui est encore, pour de nombreux citoyens du monde, une très grande langue de civilisation.

L'état actuel de la langue japonaise, qui a absorbé en une cinquantaine d'années quelque vingt mille mots anglais supplémentaires, aujourd'hui couramment employés de préférence aux vocables japonais, nous donne une idée assez précise du risque encouru par les langues d'Europe...

Langues minoritaires

Il existe au Royaume-Uni plusieurs langues celtiques toujours vivantes et cultivées avec soin par les sujets parlants, et une langue vernaculaire d'origine germanique, le *scots* ou *lallans*, encore très répandu dans certaines régions de l'Écosse.

À Jersey et Guernesey, une partie de la population parle encore le normand en certaines occasions, mais s'exprime le plus souvent en anglais.

L'irlandais (Gaeilge)

En dehors de la République d'Irlande, l'irlandais est également parlé en Irlande du Nord par environ 60 000 personnes, sur une population de 1 500 000 habitants. Au début du XVIIe siècle, c'était encore la langue majoritaire de cette région ; de nos jours, dans les écoles primaires et secondaires de l'Irlande du Nord, 27 000 élèves étudient l'irlandais.

Le gaëlique d'Écosse (Gàidhlig)

Le gaëlique d'Écosse est le descendant direct de l'irlandais parlé en Irlande il y a dix-sept siècles. La langue parlée en Calédonie au début de notre ère était un dialecte breton, apparenté au gallois. Le nom de l'Écosse est celui de la tribu gaëlique des « Scotti », venus d'Irlande au IIIe siècle. Le Royaume gaëlique d'Alba (en latin Scotia), fondé vers le milieu du IXe siècle, s'est heurté, à partir du XIe siècle, aux Angles et aux Scandinaves établis dans l'Est du pays, où une langue germanique originale, le scots ou lallans, devait finalement s'imposer.

Le gaëlique d'Écosse est actuellement parlé, principalement dans le Nord-Ouest du pays et dans les îles occidentales, par quelque 80 000 personnes, sur une population de 5 millions d'habitants. Il était autrefois la langue principale de l'Écosse, et il est encore majoritaire dans dans les îles des Outer Hebrides et dans certaines îles des Inner Hebrides. On assiste aujourd'hui à un renouveau du gaëlique, aussi bien dans les écoles primaires et secondaires que dans les universités.

L'organisation la plus importante pour la défense de la langue est l'Association pour le gaëlique *(Comunn na Gàidhlig)*; il existe également une Association des étudiants en gaëlique, *(Comunn Luchd Ionnsachaidh)*, un Conseil gaëlique préscolaire *(Comhairle nan Sgoiltean Araich)* et, depuis 1994, une Association nationale des parents gaëliques *(Comunn nam Parant Naiseanta)*. La langue est enseignée dans plus de trente écoles et, dans d'autres établissements scolaires, certaines matières sont enseignées en gaëlique; des cours de gaëlique sont également dispensés dans les universités d'Edimbourg, Glasgow, Aberdeen et Strathclyde. Les émissions de radio et de télévision sont très importantes (cinq heures et demie par jour). Il existe même en Australie une émission radiophonique hebdomadaire en gaëlique.

On peut affirmer que l'avenir du gaëlique d'Écosse est aujourd'hui assuré et que la langue est en progrès constant.

L'écossais (Scots ou Lallans)

À côté du gaëlique d'Écosse, il existe une autre langue écossaise, appelée couramment *scottish* ou *scots*. C'est un anglais vernaculaire qui s'est formé dans les régions d'où le gaëlique a disparu. L'écossais ou Scots est encore parlé dans presque toutes les régions d'Ecosse qui ne sont plus de langue gaëlique. De 1470 jusqu'à 1603, date de l'union des Couronnes d'Angleterre et d'Ecosse, l'écossais a été la langue officielle du Royaume d'Ecosse. On désigne généralement sous le nom de *lallans* les dialectes parlés dans les régions du centre et du Sud de l'Ecosse. Il existe également un dialecte scots du Nord-Est, le *dorique*, qui diffère assez nettement du scots des autres régions.

Ce qu'on appelle communément le *Lallans* est le scots parlé surtout dans les Lowlands, dont le mot *Lallans* est une déformation. Le scots ou lallans, introduit dans le Sud-Est du pays au VIIe siècle, était à l'origine un dialecte vieil anglais du Nord mêlé de scandinave, qu'on appelait à l'époque *« inglis »*. Cette langue a progressivement adopté des mots français et néerlandais, tout en gardant des traces du fonds gaëlique, donnant ainsi naissance au scots, langue administrative de l'Écosse médiévale, qui a remplacé le latin au début du XVe siècle.

Le vocabulaire du scots diffère dans une grande mesure de celui de l'anglais, auquel il est pourtant nettement apparenté. Il est en grande partie inintelligible pour les anglophones, qui ne peuvent deviner qu'un *« tramort »* est un cadavre, qu'un *« onkend »* est un inconnu et qu'un *« messin »* est un petit chien. Il existe ainsi des dizaines de milliers de mots courants nettement étrangers au trésor lexical de l'anglais. Longtemps considéré comme un dialecte d'importance négligeable après l'Acte d'Union de 1707, le scots est resté en usage dans les classes modestes de la population. Ce sont les poètes qui l'ont tiré de sa léthargie au cours du XVIIIe siècle et en ont fait d'emblée une langue littéraire universellement respectée. (Surtout Robert Fergusson et le plus grand poète de l'Ecosse, Robert Burns). Dans tous les pays du monde, on connait la vieille chanson populaire *« Auld lang syne »* au moins dans une de ses innombrables versions en scots, en anglais ou dans des centaines d'autres langues. La langue littéraire a connu un nouvel essor au début du XXe siècle avec Hugh MacDiarmid.

Faute de données statistiques, on ne peut dire combien de personnes parlent aujourd'hui le scots, mais leur nombre est probablement supérieur à un million. La langue n'est pas systématiquement enseignée à l'école, mais elle est toujours en usage dans les familles, aussi bien dans les villes que dans les zones rurales. Elle s'appuie sur une littérature écrite riche et ancienne, et est toujours utilisée par de nombreux écrivains. Les émissions de radio et de télévision sont assez rares et se limitent à des manifestations folkloriques ; la presse publie de temps à autre quelques articles rédigés en scots.

Le gallois (Cymraeg)

Dans le pays de Galles *(Cymru)*, la langue galloise ou *cymraeg*, langue assez proche du breton, est encore parlée aujourd'hui par 500 000 personnes sur 2 800 000 habitants, soit la moitié du nombre de locuteurs gallois existant avant 1914. Le gallois est enseigné depuis longtemps déjà dans un grand nombre d'écoles primaires et secondaires. De nombreuses émissions de télévision sont diffusées en gallois, et il existe diverses revues et des périodiques de langue galloise. Selon la tradition, le Prince de Galles est tenu de connaître le gallois et de savoir s'exprimer en cette langue.

Le cornique (Kernewek)

Le cas du cornique est très particulier, et peut-être unique au monde. La dernière Cornouaillaise parlant le cornique, langue encore plus proche du breton que le gallois, est morte il y a deux cents ans. C'était une marchande de poissons nommée Dolly Pentreath. Ses dernières paroles, qui furent pieusement recueillies, furent les suivantes : *« Me ne vidn cewsel Sawznek! »* (Je ne parlerai pas l'anglais !). Il restait une littérature médiévale écrite, témoin des splendeurs passées. Par la suite, cette langue morte ne cessa d'être étudiée passionnément par des Cornouaillais, et dès le début de ce siècle, elle était devenue la langue maternelle d'un certain nombre d'enfants ; on l'enseigne actuellement dans six écoles primaires et dans quatre écoles secondaires. La langue est provisoirement sauvée, mais le nombre des sujets parlants est encore très faible.

Le manxois

Bien qu'elle dépende de la Couronne britannique, l'Ile de Man (70 000 habitants) ne fait partie ni du Royaume-Uni, ni de l'Union Européenne. Avant la deuxième guerre mondiale, environ 400 personnes parlaient encore le manxois ; leur nombre doit être aujourd'hui beaucoup plus faible encore, mais des cours facultatifs de manxois sont maintenant dispensés dans les écoles. Le manxois est une langue celtique particulière, nettement différente des autres langues du groupe.

La langue française

Parlée en Europe par 63 millions de personnes et dans le monde entier par 160 millions, la langue française est l'une des plus répandues après l'anglais, le chinois, le russe, l'espagnol et le portugais.

Si elle n'est plus aujourd'hui la langue diplomatique internationale, elle jouit encore d'un certain prestige dans divers milieux cultivés. Il convient toutefois de faire des réserves quant à son avenir dans ce domaine. On assiste actuellement dans les pays francophones, et presque partout ailleurs dans le monde, à un processus persistant de nivellement par le bas ; la langue parlée, (et à sa suite, la langue écrite) a tendance à se modeler de plus en plus sur l'anglais et l'américain populaires, et plus encore sur leurs jargons techniques.

À cet égard, le français qu'on entend à la radio et à la télévision est très révélateur : d'innombrables expressions ne sont qu'un démarquage d'une expression anglaise, et ne peuvent être bien comprises que si l'on se réfère à la source anglo-américaine ; on parle couramment de « l'ambassade américaine » ou de « l'ambassadeur français », du jet qui s'est craché, de gens qui croisent les doigts, qui sniffent et risquent de collapser sous l'effet du stress, ce qui est vraiment too much… Et pour ce qui est du best of du top niveau des fans qui supportent les stars du show bizness et du hit parade, no comment, pas de problème, c'est OK. Au lieu de flipper, les seniors et autres has been du papy boom n'ont qu'à rester cool et aller faire un peu de jogging et de body building au fitness club et au club house du sports center…

Les langues minoritaires

On étonnerait beaucoup les Français en leur apprenant qu'en Europe occidentale, la France est, après l'Italie, le pays qui compte le plus grand nombre de langues sur son territoire. Peut-être, après tout, est-il préférable qu'ils ne le sachent pas, mais nous nous devons ici de consigner scrupuleusement les faits.

Neuf langues minoritaires sont parlées en France. Certaines d'entre elles sont en même temps majoritaires dans d'autres pays ; c'est le cas de l'alsacien et du lorrain, dont l'expression écrite est le plus souvent l'allemand, ou encore du flamand du Westhoek, dont l'expression écrite est le néerlandais. Le catalan est minoritaire en France, mais majoritaire dans la Généralité de Catalogne, et est parlé par 10 millions d'Européens, c'est-à-dire autant que le portugais en Europe.

Tous les régimes qui se sont succédés en France depuis trois siècles se sont efforcés d'imposer l'usage exclusif du français dans tous les domaines, au détriment des langues minoritaires. Cette politique présentait des avantages certains, mais aussi quelques inconvénients. De nos jours, alors que la suprématie du français n'a plus rien à craindre du côté des langues minoritaires, cette tendance à l'uniformisation est toujours présente, non seulement dans les administrations, mais encore dans l'esprit des fonctionnaires et d'une grande partie de la population.

Les divers gouvernements au pouvoir font parfois montre, surtout en période électorale, d'un peu de compréhension pour la situation des langues minoritaires, mais dans la pratique administrative, le vieux réflexe jacobin et unitariste prend toujours le dessus. Néanmoins, de nombreuses initiatives privées, qui se manifestent sur tout le territoire, témoignent d'un net regain d'intérêt du public pour les langues et les cultures locales. Il existe notamment, dans la région parisienne, une radio associative dénommée Radio-Pays 93,1 Mhz, diffusant sur la bande FM sept jours par semaine, en alsacien, basque, breton, catalan, corse, flamand et occitan.

L'alsacien, le lorrain et le luxembourgeois

Dans l'Est de la France, environ 1 300 000 personnes parlent quotidiennement l'alsacien, le lorrain ou le luxembourgeois. Presque toutes connaissent bien le français et le pratiquent normalement, et sont en outre capables d'utiliser couramment l'allemand, ce qui constitue de nos jours un avantage indéniable pour des citoyens de l'Union Européenne. Il conviendrait non seulement de les encourager, mais encore de les imiter.

L'alsacien est une langue alémanique. Le lorrain appartient au groupe des langues franciques, qui comprend trois formes dialectales très proches l'une de l'autre : le francique rhénan, le mosellan et le luxembourgeois. Le francique luxembourgeois est également parlé en France dans le département de la Moselle, notamment dans la région de Thionville. Au cours de l'histoire, le francique a largement contribué à la formation du français.

Le flamand (Vlaamsch)

Dans la région de Dunkerque appelée « Westhoek », environ 200 000 Français parlent encore le dialecte flamand du pays, et la plupart d'entre eux, tout en pratiquant le français, sont capables de lire en néerlandais. Malgré les avantages qu'une telle situation linguistique peut présenter pour des citoyens de l'Europe, le flamand du Westhoek est en régression constante, et peut-être même menacé de disparition si rien n'est fait pour le maintenir en vie.

Le breton (brezhoneg)

Dernière langue celtique du continent européen, le breton est encore plus ou moins parlé par 600 000 personnes, presque toutes bilingues français-breton. Le breton a pour origine le gallois et le cornique, introduits au VIe siècle par des immigrants venus du Pays de Galles et de Cornouailles après l'invasion de la Grande-Bretagne par les Saxons.

La partie occidentale de la Bretagne dite « bretonnante », c'est-à-dire la région où le breton est toujours parlé (« Basse Bretagne » ou *Breizh Izel*) est limitée à l'Est par une ligne Nord-Sud allant de Paimpol à Vannes. À l'Est de cette ligne se trouve la partie francophone dite « Haute Bretagne » ou *Breizh Uhel*, également dénommée « le pays gallo ». Pendant une longue période de transition au cours de laquelle les Bretons de cette région sont passés progressivement du breton au français, il existait en Haute Bretagne un dialecte mi-breton mi-français appelé le « gallo ». Ce dialecte subsiste encore par endroits, mais est probablement en voie de disparition, la population étant devenue entièrement francophone.

Il existe en breton deux dialectes (c'est-à-dire surtout deux prononciations légèrement différentes l'une de l'autre), un peu comme la langue d'oc et la langue d'oil dans le cas du français. Le plus parlé est le « breton KLT » (*Kernew-Leon-Treger,* ou Cornouaillais-Léonais-Trégorrois). Le deuxième est le vannetais (20 à 25 % des locuteurs), surtout parlé dans le Morbihan. Toutefois, l'unification de l'orthographe, qui est aujourd'hui entrée dans la pratique courante, permet à chacun de lire un même texte en conservant sa prononciation particulière. Si le mot *Breizh* (dont l'abréviation constitue le sigle BZH bien connu en France et à l'étranger), s'écrit avec un « h », c'est parce qu'il se prononce *Breiz* en breton KLT et *Breih* en vannetais.

Le breton a beaucoup reculé depuis un siècle, pendant lequel le nombre des sujets parlants a diminué de moitié. Des organismes bénévoles essaient courageusement de créer de toutes pièces un enseignement du breton dans les classes primaires et de sauver la langue, malgré l'indifférence – et parfois l'hostilité – des pouvoirs publics. Ce n'est là qu'un combat d'arrière-garde, mais la cause du breton n'est pas encore perdue ; la résurrection du cornique, mort il y a deux cents ans, nous enseigne qu'il ne faut jamais désespérer. La renaissance des lettres bretonnes, illustrées à notre époque par Roparz Hemon, Yann Fouéré, Per Jakez Helias et Yann Brekilienn, ne manquera pas de susciter, dans les générations à venir, un regain d'intérêt pour cette langue en perdition.

Le basque (euskuara)

Le basque, unique langue autochtone de l'Europe occidentale, est parlé en France par environ 100 000 personnes. Il comprend plusieurs dialectes, tant en France qu'en Espagne, où il est parlé ou compris par près d'un million d'habitants ; il est encore parlé jusqu'en Argentine et en Californie. Grâce à l'influence de la « Communauté Autonome du Pays Basque » en Espagne, où il est langue administrative officielle et langue littéraire très appréciée, l'euskuara commence à progresser également en France.

Le corse (corsu)

Le corse, langue romane de type italien, parlée par environ 200 000 personnes, tant en Corse que sur le continent, est largement majoritaire dans l'Ile et sa position semble actuellement se renforcer. Il a en tout cas des défenseurs actifs, et il est probable qu'il finira par s'imposer, à côté du français et à égalité avec lui, dans l'enseignement et dans la vie publique.

L'occitan

L'occitan est incontestablement la plus menacée de nos langues minoritaires. Langue romane et langue de culture autrefois florissante, l'occitan est répandu dans tout le midi de la France et dans un territoire du Nord de l'Italie. Ses divers dialectes (provençal, gascon, languedocien, limousin, auvergnat) représentent un fonds commun d'une richesse inépuisable. Montaigne recommandait en son temps de puiser au besoin dans ce trésor : « Si le français n'y peut, que le gascon y aille ». Les parlers occitans, éparpillés sur une aire géographique très vaste, sont particulièrement vulnérables, en raison de l'uniformisation imposée par les media et par l'enseignement officiel. Il serait difficile de dire combien de méridionaux en France utilisent l'occitan sous une forme quelconque et dans quelles circonstances, car on ne dispose à cet égard d'aucune donnée statistique ; ils sont probablement des millions. De nos jours, même dans les grandes villes, certains essaient de maintenir l'usage de l'occitan, mais malgré les efforts remarquables déployés par des organismes bénévoles, la langue a beaucoup de mal à faire reconnaître son existence et à retenir l'attention des pouvoirs publics.

Le catalan (català)

Le catalan est parlé en France par 200000 habitants dans le Département des Pyrénées orientales. Langue romane ancienne, majoritaire et officielle en Catalogne et en Andorre, c'est la langue de dix millions d'Européens. Après de longues années de stagnation, le catalan est aujourd'hui en plein essor, et c'est probablement la langue minoritaire pour laquelle les perspectives sont les plus brillantes dans le cadre de l'Union Européenne.

BELGIQUE - BELGIË

Le Royaume de Belgique a trois langues officielles : le néerlandais, langue d'environ 60 % de la population, le français (environ 39 %) et l'allemand, parlé par les 65000 habitants des cantons d'Eupen et de Malmédy. Grâce à son trilinguisme, la Belgique se trouve placée, du point de vue linguistique, dans une situation très favorable au sein de l'Union Européenne. Presque tous les Belges diplômés d'une école quelconque sont au moins bilingues néerlandais-français, et bon nombre d'entre eux connaissent en outre l'anglais ou l'allemand, ou les deux à la fois.

En plus de ses trois langues officielles, la Belgique a également deux langues minoritaires, le wallon et le luxembourgeois.

Le wallon

Langue romane traditionnelle de la région wallone, le wallon n'a cessé de perdre du terrain devant la prédominance du français, langue officielle de l'administration. L'immigration, très importante depuis une soixantaine d'années, est venue renforcer la situation du français. On distingue généralement un wallon de l'Est (liégeois), de l'Ouest (wallo-picard) et du Sud (wallo-lorrain). D'après les statistiques officielles, sur les 3000000 d'habitants de la Wallonie, environ 800000 comprennent le wallon.

L'enseignement du wallon est maintenant « autorisé » dans les écoles. Jusqu'à 1995 ou à peu près, il existait des émissions télévisées en wallon qui étaient très populaires, surtout les représentations du théâtre wallon, qui attiraient aussi des francophones non wallons capables de comprendre une bonne partie des dialogues. Malgré la faiblesse de sa position par rapport au français, il semble que le wallon soit au moins en état de maintenir sa situation actuelle, si ses intérêts sont convenablement défendus.

Le luxembourgeois

Dans la province belge du Luxembourg (région d'Arlon), le luxembourgeois se maintient difficilement devant les progrès du français, langue officielle. En nette régression dans la ville d'Arlon, il semble qu'il soit encore utilisé dans la vie de tous les jours par un peu plus de 30000 locuteurs.

LUXEMBOURG (LËTZEBURG)

Un modèle pour l'Europe

Le luxembourgeois (lëtzebuergesch)

Le Grand-Duché de Luxembourg (360 000 habitants) n'a pas de langue minoritaire ; sa situation linguistique est unique en Europe occidentale. Le luxembourgeois (dialecte francique mosellan ou « *Moselfränkisch* », qui était à l'origine la langue des Francs Saliens et des Ripuaires, auxquels nous devons la création du Royaume de France) est la langue nationale et est utilisé par l'ensemble de la population. Mais tous les Luxembourgeois connaissent et pratiquent en outre l'allemand et le français ; les trois langues sont enseignées dans toutes les écoles primaires avec une efficacité remarquable. Il y a là un exemple dont pourraient s'inspirer tous les pays d'Europe occidentale ; le Luxembourg offre en effet à l'Europe le modèle d'une culture multilingue parfaitement équilibrée. La langue luxembourgeoise n'a pas besoin d'être défendue, elle s'est nettement affirmée comme langue nationale, en parfaite harmonie avec l'allemand et le français. En-dehors du Grand-Duché, elle est également parlée en Belgique (Province du Luxembourg, région d'Arlon), en France (Département de la Moselle, région de Thionville), et en Allemagne (Au Nord d'Echternach, dans les Arrondissements de Prüm et de Bitburg).

PAYS-BAS (NEDERLAND)

La langue néerlandaise

Langue germanique parlée dans trois pays par 21 millions de personnes, le néerlandais a en Europe occidentale une importance plus grande que ce chiffre ne l'indique. En effet, si la langue est parlée en Belgique par 60 % des habitants, on peut dire que pour tous les citoyens belges, francophones ou germanophones, la connaissance du néerlandais est aujourd'hui indispensable dans l'exercice de presque toutes les professions.

Compte tenu de son role économique et culturel, le néerlandais devrait être considéré, à tous points de vue, comme une des langues importantes de l'Europe occidentale. Si les Européens ne s'en rendent pas toujours compte, cela est probablement dû à l'influence exercée par trois autres langues voisines : l'anglais, l'allemand et le français.

Bon nombre de néerlandophones ont su tirer avantage de cette situation et s'y sont adaptés, en acquérant la connaissance pratique des trois grandes langues d'Europe occidentales, mais il n'en reste pas moins qu'en Europe, le néerlandais est encore trop souvent considéré, bien à tort, comme une langue d'importance secondaire.

Au XVIIe et au XVIIIe siècles, face au déclin du latin en tant que langue de communication, trois grandes langues occupaient en Europe, dans tous les domaines, une place prépondérante : le français, l'anglais et le néerlandais. La naissance de la Russie moderne sous Pierre le Grand porte la marque de l'énorme influence exercée à la fin du XVIIe siècle par la puissance économique et le rayonnement culturel des Pays-Bas. C'est à cette époque que la capitale de l'Empire des Tsars a reçu le nom néerlandais de Sankt Pieterburg. C'est seulement au début du XIXe siècle que l'allemand s'est imposé et a rapidement éclipsé le néerlandais. Il faut espérer que dans les écoles d'Europe occidentale, et particulièrement en France, l'enseignement du néerlandais occupera un jour une place aussi grande que celui de l'espagnol ou de l'italien.

Pour les Européens disposant d'une bonne connaissance pratique de l'allemand et (ou) de l'anglais, l'acquisition du néerlandais écrit ne pose aucun problème particulier, et n'exige qu'un léger effort d'adaptation. La grammaire est plus simple que celle de l'allemand et on pourra constater, en parcourant notre glossaire comparé de sept langues germaniques, que le vocabulaire est déjà en grande partie connu de la plupart des Européens occidentaux.

Prononciation du néerlandais

La prononciation est assez proche de celle de l'allemand, avec les principales différences suivantes :

g = « g » dur aspiré (gh) = « ch » allemand ou « j » espagnol, mais plus doux.
sch = s + gh
s en fin de mot = « z » français
f en fin de mot = « v » français
oe = « ou » français
u = « u » français
ij = « eï »
ou = o/eu + i

Langue minoritaire

Le frison (frysk)

Unique langue minoritaire et deuxième langue des Pays-Bas, le frison, langue germanique ancienne proche du vieux-saxon, appartient au sous-groupe Ingva-éonique des parlers germaniques occidentaux. Ce sous-groupe comprend trois dialectes : le frison de l'Ouest en usage aux Pays-Bas et de loin le plus important, parlé en Frise par 500000 personnes sur 600000 habitants, le saterlandais parlé aujourd'hui en Allemagne par 2000 personnes seulement dans l'Arrondissement de Cloppenburg à l'Ouest de Brême, et le frison du Nord *(noardfrysk)*, parlé sur la côte Nord du Schleswig-Holstein à la frontière danoise et dans les îles avoisinantes. (Sylt, avec le port de Westerland, Föhr, Amrum et Helgoland).

Le frison de l'Ouest est largement enseigné aux Pays-Bas, à l'école primaire comme langue maternelle ou dans des écoles bilingues ; il est normalement utilisé dans les services administratifs de la Province de Frise. On peut l'entendre quotidiennement à la radio et la publication de revues et de livres en frison est extrêmement importante.

La langue allemande

La connaissance de la langue allemande est aujourd'hui indispensable pour tous les Européens ; on l'enseigne dans toutes les écoles d'Europe et on l'utilise couramment dans tous les pays européens sans exception. Non seulement elle est la langue maternelle de 100 millions d'Européens vivant dans trois pays au centre de l'Europe, mais encore elle est bien connue et pratiquée en Scandinavie et dans les pays néerlandophones. Langue officielle en Belgique et au Luxembourg, l'allemand est souvent compris en Europe centrale et dans les Balkans.

On observe depuis une quarantaine d'années que la connaissance de l'allemand a fait d'énormes progrès dans les pays balkaniques et en Turquie, ce qui s'explique en partie par l'essor du tourisme, mais surtout par l'influence des mouvements migratoires vers l'Allemagne et le retour de nombreux « *Gastarbeiter* » dans leurs pays d'origine.

Les langues minoritaires

Contrairement à la situation qu'elle a connu avant 1914 et jusqu'en 1939, l'Allemagne a aujourd'hui très peu de langues minoritaires.

Le danois

La principale minorité linguistique est constituée par la population danoise du Schleswig-Holstein, qui compte environ 50 000 personnes, presque toutes bilingues. (De l'autre côté de la frontière danoise vivent 20 000 Danois de langue allemande). La minorité linguistique danoise bénéficie d'un statut très favorable, aux termes d'un accord conclu entre la République fédérale d'Allemagne et le Danemark. En raison de la proximité du Danemark et de la liberté qui règne dans le domaine des activités culturelles et linguistiques, l'existence de la minorité linguistique danoise ne pose aucun problème particulier.

Le saterlandais

Le saterlandais est une variété de frison parlée à l'Ouest de Brême, dans la région de Cloppenburg (Saterland), par 2 000 personnes seulement. Le frison du Saterland est en régression constante ; tous les locuteurs sont bilingues, et ne comprennent ni le frison de l'Ouest, ni le frison du Nord.

Le frison du Nord (Noardfrysk)

Les Frisons du Nord sont réunis dans une même unité administrative, l'Arrondissement de la Frise du Nord *(Kreis Nordfriesland)*, englobant la côte Ouest du Schleswig-Holstein et les îles de Sylt, Röm, Föhr, Amrum et Pellworm. Presque tous les locuteurs sont trilingues frison-allemand-danois ; le frison est enseigné dans les écoles de la Frise du Nord. Dans l'ensemble, les Frisons du Nord ne comprennent pas les personnes parlant le frison de l'Ouest.

Le polonais

On ne connait pas le nombre exact des citoyens allemands de langue polonaise. Un traité signé recemment avec la Pologne leur assure des conditions favorables, sur la base de la réciprocité.

Le sorabe ou serbe de Lusace (serbski)

Depuis le VIe siècle, le sorabe, langue slave occidentale, proche du polonais et du tchèque, est parlé dans la région de Bautzen (Budišin), principalement dans la région d'Oberlausitz. Il était autrefois parlé dans un grand territoire à l'Ouest de l'Oder; les Sorabes étaient alors connus sous le nom de « Wendes ». De nos jours, les Souverains de la Suède et du Danemark portent encore le titre de « Roi des Wendes et des Goths ». Après de nombreuses tentatives de germanisation, le sorabe, considéré depuis des siècles comme une langue en voie de disparition, s'est maintenu en vie jusqu'à ce jour; il existe une ancienne et abondante littérature en sorabe. Le bas-sorabe *(dolnoserbski)* a probablement disparu ces dernières années, mais il est encore étudié par les locuteurs de haut-sorabe *(gornoserbski)* désireux de lire les ouvrages littéraires publiés en cette langue.

En 1945, le mouvement de défense de la langue sorabe a bénéficié de la protection des occupants soviétiques, puis, dans une moindre mesure, de celle du gouvernement de l'Allemagne de l'Est. De nombreuses associations culturelles de type soviétique ont été créées à cette époque, notamment le mouvement « Domovina » (Union antifasciste-démocratique des Serbes de Lusace). Malgré le déluge de propagande ainsi créé, il en est résulté, au moins dans les premières années, un net relèvement culturel, et de nombreux ouvrages en sorabe ont été publiés. Il semble bien qu'à partir de la fin des années soixante, le processus de germanisation ait repris son cours. Depuis la réunification de l'Allemagne, un nouveau mouvement se dessine en faveur du sorabe, mais on manque toujours de données statistiques officielles sur le nombre de locuteurs qui était, il y a une soixantaine d'années, d'environ 30000 à 40000.

DANEMARK (DANMARK)

La langue danoise

Langue parlée par plus de cinq millions d'Européens, le danois a une importance bien plus grande que ne l'indique le nombre de locuteurs. C'est aussi l'une des deux langues officielles de la plus grande île du monde, le Groenland. La connaissance du danois permet de s'initier rapidement au norvégien littéraire et au suédois. La connaissance de l'allemand ou d'une autre langue germanique permet d'acquérir très vite la pratique du danois écrit; la pratique de la langue parlée exige un léger effort supplémentaire, du fait que la prononciation est moins régulière que celle du suédois ou du norvégien.

Les lettres danoises occupent une place importante dans la littérature mondiale, notamment grâce aux auteurs du XIXe siècle, et surtout à Andersen et à Kirkegaard. Il est néanmoins regrettable qu'un grand auteur classique comme Holberg (le Molière danois) soit généralement inconnu de la plupart des Européens, qui découvriront peut-être un jour Oehlenschläger, Grundtwig, Heiberg, Brandes, Drachmann, Gjellerup, Pontoppidan, Jensen, Herman Bang et de nombreux autres...

La prononciation du danois

La prononciation est assez complexe pour un francophone, malgré un système graphique très simple. L'orthographe a été souvent remaniée, de sorte qu'il existe des différences de graphie entre des texte d'époques différentes.

Orthographe ancienne	Orthographe moderne		prononciation
aa	= å	=	ô

exemple :	Kirkegaard	(**kir**keugôr)
équivalent anglais exact :	Churchyard	
équivalent allemand :	Kirchhof	(cimetière)

Dans l'ensemble, le danois se lit comme l'allemand, mais avec les différences suivantes :

danois		allemand	prononciation	exemple		
ø	=	ö	« eu » français	øl (eûl)	=	bière (anglais : ale)
y	=	ü	« u »français	tryk (truk)	=	pousser
æ	=	ä	« è » français	træk (trèk)	=	tirer
a	=	a / ä	« a / è » français			
s	=	ss	« ç » français			

« d » final ou entre deux voyelles = « th » doux anglais (dh)
exemple : gade (**guè**dheu) = rue (allemand : Gasse)

« v » en fin de syllabe = « ou » français bref
exemple : København (**keu**beunha^{ou}n)

Les lettres w, x et z n'existent pas en danois.

Les langues minoritaires

L'allemand

Nous avons vu, au chapitre consacré à l'Allemagne, qu'il existe au Danemark 20 000 personnes dont la langue maternelle est l'allemand. Presque toutes sont bilingues et leur cas ne pose aucun problème.

Le feroïen (Færøysk)

Le feroïen est la langue majoritaire et la langue officielle des Iles Feroé (population 42 000 habitants), région autonome du Royaume de Danemark, située à 300 km au Nord des Iles Shetland. Leur nom de *« Færøyr »* signifie « les îles lointaines ». Langue scandinave ancienne, le feroïen est toujours bien vivant et son avenir semble assuré.

Le groenlandais (kalaallisut) (en danois grønlandsk)

Le groenlandais, une des deux langues officielles du Groenland avec le danois, est couramment pratiqué par la majorité de la population et enseigné dans les écoles groenlandaises. Les traités internationaux signés par le Groenland sont désormais accompagnés d'une version en kalaallisut. Le groenlandais est probablement celle des langues de la famille inuktut (esquimau-aléoutienne) dont la situation est la plus florissante.

La langue italienne

Issue directement du latin, la langue italienne a été, il y a cinq siècles, le véhicule d'une transformation radicale de la civilisation européenne ; c'est en effet la Renaissance, née en Italie, qui a fait entrer l'Europe dans l'époque moderne. Aujourd'hui, on peut regretter que les francophones (français, suisses et belges), dont le parler, déjà très proche de l'italien, a été nettement influencé par lui, ne profitent que rarement de l'extrême similitude des deux langages pour acquérir sans effort une connaissance pratique de la langue de Dante.

Il suffirait, pour mettre fin à cette situation, d'organiser dans les classes primaires et les lycées des cours facultatifs d'italien, dispensés au moyen de cassettes vidéo ou de DVD. Après avoir suivi un tel enseignement pendant une ou deux années, les élèves pourraient suivre des cours d'histoire et d'histoire de l'art en italien ; cela permettrait d'une part de montrer avec quelle facilité on peut acquérir la pratique d'une nouvelle langue, et d'autre part d'apporter la preuve que l'enseignement d'une matière non imposée par l'institution scolaire, mais librement choisie par l'élève, donne généralement d'excellents résultats. Il est particulièrement regrettable que de nombreux francophones d'origine italienne (soit cinq ou six millions d'Européens) aient laissé passer l'occasion de devenir au moins bilingues à bon compte.

Il serait superflu de s'étendre ici sur les avantages de la connaissance de l'italien et de donner des indications sur la morphologie et sur la littérature de cette langue, qui est facilement accessible et indispensable pour une connaissance approfondie de la culture européenne.

Les langues minoritaires

Dans l'Union Européenne, c'est l'Italie qui compte le plus grand nombre de langues minoritaires. Il s'agit de langues très diverses, non seulement par leur origine, mais encore par le nombre de leurs locuteurs, par leur statut et par leurs perspectives d'avenir. La plupart des minoritaires sont généralement bilingues ou trilingues, surtout dans les jeunes couches de la population.

L'allemand bénéficie d'une situation privilégiée, en raison de l'action énergique menée par les minoritaires de langue allemande, et en application des traités conclus entre l'Italie et l'Autriche. D'autres langues minoritaires végètent péniblement, et certaines sont même menacées d'extinction.

Selon la Constitution italienne, les minorités linguistiques sont protégées par des lois appropriées. Tout comme en France, cette protection dépend, dans la pratique, du bon ou du mauvais vouloir des autorités administratives.

Une langue autrefois très importante, le piémontais, n'est plus aujourd'hui considérée comme langue minoritaire, la plupart des locuteurs l'ayant volontairement abandonnée pour l'italien toscan depuis la formation de l'unité italienne. Une autre langue locale également importante, le napolitain, est actuellement en nette régression et n'est plus parlée que dans certaines familles ; mais un mouvement commence à se dessiner en faveur d'une renaissance du napolitain.

L'allemand

Dans la région du Haut-Adige *(Alto Adige, Süd Tirol)*, et notamment dans la Province de Bolzano, une partie importante de la population parle allemand. Après une longue période d'affrontements très durs entre italophones et germanophones, les deux langues ont obtenu un statut d'égalité. L'allemand est enseigné dans toutes les écoles et est utilisé dans l'administration publique ; il existe un quotidien en langue allemande, et plusieurs stations de radio et de télévision diffusent des programmes en allemand. Les deux-tiers environ des habitants du Haut-Adige, soit 270 000 personnes, sont de langue allemande, et plusieurs milliers parlent le ladin, langue rhéto-romane traditionnelle de la région.

En dehors du groupe compact des habitants du Haut-Adige, il existe d'autres citoyens italiens germanophones installés depuis le Moyen Âge dans des zones montagneuses. Ils parlent des dialectes alémaniques anciens, que les spécialistes s'efforcent de conserver et de noter pour la postérité ; leur nombre total peut être évalué à 10 000 ; tels sont notamment les « *Welser* » (dans le Val d'Aoste), les germanophones de *Val Formazza* et de *Val Anzasca* (Provinces de Novara et de Verceil) et les « *Mocheni* » de Val Fersina (Fersental). Dans la Province de Vicenza, quelques personnes âgées parlent encore une ancienne langue germanique, le *cimbre*, également parlée par quelques centaines de personnes dans le village de Luserna (Province du Trentin), et au Nord de Verone, à Giazza. D'autres dialectes allemands anciens sont encore parlés dans les provinces de Belluno et d'Udine (à Sappada, Sauris et Timau), et à Val Canale près du Col de Tarvisio.

Le franco-provençal

Le franco-provençal est parlé par environ 90 000 personnes, principalement dans le Val d'Aoste (Aoste, Courmayeur, La Thuile, Valgrisanche, Rhême et Champorcher) et en partie dans la Province de Turin. La langue n'a pas de statut juridique particulier, mais l'italien et le français sont admis à égalité pour la rédaction des actes publics (les actes juridiques devant être établis en italien). Dans les écoles primaires, on enseigne à la fois le français et l'italien. Il n'existe que très peu d'émissions de radio et de télévision dans ces langues ; quelques périodiques sont publiés en français et en franco-provençal.

Très loin du Val d'Aoste, au Sud de la péninsule, dans la région de Foggia, le français est encore parlé dans une petite communauté de 1 600 personnes.

L'occitan

L'occitan est encore parlé dans les vallées de l'Ouest du Piémont (Suse, Pinerolo, Oulx, Sestrière, Sampeyre, Cuneo, Fenestrelle) par quelque 46 000 locuteurs. Il ne jouit pas d'un statut juridique particulier ; il est cependant admis comme première langue dans les écoles maternelles, et comme matière facultative dans les écoles primaires. Il existe quelques périodiques en occitan, et une station de radio privée diffuse des émissions culturelles en cette langue.

À l'autre extrémité de la Péninsule, en Calabre, dans la région de Cosenza (Guardia Piemontese), survit une communauté de langue occitane comptant quelque 3000 locuteurs.

Le frioulan

Le frioulan est, après le sarde, la deuxième langue minoritaire d'Italie ; c'est de loin la plus importante, par le nombre de ses locuteurs, du groupe des langues rhéto-romanes, qui comprend également le ladin, parlé dans les Dolomites, et le roumanche, parlé dans l'Est de la Suisse. Le frioulan est parlé par plus de 500000 personnes dans les territoires de Pordenone et Gorizia, et dans la région autonome du Frioul-Vénétie Julienne.

Bien qu'il ne soit pas officiellement reconnu par l'administration italienne et ne soit pas enseigné dans les écoles primaires ou secondaires, le frioulan est toujours utilisé, surtout parmi les populations rurales. Les stations locales de radio et de télévision diffusent des émissions en frioulan ; il existe également des périodiques en cette langue. Un mouvement commence à se dessiner en faveur de l'enseignement du frioulan dans les écoles primaires et secondaires.

Le ladin

Langue rhéto-romane très proche du roumanche et du frioulan, le ladin est encore parlé par 30000 personnes environ, dans les Provinces de Bolzano et de Trente (Haut-Adige et Trentin) et dans la Province de Belluno (Vénétie). Dans la Province de Bolzano, le ladin jouit d'un statut officiel. Il est reconnu par l'administration au même titre que l'italien, et est utilisé comme langue d'enseignement dans les écoles. Il n'en est pas de même dans les Provinces de Trente et de Belluno, mais les autorités italiennes se préoccupent actuellement de la question de la reconnaissance officielle du ladin dans ces deux provinces ; il existe dans les trois provinces des périodiques en ladin, et des émissions de radio et de télévision dans cette langue.

Le sarde

Le sarde, dialecte italien bien différent du toscan, est actuellement parlé par environ 1400000 personnes ; c'est de loin la principale langue minoritaire de l'Italie. Le Gouvernement de la Région autonome de Sardaigne s'efforce actuellement d'obtenir la reconnaissance de la langue sarde à égalité avec l'italien.

La langue parlée varie notablement d'une région à l'autre et comprend cinq dialectes : nuorese, sassarese, gallurese, logodurese et campidanese. Il existe des publications littéraires en langue sarde et des articles en sarde paraissent dans certains journaux quotidiens de langue italienne ; les stations locales de radio et de télévision diffusent des émissions en langue sarde.

Le catalan

Le catalan est encore parlé dans l'Ouest de la Sardaigne, dans la ville et dans la région d'Alghero, par 20000 personnes environ. Bien qu'il ne soit pas officiellement reconnu par l'administration et ne soit pas enseigné, son usage se maintient néanmoins en milieu familial et dans les relations à l'échelon local.

Le slovène

Langue nationale de la Slovénie, le slovène est en outre parlé par environ 100000 personnes dans la Région autonome du Frioul-Vénétie Julienne ; il existe également des populations de langue slovène tout le long de la frontière avec la Slovénie, et notamment dans les Provinces d'Udine et de Gorizia. Le slovène est officiellement reconnu par l'administration dans les divers conseils locaux des Provinces de Gorizia et de Trieste, où il existe des écoles dispensant un enseignement en slovène à tous les niveaux.

Dans la Province d'Udine, le slovène ne jouit pas actuellement d'un statut juridique particulier et n'est enseigné que dans une école privée. Il existe un journal quotidien en slovène, le *Primorski Dnevnik* ; la RAI diffuse des émissions en slovène douze heures par jour, et il existe une station de radio privée diffusant uniquement en slovène.

L'albanais (arbëreshë)

Langue d'origine thraco-illyrienne, l'albanais *(shqip)*, langue nationale de l'Albanie, est également parlé par près de deux millions de personnes en Serbie, principalement dans les anciens territoires de Kosovo et Metohija (Kosmet) et par environ 40 % de la population en Macédoine. En Italie, les communautés de langue albanaise sont largement disséminées dans la partie méridionale de la péninsule et en Sicile ; l'une d'elles se trouve près du Grand Sasso, dans les Abruzzes et dans la région de Molise ; une autre est située dans la Province de Foggia et il en existe une dans la région de Maddaloni, non loin de Naples. Il en existe également dans le Basilicate, près de Potenza et de Grassano, et en Calabre, dans la région de Cosenza.

On trouve également deux communautés albanaphones en Sicile, l'une à l'Ouest dans la région de Partanna et l'autre dans la région de Nicosia.

Dispersée dans toute la partie Sud de l'Italie, la langue albanaise n'est pas reconnue officiellement par l'administration et ne jouit d'aucun statut particulier ; elle se maintient néanmoins en tant que langue parlée dans les villages isolés, et n'est généralement utilisée que dans les familles, dans les communications à l'échelon local et à l'église. Il existe quelques périodiques de langue albanaise, et quelques stations de radio privées émettant en albanais.

Le grec

À l'époque hellénistique, le grec était la langue du Sud de la péninsule italique et de la Sicile ; au Sud de Brindisi, dans les Pouilles, le grec est parlé aujourd'hui par une population d'environ 20000 personnes. Il existe encore une autre communauté de langue grecque en Calabre, à l'extrême pointe de la péninsule, dans la région de Reggio di Calabria (Montalto).

La langue grecque ne bénéficie d'aucun statut particulier ; elle est néanmoins enseignée dans quelques écoles maternelles et primaires. Il existe des périodiques locaux en grec, et deux stations de radio privées diffusent des émissions dans cette langue.

<u>Suisse (Schweiz, Svizzera)</u>

La Suisse a quatre langues officielles : l'allemand, le français, l'italien et le roumanche, et n'a aucune langue minoritaire.

Le roumanche ou romanche (rumantsch)

Également appelé parfois ladin et autrefois cour-velche, le roumanche est encore parlé par quelque 25 000 personnes dans le Canton des Grisons, dans la vallée du cours antérieur du Rhin et dans l'Engadine. Le Canton des Grisons (Graubünden), qui constituait une confédération indépendante depuis le haut Moyen Âge, est entré dans la Confédération Helvétique en 1803. Depuis le XVIe siècle, les Grisons avaient réussi à conserver, à côté de l'allemand, leur langue rhéto-romane originale, héritée de l'occupation romaine ; la langue a une riche littérature.

Le roumanche forme, avec le ladin d'Italie et le frioulan, le groupe des langues rhéto-romanes ; c'est la quatrième langue nationale de la Suisse. Il est encore enseigné dans les petites classes des écoles, le plus souvent en même temps que l'allemand, langue dominante de la région, qui a laissé d'assez nombreuses traces dans le vocabulaire et dans les expressions courantes. Sur la base des trois principaux dialectes traditionnels, on a procédé récemment à une unification et à une simplification de la langue littéraire ; la langue ainsi unifiée et épurée est aujourd'hui connue sous le nom de *« rumantsch grischun »*.

Les habitants de l'Engadine désignent traditionnellement leur langue sous le nom de « ladin », ce qui est tout à fait justifié, mais tend à créer une confusion avec le ladin dolomitique parlé dans les provinces italiennes du Haut-Adige, du Trentin et de Belluno, autre langue rhéto-romane proche parente mais différente du roumanche.

Il existe de nombreuses publications en roumanche, ainsi qu'une presse locale et quelques émissions en roumanche diffusées par la radio et la télévision. Presque tous les Suisses de langue roumanche sont bilingues ou trilingues, et parfois quadrilingues. Il semble que, sous l'effet conjugué de l'émigration et de l'immigration, le roumanche soit aujourd'hui en net recul par rapport à l'allemand et à l'italien.

AUTRICHE (ÖSTERREICH)

L'allemand, seule langue officielle de l'Autriche, présente dans ce pays de très légères différences dialectales par rapport à la langue parlée dans le Nord de l'Allemagne, et même avec le bavarois. On peut comparer ces différences avec celles qui existent entre le français hexagonal et le français de Belgique.

Les langues minoritaires

Il est généralement difficile d'indiquer des chiffres précis concernant les langues minoritaires en Autriche. En effet, parmi les huit millions d'Autrichiens, tous les minoritaires ou presque sont bilingues.

Le slovène

La langue minoritaire la plus importante est le slovène, langue parlée traditionnellement en Carinthie par quelque 100 000 personnes. Même si des locuteurs de la jeune génération ont eu tendance à abandonner leur langue d'origine, les rapports étroits qui ne manqueront pas de s'établir avec la République de Slovénie contribueront très probablement au maintien du slovène en Carinthie.

Le tchèque

Il est principalement parlé dans l'agglomération viennoise et en Basse-Autriche *(Niederösterreich)* depuis plus d'un siècle et demi. Un simple coup d'œil sur l'annuaire des téléphones de Vienne permet de constater que plus de la moitié des Viennois ont des noms patronymiques tchèques ; il existe assez souvent des liens familiaux entre ces personnes et des citoyens de la République Tchèque, et on peut prévoir que les rapports familiaux, culturels, touristiques et commerciaux avec ce pays deviendront encore plus actifs dans un proche avenir. On peut évaluer à présent à plus de 100 000 le nombre des Autrichiens qui parlent encore ou comprennent le tchèque.

Le croate

Il serait probablement très difficile de préciser le nombre des locuteurs croates du Burgenland, qui se montait à environ 45 000 avant la deuxième guerre mondiale. Compte tenu de la très forte immigration croate qu'on observe actuellement en Autriche, même si la jeune génération des Croates du Burgenland est devenue essentiellement germanophone, le nombre des locuteurs croates en Autriche a sans doute nettement augmenté.

Le hongrois

Du fait de la proximité du Burgenland et de la République de Hongrie, il est également problable que la population hungarophone (elle aussi bilingue en grande majorité), renforcée par les vagues d'immigration successives, a largement dépassé son effectif d'avant-guerre, évalué à 10 000 sujets parlants.

L'italien

L'italien est toujours parlé par quelques milliers de personnes dans une partie de la population du Vorarlberg et du Tyrol.

La langue espagnole

L'espagnol, parlé par plus de 40 millions d'Européens, est aussi la langue de plus de 300 millions de personnes, vivant surtout en Amérique du Sud et en Amérique Centrale. C'est aussi de nos jours la deuxième langue des États-Unis.

Tout Européen parlant une langue romane a la possibilité d'acquérir facilement une connaissance pratique de l'espagnol, dont l'importance dans le monde est toujours plus grande en raison du développement du commerce mondial et de l'accroissement rapide des populations d'Amérique. Indispensable pour la connaissance de la civilisation européenne, l'espagnol est largement enseigné dans tous les établissements scolaires de l'Europe occidentale.

Les langues minoritaires

Selon la Constitution espagnole, le castillan est la langue officielle de l'État, mais les autres langues sont également officielles dans les communautés autonomes. Ces dernières exercent les pleins pouvoirs en matière de promotion de la culture, de recherche et, dans les cas appropriés, d'enseignement des langues de la communauté autonome.

Le catalan (català)

Le catalan a constitué depuis les temps les plus reculés une langue romane bien distincte de l'espagnol et proche du français. Le premier texte catalan connu date de 1171. La littérature catalane, riche et variée, est l'un des plus beaux fleurons du patrimoine culturel de l'Europe latine.

Le catalan est parlé par dix millions d'Européens, en Espagne, en France, en Andorre et en Italie (Nord-Ouest de la Sardaigne). Il est langue officielle dans la Généralité de Catalogne et en Andorre ; il a également le statut de langue officielle dans les Communautés autonomes de Valence et des Baléares. Une très grande partie de la presse de Catalogne est en catalan, et de nombreux ouvrages sont publiés dans cette langue. L'usage du catalan est obligatoire dans toutes les écoles primaires et secondaires, où de nombreux cours sont dispensés en catalan ; des programmes en catalan sont diffusés quotidiennement par la radio, et il existe des chaînes de télévision diffusant exclusivement en catalan.

Le catalan, qui a en Europe le même nombre de locuteurs que le portugais, devient de nos jours une des langues principales de l'Europe occidentale. Dans de nombreux domaines d'activité, les étrangers, et notamment les Français non catalans, auront intérêt à l'étudier, au même titre que les autres langues de notre continent.

Le galicien (galego)

Langue romane aussi ancienne que le castillan, le galicien est à la fois très proche du castillan et du portugais. Sur les trois millions d'habitants de la Région autonome de Galice, au Nord-Ouest de la péninsule ibérique, plus de deux millions parlent le galicien, et tous le comprennent.

Le galego est aujourd'hui langue officielle dans la Communauté autonome de Galice, à égalité avec le castillan ; les pouvoirs publics sont tenus de garantir la connaissance et l'utilisation du galicien ; tous les Galiciens ont le droit de le connaître, et de l'utiliser dans tous les domaines de la vie publique. L'enseignement du galego et de l'espagnol est obligatoire dans tous les établissements d'enseignement primaire et moyen.

De nombreuses oeuvres littéraires sont actuellement publiées en galicien, et la langue est utilisée sur deux chaînes de télévision et dans des émissions radiophoniques régulières.

Le basque (euskuara, euzkera, euskara)

Langue officielle de la Communauté autonome du Pays Basque, le basque est également parlé dans une partie de la Province de Navarre. Il est aussi parlé en France par 100 000 locuteurs. On peut estimer aujourd'hui à un million, le nombre des personnes parlant ou comprenant le basque.

Ainsi que nous l'avons indiqué au chapitre 5 du présent ouvrage, le basque, parfois arbitrairement classé dans la catégorie des langues dites « japhétiques », est en Europe occidentale le seul vestige d'une langue parlée en Europe avant l'arrivée des Indo-européens.

En Espagne, le Pays Basque, connu sous le nom d'*Euskal Herria* ou *Euskadi*, est dirigé par le Gouvernement basque *(Eusko Jaurlaritza)*. L'euskara est parlé dans la Communauté Autonome Basque ou *« Euskal Komunitate Autonomoa »* (Provinces de Guipuzcoa, Biscaye et Alava - *Gipuzkoa, Bizkaia, Araba*), et dans une partie de la Province de Navarre *(Nafarroa)*. L'euskara est enseigné dans toutes les écoles du Pays Basque à tous les niveaux. En 1981, un organisme officiel dénommé (HABE ou *Helduen Alfabetatze Berreuskalduntzerako Erakundea*) a été créé par le Gouvernement basque, en vue de l'alphabétisation et de la *« réeuskaldunisation »* des adultes ; cet organisme a créé dans tout le pays des centres d'enseignement du basque, ou *Euskaltegiak,* publics et privés.

Il existe aujourd'hui deux chaînes de télévision *(Euskal Telebista)* et des stations de radio *(Euskadi Irratia)* diffusant continuellement en basque.

La langue basque étant d'un usage courant dans l'administration du pays, même la presse locale de langue espagnole utilise très souvent sans traduction certains mots basques tels que : *Lendakari* (président), *Ertzaintza* (police), *Ugalduntza* (mairie), etc.

L'asturien (bable)

Du point de vue de la reconnaissance officielle, l'asturien fait nettement figure de parent pauvre par rapport aux langues ci-dessus mentionnées, et ne paraît pas être soutenu avec une vigueur particulière ; il est parlé et compris par environ 200 000 personnes. L'asturien est très loin d'avoir atteint le développement culturel du catalan et du galicien. Bien que l'orthographe n'ait pas encore été unifiée, on s'efforce en divers milieux de réaliser une codification de la langue. La proportion des élèves de l'enseignement primaire apprenant le bable serait de 4 %.

L'aragonais (fabla)

Malgré son passé prestigieux, l'aragonais semble être actuellement en voie de disparition. Il est encore parlé de nos jours, en grande partie parmi les personnes âgées, par quelque 30000 habitants dans les régions montagneuses de Huesca et de Jaca ; il est officiellement considéré comme la langue de la Communauté Autonome d'Aragon.

L'aranais

Actuellement parlé par moins de 6000 personnes, la plupart bilingues, trilingues ou quadrilingues, dans la région du Val d'Aran, aux sources de la Garonne, l'aranais présente un grand intérêt pour les linguistes. Il semble être en nette régression, mais des initiatives ont été prises pour assurer au moins sa survie. Certains le considèrent comme un des dialectes de l'occitan ; d'autres le placent dans une catégorie à part, distincte de l'occitan et du catalan.

PORTUGAL

La langue portugaise

Langue nationale de 11 millions d'Européens, le portugais est parlé dans le monde (au Brésil, en Afrique et en Asie) par environ 180 millions de personnes. C'est donc la cinquième langue d'importance mondiale.

Il serait dommage pour un Européen parlant déjà une langue romane de renoncer à la connaissance de cette langue si facilement accessible, ainsi qu'à la découverte passionnante du monde lusophone.

Le Portugal est, avec la République Tchèque, un des rares pays d'Europe ou il n'existe pas de langue minoritaire. On trouve bien dans l'extrême Nord-Est, dans la région frontalière de l'Alto Douro, à l'Est de Bragança (communes de Vimioso et Miranda do Douro), une population bilingue utilisant à la fois le portugais et l'espagnol, mais les deux langues sont si proches que les locuteurs peuvent passer sans grands inconvénients de l'une à l'autre.

Prononciation du portugais

u	=	« ou » français
o	=	« ou » français quand il n'est pas accentué « o » français quand il est accentué
ou	=	« o » français
nh	=	« gn » français, « ñ » espagnol
lh	=	« ill » ou « y » français, « ll » espagnol
s	=	« s » dur en début de mot ou après consonne « z » entre deux voyelles « ch » français en fin de mot ou devant c, f, p, t, q *exemple : os Portugueses (ouch Pourtouguezech)* = les Portugais
j	=	« j » français
ã	=	« un » français nasal
ão	=	« an » français nasal
x	=	le plus souvent comme « ch » français
z	=	« z » français, mais « ch » français en fin de mot

Grèce (Ελλάδα)

La langue grecque

La langue grecque peut être considérée comme la mère de la civilisation européenne. Le latin lui-même serait resté une langue barbare s'il ne s'était pas mis à l'école du grec ; c'est aussi à l'imitation du grec que s'est formé le slavon, qui a donné naissance à la langue littéraire russe. Plus près de nous, Amyot a fixé au XVIe siècle la syntaxe du français littéraire sur le modèle grec.

De nos jours, l'enseignement du grec classique a presque disparu, et beaucoup de parents d'élèves le considèrent comme une corvée inutile. Il est vrai que le grec classique, dans les prononciations fantaisistes dont on l'affuble en Europe et ailleurs, manque un peu d'allure et de naturel, et a de quoi décourager les meilleures volontés. Au risque de choquer les derniers professeurs de grec classique, nous nous permettons de préconiser l'enseignement du grec moderne langue vivante, comme introduction à l'étude du grec classique ; cela offrirait peut-être une chance de relancer les études grecques et de présenter les classiques sous un jour plus vrai et sous une forme plus vivante.

Quoi qu'il en soit, il est évident que pour tous les Européens, l'étude du grec, ou au moins du vocabulaire grec, n'est nullement un luxe. Presque toutes les langues d'Europe sont truffées de mots grecs aujourd'hui irremplaçables ; aucun Européen n'envisage de renoncer au téléphone, au magnétoscope, à la polychromie, à la cinémathèque, à la pinacothèque, à la glyptothèque, à la discothèque, pas plus qu'à l'hippodrome, à l'hélicoptère, au pyroscaphe ou au bathyscaphe. En politique, on tient beaucoup à la démocratie, on redoute la ploutocratie et on se méfie de l'aristocratie. Les philosophes parlent d'ésotérisme, d'eudémonisme, d'agnosie, de phénoménologie et d'épiphénomènes. Dans les lycées[1] de l'hexagone, les pédagogues enseignent peut être encore la géographie, les mathématiques, la géométrie ; on parle sans doute des logarithmes et des polynômes, on étudie l'entomologie, les atomes, l'atmosphère, le cosmos, les microbes, les bactéries, etc. On pourrait ainsi aligner sur des kilomètres des myriades d'hellénismes plus ou moins euphoniques, jusqu'à provoquer chez le lecteur des crises et des traumatismes menant à l'hystérie et aboutissant à la catalepsie. L'autochtone parisien, qui s'asphyxie en auto sur le périphérique ou prend le métro pour aller au Panthéon ou au théâtre de l'Odéon, peut encore fantasmer sur l'époque mythique où les Champs Élysées étaient le paradis éphémère des péripatéticiennes et de leurs proxénètes, aujourd'hui éclipsés par les vendeurs de narcotiques et d'ecstasy ou autres euphorisants aux amphétamines…

Il nous faut bien admettre que le grec est une composante extrêmement importante de notre vocabulaire européen. Pour ceux qui veulent apprendre une langue étrangère, c'est là une aubaine extraordinaire ; en effet, ces dizaines de milliers de mots se retrouvent intacts, ou presque, dans la plupart des langues indo-européennes… Et même dans les autres langues, où des mots-calques les ont fidèlement reproduits. Pour ceux qui sont tentés d'apprendre le grec, ces mots offrent des milliers de racines, constituant une base massive pour l'acquisition du vocabulaire.

Note

1. Lycée : mot grec signifiant « la louvière » ou « le bois des loups ».

La prononciation du grec moderne est décrite en détail dans le chapitre consacré à l'alphabet grec.

Les langues minoritaires

Dans l'ensemble, toutes les langues minoritaires de Grèce sont actuellement en net recul, et probablement en voie d'extinction. Tous les citoyens grecs se trouvent, par la force des choses, obligés de connaître le grec et de s'en servir dans presque toutes les circonstances de la vie. De son côté, l'administration grecque n'encourage pas la survivance des langues minoritaires ; l'état actuel des relations entre la Grèce et l'Albanie, ainsi que l'attitude de la Grèce face à la République de Macédoine, curieusement accusée d'avoir usurpé son nom, ne sont pas de nature à améliorer la situation. De nombreuses régions où l'on parlait autrefois des langues locales sont aujourd'hui entièrement grécophones ; même dans les zones montagneuses les plus reculées, le grec s'impose de lui-même dans les relations économiques entre les villages isolés et les petites villes grecques. Sauf dans le cas particulier de quelques écoles gréco-turques de Thrace occidentale, l'enseignement est dispensé uniquement en grec sur tout le territoire hellénique.

L'albanais (arvanite)

L'albanais, encore parlé de nos jours dans de nombreux villages disséminés au Nord-Ouest et au Sud de la Grèce, est le plus souvent parlé en famille et dans la vie locale ; dans un certain nombre d'agglomérations, on entend encore parler albanais dans les marchés. En de nombreux endroits, la population d'origine albanaise est devenue entièrement grécophone, comme c'est le cas, par exemple, dans l'île d'Hydra. Langue non officiellement reconnue, l'albanais n'est pas enseigné à l'école et il n'existe ni journaux, ni revues, ni émissions de radio ou de télévision en albanais.

On ne dispose d'aucune donnée statistique fiable concernant le nombre des albanophones en Grèce ; on a mentionné officiellement en 1951 l'existence de 23 000 albanophones, mais il est impossible à l'heure actuelle de connaître leur nombre exact. On considère généralement que sur le territoire de la Grèce, la langue albanaise est en voie de disparition.

Le turc

Le turc est toujours parlé par les populations musulmanes de Thrace occidentale dans les préfectures de Rhodope, Xanthe et Evros. Selon les services grecs du recensement, le nombre des turcophones dans ces régions serait d'environ 60 000.

En application des dispositions du Traité de Lausanne, il existe dans les trois préfectures des institutions religieuses musulmanes, et dans les écoles destinées aux turcophones, l'enseignement est dispensé en grec et en turc. Il existe quelques journaux et revues en turc, et quelques émissions de radio sont diffusées en turc.

Le macédonien

En 1951, on évaluait encore à quelque 40 000 le nombre des Grecs de langue macédonienne ; cette langue était encore parlée, avant la deuxième guerre mondiale, par un certain nombre d'habitants de la province grecque de Macédoine. Après la défaite et le retrait des forces communistes de Markos en 1947, de nombreux Macédoniens de Grèce se sont fixés en Macédoine yougoslave et sont aujourd'hui citoyens de la République de Macédoine. Dans les préfectures de Pella, Florina, Kilkis, Serrai et Drama, les Grecs de langue macédonienne ne parlent leur langue qu'en famille et entre voisins.

L'état actuel des relations entre la Grèce et la République de Macédoine n'est évidemment pas favorable au maintien de la langue macédonienne dans la province grecque de Macédoine. La langue macédonienne ne jouit d'aucune reconnaissance officielle, et l'administration aurait plutôt tendance à nier son existence, comme elle nie l'existence de la République de Macédoine. Il est très probable que cette langue ne tardera pas à disparaître de tout le territoire de la Macédoine grecque.

L'aroumain

Dialecte assez proche du roumain, l'aroumain, koutso-valaque, roumain du Pinde ou macédo-roumain, est parlé dans de nombreuses communautés rurales et pastorales des Balkans. En Grèce, les Aroumains sont communément appelés « Valaques - βλάχοι » Dans divers pays, notamment en Albanie, en Macédoine, en Serbie, au Montenegro et en Bulgarie, on leur donne aussi le nom de « Tsintsari ».

Les Aroumains de Grèce sont établis depuis la plus haute antiquité dans les régions montagneuses de l'Epire, du Pinde et de la Thessalie ; la radio et la télévision grecques ont aujourd'hui rompu l'isolement qui leur avait permis de conserver leur langue depuis la conquête romaine. Leur nombre était évalué en 1951 à quelque 40000 personnes. L'aroumain n'est parlé que dans les familles et dans les villages de montagne ; l'administration grecque ignore son existence et il semble que la langue soit actuellement en nette régression, peut-être même en voie d'extinction à brève échéance. Dans les circonstances actuelles, il est fort peu probable que le Gouvernement grec ou le Gouvernement roumain se préoccupent un jour du sort de ces populations…

Le pomaque

Les Pomaques sont des Bulgares islamisés de Thrace occidentale, parlant un dialecte bulgare ; ils sont établis dans les régions de Xanthe et de Rhodope. Leur nombre a été évalué à 27000 personnes en 1971 ; la plupart d'entre eux sont trilingues (pomaque, grec et turc). Uniquement parlé dans les familles et dans les villages, le pomaque n'est ni enseigné ni utilisé dans les écoles, et n'est pas reconnu par l'administration ; il n'existe à notre connaissance ni journaux, ni revues, ni émissions de radio ou de télévision en langue pomaque.

Les traces du judéo-espagnol

Ainsi que nous l'avons indiqué plus haut, il existait encore en Grèce avant la deuxième guerre mondiale une communauté de langue judéo-espagnole ; le nombre de locuteurs de cette langue pouvait alors être évalué à 100000, dont 60000 vivaient à Salonique. La langue était florissante, avec une littérature et une culture originales. Il reste peut-être aujourd'hui dans toute la Grèce deux mille personnes âgées parlant en famille le judéo-espagnol ou judezmo.

La langue bulgare

Contrairement à toutes les autres langues slaves, le bulgare et le macédonien disposent d'un article défini ; cet article est postposé, et il varie avec le genre du mot (masculin, féminin ou neutre). Une autre particularité du bulgare et du macédonien réside dans le système des déclinaisons, qui est beaucoup plus simple que dans les autres langues slaves, et qui remplace dans certains cas la désinence par le recours à une préposition, utilisant ainsi le même procédé que les langues romanes modernes.

La formation de la langue bulgare ne peut s'expliquer que par les circonstances historiques particulières qui ont déterminé son évolution :

La Mésie inférieure, province romaine du bas Danube, était habitée par les Thraces. Les tribus slaves y sont apparues au VIe Siècle, et les Bulgares (tribus de langue turco-tatare originaires de la Kama et du cours supérieur de la Volga) l'ont envahie au VIIe siècle. Le conquérant bulgare Kroum,contemporain de Charlemagne, ayant chassé les armées de l'Empereur byzantin Nicéphore 1er, occupa définitivement l'ensemble du pays.

Les Bulgares adoptèrent très vite la langue slave du pays conquis, qui devint la Bulgarie, exactement selon le processus observé en Occident lors de la conquête de la Gaule par les Francs. En l'an 863, le Khan Boris reçut le baptême et entreprit avec succès la conversion de l'ensemble du pays au christianisme orthodoxe, en créant l'église nationale et autocéphale bulgare, et par là-même, les bases de la Bulgarie moderne.

Le vocabulaire du bulgare, bien qu'il ait assimilé au cours des siècles quelques éléments turcs et grecs, ne diffère que dans une faible mesure de celui des autres langues slaves. L'étudiant étranger qui connaît déjà une langue slave peut ainsi acquérir en quelques mois une bonne connaissance pratique du bulgare, et la grammaire ne présente aucune difficulté particulière ; seule la place de l'accent tonique dans le mot présente pour l'étudiant étranger une réelle difficulté, et exige un effort d'adaptation soutenu, ou une longue pratique de la langue parlée.

La littérature bulgare, exclusivement religieuse à ses débuts, a exercé une influence prépondérante sur l'ensemble des pays slaves orthodoxes. L'occupation ottomane a étouffé pendant quatre siècles toute activité littéraire, mais on a assisté pendant tout le XIXe siècle à la renaissance des lettres bulgares dont le représentant le plus célèbre, le poète Hristo Botev, mourut en combattant les Turcs à la veille de l'indépendance. Depuis 1878, la littérature a connu une période glorieuse, marquée notamment par l'œuvre considérable d'Ivan Vazov (1850-1921).

La prononciation du bulgare

L'alphabet bulgare est, depuis 1945, exactement le même que l'alphabet russe. (Voir au chapitre 15, page 176, notre « Initiation à l'alphabet cyrillique »).

Différences de prononciation par rapport au russe :
щ = « cht » (št) (et non « chtch » comme en russe).
ъ = « eu » bref (« ă » roumain, « a » hongrois, « ë » albanais).

Dans les textes antérieurs à la réforme de 1945 :

Ѫ = ъ   Ѣ = е

Toutes les autres lettres se prononcent comme en russe, mais le « o » ne se prononce jamais comme « a ».

L'accent tonique est irrégulier, et la connaissance du russe ou du serbo-croate ne fournit aucune indication sur sa place dans un mot bulgare.

Langues minoritaires

On ne dispose toujours pas de statistiques officielles fiables concernant les langues minoritaires en Bulgarie. D'après les évaluations provenant de sources plus ou moins crédibles, le nombre des Turcs de Bulgarie serait actuellement d'environ 1million ; ils sont principalement concentrés dans le Sud du pays, près de la frontière bulgaro-grecque et bulgaro-turque. (Régions de Deli-Orman, Gerbovo, Touzlouk, Aïtos, Khaskovo, Kourdjali et Kroumovgrad). Il est probable qu'un certain nombre d'entre eux, surtout dans la jeune génération, sont aujourd'hui soit bilingues, soit largement bulgarophones. Sous le régime communiste, de nombreux turcophones ont été contraints par l'administration de l'État-Civil de prendre des noms bulgares.

En 1935, les turcophones représentaient, selon les sources officielles, 11 % du chiffre total de la population, soit 608 000 personnes. Il faudra sans doute attendre encore longtemps pour se faire une idée, même de manière approximative, du nombre des turcophones en Bulgarie. Les Gagaouz sont des turcophones chrétiens orthodoxes vivant dans les régions de Varna, Novo Pazar et Provadia ; on évaluait approximativement leur nombre, avant la deuxième guerre mondiale, à une dizaine de milliers.

Il existait encore avant la guerre, dans les villes bulgares, environ 50 000 citoyens de langue grecque, et plus de 40 000 parlant le judéo-espagnol. Ils ont presque tous disparu.

Certaines sources mentionnent le chiffre de 500 000 Tsiganes, mais il serait vain de demander des précisions à cet égard. En outre, on chercherait vainement des indications concernant les langues utilisées par les Tsiganes ; la plupart d'entre eux sont sans doute bilingues ou bulgarophones. Il en va de même des Arméniens, établis principalement à Plovdiv, pour lesquels on avance le chiffre de 100 000, qu'il est évidemment impossible de vérifier.

La langue albanaise

L'albanais est aujourd'hui, avec l'arménien, un des deux seuls vestiges du groupe thraco-illyrien des langues indo-européennes. Toutefois, malgré leurs lointaines origines communes, les deux langues sont assez éloignées l'une de l'autre, et leurs ressemblances ne se laissent pas facilement entrevoir.

L'albanais du Caucase a en grande partie disparu à une époque mal définie, remontant selon certains auteurs à deux millénaires, mais des sources anciennes mentionnent encore son existence en Anatolie au Moyen Âge et même plus tard. L'ensemble du territoire actuel de la République d'Azerbaïdjan était encore peuplé d'Albanais jusqu'au XIe siècle, époque de l'invasion des Azéris venus de Perse.

L'albanais de Thrace et d'Illyrie a subi un début de latinisation au temps de la conquête romaine et en conserve de nombreuses traces dans son vocabulaire, mais ce processus a pris fin brutalement avec la chute de la puissance romaine, et la langue a miraculeusement préservé jusqu'à nos jours son caractère de langue thraco-illyrienne, alors que le dace, autre langue de ce groupe, a été romanisé au point de donner naissance au roumain, langue romane moderne.

Le substantif albanais a, comme en arménien, une forme définie notée par un suffixe, particularité que les anciennes langues thraco-illyriennes des Balkans ont léguée, sous forme d'article postposé, à une langue romane, le roumain, et à deux langues slaves, le macédonien et le bulgare.

Les Albanais sont traditionnellement fiers de l'ancienneté de leur langue, qui aurait même été parlée, selon le grand poète Naim Frashëri, *« kur Adami s'kishte lerë »* (quand Adam n'était pas encore né).

Il existe en Albanais, à côté de nombreuses variantes dialectales, deux dialectes principaux qui présentent entre eux de nombreuses disparités morphologiques : le *geg*, prédominant dans le Nord du pays, et le *tosk*, parlé surtout dans le Sud. Il semble bien que de nos jours, et ce depuis 1945, la langue officielle ait tendance à s'aligner de plus en plus sur le tosk. Le nom du pays « *Shqipëria* » (le pays des aigles), se dit et s'écrit en geg « *Shqipnija* ». (Le « n » et le « m » du geg correspondent souvent à un « r » en tosk.).

Alors que le fond du vocabulaire albanais est en majeure partie thraco-illyrien, on y décèle assez fréquemment, sous une forme encore reconnaissable, des mots latins introduits à l'époque romaine ; on y reconnaît aussi un modeste contingent de mots slaves empruntés au macédonien et au serbe. Il s'y est ajouté au cours des dix derniers siècles des vocables empruntés au grec médiéval et au grec moderne, et plus encore au turc osmanli. Depuis le milieu du XIXe siècle, la langue a absorbé en outre un nombre considérable de néologismes d'origine française ou italienne (*abuzim* = abus, *adaptim* = adaptation, *aciditet*, *aderencë*, *administrativ*, *agoni*, *agresion*, *agronomi*, *agjitacion*, *akademi*, *akord*, *aksion*, *aktivist*, etc.)

Au cours de la période d'occupation ottomane, c'est surtout parmi les populations albanaises du Sud de l'Italie qu'est apparue au XVIIIe siècle une extraordinaire activité littéraire, surtout d'inspiration catholique, dont le représentant le plus connu de nos jours est Variboba. C'est seulement au XIXe siècle, à l'époque de la renaissance nationale, que la littérature albanaise a pris son essor. Le grand poète national qui domine presque toute cette période est Naim Frashëri (1846-1900).

Le plus grand écrivain du XXe siècle est sans conteste Fan Noli (1882-1965), surtout connu à l'étranger pour son « Histoire de Skanderbeg ». L'auteur albanais contemporain le plus connu en Europe est sans doute le romancier Ismail Kadare (né en 1936), qui fut longtemps le représentant officiel des lettres albanaises dans le gouvernement marxiste d'Enver Hoxha, et dont plusieurs œuvres ont été traduites en français.

La prononciation de l'albanais

Avant le XXe Siècle, on a eu recours à diverses reprises en Albanie à l'usage de l'alphabet grec et de l'alphabet arabe du turc osmanli, mais les minorités albanaises du Sud de l'Italie utilisaient depuis longtemps l'alphabet latin, surtout pour la notation des textes religieux. Il existait avant 1912 divers systèmes graphiques, qui ont fait place à un système de transcription phonétique standardisé et rationnel, ce qui donne à cette langue ancienne un aspect résolument moderne.

	Équivalent français	Exemple	Prononciation		
u	ou	lutem	loútèm	=	s'il vous plaît
ë	« eu » court	mirë	mír^{eu}	=	bien, bon
y	u	qytet	k^{y}utèt	=	ville (cité)
j	ill/y (« j » all.)	kujdes	kouydès	=	attention
c	ts	këpucë	k^{eu}poúts^{eu}	=	chaussure
ç	tch	çarçaf	tchartcháf	=	drap
x	dz	nxehtë	ndzèkht^{eu}	=	chaud
xh	dj	hoxha	hodjá	=	prêtre musulman
sh	ch	shëndet	ch^{eu}ndèt	=	santé
dh	« th » doux anglais	dhomë	δóm^{eu}	=	chambre
th	« th » dur anglais	thikë	thík^{eu} (ϑík^{eu})	=	couteau
q	k^{y} t^{y}	qendro !	k^{y}endró !	=	stop !
gj	g^{y} - guie	gjerman	guièrmán	=	allemand
r	« r » roulé	republikë	repoublík^{eu}	=	république
rr	« r » roulé redoublé	rrëzik	rr^{eu}zík	=	danger
ll	« l » redoublé	akull	akoúl'l	=	glace

Toutes les autres lettres se prononcent comme en français.
(« e » est toujours prononcé « è »).

Spécimen de texte albanais en tosk
(orthographe officielle)

Shqipëria ka qenë e banuar qysh në kohët më të lashta, qysh në epokën e gurit. Gjurmët e banorëve më të vjetër, janë gjetur në afërsi të qytetit të Sarandës.

Paraardhësit e popullit shqiptar janë ilirët, të cilët banonin në pjesën perëndimore të gadishullit të Ballkanit, në brigjet e Adriatikut, të paktën, që prej 3000 vjetësh.

Një etapë të lavdishme në historinë e Shqipërisë e përbëjnë luftërat e popullit shqiptar në shekullin XV nën udhëheqjen e heroit kombëtar, Gjergj Kastriotit - Skënderbeut. Nën udhëheqjen e tij 25 vjet me radhë shqiptarët u bënë ballë ushtrive të shumta të sulltanëve, duke mbrojtur kështu edhe qytetërimin evropian nga pushtimi turk. Populli shqiptar iu përgjigj me kryengritje dhe me luftëra të vazhdueshme sundimit të gjatë qindravjeçar e të egër turk, politikës asimiluese, përpjekjeve të pushtuesit për të shuar çdo vatër qëndrese.

Traduction :

L'Albanie a été peuplée depuis l'époque la plus ancienne, depuis l'âge de pierre. Les traces des habitants les plus anciens ont été trouvées aux environs de la ville de Saranda.

Les ancêtres du peuple albanais sont les Illyriens, qui habitaient dans la partie occidentale de la péninsule balkanique, sur les rivages de l'Adriatique, il y a au moins 3 000 ans.

Une période glorieuse de l'histoire de l'Albanie est constituée par les luttes du peuple albanais au XVe siècle, sous la conduite du héros national, Gjergj Kastriot Skanderbeg.

Sous son commandement, les Albanais ont fait face pendant 25 ans sans interruption aux nombreuses armées des Sultans, sauvant ainsi également la civilisation européenne de l'occupation turque. Le peuple albanais répondit par des soulèvements et des combats incessants à la sauvage domination turque tout au long des siècles, à la politique d'assimilation et aux efforts de l'occupant visant à écraser tout foyer de résistance.

Spécimen de texte albanais en geg
(orthographe en usage au Kosmet et en Macédoine)

Krahina Autonome e Kosovës dhe Metohisë, ose si thirret mâ shkurt Kosmeti, ndodhet në pjesën jug-perëndimore të Republikës të Sërbisë dhe bân pjesë në të. Në jug-lindje të Kosmetit âsht Republika e Maqedonisë, kurse në veripërendim Republika e Malit të Zi. Në jug-perëndim të Kosmetit ndodhet Republika e Shqipnisë.

Këjo Krahinë ka kushte shum të mira për bujqësi: ka klimë shum të përshtatëshme, tokë pjellore dhe nji rrjetë të mirë lumejsh për ujitjen e tokës. Prandaj, bujqësia âsht mjeshtërija kryesore e popullsisë së Kosovës dhe Metohisë. Këtu bahën të gjitha llojet e drithnavet.

Kësaj Krahine i përket qarku xeheruer i përmendun Kopaonik, Novo Brdo me xeheroret Novo Brdo, Janjevë dhe Trepça, afër Mitrovicës, âsht nji prej xeherorevet mâ të mëdha të plumbit në botë.

Traduction :

La région autonome de Kosovo et Metohija, ou comme on l'appelle plus brièvement le Kosmet, se trouve dans la partie Sud-Ouest de la République de Serbie, dont elle fait partie. Au Sud-Est du Kosmet est la République de Macédoine et au Nord-Ouest, la République du Montenegro. Au Sud-Ouest du Kosmet se trouve la République d'Albanie.

Cette région réunit de très bonnes conditions pour l'agriculture: elle a un climat très favorable, un sol fertile et un bon réseau de cours d'eau pour l'irrigation du sol. C'est pourquoi l'agriculture est l'occupation principale de la population de Kosovo et Metohija. On y cultive toutes les sortes de céréales.

À cette région appartient le célèbre district minier de Kopaonik-Novo Brdo, avec les mines de Novo Brdo, Janjevo et Treptcha, près de Mitrovitsa; c'est l'une des plus grandes mines de plomb du monde.

Langues minoritaires

La question des langues minoritaires ne s'est jamais posée en Albanie, et le régime communiste n'en a jamais fait mention, les citoyens étant tenus d'utiliser exclusivement l'albanais dans toutes les circonstances de la vie. La situation actuelle n'est pas non plus favorable à une étude de ce genre. Pour l'Albanie, le problème des langues minoritaires se pose uniquement à l'extérieur des frontières, en Serbie (au Kosovo, et dans la région Sud Ouest de la Serbie), en Macédoine, et dans une moindre mesure au Montenegro et en Grèce. Le nombre des albanophones dans ces quatre pays représente en effet plus de 50 % de celui des citoyens albanais.

Les seules langues minoritaires ayant existé en Albanie, c'est-à-dire le tsigane, le grec, le serbo-croate, l'aroumain et l'italien, ne concernaient en tout avant la guerre qu'environ 15 000 sujets parlants. Elles sont très probablement en voie d'extinction.

Macédoine (Македонија)

La langue macédonienne

Ainsi qu'on pourra le voir au chapitre 15 (ce qu'on appelle le « cyrillique »), c'est en macédonien que les Évangiles furent traduits pour la première fois dans une langue slave, et ce sont les textes en cette langue qui ont servi de référence dans tous les pays slaves de religion orthodoxe.

Les particularités de l'alphabet macédonien par rapport à l'alphabet serbe (deux lettres en moins et trois lettres en plus), sont indiquées à la fin du chapitre 15. Dans la deuxième partie du chapitre 26, on pourra comparer un texte macédonien au texte bulgare correspondant, et on trouvera dans notre « Vocabulaire parallèle de dix langues slaves » un petit lexique de base en macédonien.

On pourra constater de cette manière que le macédonien est très proche du bulgare. Malgré quelques légères différences dans la transcription des sons, un bulgare arrive assez facilement, sans étude particulière, à comprendre le macédonien et vice versa. Le degré de différence est moindre qu'entre le français et le provençal, et à peu près égal à celui qu'on observe entre l'italien et le corse.

Comme le bulgare, le macédonien a conservé dans son vocabulaire courant des mots turcs et grecs, mais en plus grande quantité. En outre, on y trouve un certain nombre de mots serbes, en quantités variables selon les régions.

Langue officielle de la Macédoine depuis 1945, le macédonien est aujourd'hui la langue officielle de la République de Macédoine qui est, avec la Slovénie, le plus jeune des états indépendants de l'Europe. Depuis 1945, l'enseignement primaire et secondaire est dispensé en macédonien, et la littérature en cette langue commence à s'affirmer dans tous les genres, en dépit des difficultés énormes que le nouvel État doit affronter. Même son nom traditionnel et millénaire lui a été, assez curieusement, contesté par le Gouvernement grec, ce qui est d'autant plus surprenant que la nation macédonnienne, à la différence de beaucoup d'autres, n'a jamais été désignée, au cours des siècles, par un autre nom que le sien. Si le territoire de la Macédoine n'a jamais été une province grecque, la Grèce, en revanche, a bien été dans l'antiquité une province de la Macédoine…

Pour la prononciation du macédonien, voir au chapitre 15 le passage intitulé « Initiation à l'alphabet cyrillique ». Les règles de prononciation sont, dans l'ensemble, les mêmes qu'en serbe. L'accent tonique est irrégulier, et sa place dans un mot n'est pas toujours la même qu'en serbe ou en bulgare.

Les langues minoritaires

La République de Macédoine compte aujourd'hui deux millions d'habitants. Selon les statistiques officielles, le nombre des albanophones serait de 24 %, mais selon les intéressés, il s'élèverait à 40 %. La situation des Albanais de Macédoine deviendra certainement, tôt ou tard, un sujet d'actualité. Peut-être pourra-t-on alors obtenir des chiffres plus fiables concernant les langues minoritaires de la Macédoine.

Le nombre de personnes parlant d'autres langues minoritaires (principalement le turc, le tsigane, le serbe, le bulgare, l'aroumain et le grec) est évalué à 8 %. On mentionne parfois les chiffres de 100 000 turcophones et de 45 000 Serbes, auxquels il convient d'ajouter plus de 50 000 Tsiganes, dont la langue n'a certainement pas été déterminée de manière précise.

La langue serbo-croate

On désigne sous le nom de langue serbo-croate la langue nationale de la Serbie et du Monténégro, de la Croatie et de la Bosnie Herzégovine, qui est également langue minoritaire parlée dans une partie de la Macédoine, dans le Sud de la Hongrie, en Autriche dans le Burgenland, et en Italie dans quelques villages de la côte adriatique. C'est la langue commune de plus de 18 millions d'Européens.

Le serbo-croate s'écrit toujours actuellement sous deux formes : l'écriture cyrillique (ћирилица - *ćirilica*) employée en Serbie et au Montenegro, et l'écriture latine *(latinica)* employée en Croatie et en Bosnie-Herzégovine. Dans certaines parties de la Croatie, l'Église a utilisé longtemps, et utilise encore pour noter la langue liturgique, l'écriture glagolitique *(glagolica)* mise au point par les Saints Cyrille et Méthode.

Il subsiste bien de légères différences dialectales, portant principalement sur la prononciation des voyelles, entre les divers parlers serbes, croates et bosniaques, mais tous les locuteurs ont nettement conscience de parler la même langue. Les différences les plus sensibles portent sur le vocabulaire, certains mots usuels pouvant présenter une forme serbe et une forme croate, mais ces très légères différences de vocabulaire sont bien connues dans toutes les régions. En voici quelques exemples parmi les plus courants :

serbe			croate		
хлеб	-	hleb	kruh	=	pain
позориште	-	pozorište	kazalište	=	théâtre
марама	-	marama (du turc)	rubac	=	mouchoir
хиљада	-	hiljada (du grec)	tisuća	=	mille
шалица	-	šalica	zdjelica, plitica	=	tasse

Ces différences régionales sont peu nombreuses et moins importantes que les divergences de vocabulaire existant entre l'allemand du Nord et l'allemand d'Autriche. Ce qui est plus gênant pour les serbophones, c'est la différence entre les noms de mois qui, en croate, ont gardé leur ancienne dénomination slave ; on trouvera, au tableau 10 de notre vocabulaire parallèle de dix langues slaves, les noms de mois croates avec leurs noms serbes en regard.

La littérature serbe s'est exprimée avec une vigueur particulière dans les années qui ont suivi l'invasion turque, au moyen de la poésie populaire épique. D'innombrables chansons de geste, rappelant notre « Chanson de Roland » ont vu le jour à cette époque. Ce sont les « *Narodne pesme* » (chants populaires), qui ont été groupées en divers « cycles », dont le plus célèbre et le plus connu est le « cycle de Kosovo », relatant les combats désespérés des Serbes contre les Turcs. Plus de dix mille de ces poèmes ont été recueillis, et il en existe des éditions en douze volumes. C'est un océan de chefs d'œuvre poétiques issus spontanément du génie populaire ; pendant presque toute l'occupation turque, jusqu'à la fin du XVIIIe siècle, ces poèmes ont été pour la Serbie, le Monténégro et la Bosnie, la principale expression littéraire en langue nationale.

Vers la fin du XVIIIe siècle et au début du XIXe, deux grands écrivains, le Serbe Vuk Karadžić et le Croate Ljudevit Gaj, ont fixé presque en même temps les parlers serbes et croates, en les rapprochant encore plus les uns des autres. Les grands auteurs classiques ont néanmoins mis constamment l'accent sur leurs particularismes nationaux ou régionaux ; il y a une littérature serbe classique, dont les fondateurs ont été Dositej Obradović et Vuk Karadžić, une littérature monténégrine illustrée principalement par le poète et Prince-évêque Petar Petrović Njegoš, une florissante littérature ragusaine (dalmate) dont le modèle a été Ivan Gundulić (1589 - 1638), nettement influencé par le Tasse, une littérature croate dont l'essor est dû à l'Évêque Štrossmayer, et une littérature bosniaque qui s'est affirmée avec le grand poète Miljutinović.

On peut dire que le domaine du serbo-croate constitue à lui seul un immense univers littéraire, généralement inconnu jusqu'à présent des autres Européens.

La prononciation du serbo-croate

croate	serbe	équivalent français
č	ч	tch
ć	ћ	ts^{i} (Popović = Popovits^{i})
c	ц	ts (Mitrovica = Mitrovitsa)
š	ш	ch
ž	ж	j (comme dans « jeu »)
đ	ђ	d^{i} (comme dans « adieu »)
dž	џ	dj (comme dans « djebel »)
h	x	kh (entre « h » aspiré et « c' h » guttural)
j	j	y, ill (jug = youg)
u	y	ou
r	p	« r » roulé
s	c	ç, ss (jamais « z »)
g	г	g dur (comme dans « gant »)
nj	њ	gn (ñ)
lj	љ	ly, l^{i}

Toutes les autres lettres de l'alphabet croate se prononcent comme en français.

L'accent tonique est irrégulier.

Les langues minoritaires

La Serbie et le Montenegro (République fédérale de Yougoslavie) constituent un état de 10 millions d'habitants, dont 9 350 000 vivent dans la République de Serbie et 650 000 dans la République du Montenegro.

La principale langue minoritaire est l'albanais, parlé surtout en République de Serbie dans la région de Kosovo et Metohija, où les albanophones représentent 90 % de la population.Selon les indications officielles, le nombre des albanophones serait de 1 700 000 en République de Serbie et de 40 000 dans la République du Montenegro. Sous le régime de Tito, l'albanais était enseigné dans toutes les écoles du Kosovo, et il semble que presque toute la population de langue albanaise soit aujourd'hui alphabétisée. Sous le régime de Milošević, les albanophones ne jouissaient d'aucun des droits linguistiques accordés normalement aux populations minoritaires.

Depuis les événements de 1999, l'albanais devrait devenir la langue officielle du Kosovo. Il convient de faire observer qu'au Sud de la République de Serbie, à l'Est du territoire du Kosovo, dans une région englobant les villes de Preševo, Bujanovac et Medvedja, 70000 albanophones sont toujours dans la situation où se trouvaient les Albanais du Kosovo avant 1999. Il est probable que cette situation conduira un jour ou l'autre à de nouveaux affrontements.

Dans le territoire autonome de Voïvodine vivent actuellement, selon les statistiques officielles, 385000 Hongrois (500000 selon d'autres sources), qui utilisent et pratiquent couramment leur langue, même si bon nombre d'entre eux sont bilingues et ont fréquenté une école serbe. Les Croates, au nombre d'environ 300000, ne constituent pas une minorité linguistique, puisqu'ils parlent la même langue que les Serbes. Restent les Roussines ou Ruthènes de Voïvodine, qui parlent l'ukrainien et dont le nombre est évalué à 20000, et les Slovaques, dont le nombre s'élèverait actuellement à 90000 locuteurs.

Assez curieusement, on n'entend plus parler de nos jours des Bounievtsi (Bunjevci) et des Choktsi (Šokci), qui comptaient avant 1940 respectivement 90000 et 20000 locuteurs. Il s'agit de Serbes catholiques vivant principalement dans la Bačka, au Nord de la Voïvodine, près de la frontière hongroise; on les désigne parfois sous les noms de Dalmatiens, Autrichiens catholiques et Illyriens *(Dalmate, Katoličke Race, Ilire)*. Ils parlent un serbo-croate truffé de mots hongrois, au point de n'être pas compris par les Serbes et les Croates; on suppose qu'ils ont fini par faire cause commune avec les Croates, auxquels les unit la religion catholique.

Il existe également dans la République de Serbie, principalement dans le Banat, aux alentours de Vršac (Vrşeţ) et en Voïvodine, une minorité linguistique roumaine, sur laquelle on ne possède aucune indication de source officielle et dont le nombre est évalué à quelque 40000 personnes, ainsi qu'une minorité bulgare de 25000 habitants et plus de 10000 turcophones.

Croatie (Hrvatska)

Il ne semble pas qu'il existe actuellement en Croatie des minorités linguistiques de quelque importance. Dans les régions voisines de la Slovénie, on trouve une zone dans laquelle le slovène et le croate se chevauchent, au point que certains sujets parlants ne distinguent pas nettement s'ils parlent plutôt le slovène ou le croate. Quant aux Serbes de Croatie, ils parlent la même langue que les Croates et peuvent utiliser l'alphabet cyrillique dans les cas prévus par la loi, la plupart d'entre eux connaissant et pratiquant les deux alphabets. La plus grande partie des Serbes de Croatie était constituée par les Serbes de la Krajina, aujourd'hui réfugiés en République de Serbie.

Sur les cinq millions d'habitants de la République de Croatie, 1,5 %, soit en gros 76000 habitants, parlent une langue minoritaire, mais la plupart d'entre eux sont bilingues et ont fréquenté une école croate. (24000 Hongrois, 19000 Italiens, 14000 Tchèques, 14000 Albanais et 5000 Slovaques).

Bosnie et Herzégovine (Босна и Херцеговина)

L'avenir de la Bosnie Herzégovine est toujours incertain et les frontières sont encore mal fixées. La région dans son ensemble compte environ 4500000 habitants; qu'ils soient Croates, Musulmans ou Serbes, ils parlent tous la même langue, le serbo-croate. Il n'existe dans la région aucune langue minoritaire de quelque importance.

La langue slovène

C'est la plus occidentale des langues slaves. Langue littéraire depuis le XVIe siècle, le slovène est assez proche du serbo-croate, mais présente des caractéristiques particulières dans sa structure, sa phonétique et son vocabulaire. Le slovène a conservé une particularité dont on retrouve quelques traces dans la plupart des autres langues slaves : il distingue entre le singulier, le duel et le pluriel ; le duel désigne deux personnes ou deux choses. Les trois nombres sont marqués pour les noms, les adjectifs, les pronoms et les verbes.

Exemple :	míza = table	míze = tables	mízi = 2 tables
	stòl = chaise	stôli = chaises	stóla = 2 chaises
	mésto = ville	mésta = villes	mésti = 2 villes

Il existe entre la Slovénie et la Croatie des régions intermédiaires, où les populations parlent indifféremment slovène ou croate, ou un mélange des deux langues.

Le plus grand et le plus célèbre poète slovène est sans conteste France Prešern (1800-1849), le père de la langue littéraire moderne. Le plus grand écrivain du XXe siècle est Ivan Cankar (1876-1918) ; son premier recueil de poèmes fut brûlé en 1899 sur l'ordre de l'Évêque de Ljubljana ; son œuvre immense de poète, romancier, dramaturge, auteur comique et satirique, critique d'art et polémiste fait souvent penser à celle de Victor Hugo. Ses œuvres complètes ont été éditées en 21 volumes.

La littérature slovène moderne est particulièrement riche et variée. La Slovénie est certainement un des pays d'Europe où l'édition occupe la place la plus importante dans l'activité nationale ; on disait autrefois, dans l'ancienne monarchie austro-hongroise, que la rencontre de deux Serbes donnait naissance à trois complots ; celle de deux Croates à trois partis politiques, et celle de deux Slovènes à trois maisons d'édition !

La prononciation du slovène

slovène	équivalent français	slovène	équivalent français
č	tch	j	y, ill
š	ch	u	ou
ž	j	r	« r » roulé
c	ts		
h	« h » guttural (« ch » allemand, « c'h » breton)		
l	comme en français, mais à la fin d'un mot ou devant une consonne, comme « ou » (ł polonais) Ex. : *pozabil* (pozabił) = il a oublié. *poln* (połn) = plein *volk* (vołk) = loup		
v	comme en français, mais à la fin d'un mot ou devant une consonne, comme « ou » (ł). Ex. : *gotov* (gotoł) = prêt. *glavno* (głałno) = principalement		

Toutes les autres lettres se prononcent comme en français.
L'accent tonique est irrégulier.

Les langues minoritaires

Dans la République de Slovénie, qui compte 2 millions d'habitants, deux langues minoritaires importantes sont parlées : l'italien à l'Ouest, et le hongrois ; les deux langues étant considérées comme langues officielles, à égalité avec le slovène. Toutefois, les intéressés, fréquemment bilingues, sont peu nombreux : environ 3 000 italophones et 8 500 hungarophones, soit moins de 0,6 % de la population.

RÉPUBLIQUE TCHÈQUE (ČESKÁ REPUBLIKA)

La langue tchèque

Langue de la Bohême (Čechy), de la Moravie (Morava) et de la Silésie (Slezsko), le tchèque appartient au groupe occidental des langues slaves (avec le slovaque, le polonais et le serbe de Lusace). Il est parlé par plus de dix millions d'Européens, et généralement compris par les cinq millions de Slovaques.

Le tchèque est, avec le slovaque et le polonais, l'une des trois grandes langues slaves ayant un accent tonique régulier ; c'est là un avantage énorme pour l'étranger désireux d'acquérir rapidement la pratique de la langue parlée.

Au Moyen Âge, la Bohême et la Moravie ont eu deux langues littéraires: le slavon, langue répandue en même temps que la religion chrétienne par Cyrille et Méthode, et le latin. On peut dire que la langue tchèque a pris naissance vers le XIIe siècle, et elle est certainement, après le macédonien, la langue slave la plus anciennement attestée. Langue déjà bien évoluée au XIVe siècle, le tchèque s'est affiné et modernisé sous l'influence du mouvement hussite, plus d'un siècle avant Luther. Cette langue littéraire moderne a été remarquablement illustrée au XVIIe siècle par le grand écrivain européen Jan Amos Komenský (Comenius), auteur de la « Porte ouverte sur les langues » *(Janua linguarum reservata)* et de la *« Didactica Magna »*. Komenský peut être considéré à juste titre comme un précurseur de l'Union Européenne.

Les deux siècles d'influence germanique n'ont pas entamé la vitalité et l'originalité de la langue tchèque, qui s'est affirmée avec force à l'époque romantique avec Jungmann et Jan Kollár, et a connu, à partir de 1848, notamment avec Šafařík et Palacký, une renaissance et un développement extraordinaires. L'écrivain le plus célèbre du XIXe siècle est probablement Jan Neruda (1834-1891), auteur des « Malostranské povídky » (Histoires d'un quartier de Prague), à la fois humoriste, intimiste et réaliste, un peu dans la même veine qu'Anatole France. Parmi les auteurs du XXe siècle, le plus connu à l'étranger est certainement Jaroslav Hašek, le père du « Brave soldat Švejk ». Les Européens pourront encore faire connaissance, au cours des années à venir, avec des centaines d'autres auteurs tchèques d'importance mondiale.

Les Européens de demain qui apprendront le tchèque découvriront une nouvelle facette de la civilisation européenne et de ses traditions, une langue slave formée et polie au cours des siècles au contact des cultures latine et germanique, toujours vivante, robuste et résolument moderne, et en même temps émaillée parfois de traces chatoyantes de raffinement et de préciosité héritées de l'époque élégante de la monarchie austro-hongroise.

La prononciation du tchèque

tchèque		équivalent français
č	=	tch
c	=	ts
š	=	ch
s	=	ç, ss (jamais « z »)
ch	=	« kh », « c'h » (« ch » dur allemand)
d'	=	d^{i} (comme dans « adieu »)
t'	=	t^{i} (comme dans « tiens »)
ž	=	j (comme dans « jour »)
j	=	y, ill (comme dans « Yalta »)
ň	=	gn (ñ)
ř	=	r + j (comme dans « argent »)
r	=	« r » roulé
h	=	toujours aspiré (comme en allemand)
ou	=	ou
ú, ů	=	« ou » long
í, ý	=	« i » long
á	=	« a » long
ě	=	iè, yè

Toutes les autres lettres de l'alphabet tchèque se prononcent comme en français.

L'accent tonique est régulier et porte sur la première syllabe du mot.

Langues minoritaires

La République tchèque, qui compte aujourd'hui plus de 10 millions d'habitants, n'a pratiquement plus de langues minoritaires. Avant la guerre, la République tchécoslovaque avait, principalement dans la région des Sudètes, une langue minoritaire importante: l'allemand, parlé à l'époque par plus de 3 millions de personnes ; il n'en reste pratiquement rien aujourd'hui. Il existe bien un nombre assez important mais indéterminé de Tsiganes, mais il n'est pas possible de savoir dans quelle mesure ils parlent réellement une langue tsigane.

La République tchèque est probablement un des rares pays d'Europe où la question des langues minoritaires ne se pose pas.

La langue slovaque

Les Slovaques sont apparus en l'an 568 dans le territoire de l'actuelle Slovaquie, occupé d'abord par des tribus celtes, puis par des peuples germaniques, dont les derniers ont été les Lombards. La langue slovaque, parlée aujourd'hui par cinq millions d'Européens, est attestée comme langue nationale de la Slovaquie depuis l'an 863. Elle est assez proche du tchèque pour qu'un Slovaque soit généralement capable de comprendre un texte tchèque, et, si le contraire n'est pas toujours vrai, un Tchèque a néanmoins la possibilité d'acquérir, avec un minimum d'efforts, une connaissance pratique de la langue slovaque.

Pendant le Moyen Âge et même plusieurs siècles après, le latin a joué le rôle de langue officielle et administrative en Slovaquie, laquelle dépendait de la Couronne hongroise depuis l'an 920. Sous la domination des Habsbourg, à partir de 1526, la Slovaquie a eu deux langues officielles : le latin et l'allemand, remplacés à partir de 1867 par le hongrois. Lors de la création de la République tchécoslovaque en 1918, le slovaque est devenu langue officielle. L'indépendance, proclamée en mars 1939, a pris fin en 1945, et elle a été de nouveau proclamée le 1er janvier1993.

Le slovaque a subi au cours des siècles les influences successives du latin, du tchèque, de l'allemand et du hongrois, tout en gardant intact son caractère de langue slave bien particulière. De nombreux mots composés d'éléments bien slovaques sont des calques formés sur un modèle latin, tchèque, allemand ou hongrois. Le père de la langue slovaque moderne est Anton Bernolák (1762-1813), dont l'œuvre a été complétée par Michal Hodža et Jozef M. Hurban (1817-1888). Les premiers grands poètes slovaques ont été Svetozár HurbanVajanský (1847-1916) et P.O. Hviezdoslav (1849-1921). Le plus grand et le plus connu est probablement Martin Kukučín (Matej Bencúr) (1860-1928).

Dans de nombreux cas, l'étranger qui apprend le slovaque a auparavant appris le tchèque ; si tel n'est pas le cas, il sera néanmoins tenté de comparer les deux langues. Il est malheureusement très rare de trouver des textes ou des méthodes bilingues permettant d'acquérir en même temps la pratique des deux langues, et d'éviter ainsi des confusions dans la conversation courante.

La prononciation du slovaque

Dans l’ensemble, le slovaque se prononce comme le tchèque, mais l’alphabet comprend les lettres ci-après qui n’existent pas en tchèque :

slovaque		équivalent français
ä	=	è, ai (« ä » allemand)
ô	=	^{u}o, ^{w}o (comme le plonais ło)
ŕ	=	rr, « r » redoublé (géminé)
l’	=	« l » mouillé, (« ill », l^{i}, ly)
ť	=	« t » mouillé (t^{i}, t’, ty)

Comme en tchèque, l’accent tonique est régulier et porte sur la première syllabe du mot.

Langues minoritaires

À la différence de la République tchèque, la Slovaquie, pays de 5 millions d’habitants, doit faire face à un grave problème de langue minoritaire. Il s’agit, bien entendu, de la minorité de langue hongroise, généralement évaluée à 600 000 personnes concentrées le long de la frontière hungaro-slovaque, et notamment dans les villes de Bratislava (Pozsony), Komárno (Komarom) et Košice (Kassa).

Un accord sur les droits de cette minorité est intervenu récemment entre la Slovaquie et la Hongrie. Il semble, néanmoins, que l’application des dispositions de l’accord présente d’assez grandes difficultés. La première langue étrangère enseignée dans les établissements scolaires de langue hongroise doit être la langue nationale, c’est-à-dire le slovaque ; de nombreux hungarophones, linguistiquement isolés au cœur de l’Europe, tiennent à apprendre en priorité l’anglais et l’allemand, et ils estiment que la connaissance du slovaque ne les aide nullement à rompre leur isolement linguistique. Les nationaux de langue slovaque, de leur côté, estiment que tous les citoyens du pays doivent avoir une bonne connaissance pratique de la langue nationale. D’autre part, le fait qu’il existe une différence de niveau social assez marquée entre les deux communautés linguistiques contribue à renforcer les antagonismes.

Il existait en Slovaquie avant 1945 une importante minorité allemande d’origine saxonne, celle des « *Zips* », surtout composée de paysans, établie dans le Sud-Est du pays, (région Sud-Ouest des Hauts Tatra) depuis le XIIIe siècle. Elle a quitté le pays entre 1943 et 1945 pour s’établir en Allemagne.

La deuxième minorité linguistique est constituée par les Tsiganes, dont le nombre est évalué à 250 000, mais dont la situation linguistique, là comme ailleurs, est assez mal connue, du fait que les intéressés parviennent, dans une large mesure, à échapper aux opérations de recensement…

Carte 2

Langues minoritaires en Europe orientale

La langue hongroise

Les Hongrois sont arrivés il y a onze siècles dans le Bassin des Carpates, qui constitue aujourd'hui la Hongrie. On sait qu'avant cette époque, ils étaient nomades, et qu'ils sont partis de la région de la Kama, un affluent de la Volga à l'Ouest de l'Oural. Leur langue appartient à la branche dite « ougrienne » des langues finno-ougriennes ; c'est à cette même branche qu'appartiennent les langues de deux populations vivant dans le Nord de l'Oural, les Vogoules (Mansy) et les Ostiaks (Khanty).

Ayant séjourné plusieurs siècles dans les steppes à l'Ouest de la Volga et au Nord de la Mer Noire, (le « Levedia » et, plus à l'Ouest, « l'Ételköz »), les Hongrois ont franchi en l'an 896 le passage de Verecke dans les Carpates, sous la conduite de leur chef, Árpád, et se sont établis pour toujours dans la plaine, la « Puszta », mot d'origine slave qui signifiait à l'origine « le désert ». Ils furent christianisés par leur premier Roi, Saint-Étienne, qui reçut des mains du Pape, en l'an mille, la Couronne de Hongrie, symbole de la nation.

Entièrement différent, par sa structure, des langues indo-européennes, le hongrois est généralement considéré de ce fait comme une langue « difficile ». Ce n'est là, évidemment, qu'une idée reçue parmi tant d'autres. Pour le comparer à tout prix aux langues indo-européennes, les grammairiens classiques ont voulu y voir ce qu'ils appellent des « cas », au nombre de vingt-trois et parfois plus ; en fait de cas, il ne s'agit que de postpositions invariables ou presque, qui jouent le même rôle que nos prépositions.

Exemple :	*a ház* = la maison	*a házban* = dans la maison
	a kert = le jardin	*a kertben* = dans le jardin

Il suffit de savoir que : le suffixe « *ban/ben* » = « dans ».

Pour nos grammairiens, il s'agit d'un cas appelé « inessif ».

Des phénomènes tout aussi simples que celui-là ont ainsi été baptisés « illatif, élatif, délatif, adessif, allatif, ablatif, sublatif, superessif, terminatif, essif, comitatif, distributif, transformatif, instrumental, final, modal, temporel, etc. » De quoi effrayer les amateurs les plus hardis ! Dans chacun de ces « cas », il suffit de retenir le sens d'une seule syllabe utilisée comme suffixe. Le fait que ce suffixe prend souvent deux formes (comme ban/ben) selon la voyelle contenue dans le mot, est appelé « harmonie vocalique » ; on trouve ce phénomène très naturel après quelques minutes de pratique, même si on ignore son nom. (Il existe également en finnois, en turc et dans plusieurs autres langues).

Par ailleurs, le hongrois est exempt des nombreuses complications présentes dans les langues indo-européennes : les substantifs, les pronoms, les articles, etc. n'ont pas de genre (ni masculin, ni féminin, ni neutre) ; la conjugaison est simple, et surtout la prononciation est régulière , sans la moindre exception. L'accent tonique, également régulier, porte toujours sur la première syllabe du mot ; la morphologie et la syntaxe donnent l'impression d'une superbe mécanique de précision, parfaitement réglée.

Le seul obstacle sérieux, que l'étranger doit obligatoirement surmonter, réside dans l'acquisition du vocabulaire, en grande partie distinct de celui des langues indo-européennes. Mais là encore, il existe des compensations : de nombreux mots dérivés ou composés viennent au secours de la mémoire. Beaucoup d'entre eux sont en réalité des mots-calques, utilisant des racines hongroises, mais formés à l'imitation d'un mot latin, grec ou allemand.

De plus, un examen attentif permet de découvrir un bon stock de mots empruntés aux langues slaves, à l'allemand, au latin, et même au turc. Inversement, on retrouve de nombreux mots d'origine hongroise dans les vocabulaires du roumain, du slovaque et du serbo-croate ; il existe également un petit nombre de mots communs avec le finnois et l'estonien, autres langues de la famille finno-ougrienne. (Voir le chapitre : « La langue finnoise »).

Bien entendu, ceux qui s'efforcent de trouver à tout prix des racines communes entre le hongrois et les langues indo-européennes peuvent se laisser abuser par des ressemblances fortuites. Mais même en pareil cas, ils ne perdent pas leur temps : une étymologie, même fausse, a le mérite d'être un support de la mémoire ; on peut imaginer que *ház* vient de l'allemand *Haus*, que *kert* a une parenté avec la racine « *gard* » présente dans « *Garten* », « *jardin* », etc. , que *víz* est parent de « *Wasser* », que *szín* vient de « *scène* », etc. *Se non è vero, è bene trovato,* et c'est un bon moyen mnémotechnique, dont on peut toujours faire son profit.

De 1867 à 1918, le hongrois a été, après l'allemand, la deuxième langue officielle de l'empire d'Autriche-Hongrie ; il a connu à cette époque un rayonnement culturel extraordinaire. La littérature hongroise, particulièrement riche, originale et variée, abonde en chefs-d'œuvre de niveau international. Tous les Européens devront connaître au moins l'existence des grands classiques hongrois, Petőfi Sándor, Arany János, Madách Imre, Ady Endre, et des centaines d'autres. Ceux qui apprécient Baudelaire, par exemple, retrouveront dans certains poèmes d'Ady un peu de son génie et de sa forme, mais avec en plus une vigueur, un éclat et une profondeur inconnus dans les autres littératures de l'Europe.

On peut affirmer sans hésiter que la langue hongroise porte en elle, outre son génie particulier, les traces brillantes d'un millénaire de civilisation européenne et de culture occidentale.

La prononciation du hongrois

		Équivalent français	Exemple	Prononciation
sz	=	s (jamais « z »)	Liszt	List
s	=	ch	Budapest	**Bou**dëpècht
cs	=	tch	csárdás	**tchār**dāch
zs	=	j	zsoké	**jock**ey
c	=	ts	cigány	**tsi**gāgn
ny	=	gn (ñ)	Arany	**ë**rëgn
j, ly	=	y / « ill »	Kodály	**Ko**daille
gy	=	d mouillé (dⁱ / dji)	Magyarország	**Më**djiërorçāg
ty	=	t mouillé (tⁱ / tji)	tyúk	tⁱoûk (poule)
a	=	« o » ouvert (a / o) (ë) ± « eu » (dans «heure»)	paprika	**pë**prikë
á	=	a (un peu long) (ā)	Magyarország	**Më**djiërorçāg
ö	=	« ö » allemand bref ± « eu » (dans « heureux »)	rögtön (aussitôt)	**reug**teun
ő	=	long (eû)	Petőfi	**Pè**teûfi
ű	=	ü long (üü)	mű (œuvre)	müü
u	=	ou	szervusz (salut !)	**çèr**vouss
ú	=	« ou » long (oû)	búcsú (adieu !)	**boû**tchoû
í	=	« i » long (î)	papír (papier)	**pë**pîr

« g » est toujours dur comme dans « gant ».

Les autres lettres se prononcent comme en français.
L'accent tonique est régulier et porte sur la première syllabe du mot.

Les langues minoritaires

La Hongrie n'a plus de langues minoritaires de quelque importance. Il existait avant 1941 plus de 500 000 Hongrois de langue allemande ; il n'en est plus question de nos jours.

Le nombre des citoyens hongrois de langue slovaque doit être actuellement d'environ 60 000, soit 0,6 % du chiffre total de la population. Le statut linguistique des citoyens de langue slovaque a été réglé, en même temps que celui des hungarophones de Slovaquie, par un accord signé en 1993 à Paris entre les Chefs de Gouvernement des deux pays.

Il doit encore exister dans la Bácska (Batchka), dans la région de Szeged, quelques dizaines de milliers de Serbes et de Croates, ainsi que de Bounievtsi *(Bunyevácsok)* et de Choktsi *(Sokácok)*, dont l'existence dans la partie serbe de la Bačka *(Bácska)* a été mentionnée au chapitre de la République de Serbie. Depuis 1993, les quelque 800 000 Tsiganes de Hongrie sont officiellement reconnus en tant que minorité ethnique, et ont la faculté d'élire leurs représentants ; ils parlent tous le hongrois, et le nombre de ceux qui parlent entre eux un dialecte tsigane n'est pas connu. Aucune enquête linguistique n'a été prévue pour élucider cette question.

Il est évident que le principal problème de langue minoritaire concernant ce pays est celui que posent les Hongrois de l'extérieur, dont le nombre atteint près de la moitié de la population de la Hongrie.

La langue roumaine

Neuvième langue d'Europe avec plus de 24 millions de locuteurs, le roumain, seule langue romane des Balkans, doit lui aussi son origine à la colonisation romaine. Le pays des Daces a été d'abord occupé par les soldats de Trajan, puis par des colons romains et des déportés bannis de Rome ; Ovide fut l'un de ces derniers (il écrivit même une ode en langue dace, mais elle n'a jamais été retrouvée).

Le vocabulaire roumain a conservé quelques rares mots d'origine dace (le dace était une langue thraco-illyrienne, comme l'albanais et l'arménien). Parmi les langues romanes, le roumain se distingue par l'emploi de l'article postposé, vraisemblablement hérité du dace.

La grammaire est presque entièrement latine et dans le vocabulaire, les mots d'origine latine, de loin les plus nombreux, sont souvent reconnaissables au premier coup d'œil.

Exemple :

om = homme	femeie = femme	rege = roi	domn = monsieur
miere = miel	lapte = lait	apă = eau	vorbă = mot (verbum)
iarbă = herbe	floare = fleur	fruct = fruit	câmp = champ

D'autres mots ne sont pas immédiatement identifiables :

Exemple :	bătrân = vieux (veteranus)	biserică = église (basilique)
	iapă = jument (equa)	râu (rîu)= rivière

De nombreux mots slaves sont couramment employés :

Exemple :

da = oui	vreme = temps	ceas = heure	uliţă = rue
a plăti = payer	a iubi = aimer	a primi = accepter	

D'autres sont d'origine hongroise:

oraş = ville (város)	Crăciun = Noël (Karácsony)
pahar = verre (pohár)	oţel = acier (acél)
a tăgădui = nier (tagadni)	şi = et (és, s)

On rencontre aussi, plus ou moins fréquemment, des mots turcs (*chibrit* = allumette), parfois empruntés eux-mêmes à l'arabe ou au persan, des mots grecs (*drum* = δρόμος = route) et une foule de mots empruntés il y a plus d'un siècle au français, à l'italien, à l'allemand, et à d'autres langues; sans compter les néologismes d'origine anglaise qui foisonnent depuis quelques années, comme l'affreux « *hitecul* » = « le high tech ».

Au siècle dernier, les deux plus grands poètes roumains, Alecsandri et Eminescu, se sont efforcés d'employer de préférence dans leurs œuvres le plus grand nombre possible de vocables d'origine latine ; d'autres, comme Coşbuc et comme le romancier Ion Creangă, ont tenu au contraire à bien mettre en valeur toutes les richesses du vocabulaire. L'effet est admirable dans les deux cas.

La littérature roumaine, d'inspiration surtout religieuse dans ses débuts, a subi d'abord l'influence du slavon, langue liturgique de l'orthodoxie slave, remplacée au cours du XVIIIe siècle par celle du grec. C'est au cours de la seconde moitié du XIXe siècle que la littérature a connu sa période la plus brillante ; en effet, jusqu'en 1860, le roumain s'écrivait encore en caractères cyrilliques. L'adoption de l'alphabet latin a été le signal d'un renouveau culturel extraordinaire et d'une prise de conscience de la latinité de la langue roumaine.

La Roumanie, sortant d'un pénible isolement culturel de plus d'un demi-siècle, prendra enfin un jour prochain la place qui lui revient dans le concert des nations européennes. Il est hors de doute qu'elle exercera une forte attraction sur les Européens de l'Ouest. La langue roumaine, malgré toute sa richesse venue de sources très diverses, apparaît bien dès l'abord comme une langue romane, et les Européens qui parlent déjà une langue d'origine latine verront là une possibilité d'acquérir sans grands efforts la connaissance de cette langue exubérante et merveilleusement originale.

Spécimen de texte roumain

Poporul român a trăit sute de ani de-a rîndul despărţit în trei ţări ; Moldova, Ţara Românească şi Transilvania. Această depărţire era folositoare duşmanilor noştri, mai ales turcilor, care ne puteau stăpîni mai bine dacă nu eram uniţi. Dar poporul năzuia spre unire. El ştia că o ţară mai mare va fi mai puternică, va putea mai uşor să scape de asuprirea turcească. Poporul socotea că viaţă îi va fi mai uşoară după unire.

Au fost atunci ani de mari frămîntări. In cele din urmă, poporul a biruit. Moldovenii au ales ca domnitor pe Alexandru Ioan Cuza, unul dintre luptătorii pentru unire, iar cei din Ţara Românească au ales şi ei tot pe Alexandru Ioan Cuza. In felul aceasta, în ziua de 24 ianuarie 1859, Moldova şi Ţara Românească s-au unit într-o singură ţară, care s-a numit ROMÂNIA.

Traduction :

Le peuple roumain a vécu, des centaines d'années consécutives, divisé en trois pays : la Moldavie, le Pays Roumain et la Transylvanie. Cette division était utile à nos ennemis, surtout aux Turcs, qui pouvaient mieux nous dominer si nous n'étions pas unis. Mais le peuple aspirait à l'union. Il savait qu'un pays plus grand serait plus puissant, qu'il échapperait plus facilement à l'oppression turque. Le peuple escomptait que sa vie serait plus facile après l'union.

Il y eut alors des années de grands troubles. Lors de ces derniers (troubles), le peuple a vaincu. Les Moldaves ont choisi pour monarque Alexandru Ioan Cuza, l'un de ceux qui luttaient pour l'union, et ceux du Pays Roumain ont choisi eux aussi Alexandru Ioan Cuza. De cette manière, le jour du 24 janvier1859, la Moldavie et le Pays Roumain se sont unis pour former un seul pays, qui s'est appelé la ROUMANIE.

Différences par rapport à la prononciation du français :

		Équivalent français	Exemple	Prononciation
ş	=	ch	Bucureşti	Boukourèchti (Bucarest)
ţ	=	ts	Constanţa	Constantsa
s	=	ç,ss (jamais « z »)	o casă	o kaçë *(une maison)*
c	=	comme en italien (ca = ka, co = ko cu = kou, ce = tchè, ci = tchi, cea = tcha)	Cernăuţi Ceauşescu	Tchernë^{ou}tsi Tcha^{ou}chèskou
ch	=	k(devant « i » et « e ») chi = ki, che = ke	chestiune chilim	kèstiounè *(question)* kilim *(tapis)*
ă	=	eu (comme dans « heure ») entre « a » et « o » (ë)	o casă	o kaçë
î, â	=	« ы » russe entre « ou » et « i »	România	Romыnia, Rom(ou/i)nia
e	=	é/è	francez	frantchèz
u	=	ou	Bucureşti	Boukourèchti
ou	=	o + ^{ou}	anul nou o casă nouă	anoul no^{ou} *(nouvel an)* o kaçë no^{ou}ë *(neuve)*
oi	=	oï	doi	doï *(deux)*
oa	=	oi	noapte	noiptè *(nuit)*
au	=	a^{ou}	aur	a^{ou}r *(or)*
ău	=	eu^{ou}	băutură	bë^{ou}tourë *(boisson)*

N.B. Bien entendu, comme dans toutes les langues du centre, de l'Est et du Sud de l'Europe, le « r » se prononce « roulé », (comme dans le midi de la France).

Les langues minoritaires

Tout au long de son histoire, la Roumanie n'a jamais donné d'indications précises concernant ses langues minoritaires. La plus importante d'entre elles est le hongrois, parlé en Transylvanie et dans le Banat par quelque 2 millions d'habitants et peut-être plus, soit environ 10 % de la population du pays.

On ne possède aucune indication fiable sur le nombre actuel des germanophones qui peuplaient autrefois les villes de Transylvanie, notamment Şibiu *(Hermannstadt)* et Braşov *(Kronstadt)*. Leur nombre était évalué avant 1941 à 600 000 sujets parlants, ce chiffre englobant à l'époque les germanophones de la Bucovine, rattachée à l'Ukraine en 1945.

Les autres langues minoritaires du territoire actuel de la Roumanie étaient, avant la deuxième guerre mondiale, le yiddish, le bulgare, le turc (găgăuz) et le judéo-espagnol. On ne sait à peu près rien de la situation actuelle. Les Găgăuz sont des turcophones de religion chrétienne vivant dans la province de Dobroudja *(Dobrogea)*.

Les Tsiganes, dont le nombre est évalué de manière très approximative à 3 millions, parlent tous le roumain, et il est impossible de savoir combien d'entre eux parlent également un dialecte tsigane.

Le moins qu'on puisse dire est que la question des langues minoritaires ne semble pas être actuellement une des préoccupations majeures du Gouvernement roumain.

MOLDAVIE (MOLDOVA)

La langue « moldave »

En URSS, la langue roumaine, parlée par la majorité des Moldaves, s'écrivait en caractères cyrilliques, ce qui permettait de la distinguer du roumain.

Il convient de faire remarquer qu'autrefois, le roumain s'écrivait en caractères cyrilliques, et ce jusqu'au milieu de XIXe siècle. Dans l'Empire d'Autriche-Hongrie, cette graphie cyrillique du roumain est même restée en usage, notamment en Transylvanie, pendant presque tout le XIXe siècle.

Depuis 1991, les Moldaves roumanophones ont remplacé l'écriture cyrillique par l'écriture latine, de sorte que leur langue ne se distingue plus du roumain.

Les langues minoritaires

Selon les rares indications dont on dispose, les roumanophones de Moldavie représenteraient 65 % d'une population de 4 400 000 habitants, qui comprend également 14 % d'Ukrainiens et 13 % de Russes. Au Sud, dans la région du Boudjak, se trouvent des groupes compacts de populations bulgarophones (Bulgares de Bessarabie), notamment autour de la ville de Bolgrad. Leur nombre était évalué à 300 000 avant la deuxième guerre mondiale. On trouve également dans cette région des turcophones (Găgăuz), chrétiens orthodoxes de langue turco-tatare, dont le nombre s'élèverait actuellement à 150 000.

Il est très probable qu'une partie importante des citoyens non russophones de la République de Moldavie parlent ou comprennent le russe et l'utilisent comme deuxième langue. Il est encore trop tôt pour savoir si la Moldavie redeviendra ou non une province roumaine, malgré l'opposition résolue des habitants de langue russe et ukrainienne. L'union avec la Roumanie est interdite par la Constitution de 1994.

Le statut des langues minoritaires en Moldavie a sans aucun doute un caractère provisoire.

UKRAINE (Україна)

La langue ukrainienne

Langue généralement inconnue en Europe occidentale, l'ukrainien a souffert depuis quatre siècles de l'hégémonie et de l'influence écrasante de la langue russe ; au cours de la période soviétique, il est devenu langue officielle dans le cadre de la fameuse politique des nationalités, mais l'influence du russe est restée prépondérante. Depuis 1991, l'ukrainien, langue de 55 millions d'Européens, est la langue officielle d'un pays réellement indépendant. Malgré les énormes difficultés auxquelles elle doit faire face, l'Ukraine est appelée à devenir l'un des grands états de l'Europe du XXIe siècle, et l'importance de la langue ukrainienne ne pourra plus être longtemps ignorée.

Il convient de faire observer que de nombreux russophones ont généralement tendance à considérer l'ukrainien comme un patois sans valeur, exactement comme certains Français du Nord se font une idée assez peu flatteuse du provençal, ou comme certains Castillans croient pouvoir mépriser souverainement le catalan. Ce sont là des préjugés qu'on retrouve malheureusement partout, et qui ne reposent que sur une profonde méconnaissance de la nature des langues.

La littérature, principalement d'inspiration religieuse à ses débuts, comme dans la plupart des langues d'Europe, a connu au Siècle des lumières , en dépit de circonstances historiques défavorables, une époque glorieuse avec Kotliarevski dont « l'Énéide » a marqué le triomphe de la langue populaire. Aucun européen ne devrait ignorer l'existence, sinon l'œuvre, de Tarass Chevtchenko, le grand poète national de l'Ukraine, ses ballades et surtout son célèbre recueil de poèmes, le « Kobzar », gravé à tout jamais dans la mémoire collective des Ukrainiens. Dès leur plus jeune âge, tous les enfants connaissent par cœur, depuis des générations, les merveilleuses strophes du « заповіт » (Zápovit = Testament) dont nous donnons les premiers vers, avec le texte original et la traduction mot à mot :

Як умру, то поховайте	Quand je mourrai, enterrez
Мене на могилі	moi sur un tertre élevé,
Серед степу широкого	au milieu de la steppe immense
На Вкраїні милій :	dans la chère Ukraine :
Щоб лани широкополі	que les plaines sans fin
І Дніпро, і кручі	et le Dniepr et les rapides
Було видно, - було чути	on puisse voir, - on puisse entendre
Як реве ревучий !	quand hurlera le rebelle !

Assez curieusement, cette notion de l'indépendance et du particularisme de l'Ukraine, profondément ancrée dans l'esprit de tous les Ukrainiens, est très rarement comprise par les Russes, y compris les plus ouverts et les plus perspicaces. Même un écrivain aussi remarquable que Soljenitsyne, le plus grand de notre époque, qui parle ukrainien depuis l'enfance et déclare se sentir Ukrainien autant que Russe, n'arrive pas à concevoir l'existence d'une Ukraine en dehors de la grande patrie russe. Ce sont sans doute là les effets inaltérables d'une tradition nationaliste, qui nous paraît être la meilleure des choses et la pire.

L'ukrainien diffère du russe à peu près dans la même mesure que le portugais diffère de l'espagnol ; il a son système phonétique particulier, une structure grammaticale bien distincte de celle du russe, et un vocabulaire proche de celui de toutes les langues slaves, mais bien typique. On trouvera au chapitre 15 (« Notre alphabet est grec ») de brèves indications sur le système graphique de l'ukrainien. Trois lettres russes sont absentes de l'alphabet ukrainien (ы, ё, ъ), qui a en revanche quatre lettres inconnues en russe (ґ, є, і, ї).

Notre vocabulaire de dix langues slaves (Partie VI) permettra au lecteur de faire de nombreuses comparaisons. Il convient de noter qu'en ukrainien, la lettre « о » ne peut se prononcer « a » comme cela se produit fréquemment en russe, et on remarque le passage fréquent de « о » et de « е » à « і », la prononciation particulière du « г » (h) et celle du « в », qui est parfois « ou », et qui correspond parfois à un « л » dur. On s'y fait très vite.

En ce qui concerne l'accent tonique, l'ukrainien présente la même difficulté que le russe, du fait que cet accent est irrégulier. Ce qui complique les choses, c'est que ces irrégularités ne correspondent pas à celles qu'on observe en russe, l'accent étant éminemment imprévisible ; seule une pratique soutenue permet d'éviter des confusions dans ce domaine.

Les langues minoritaires

Sur les 55 millions de citoyens ukrainiens, on estime que plus de 20 % environ sont de langue russe, ce qui ne reflète qu'imparfaitement la situation linguistique, étant donné que la plupart des habitants sont bilingues. Un certain nombre d'entre eux, qui emploient couramment les deux langues, même en famille, ne sauraient dire s'ils parlent plus souvent le russe ou l'ukrainien, les deux langues étant, de surcroît, très proches l'une de l'autre.

Quoi qu'il en soit, l'ukrainien est la langue nationale, et sa situation ne fera que se renforcer avec l'indépendance et la libération des échanges économiques avec les pays voisins, autres que la Fédération de Russie et la République de Biélorussie. D'après les données officielles soviétiques de 1933, les Ukrainiens constituaient à l'époque 80 % de la population de l'Ukraine ; la proportion des russophones était de 9,2 % et le yiddish était la langue de 5,4 % de la population. Il y a lieu de rappeler qu'à l'époque, la région Ouest de l'Ukraine, qui faisait partie de la Pologne, n'était pas comprise dans ces chiffres.

Après la deuxième guerre mondiale, la Russie subcarpathique, où vivaient également des populations hungarophones particulièrement concentrées dans les villes d'Užhorod (Ungvár) et de Munkačevo (Munkács), a été rattachée à l'Ukraine, ainsi que le Nord de la Bucovine (Bukovina), comprenant la ville de Cernăuţi (Tchernovtsy), où vivaient des populations parlant le roumain, l'allemand et le yiddish. À la même époque a été annexée l'Ukraine occidentale (Volhynie et Podolie), avec les grandes villes de Lwów (en ukrainien львів = *lvi^{ou}*, en russe львов = *Lvov*) et Przemyśl (en russe перемышль-*Peremychl'*), où vivait une nombreuse population de langue polonaise.

On ne sait à peu près rien aujourd'hui de la situation réelle des langues minoritaires dans ces régions. Il n'est plus question des langues minoritaires autres que le russe, et il semble que le Gouvernement ukrainien doive faire face actuellement à des problèmes plus importants et plus urgents.

BIÉLORUSSIE (Беларусь)

Pays mal connu et même souvent inconnu de la plupart des Européens, la Biélorussie, située au centre géographique de l'Europe, peut être considérée comme une des plus grandes victimes de l'histoire de notre continent. Le nom même de cette population slave de 10 millions de personnes, qui a survécu jusqu'à nos jours, sonne comme une étrange malédiction. C'est la Russie qui lui a donné après l'annexion ce nom de « Russie blanche » *(Alba Ruthenia)*, qui a désigné autrefois la Prusse *(Borussia)*, ancien pays de langue balto-slave.

À la fin du Moyen-Âge, le Grand-Duché de Lituanie, créé au début du XIIe siècle par le Grand-Duc Mendog, connut sa plus grande expansion sous Vytautas au XVe siècle, et finit par s'unir à la Pologne. Il comprenait, outre la Lituanie proprement dite, la totalité du territoire biélorusse actuel ; et la langue du Grand-Duché était le biélorusse. À cette époque, les habitants du pays s'appelaient eux-mêmes Lituaniens, du nom de l'une des six tribus slaves dont ils étaient issus : *« Loutitch »*. Par la suite, ce nom désigna seulement les Balto-slaves de Samogitie, qu'on appelait autrefois *Aestii, Gudonai, Baltai, Hérules, Geruliai ou Samogitiens (Žemaitiai)*...

Ayant résisté à l'Ouest à l'invasion des Chevaliers teutoniques et arrêté à l'Est la progression des Tatars qui soumettaient la Russie au paiement d'un tribut, la Biélorussie, après deux siècles d'union avec la Pologne, fut entièrement annexée par la Russie à la fin du XVIIIe siècle. Elle subit alors une politique de russification impitoyable. Les prêtres uniates (catholiques de rite grec) furent déportés, et l'orthodoxie devint la religion officielle.

La révolution bolchevique aboutit à l'indépendance purement nominale de la Biélorussie, avec toutes les rigueurs du régime soviétique. En 1941, elle fut ravagée par la deuxième guerre mondiale, la plus grande partie des opérations militaires s'étant déroulée sur son territoire, où chaque nom de ville est celui d'une ou plusieurs grandes batailles ; à la fin des hostilités, 90 % des villes biélorusses étaient entièrement détruites. Ce fut ensuite la restauration du régime soviétique et, en 1986, la contamination de plus d'un tiers des terres cultivées, due à la catastrophe de Tchernobyl, centrale nucléaire ukrainienne près de la frontière Sud de la Biélorussie. Il n'est pas étonnant que, de nos jours, une partie de la population n'ose pas encore croire à l'indépendance.

La langue biélorusse

Le lecteur qui aura parcouru au chapitre 15 « l'Initiation à l'alphabet cyrillique » pourra constater que l'alphabet biélorusse est très proche de celui du russe. Deux lettres seulement y ont été ajoutées : « i » et « ў », cette dernière lettre se prononçant comme le « w » anglais ou un « ou » bref français, et correspondant au « ł » polonais.

La langue biélorusse est à la fois proche du polonais, de l'ukrainien et du russe ; une simple comparaison effectuée au moyen de notre « Vocabulaire parallèle de dix langues slaves » permettra au lecteur d'en faire lui-même la constatation. On remarquera la fréquence caractéristique du « i » dur, (« ы » russe et biélorusse, « y » polonais), et du « a », qui correspond souvent au « o » des langues voisines.

À la différence du polonais, le biélorusse a un accent tonique irrégulier comme l'ukrainien et le russe. Un étranger qui connaît le russe, le polonais ou l'ukrainien peut arriver très rapidement, par la pratique de la lecture, à comprendre un texte en biélorusse... mais cela se produit très rarement.

Et pourtant, la littérature biélorusse a de quoi émerveiller celui qui la découvre ; elle a surtout donné des poètes extraordinairement féconds et originaux. Les premiers ont été Dunine Martsinkievitch (1807 - 1884) et Francis Boguchevitch (1840 - 1900). Les plus connus et les plus grands sont incontestablement Janka Koupala (1882 - 1942) et Jakub Kolas (1882 - 1956), et peut-être aussi Andrej Ziaziulia (1878 - 1921).

Les langues minoritaires

Dans la République de Biélorussie, la grande majorité de la population parle le biélorusse et utilise le russe comme deuxième langue.

Il existe probablement toujours dans les grandes villes et aux alentours une importante population de langue polonaise et des citoyens biélorusses de langue lituanienne. Leur nombre, même approximatif, n'est généralement pas indiqué dans les statistiques. Avant 1914, on parlait surtout biélorusse dans les campagnes et lituanien dans le Nord, et les langues les plus répandues dans les villes étaient le polonais, le yiddish et l'allemand.

Selon les statistiques soviétiques de 1933, la partie orientale de la Biélorussie comprenait à l'époque 80,6 % de Biélorusses, 8,2 % de personnes parlant le yiddish ou l'allemand et 7,20 % de russophones. Ces proportions ont été fortement modifiées après 1944, lorsque la partie occidentale, incorporée dans la République de Pologne après 1918, a été annexée par l'URSS. On ne sait à peu près rien concernant le nombre des citoyens biélorusses de langue polonaise. Il est probable que beaucoup d'entre eux vivent toujours dans les grandes villes de l'Ouest (Grodno, Brest et Pinsk).

Les contacts avec les pays voisins se trouvent largement facilités du fait que beaucoup de Biélorusses sont capables de lire en russe et en ukrainien, et de surcroît peuvent apprendre assez facilement le polonais.

La langue polonaise

C'est la plus importante langue slave d'occident, langue de 42 millions d'Européens. Son aire géographique commence à 800 kilomètres de Strasbourg (100 kilomètres de Berlin). Parlée sur tout le territoire polonais, elle est aussi langue minoritaire en Lituanie, en Biélorussie, en Ukraine, dans la Fédération de Russie et en Allemagne ; elle est également la langue de nombreux citoyens du Canada et des États-Unis qui y sont très attachés. Avant la deuxième guerre mondiale, elle était parlée en Allemagne, au Danemark, en Belgique et dans le Nord de la France par près de cinq millions de personnes.

Beaucoup de Français et de Belges d'origine polonaise, surtout parmi la jeune génération, ont perdu peu à peu l'usage de leur langue d'origine, mais certains ont réussi à préserver ce précieux héritage familial. Les rapports historiques entre la France et la Pologne sont devenus de plus en plus étroits et actifs au cours des siècles ; Henri III fut Roi de Pologne avant d'être Roi de France. Le nom du Roi de Pologne Stanislas Leszczyński, beau-père de Louis XV et Duc de Lorraine, a été martyrisé et écorché sans pitié par des générations de professeurs, d'instituteurs et d'élèves dans toute la France ; tous les Français connaissent Marie Walewska, Dąbrowski, Chopin, Poniatowski, la comtesse Hanska, Marie Skłodowska-Curie.

Pourtant, les francophones se sont rarement intéressés à cette langue si imprégnée de culture latine ; ils ont toujours considéré qu'elle était imprononçable, hérissée d'accumulations de consonnes dans lesquelles ils croient discerner des accouplements contre nature. Des mots tels que « rzeczywiście » (effectivement) ou « szczypczyki » (des pincettes) leur font, à première vue, l'effet de monstres antédiluviens. En réalité, le système phonétique et graphique du polonais est très simple et parfaitement cohérent ; les « monstres » peuvent être apprivoisés en quelques minutes d'attention et de réflexion. L'orthographe est infiniment plus régulière que celle du français et la prononciation est, elle aussi, toujours rigoureusement conforme à la graphie. Contrairement à ce qui se passe lors de l'apprentissage de l'anglais (et du français dans une moindre mesure), l'étranger ne se pose jamais de questions sur la prononciation d'un mot, et cette dernière est d'autant plus facile que l'accent tonique porte régulièrement sur l'avant-dernière syllabe.

Le polonais a sept cas comme le russe ; ils ne présentent pas de difficultés particulières et sont faciles à manier. Le vocabulaire est assez proche de celui du russe et des autres langues slaves et comprend des mots empruntés à l'allemand, au latin et à diverses langues d'Europe (*jarmark* = foire, *farba* = peinture, *szynka* = jambon, *burmistrz* = bourgmestre, *jałmużna* = aumône, *moneta, audytorium, ultimatum, kwestionariusz,* etc.) et d'innombrables mots d'origine française : *szyfr* (chiffre), *szambelan, biżuteria, artysta, butelka, dysertacja, kaprys, komiwojażer, żandarmeria, żaluzja, produkcja, pensjonat, migracja, turysta, trykot,* etc. Pour ceux connaissent déjà une langue slave, le polonais ne présente aucune difficulté. Pour les autres, c'est une excellente introduction aux langues slaves et une acquisition précieuse pour la connaissance de la civilisation européenne.

Entre le Xe et le XVe siècle, les deux langues de la littérature en Pologne étaient le latin et le polonais. Comme en France et ailleurs, la littérature en langue nationale s'est affirmée au cours de la Renaissance. Le XVIe siècle a été le siècle d'or de la littérature polonaise et depuis lors, elle n'a jamais cessé de produire des chefs-d'œuvre, malgré les vicissitudes de l'histoire nationale ; le plus grand écrivain et poète polonais, Adam Mickiewicz (1798 - 1855), réfugié à Paris où il était professeur au Collège de France, y écrivit son immortelle épopée en vers, « *Pan Tadeusz* ». Il mena en même temps une activité politique extraordinaire, non seulement en tant que rédacteur d'une revue internationale, « *La Tribune des Peuples* », mais en tant qu'organisateur de la Légion polonaise en Italie en 1848, puis de la Légion polonaise en Turquie pendant la guerre de Crimée, au cours de laquelle il mourut à Constantinople en 1855. Seuls Byron et Victor Hugo pourraient lui être comparés.

Parmi les écrivains de la fin du XIXe siècle, Sienkiewicz, l'auteur de « *Quo vadis ?* » est connu dans toute l'Europe ; l'écrivain contemporain et poète le plus connu est probablement Czesław Miłosz, réfugié en France à partir de 1950. (Ne pas confondre avec le poète et tragédien français O.V. de Lubicz-Miłosz, ou Milasius, auteur des « *Contes lituaniens de ma Mère l'Oye* », qui mourut à Fontainebleau en 1939).

La prononciation du polonais

		Équivalent français	Exemple	Prononciation
sz	=	ch	Szopę	Chopin
cz	=	tch	Czajkowski	Tchaïkovski
szcz	=	ch + tch	Szczecin	Chtchèts^{i}in (Stettin)
c	=	ts	Mickiewicz	Mitskièvitch
w	=	v	Warszawa	Varchava
ł	=	w (ou)	Wałęsa	Va^{ou}inça
ż, rz	=	j	biżuteria, rzecz	bijoutèria, jètch (gètch) (rzecz = latin : *res* = chose)
j	=	y, ill, ï	jogurt	yogourt
ch	=	« ch » dur allemand « c'h » breton « jota » espagnole	Lech Wałęsa	Lekh (Lec'h) Va^{ou}inça
ń	=	gn, (ñ)	koń	cogne (cheval)
s	=	s dur, ç	Wałęsa	Va^{ou}inça
ś	=	s mouillé (s^{i}) (entre s et ch)	Solidarność	Solidarnos^{i}c^{i}
ć	=	ts mouillé (ts^{i}) (entre ts et tch)	Solidarność	Solidarnos^{i}c^{i}
ź	=	z mouillé (z^{i}) (entre z et j)	źle	z^{i}lè (mal)
g	=	g dur (gant)	generał	guènèra^{ou}
u, ó	=	ou	kurier, wódka	kourièr (courrier), voudka
ą	=	on (nasal)	Dąbrowski	Dombrovski
ę	=	in (nasal)	Wałęsa	Va^{ou}inça
y	=	« ы » russe (entre « ou » et « i »)	ryba	rыba, r(ou/i)ba (poisson)

L'accent tonique est régulier et porte sur l'avant-dernière syllabe du mot.

Les langues minoritaires

Dans l'ensemble, la question des langues minoritaires se pose rarement en Pologne, où la langue nationale est généralement connue de tous les citoyens. La principale langue minoritaire est l'allemand, mais on ne possède pas de statistiques fiables concernant le nombre des habitants de langue allemande, vivant surtout en Silésie, en Poméranie et dans le Sud de l'ancienne Prusse orientale.

Un traité de coopération culturelle, signé récemment entre la République de Pologne et la République fédérale d'Allemagne, prévoit des conditions particulières favorables aux minorités de langue allemande, sur la base de la réciprocité. Dans la Pologne d'avant 1939, le nombre des citoyens parlant le yiddish était probablement supérieur à 3 500 000 personnes qui, presque toutes, parlaient également le polonais et l'allemand.

On ne connaît pas non plus le nombre des personnes de langue lituanienne, qui devait être avant 1939 d'environ 100 000, et dont la plus grande partie se trouve aujourd'hui en territoire lituanien.

LITUANIE (LIETUVA)

La langue lituanienne

Langue nettement archaïque mais bien vivante, le lituanien est certainement la langue indo-européenne la plus proche du sanskrit. Il n'existe plus de nos jours que deux langues balto-slaves, le lituanien et le letton ; le « kourien » (kors ou courons) a disparu vers l'an 1600 et le vieux-prussien s'est éteint à la fin du XVIIe siècle. On distinguait autrefois plusieurs dialectes du lituanien, répartis en deux groupes : le haut-lituanien *(aukštaičių tarmė)* et le bas-lituanien *(žemaičių tarmė)*. La langue lituanienne est aujourd'hui unifiée.

Les chansons populaires et les ballades lituaniennes, dont beaucoup remontent à une période très ancienne antérieure au christianisme, ont été découvertes en Europe à l'époque du romantisme, et certaines ont été traduites en allemand par Goethe lui-même.

Le plus grand poète lituanien est sans conteste Donelaitis (1714 - 1790), auteur des « Saisons ». De 1864 à 1904, le régime russe avait interdit la publication de livres en lituanien et l'enseignement de la langue lituanienne. Pendant toute cette période, les Lituaniens exilés aux États-Unis et au Canada ont été à l'origine d'un mouvement culturel extraordinaire qui s'est maintenu jusqu'à l'indépendance en 1918, et plus tard malgré les annexions à l'URSS en 1940 - 1941 et 1945 - 1990. La résistance nationale a été longtemps incarnée par le grand homme d'état lituanien Basanavičius (1851 - 1927).

Parmi les écrivains du XXe siècle, le plus grand et le plus connu est sans doute Vincas Krėvė-Mickievičius (1882 - 1954), poète, romancier, dramaturge et historien, réfugié aux États-Unis pendant les dix dernières années de sa vie.

Prononciaiton du lituanien

	Équivalent français		Équivalent français
č	= tch	ę	= « è » long
š	= ch	ė	= « é » long
s	= « s » dur, ç (jamais « z »)	u	= ou
c	= ts	ų	= « ou » long
ž	= j	ū	= « ou » long
j	= y (ill), comme en allemand	į	= « i » long
ch	= c'h, kh (« ch » dur allemand)	y	= « i » long
		ą	= « a » long

Les autres lettres se prononcent comme en français. Le « r » est roulé. L'accent tonique est irrégulier.

Les langues minoritaires

Avec près de 4 millions d'habitants, la Lituanie est le plus important des Pays baltes par le chiffre de sa population ; c'est aussi celui qui compte le moins de russophones (environ 10 % contre 30 % dans les deux autres Républiques baltes).

La deuxième minorité linguistique est constituée par les citoyens de langue polonaise (environ 250 000 personnes, soit à peu près 7 % de la population). Il apparaît dès maintenant que dans un proche avenir, les relations économiques les plus actives se développeront avec la Pologne et le Danemark ; il est donc probable que la minorité linguistique polonaise ne sera pas isolée, et que les relations culturelles avec la Pologne ne pourront que se raffermir.

Il existait avant 1939 environ 160 000 habitants parlant le yiddish et environ 15 000 personnes de langue lettone.

LETTONIE (LATVIJA)

La langue lettone

Le letton est, avec le lituanien, l'une des deux langues balto-slaves encore vivantes ; malgré ses origines anciennes, il est nettement plus moderne que le lituanien et d'un accès plus facile pour les étrangers, en raison du fait que l'accent tonique est régulier.

L'étudiant étranger qui a déjà la connaissance écrite d'une langue slave peut retrouver facilement en letton de nombreuses racines connues ; il reconnaîtra également de nombreux mots d'origine germanique ou latine, et pourra détecter de temps à autre la présence de vocables encore très proches du sanskrit.

Dominée au Moyen Âge par les Chevaliers teutoniques, partagée ensuite entre la Pologne et la Suède, avant d'être incorporée à l'Empire russe, la Lettonie, indépendante entre 1918 et 1940, République soviétique de 1945 à 1990, a retrouvé son indépendance et a préservé sa langue nationale.

La langue littéraire est apparue au XVIIe siècle en même temps que l'influence de l'Église luthérienne, et ne s'est vraiment affirmée qu'à l'époque romantique ; elle a produit ses principaux chefs-d'œuvre à la fin du XIXe siècle et au début du XXe siècle. L'écrivain letton le plus connu à l'étranger est le poète, dramaturge et traducteur Janis Rainis (1865 - 1929), auteur du célèbre *« Uguns un nakts »* (Le feu et la nuit). Parmi les écrivains de la période soviétique, il convient de mentionner Andrejs Upīts, poète, dramaturge et critique auteur de *l'Histoire de la littérature lettone contemporaine*, et également Vilis Lācis, dont l'ouvrage le plus célèbre est le roman « Zvejnieka dēls » (Le fils du pêcheur).

Prononciaiton du letton

		Équivalent français			Équivalent français
č	=	tch	o	=	uo, ^{w}o
š	=	ch	ā	=	« a » long
c	=	ts	ē	=	« e » long
ž	=	j	ī	=	« i » long
j	=	ill, y (comme en allemand)	u	=	ou
ch	=	« h » aspiré	ū	=	« ou » long
s	=	ç, « s » dur (jamais « z »)			
ģ	=	d^{i} (« d » ou « g » mouillé, comme dans « adieu »)			
ķ	=	k^{i} (« k » mouillé, comme dans « quiétude »)			
ļ	=	l^{i} (« l » mouillé, comme dans « Lyon »)			
ŗ	=	r^{i} (« r » mouillé, comme dans « rien »)			
ņ	=	gn (ñ espagnol)			

Le « r » est roulé. Les autres lettres se prononcent comme en français. L'accent tonique, régulier, porte sur la première syllabe du mot (sauf de rares exceptions).

Les langues minoritaires

En Lettonie, où la proportion des russophones oscille selon les sources entre 30,3 % et 37 %, la question de la minorité russophone pose de nombreux problèmes. Il semble que la plupart des membres de cette minorité finiront par être plus ou moins assimilés, mais même s'ils apprennent tous sérieusement le letton, il est certain que le russe (ou l'ukrainien) restera la langue principale de ces immigrants récents installés dans le pays au cours de la période soviétique. La Lettonie est donc probablement appelée à devenir, en fait, sinon en droit, un état bilingue.

Il n'existe plus en Lettonie d'autres langues minoritaires de quelque importance ; avant 1939, l'allemand et le yiddish étaient parlés par environ 160 000 habitants et le polonais par 50 000 habitants. On ne sait ce que sont devenus les habitants parlant le latgalien, qui étaient encore quelques milliers avant 1939. Ils sont probablement aujourd'hui de langue lettonne.

La langue finnoise

La Finlande a deux langues nationales officielles : le finnois (langue finno-ougrienne) et le suédois ; on peut dire que tous les habitants ou presque connaissent le finnois, qui est la langue maternelle de 94 % des habitants.

Les Finnois sont venus du Nord de l'Oural ; ils ont occupé le territoire actuel de la Finlande avant le VIIIe siècle. Le pays a été conquis en 1157 par Saint Erik, Roi de Suède ; annexé par Alexandre Ier en 1809, le Grand-Duché de Finlande est resté possession de l'Empire des Tsars jusqu'en 1917, année de l'indépendance. Pendant presque toute la période russe, la langue de l'administration et de la classe dirigeante était le suédois. Depuis 1917, les deux langues officielles, le finnois et le suédois, sont à égalité, l'importance du suédois étant nettement plus grande que ne semble l'indiquer la proportion des Finlandais de langue suédoise (environ 6 %).

La prononciation du finnois est extrêmement simple et régulière. La parenté avec le hongrois, si elle est bien établie, ne se reflète pas ou presque pas dans la morphologie ; à première vue, les vocabulaires des deux langues sont entièrement différents. En cherchant un peu, on relève une centaine de racines communes au hongrois, au finnois et à l'estonien.

En voici quelques exemples :

finnois	estonien	hongrois	français
vesi	vesi	víz	eau
jää	jää	jég	glace
käsi	käsi	kéz	main
kolme	kolm	három	trois
neljä	neli	négy	quatre
sarvi	sarv	szarv	corne
puu	puu	fa	arbre
veri	veri	vér	sang
tehdä	tegema	tenni	faire
mennä	minema	menni	aller
antaa	andma	adni	donner
silmä	silm	szem	œil
kala	kala	hal	poisson
puoli	pool	fél	moitié
pää	pää	féj	tête
elää	elama	élni	vivre
suu	suu	száj	bouche
yö	öö	éj	nuit
kivi	kivi	kő	pierre
alla	all	alatt	sous
talvi	talv	tél	hiver
sana	sõna	szó	mot

En ce qui concerne les « cas », tout ce que nous avons dit au chapitre « La langue hongroise » est également valable pour le finnois. Selon les grammairiens, le finnois n'a que 15 cas :

nominatif,	accusatif,	génitif,	essif,	partitif,
translatif,	inessif,	élatif,	illatif,	adessif,
ablatif,	allatif,	abessif,	comitatif,	instructif.

Les conjugaisons sont simples et présentent peu d'irrégularités ; les substantifs n'ont pas de genre (masculin,féminin ou neutre). Comme pour le hongrois, le principal obstacle pour l'étudiant étranger est l'acquisition d'un vocabulaire presque entièrement nouveau et qui ne ressemble à aucun autre, si ce n'est à celui de l'estonien. Bien entendu, de nombreux mots composés ou dérivés sont des calques de mots suédois (lesquels sont souvent des calques de mots allemands). Un mot comme *pölynimuri* est formé sur le suédois *dammsugare*, lequel a été formé sur *Staubsauger* = aspirateur de poussière.

L'étranger est toujours surpris de découvrir une langue étonnamment riche en voyelles dont la morphologie est, au premier abord, nettement plus proche du polynésien que des langues scandinaves ! C'est aussi une langue moderne, remarquablement structurée, ancrée dans une tradition littéraire ancienne. Si le Kalevala nous révèle la poésie millénaire d'un peuple aux origines lointaines, la littérature moderne reflète admirablement la vie et les aspirations des Européens du XXe siècle. Kivi et Sillanpää (Prix Nobel de littérature) sont connus dans le monde entier, et les Européens devront encore découvrir des centaines d'autres auteurs.

Le finnois est aujourd'hui langue officielle de l'Union Européenne ; les Européens qui s'y intéresseront de près ne manqueront pas de découvrir un aspect original et fascinant du patrimoine culturel de notre continent.

La prononciation du finnois

La plupart des lettres se prononcent comme en français, à l'exception de quatre voyelles :

u = ou, ö = eu, ä = è, ê, ai, y = u

« j » = « y » (comme « j » allemand)

Le finnois n'utilise pas les six lettres suivantes : b, c, f, q, x, z

Toutefois, ces lettres peuvent servir à noter des mots étrangers à la langue finnoise.

Le « r » est roulé comme en suédois et dans de nombreuses langues d'Europe. Comme en hongrois, l'accent tonique est régulier et porte sur la première syllabe du mot.

Les langues minoritaires

Les Finlandais de langue suédoise ne représentent que 6 % de la population, mais la langue suédoise a en Finlande une grande importance. Tous les Finlandais plus ou moins cultivés ont une très bonne connaissance du suédois, qui était autrefois la langue du

Gouvernement et de l'administration, et qui leur permet de rompre l'isolement linguistique. En outre, la connaissance approfondie du suédois permet à la plupart des étudiants finlandais d'apprendre sans grand effort l'anglais et l'allemand.

Dans la pratique, le bilinguisme fonctionne harmonieusement, et la coexistence des deux langues pose rarement des problèmes graves. La seule langue vraiment minoritaire est le lapon (sami ou saami) langue également finno-ougrienne mais très différente du finnois, parlée dans le Nord du pays par moins de 6 000 personnes. Le dialecte le plus parlé est le saami du Nord, et il existe deux autres dialectes saami, l'inari et le skolt.

Dans les régions de langue laponne, les diverses tentatives d'organisation de l'enseignement primaire en saami ne semblent pas avoir donné de bons résultats, sans doute en raison du mode de vie nomade des populations. Des émissions radiophoniques sont diffusées régulièrement en saami.

Au lendemain de la deuxième guerre mondiale, il existait en Finlande une dizaine de milliers de Tsiganes, pour lesquels on avait également organisé un enseignement primaire adapté à la vie des nomades ; cet enseignement était dispensé en finnois. Il existait en 1946 un hebdomadaire publié à leur intention et intitulé « *Kiertolainen* » (Le nomade).

La langue estonienne

Langue officielle d'un pays dynamique de plus d'un million et demi d'habitants, l'estonien fait partie de la branche finnoise des langues finno-ougriennes. Au Moyen-Âge, l'Estonie a été territoire danois, puis allemand ; partagée ensuite entre la Suède et la Pologne, elle est devenue suédoise au XVIIe siècle et a été annexée par l'Empire russe à partir de 1721 ; république indépendante de 1918 à 1940, elle est devenue République soviétique en 1940 - 1941, puis de 1944 à 1991.

La grammaire de l'estonien est moins simple et moins régulière que celle du finnois. En raison de la ressemblance entre les deux langues, qui ont beaucoup de racines communes, les Estoniens peuvent facilement apprendre le finnois. Le fait que la Finlande est déjà le premier partenaire commercial de l'Estonie ne peut que renforcer les liens culturels entre les deux pays.

Le recueil des légendes nationales, le *Kalevi Poëg*, est le pendant du *Kalevala* finnois. Il a été composé par Kreutzwald dans la deuxième partie du XIXe siècle. Après une longue et pénible période de russification, la littérature a connu un remarquable essor au XXe siècle, notamment avec Edvard Vilde, A.H. Tammsaare, Kavikas, G. Suits, Marie Under, K. Ristikivi et B. Kangro.

Prononciation de l'estonien

Les lettres ont la même valeur qu'en finnois, avec les exceptions suivantes :

ü = « u » français, « y » finnois, « ü » allemand.
õ = « ou / i », « ы» russe, « y » polonais.

L'accent tonique est régulier et porte sur la première syllabe du mot.

Les langues minoritaires

En Estonie, comme en Lettonie, la présence d'une importante minorité linguistique russe (environ 30 % de la population) pose de nombreux problèmes. Les membres de cette minorité ne sont pas uniquement des immigrés récents de la période soviétique ; en effet, les habitants de Varna et de la région environnante, à la frontière russe, étaient déjà pour la plupart citoyens estoniens entre 1918 et 1940.

Il semble bien qu'il n'existe plus aucune autre minorité linguistique en Estonie. Avant 1940, les Estoniens de langue suédoise étaient encore une dizaine de milliers ; ils ont probablement disparu aujourd'hui.

Suède (Sverige)

La langue suédoise

Parlée en Suède par près de neuf millions de Suédois et en Finlande (où elle est la deuxième langue officielle) par environ trois millions de Finlandais de langue suédoise et de Finnois bilingues, la langue suédoise est généralement assez bien comprise par les quatre millions de Norvégiens ; en outre, un certain nombre de Danois sont capables de lire en suédois, ce qui assure à la langue suédoise une audience de vingt millions d'Européens.

Un Européen connaissant l'allemand ou le néerlandais a la possibilité d'acquérir en quelques mois une bonne connaissance pratique du suédois, et il aurait vraiment tort de s'en priver.

En Europe et dans le monde entier, la renommée des grands classiques Strindberg et Selma Lagerlöf a longtemps occulté leurs prédécesseurs Tegnér, Almqvist et Rydberg, et même l'ensemble de la littérature contemporaine. Les œuvres de Pär Lagerqvist, de Hjalmar Bergman et de nombreux autres écrivains du XXe siècle, n'ont pas encore été découvertes au-delà des pays scandinaves. Parmi les écrivains finlandais de langue suédoise, on ne pourra jamais oublier le grand classique qu'est Runeberg et les grands auteurs du XXe siècle, au nombre desquels figure en première place la grande et extraordinaire poétesse Edith Södergran (1892-1923).

Prononciation du suédois :

La graphie suédoise diffère peu de celle de l'allemand, mais comporte les particularités suivantes :

å	= ô	förstå (feur**chtô**) = verstehen, comprendre
u	= entre u et ou	förbjuden (feur**byu**deun) = verboten
y	= u français	mycket (**muk**ket) = much, beaucoup
j, lj, dj, hj	= j allemand (y français)	
s et z	= ss (pas de son « z »)	resa (**rêça**) = voyage, Reise
	parfois prononçé « ch », all. « sch »	
k devant e, i, ä, u, y, ö	= tsch allemand, tch français	kyrka (**tchur**ka) = église, church
sk devant e, i, ä, u, y, ö	= sch allemand, ch français	skjut (chutt) = pousser
tj	= tsch allemand (tch français)	tjänst (tchènst) = Dienst, service

Les langues minoritaires

La langue minoritaire la plus parlée en Suède est le finnois (environ 400 000 locuteurs). Il existe une convention culturelle entre la Suède et la Finlande sur les droits des minorités linguistiques des deux pays, conçue sur la base de la réciprocité. Les Suédois de langue finnoise disposent d'un enseignement en langue finnoise et les dispositions prises en leur faveur sont convenablement appliquées.

L'autre langue minoritaire est le saami ou lapon (dialecte saami du Nord), parlé par environ 20000 personnes (le chiffre officiel indiqué pour l'année 1930 était de 6481 personnes).

Depuis 1979, une orthographe unifiée a été adoptée pour le saami du Nord parlé en Suède, en Norvège et en Finlande.

L'auteur lapon le plus connu est sans doute Johan Turi, dont le grand classique en saami de Suède « *Muittalus samid birra* » (Le livre de la vie des Lapons), a été publié pour la première fois en 1910. En 1991, c'est un auteur saami de Finlande, Aslak Valkeapää, qui a obtenu le prix de littérature du Conseil Nordique.

NORVÈGE (NORGE, NOREG)

La langue norvégienne

Le norvégien se distingue des autres langues de l'Europe par la grande liberté qu'il laisse à ses locuteurs ; depuis un siècle, la grammaire, le vocabulaire et l'orthographe sont en pleine évolution, les nombreuses réformes successives laissant à chaque Norvégien la liberté de s'exprimer à sa convenance.

Il existe en effet plusieurs variétés de norvégien. Dès le début du siècle dernier, on distinguait le *riksmål*, langue officielle issue du danois, surtout parlée dans les grandes villes, et le *landsmål (nynorsk)*, synthèse des dialectes provinciaux ; on s'est ensuite efforcé de réunir les deux langues en créant un compromis, le « *samnorsk* » ; ce dernier est maintenant abandonné, et le *nynorsk* est surtout écrit et parlé par les intellectuels. Le *riksmål*, qui était considéré, il y a quelques dizaines d'années, comme un état de langue en voie de disparition, a beaucoup évolué et s'est rapproché du *nynorsk*, devenant ainsi le *bokmål*, qui s'impose peu à peu dans l'enseignement et dans l'usage. Pour ne rien simplifier, chaque région continue à parler son dialecte…

L'orthographe n'ayant jamais cessé de varier depuis un siècle, on peut dire que presque chaque Norvégien écrit à sa façon, influencé principalement par les origines, l'âge, l'enseignement suivi, les habitudes acquises et les tendances nouvelles.

La connaissance du norvégien permet de comprendre très facilement le suédois et – avec un certain effort de prononciation pour la langue parlée – le danois également. On peut donc affirmer que l'apprentissage du norvégien (ou de l'une des deux autres langues scandinaves) permet de communiquer avec environ vingt millions d'Européens, compte tenu du fait que bon nombre de Finlandais de langue finnoise ont une bonne connaissance du suédois.

Les œuvres d'Ibsen sont connues dans le monde entier, mais les lecteurs européens ne pourront longtemps se permettre d'ignorer Bjørnson, Kielland, Jonas Lie, Knut Hamsun, Sigrid Undset, et des auteurs norvégiens modernes comme Jacobsen, Brekke, Johannesen ou Axel Sandemose, pour n'en citer que quelques-uns.

Prononciation du norvégien

Même à l'intérieur du *riksmål*, il existe plusieurs prononciations possibles. L'orthographe a beaucoup varié au gré des réformes successives depuis le début du siècle.

Dans l'ensemble, le norvégien peut se prononcer à peu près comme le suédois, (mais non comme le danois !), bien que le bokmål, sous sa forme écrite, soit en fait plus proche du danois.

Dans le système graphique, la seule différence avec le suédois est le « ø » qui correspond au « ö » suédois et le « æ » = « ä » suédois. On trouve encore dans les noms propres la graphie aa = å.

La langue minoritaire

La Norvège n'a qu'une langue minoritaire, c'est le lapon (dialecte saami du Nord), parlé dans le Nord du pays par environ 40000 personnes, ce qui représente la majeure partie des populations de langue saami. Il semble que le maintien de cette minorité linguistique soit bien assuré et que sa survivance ne pose aucun problème particulier. De nombreux Lapons de Norvège sont aujourd'hui bilingues (saami-norvégien).

FÉDÉRATION DE RUSSIE

La langue russe

Il serait superflu de présenter ici la langue russe, qui est de loin la plus parlée en Europe. C'est non seulement la langue maternelle de 130 millions d'Européens, mais encore la langue véhiculaire ou la deuxième langue d'un très grand nombre de personnes. Les Ukrainiens et les Biélorusses parlent leur langue nationale, mais presque tous ont une bonne connaissance pratique du russe, et ont le plus souvent suivi leurs études dans cette langue ; il en va de même dans les onze républiques et dans les régions et territoires autonomes de la Communauté des États Indépendants, qui compte officiellement plus de 300 millions d'habitants.

En raison de l'étroite parenté qui existe entre les dix langues slaves nationales, il est toujours facile à un étudiant qui connaît une de ces langues d'acquérir en un temps record une bonne connaissance pratique de n'importe laquelle des neuf autres. Il est toutefois bien évident que celà ne se produit que très rarement ; d'une part, l'enseignement du russe a été un certain temps obligatoire dans les pays de langue slave, ce qui a laissé de mauvais souvenirs, et d'autre part, un étudiant d'origine slave n'est pas plus attiré par l'apprentissage d'une autre langue slave qu'un Portugais par l'étude du roumain ou du catalan. Mais dans ce domaine, le principal obstacle à franchir est l'idée (solidement ancrée dans les esprits) que la langue voisine n'est qu'une grossière imitation de celle que le sujet connaît déjà ; c'est ainsi qu'il n'est pas rare d'entendre un Serbe déclarer : « Pour moi, le russe est une caricature du serbe ». De même, un Russe n'hésitera pas à prétendre que les neuf autres langues slaves sont des caricatures du russe ; et même s'il ne le dit pas, dans bien des cas il le pense vraiment. Ce n'est là qu'une des nombreuses idées reçues qu'on retrouve chez tous les Européens, et qui devra disparaître, avec beaucoup d'autres, au cours du XXIe siècle.

Pour les étudiants pratiquant des langues latines ou germaniques, la grammaire du russe ne présente pas de difficultés majeures ; l'ordre des mots est presque toujours le même qu'en français et dans les autres langues romanes ou en anglais. Les sept cas de la déclinaison (nominatif, génitif, datif, accusatif, instrumental, locatif et vocatif) peuvent effrayer le débutant, mais leur maniement ne présente pas de grandes difficultés et les exceptions ne sont pas trop nombreuses. La conjugaison s'apprend assez vite, même si le débutant a parfois du mal à assimiler les distinctions entre perfectif et imperfectif, d'ailleurs communes à toutes les langues slaves, qui finissent à la longue par lui sembler naturelles.

En revanche, à la différence du polonais, du tchèque et du slovaque, le russe a un accent tonique irrégulier et même assez capricieux, dont il faut retenir la place pour chaque mot, ce qui est d'autant plus gênant que cet accent n'est pas indiqué dans la graphie. C'est là une omission regrettable ; les Anglais, eux non plus, n'y ont jamais pensé. Notons en passant que les Grecs, soucieux de rendre la prononciation de leur langue plus accessible aux étrangers, avaient eu l'idée, il y a plus de deux millénaires, de marquer par un signe approprié l'accent tonique de chaque mot de leur langue, et que le grec moderne a conservé cette intéressante particularité.

Ce qui empêche bon nombre d'Européens d'occident de s'engager dans l'apprentissage du russe, c'est sans nul doute l'impression que l'alphabet russe constitue un obstacle sérieux. Les lecteurs qui auront parcouru le chapitre 15 intitulé « Notre alphabet est grec » sauront à quoi s'en tenir là-dessus.

Il est très probable qu'au cours du XXIe siècle, si le processus d'intégration pacifique de l'Europe se poursuit dans des conditions normales, de nombreux Européens de l'Ouest éprouveront le besoin de connaître le russe et, à tout le moins, devront être capables de lire dans cette langue.

Langues minoritaires

D'après le recensement soviétique de 1939, la R.S.F.S.R. (République socialiste fédérative des Soviets de Russie), qui comptait alors près de 109 millions d'habitants, comprenait 73,4 % de russophones et 7,8 % d'Ukrainiens. La Fédération de Russie (environ 150 millions d'habitants) englobe aujourd'hui à peu près les mêmes territoires, avec l'adjonction des provinces enlevées à la Pologne en 1945 et du territoire *(oblast')* de Kaliningrad.

Le nombre des russophones de la Fédération, qui comprend 16 républiques autonomes, 5 régions autonomes et 10 territoires nationaux, est évalué à 83 %.

Les chiffres qui concernent la population de la Russie, de même que ceux qui concernent l'ancienne R.S.F.S.R., ne peuvent être considérés que comme des approximations ayant valeur purement indicative. Il sera sans doute longtemps encore impossible d'obtenir des données statistiques précises sur les langues minoritaires, d'autant plus qu'un grand nombre de personnes parlant ces langues est constitué de bilingues, utilisant plus ou moins fréquemment le russe dans leurs activités quotidiennes. Il est probable que bon nombre d'intéressés se trouvent eux-mêmes très embarrassés lorsqu'il leur est demandé de préciser quelle est leur langue principale, et que les réponses fournies ne sont pas toujours entièrement conformes à la réalité.

Il y aurait donc actuellement, dans l'ensemble de la Fédération de Russie (Sibérie comprise) environ 27 millions de personnes parlant des langues minoritaires. Dans la partie européenne du pays, on compte, selon nos estimations, dix langues parlées par plus de 400 000 habitants et une vingtaine de langues moins répandues, parlées principalement dans le bassin de la Volga et au Nord du Caucase, compte non tenu des langues parlées par moins de 20 000 personnes.

La politique des nationalités menée pendant 70 ans par le régime soviétique a donné aux langues minoritaires un statut qu'elles s'efforceront probablement de préserver. Toutefois, il est bien évident que pour toutes les personnes qui parlent ces langues, la connaissance du russe est indispensable, et la plupart d'entre elles sont bilingues.

Nous donnons ici quelques chiffres très approximatifs concernant les langues minoritaires parlées par 50 000 habitants et plus dans la partie européenne de la Fédération de Russie (en laissant de côté la Sibérie, de l'Oural au Pacifique) :

ukrainien	7 000 000	komi (permien)	200 000
tatar de Kazan	5 000 000	dargin	200 000
tchouvache	1 500 000	kourin	200 000
mordve (erzia)	1 000 000	lezghien	200 000
mordve (mokcha)	1 000 000	lak	150 000
oudmourte	700 000	koumyk	130 000
bachkir	700 000	abkhaze	120 000
tchétchène	600 000	kabarde	120 000
gorno-mari	500 000	kalmyk	100 000
lougo-mari	500 000	ingouche	100 000
ossète du Nord	400 000	karatchaï	100 000
avar	350 000	adyghéen	80 000
komi (zyriène)	350 000	balkare	50 000
finnois + carélien	300 000	nogaï	50 000
adyghéen (tcherkesse)	250 000		

Il existe de nombreuses autres langues minoritaires parlées par moins de 50 000 habitants, telles que : *khanty (ostiak), nenets (samoyède), Mansi (vogoule), lapon (saami), troukhmène(turkmène du Caucase du Nord), tabasaran,* etc.

Il conviendrait d'ajouter à notre liste l'allemand, parlé encore de nos jours dans les territoires de la Basse-Volga. Les Allemands de la Volga, installés en Russie depuis 1763 à l'initiative de Catherine II, ont formé sous le régime soviétique en 1924 la « République soviétique autonome des Allemands de la Volga », capitale *Engels (Pokrovsk)*, ville principale *Marxstadt (Iékatérinenstadt)*, qui comptait 605 000 habitants en 1939. Les citoyens de cette république ont été déportés en 1941 et beaucoup sont revenus dans le pays après 1953.

Depuis quelques années, de nombreux Allemands de la Volga viennent s'établir en République Fédérale d'Allemagne, et on ne possède aucune indication concernant le nombre de ceux qui vivent actuellement dans les territoires de la Basse-Volga.

Carte 3

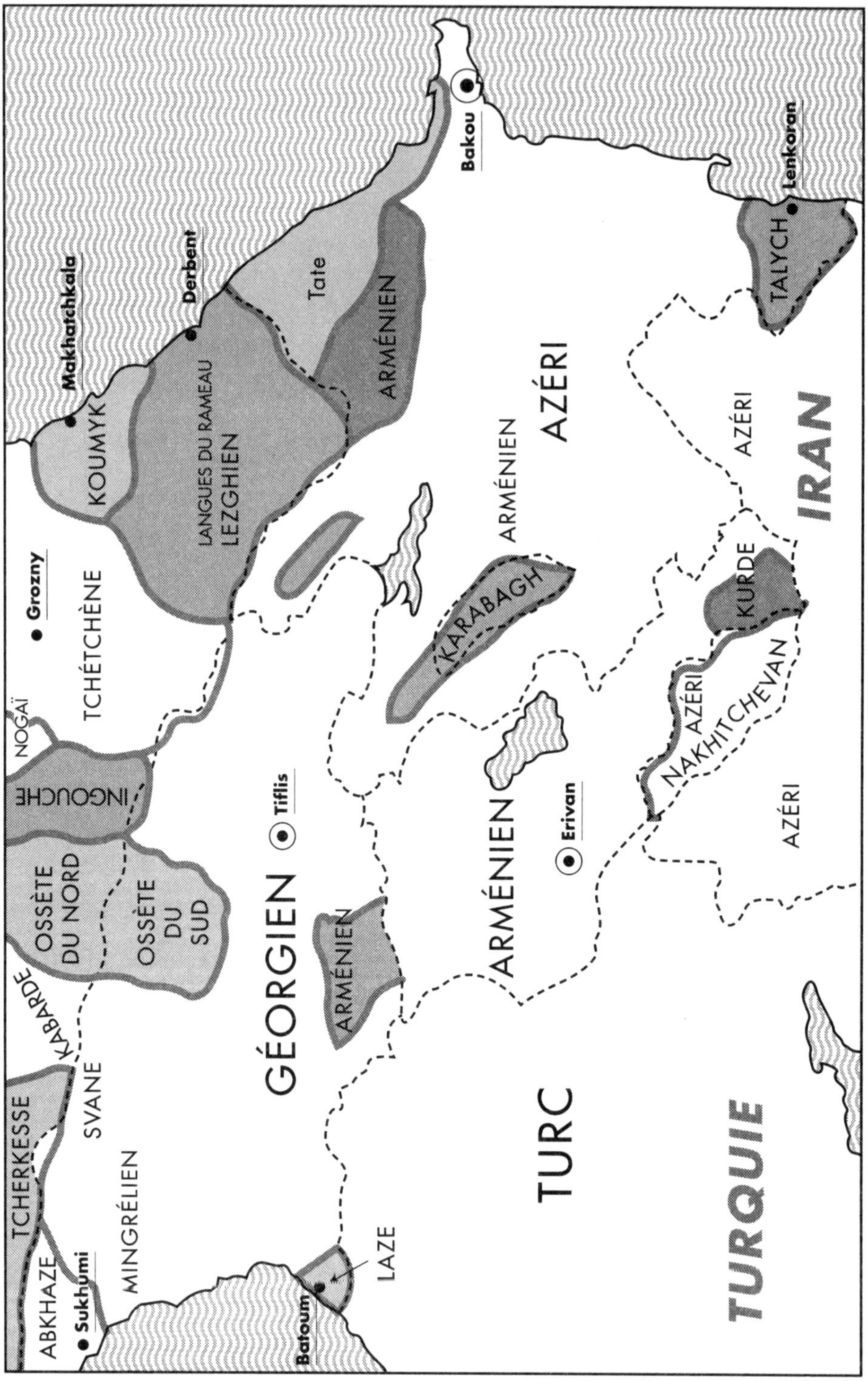

Principales langues du Caucase

La langue géorgienne

Langue officielle de la République de Géorgie et deuxième langue la plus répandue dans le Caucase, le géorgien est, avec le basque, l'un des deux principaux vestiges des langues parlées en Europe avant l'arrivée des Indo-européens. Plus de cinq millions et demi de personnes parlent le géorgien dans la République de Géorgie et 30 % d'entre elles sont bilingues.

Comme on pourra le constater en parcourant le passage pertinent du chapitre 16 (L'écriture géorgienne) et le tableau 16 (L'alphabet géorgien), chaque son du géorgien est représenté par une seule lettre, et toutes les lettres du français ont un équivalent en géorgien.

À la différence de l'arménien, le géorgien est parlé et écrit uniquement dans le Caucase, et son existence est généralement ignorée de nos jours dans le reste de l'Europe et au Proche-Orient. Les manuscrits géorgiens du Ve siècle, rédigés par des moines géorgiens du Monastère de Mar-Sala près de Jérusalem, sont conservés au Couvent de Sainte Catherine, dans le Sinaï. Les manuscrits du Moyen Âge sont rassemblés au Mont Athos, au Monastère d'Iviron ; on y trouve de nombreux textes religieux et littéraires importants de l'antiquité, dont l'original grec ou syriaque a disparu, et qui sont restés largement inconnus.

La langue littéraire géorgienne a produit ses plus grands chefs-d'œuvre entre le Xe et le XIIe siècle, notamment sous le règne de la Reine Thamar (1184 - 1212). C'est de cette époque que date le plus grand monument littéraire, l'immense poème chevaleresque de Chota Roustaveli, *« L'homme à la peau de panthère » (Vepkh'is tkaosani).* Le premier écrivain moderne, Soulkhan Orbeliani, était ambassadeur à la cour de Louis XIV, et son *« Livre de la sagesse et du mensonge »* est un grand classique. Parmi les auteurs du XIXe siècle, les plus connus sont les romantiques, Tchavtchavadzé, Barat'hachvili et Erist'havi. Les deux plus grands poètes sont certainement Tseret'heli (1840 - 1915) et Vaja Pchavela (1861 -1915).

Comme les deux autres grandes républiques du Caucase, la Géorgie doit actuellement faire face à de graves difficultés économiques, ce qui l'empêche de tirer parti comme il conviendrait de l'essor économique de l'Europe. On peut espérer qu'au cours de la prochaine décennie, les trois grandes républiques du Caucase entretiendront des liens plus étroits avec les pays d'Europe orientale et occidentale, en attendant de prendre un jour la place qui leur revient dans l'Union Européenne.

La prononciation du géorgien

Comme nous l'avons indiqué plus haut, la prononciation du géorgien ne présente aucune difficulté pour les Européens d'Occident. Dans nos glossaires, on a recours au système de transcription phonétique déjà utilisé pour l'arménien. L'accent tonique porte sur la dernière syllabe, comme en français (voir p. 196 : « L'écriture géorgienne »).

Les langues minoritaires

Il semble bien que les langues minoritaires proches du géorgien (langues ivériennes) parlées à l'intérieur de la Géorgie, mingrélien, svane et laze (t'chan), soient aujourd'hui en voie de disparition, et progressivement remplacées par le géorgien ; il serait vain d'essayer d'obtenir des précisions à cet égard. Il y a quelques dizaines d'années (en 1964), des sources soviétiques évaluaient à 350 000 le nombre des habitants de la Géorgie parlant le mingrélien.

À la suite du soulèvement de l'Abkhazie en 1993-1994, le public d'Europe occidentale a appris que l'Abkhazie était devenue une république indépendante, et que l'abkhaze y est aujourd'hui la langue nationale. Les seuls territoires autonomes (au moins nominalement) de la République géorgienne sont aujourd'hui le territoire des Ossètes du Sud et le territoire de l'Adjaristan, où le laze était encore parlé par 20 000 personnes avant 1991.

L'ossète du Sud ou haut-ossète, langue indo-européenne (indo-iranienne), est parlé dans deux territoires montagneux presque entièrement enclavés dans les régions de langue géorgienne ; les Ossètes du Sud écrivent leur langue en caractères géorgiens et ne peuvent généralement sortir de leur isolement linguistique qu'en apprenant le géorgien. On sait qu'au lendemain de l'indépendance géorgienne, des conflits violents ont opposé les deux populations ; depuis lors, aucune nouvelle ne nous parvient plus concernant les Ossètes du Sud, et on imagine facilement que dans la situation politique actuelle de la Géorgie, les droits linguistiques des populations minoritaires ne constituent pas une préoccupation majeure des milieux dirigeants.

Les trois langues minoritaires les plus importantes, tant par leur nombre que du fait qu'elles sont parlées également dans les pays voisins, sont toujours l'arménien, l'azéri et le russe.

D'après le recensement soviétique de 1939, la population de la Géorgie se répartissait ainsi :

Géorgiens	61,4 %	Azéris	5,3 %
Arméniens	11,7 %	Ossètes du Sud	4,2 %
Russes	8,7 %	divers	8,7 %

Les seules données statistiques dont on dispose actuellement indiquent (pour une population de 5 500 000 habitants) les proportions suivantes :

Géorgiens	70 %	soit 3 850 000
Arméniens	8 %	soit 440 000
Azéris	6 %	soit 330 000
Russes	6 %	soit 330 000

On peut craindre que ces chiffres n'aient qu'un lointain rapport avec la réalité ; pour en donner une idée, nous ne mentionnerons qu'un seul exemple : à moins que la situation n'ait fortement changé ces dernières années, les Arméniens de la capitale, Tiflis *(Tbilisi)*, qui sont en grande partie bilingues (arménien-géorgien), devraient constituer comme par le passé la majorité des habitants de la ville, c'est-à-dire que leur nombre devrait être supérieur à 750 000. Or, les Arméniens de Tiflis ne représentent qu'une partie de la population de langue arménienne qui constitue environ les deux tiers des habitants de la région d'Akhalkalak, à l'Ouest et au Sud de Tiflis, près de la frontière séparant la Géorgie de l'Arménie. Leur nombre devrait donc dépasser largement 1 million, soit environ 18 % de la population du pays.

La situation dans ce domaine évolue rapidement à l'heure actuelle, et il est probable que de nombreux Arméniens de Géorgie se déplaceront de plus en plus vers l'Arménie.

ARMÉNIE (ՀԱՅԱՍՏԱՆ HAYASDAN)

La langue arménienne

Langue écrite depuis le Ve siècle (voir chapitre 16 : « L'écriture arménienne », et tableau 15 : « L'alphabet arménien »), l'arménien est la langue officielle des trois millions et demi de citoyens de la République d'Arménie ; c'est aussi la langue de trois millions de personnes vivant principalement au Proche Orient, en Europe occidentale et aux États-Unis.

Une des plus anciennes langues indo-européennes encore parlées de nos jours, c'est une des survivantes de la famille thraco-illyrienne, comme l'albanais, avec lequel sa grammaire partage un certain nombre de traits communs. D'autres langues thraco-illyriennes, telles que le dace et le phrygien, ont disparu depuis près de deux millénaires, l'albanais du Caucase ayant survécu jusqu'au haut-Moyen Âge.

L'arménien moderne *(achkharhabar)* comprend deux formes principales actuellement en usage, issues de l'arménien classique *(grabar)* : l'arménien oriental, parlé en Arménie et en Iran, et l'arménien occidental, parlé avant 1915 en Turquie et aujourd'hui dans la majorité de la diaspora. Les différences entre les deux dialectes sont surtout sensibles dans la prononciation des consonnes occlusives (p, t, k, b, d, g), dans l'emploi de quelques formes grammaticales et dans quelques expressions idiomatiques.

La République arménienne, isolée de l'Europe occidentale par sa situation géographique, autant que par l'histoire et par sa situation économique, est l'un des pays les plus défavorisés de l'Europe. Depuis des millénaires, les Arméniens continuent à assimiler toutes les cultures de l'Europe et d'ailleurs ; un jour, peut-être, les Européens occidentaux découvriront la leur.

Prononciation de l'arménien

On trouvera dans nos vocabulaires parallèles une translittération des vocables arméniens, tenant compte de la prononciation de l'arménien oriental. Le système de transcription phonétique utilisé est le suivant :

š	=	« ch » français
č	=	« tch » français
kh	=	« c'h » breton, « ch » dur allemand, « j » espagnol
gh	=	« kh» doux, « g » néerlandais, (entre « g » et « h »)
r	=	« r » roulé en français méridional
ŕ	=	« r » ou « rr » fortement roulé
p	=	« p » ou « pb » (= « b » en arménien occidental)
t	=	« t » ou « td » (= « d » en arménien occidental)
k	=	« k » ou « kg » (= « g » dur en arménien occidental)
p'	=	« p » emphatique
t'	=	« t » emphatique
u	=	« ou » français

Les autres lettres se prononcent comme en français. L'accent tonique porte sur la dernière syllabe, comme en français.

La littérature arménienne écrite, qui s'étend sur une période de quinze siècles, était à l'origine d'inspiration purement religieuse. La littérature moderne, tant dans le domaine oriental que dans le domaine occidental, est extrêmement abondante et reflète des influences infiniment variées. Elle est généralement inconnue hors de l'Arménie et de la diaspora. Les innombrables ouvrages manuscrits et autres, accumulés au cours des siècles, sont conservés à Erivan dans le « *Matenadaran* » et à Venise, au couvent des Mekhitaristes de San Lazzaro.

L'œuvre médiévale la plus importante est le « *Livre des lamentations* », écrit en l'an 1001 par Grégoire de Narek. L'épopée populaire médiévale la plus connue est « *Sasountsi David* » *(David de Sassoun)*, dont la première version écrite est parue en 1873. Parmi les nombreux écrivains du XIXe siècle, les plus célèbres sont probablement Khachatour Abovian, Raffi *(Melik-Hakopian)*, et le poète Hovhannès Toumanian. Les écrivains modernes publient assez souvent leurs ouvrages en arménien, et aussi dans les langues de l'Europe occidentale.

Les langues minoritaires

La République d'Arménie, indépendante depuis 1989, a conquis en 1992 le territoire du Haut-Karabagh, qui constituait auparavant un territoire autonome, à population en majorité arménienne, enclavé dans la République d'Azerbaïdjan. Le territoire constitue actuellement la République indépendante du Nagorno-Karabagh (capitale Stepanakert), reliée à la République Arménienne par le couloir de Latchin (ou couloir de Bedzor), conquis sur l'Azerbaïdjan lors du conflit armé de 1988 - 1994. Aucun traité de paix n'a été signé et des négociations devraient être en cours pour mettre fin à cette situation, qui risque de se terminer par un nouveau génocide, si les puissances étrangères ne garantissent pas le respect des arrangements à conclure. C'est probablement dans cette région que l'Europe devra faire face à un nouveau conflit, plus grave encore que celui du Kosovo.

L'arménien, langue nationale de la République arménienne, est la langue principale de 96 % des habitants, et les principales langues minoritaires étaient jusqu'à ces dernières années l'azéri et le russe. Il semble que ces deux langues ne soient plus aujourd'hui représentées que par quelques dizaines de milliers de sujets parlants, mais le russe reste probablement la deuxième langue d'une importante partie de la population.

Certaines sources mentionnent encore les Kurdes de la région du Zanguézour, près de la frontière iranienne, dont le nombre s'élèverait à plus de 50000. À la différence des autres Kurdes, dont certains vivraient encore en Géorgie et en Azerbaïdjan, et qui sont tous de religion islamique, les Kurdes du Zanguézour sont des yézidis, qui pratiquent une religion d'origine mazdéenne, autrefois répandue parmi les Kurdes de la région de Mossoul.

Il serait impossible, dans les conditions actuelles, de se faire une idée, même approximative, de l'importance des minorités linguistiques. On ne mentionne plus officiellement, depuis une trentaine d'années, le territoire des Karapapakh, situé au Sud de l'Arménie à la frontière turque, et dont les habitants parlent une langue turco-tatare.

La langue azéri

Langue nationale des quelque huit millions de citoyens de la République d'Azerbaïdjan, l'azéri est également parlé hors d'Europe par environ quatorze millions d'Iraniens, dans la province iranienne d'Azerbaïdjan.

La partie septentrionale de l'ancienne province persane d'Azerbaïdjan, conquise par la Russie au début du XIXe siècle, est devenue territoire soviétique en 1922 et République soviétique en 1936 ; l'indépendance a été proclamée en 1989, et l'Azerbaïdjan est membre de la CEI depuis 1992.

L'azéri (ou turc oriental) est très proche du turc osmanli parlé en Turquie, et en diffère surtout par l'emploi de mots persans et d'expressions persanes. La connaissance de la langue turque, jointe à celle du vocabulaire persan, permet de comprendre facilement un texte azéri.

Jusqu'en 1922, l'azéri s'écrivait en caractères arabes, (comme le persan, et comme le turc osmanli à la même époque). L'alphabet latin, introduit en 1922, a été employé jusqu'en 1940, date à laquelle il a été remplacé par un alphabet cyrillique très légèrement modifié. Depuis 1991, l'alphabet latin, très proche de l'alphabet turc moderne, est de nouveau officiellement utilisé dans la République d'Azerbaïdjan.

Jusqu'au XIXe siècle, la langue littéraire de l'Azerbaïdjan était le persan ; le plus grand poète azéri, Nizami (1141 - 1203), dont les œuvres sont célèbres dans tout l'Orient, écrivait en persan ; toutefois, il a été fréquemment traduit en azéri à partir du XIXe siècle, et ses ouvrages les plus connus, notamment « *Khosrov et Chirine* », « *Le trésor des mystères* », « *Layla et Madjnoun* », « *Iskandarname* », etc. sont considérés aujourd'hui comme les trésors de la littérature nationale.

Prononciation de l'azéri

L'azéri s'écrit aujourd'hui comme le turc, mais avec une lettre particulière à l'azéri, le « ə » qui se prononce « è ».

ş = « ch » français
ç = « tch » français
c = « dj » français
ı = entre « ou » et « i ». « y » polonais, « ы » russe
u = « ou » français

L'accent tonique repose normalement sur la dernière syllabe, comme en turc et en français.

Les langues minoritaires

La situation des langues minoritaires en Azerbaïdjan est actuellement totalement inconnue. L'azéri (ou turc oriental) est la langue officielle de la République. Il est très probable que le nombre des habitants de langue arménienne et de langue russe a beaucoup diminué depuis 1989, et doit être aujourd'hui voisin de zéro.

Avant 1989, les sources soviétiques mentionnaient la présence de minorités kurdes, mais on ne possède aucune indication sur leur situation actuelle.

D'après le recensement soviétique de 1939, il y avait en Azerbaïdjan à cette époque 12 % d'Arméniens et environ 10 % de Russes ; il semble que les uns et les autres aient maintenant totalement disparu. Ils étaient particulièrement nombreux dans la capitale, Bakou, (1 800 000 habitants) et dans les grandes villes. La région du Haut-Karabagh, peuplée en majorité d'Arméniens, a été conquise par la République d'Arménie au cours du conflit armé qui a pris fin en 1994 ; aucun traité de paix n'a été conclu à ce jour.

La situation actuelle en Azerbaïdjan n'est pas propice à un examen impartial de la situation des langues minoritaires.

Deux langues iraniennes sont encore probablement parlées le long de la côte de la Mer Caspienne : le tate et le talych ; le tate est parlé le long de la côte Nord-Est, de Bakou jusqu'à Derbent, et le talych à l'extrême sud de la côte, dans la région de Lenkoran. En 1920, le linguiste soviétique Marr évaluait à 125 000 le nombre des Tates et à 91 000 celui des Talych. Il est certainement impossible d'obtenir actuellement des statistiques fiables concernant ces populations.

II. Examen macroscopique

7. La parenté des langues indo-européennes

Une merveilleuse unité

Une source féconde

Comme on a pu le voir, neuf Européens sur dix parlent des langues appartenant à la famille indo-européenne. Cette parenté, bien évidente pour les linguistes, l'est beaucoup moins pour le grand public ; les Européens qui apprennent des langues étrangères voient bien les ressemblances à l'intérieur du groupe roman, du groupe germanique ou du groupe slave, mais ils ont fréquemment tendance à considérer ces trois grands groupes comme des entités nettement séparées, n'ayant entre elles que des rapports lointains et à peine perceptibles.

Là encore, il suffit de regarder d'un peu plus près ces descendants d'une même langue, pour voir à quel point ils sont encore proches les uns des autres après plus de quatre millénaires. Au cours de cet examen, l'Européen aura même la surprise de se découvrir des parents plus lointains jusqu'au coeur de l'Asie ; en effet, le sanskrit, dont la connaissance s'est préservée jusqu'à nos jours et qui est très proche de ce qu'a dû être l'indo-européen commun, est également un proche parent des nombreuses langues indo-iraniennes et indiennes, qui ont elles-mêmes influencé, souvent par l'intermédiaire du pâli, bon nombre de langues d'Extrême-Orient.

Des ressemblances frappantes

On reconnaît à première vue, dans ce vaste domaine, la parenté entre les mots persans *pedār, mādar, birādār* (en sanskrit: *pitṛ, mātṛ, bhrātṛ*, en grec : πατὴρ - *patír*, μήτηρ - *mítir*) et le latin *pater, mater, frater*, l'anglais *father, mother, brother*, l'allemand *Vater, Mutter, Bruder*, l'islandais *faðir, móðir, bróðir*, le suédois *far, mor, bror*, etc. En russe, comme dans toutes les langues slaves, on ne retrouve que les deux derniers mots : мать - *mat'* et брат - *brat* (en tchèque : *bratr*), mais on reconnaît tout de suite сестра - *sestrá* comme l'équivalent de *sister* (sanskrit : *svásar*, latin: *soror*, anciennement *swesor*, italien *suora*, français: « sœur », gotique : *swistar*, allemand : *Schwester*, néerlandais *zuster*, islandais: *systir*, suédois: *syster*, danois: *søster*, lituanien : *sesuo*, et même le mot d'emprunt finnois : *sisar*). Ce mot a une forme différente en breton : *c'hoar* et en Gallois : *chwaer*, mais qui correspond bien au persan *kh^{w}aher*, au tadjik *khohar* et à l'arménien *kouyr*.

On reconnaîtra de même en lituanien les mots *motina* (mère) et *brolis* (frère), et leurs équivalents lettons : « *māte* » et « *brālis* ». On peut aussi identifier sans dificulté les mots bretons *mamm* et *breur, breudeur*, les mots gallois *mam* et *brawd*, les mots irlandais *máthair* et *bráthair*, ou le mot arménien *mayr*. Le terme courant utilisé en thaï pour désigner les parents est un mot d'origine pâlie : *bidar-mandar* (père-mère).

On peut également être frappé par la ressemblance qui s'est maintenue à travers les âges entre l'allemand *Tochter* = fille (anglais : *daughter*, islandais : *dottir*, néerlandais : *dochter*, suédois : *dotter*, danois et norvégien : *datter*) et de nombreux autres vocables indo-européens (sanskrit : *duhitṛ*, persan : *dukhtar*, arménien : *dukht/tukht*, lituanien : *duktė*, grec : θηγάτηρ, θηγατέρα - *thighátir, thighatéra*).

Bien entendu, il arrive souvent que les mots subissent des transformations phonétiques qui masquent leur parenté, mais ce masque ne résiste pas à un examen, même superficiel, de la structure du mot. On connaît néanmoins un certain nombre de cas dans lesquels le mot a gardé à peu près la même prononciation d'un bout à l'autre du domaine linguistique. Par exemple, le mot qui désigne la vache : hindi : *gauw*, persan: *gâv*, arménien : *gov/kov*, letton : *govs*, anglais : *cow* (allemand : *Kuh*, néerlandais : *koe*, suédois et danois : *ko*, norvégien : *ku*, islandais : *kýr*, polonais : *krowa*, tchèque, slovaque, macédonien, bulgare, serbo croate, slovène : *kráva*, russe et biélorusse : корова - *karóva*, ukrainien : корова - *koróva*, lituanien : *kàrvė*. De même que l'adjectif hindi : *gharam*, persan : *garm*, qui correspond à l'anglais : *warm*, allemand : *warm*, parent du grec θερμός - *thermós* et de l'arménien *dšerm*. Mais dans la plupart des cas, la ressemblance ne saute pas immédiatement aux yeux.

Quelques comparaisons

On se borne généralement à mentionner comme signe principal de la parenté des langues indo-européennes, la troisième personne de l'indicatif présent du verbe être, qui est en effet une caractéristique d'un certain nombre de langues indiennes, indo-iraniennes et indo-européennes. Mais on donne ainsi une idée vraiment trop sommaire de l'étroite parenté qui existe entre ces langues ; il nous a semblé plus judicieux de présenter au lecteur, sous forme de tableau synoptique, toutes les formes de l'indicatif présent du verbe être, avec les pronoms correspondants, dans les langues les plus représentatives de ces trois familles et (aux fins de comparaison éventuelle) dans cinq langues d'Europe non indo-européennes.

Un autre critère plus révélateur de la parenté de ces langues est constitué par le système de numération ; c'est pourquoi nous donnons également un tableau comparatif de la numération de 1 à 10 dans les principales langues des trois familles, et dans quelques autres.

En considérant ces deux tableaux, le lecteur un peu curieux pourra non seulement se faire une idée de la parenté de ces langues, mais encore apprendre à distinguer leurs principales caractéristiques morphologiques, au point qu'elles cesseront d'être pour lui des notions purement abstraites. Dans ce domaine comme dans beaucoup d'autres, rien ne vaut le contact direct avec la réalité ; celui qui connaît déjà deux ou plusieurs langues de la famille indo-européenne pourra mieux les situer en les comparant avec des langues plus ou moins proches et, de cette manière, il prendra mieux conscience de l'unité et de la diversité de la famille indo-européenne ; c'est ainsi qu'il pourra constater par lui-même à quel point les langues balto-slaves et slaves sont proches du sanskrit, ou à quel point le français et le wallon sont proches du slovaque ou du bulgare...

Assez curieusement, on chercherait en vain dans un ouvrage de linguistique, ancien ou moderne, une telle possibilité de comparaison directe. Fidèle au principe énoncé en quatre mots en tête de ce livre *(zer ikusi, hura ikasi),* nous faisons table rase des abstractions rébarbatives de la linguistique moderne.

Tableau 2

Le présent du verbe être dans les langues indo-européennes et dans les langues d'Europe non indo-européennes.

hindi		**gujrati**		**marathi**		**persan**		**pandjabi**	
honā		hovuǹ		hoṇeǹ		budan		ho-	
(maī̃)	hūn	(hun)	chun	(mī̃)	āhe	(man)	hastam	(meyǹ)	aǹ
(tū)	hai	(tun)	che	(tūǹ)	āhes	(to)	hasti	(tuǹ)	eǹ
(wah)	hai	(te)	che	(to)	āhe	(u)	hast	(ó)	e
(ham)	haī̃	(um)	chie	(āmī̃)	āhoǹ	(mâ)	hastím	(esiǹ)	aǹ
(tum)	ho	(tum)	cho	(tumhī̃)	āhāǹt	(shomâ)	hastíd	(tusiǹ)	ho
(ye)	haī̃	(teo)	che	(te)	āhet	(ânhâ)	hastand	(ó)	ne

sanskrit		**lituanien**		**letton**		**grec anc.**		**grec. mod.**	
bhū		būti		būt		eimí (es-)		ímai	
(aham)	asmi	(àš)	esù	(es)	esmu	(eghô)	eimí	(eghô)	ímai
(tvam)	asi	(tù)	esì	(tu)	esi	(sý)	eí	(sy)	ísai
(ta)	asti	(jìs)	yrà	(viņš)	ir	(avtós)	estí	(avtós)	ínai
(vayam)	smas	(mēs)	ēsame	(mēs)	esam	(êmeís)	esmén	(emís)	ímetha
(yūyam)	stha	(jūs)	ēsate	(jūs)	esat	(ymeís)	esté	(sís)	ísthe
(ta)	santi	(jiē)	yrà	(viņi)	ir	(avtoí)	eisín	(avtí)	ínai

russe		**ukrainien**		**polonais**		**tchèque**		**slovaque**	
bЫt' *		búti		być		být́i		byť	
(ya)	yésm'	(ya)	ye	(ja)	jestem	(já)	jsem	(ja)	som
(tЫ)	yési	(ti)	ye	(ty)	jesteś	(ty)	jsi	(ty)	si
(on)	yest'	(vin)	ye	(on)	jest	(on)	je	(on)	ye
(mЫ)	yés'mЫ	(mi)	ye	(my)	jesteśmy	(my)	jsme	(my)	sme
(vЫ)	yéste	(vi)	ye	(wy)	jesteście	(vy)	jste	(vy)	ste
(aní)	sut'	(voní)	ye	(oni)	są	(oni)	jsou	(oni)	sú

serbo-croate		**slovène**		**bulgare**		**breton**		
biti		biti		săm		bezañ/boud		
(ja)	sam	(jaz)	sèm	(az)	săm	me	zo	(on)
(ti)	si	(ti)	si	(ti)	si	te	zo	(out)
(on)	je	(on)	jè	(toi)	e	eñ	zo	(eo)
(mi)	smo	(mi)	smò	(níe)	sme	ni	zo	(omp)
(vi)	ste	(vi)	stè	(víe)	ste	c'hwi	zo	(oc'h)
(oni)	su	(oni)	sò	(t'e)	să	int	zo	(int)

* sorti de l'usage en russe moderne.

Notation phonétique :
- č = tch français
- ś = s' (s+i ou s mouillé)
- þ = th dur anglais
- Ы = son intermédiaire entre « i » et « ou »
- š, ş = ch français
- ņ = gn français
- ð = dh (th doux anglais)
- ǹ = n nasal

Tableau 2

Le présent du verbe être dans les langues indo-européennes et dans les langues d'Europe non indo-européennes.

latin		**italien**		**espagnol**		**catalan**		**portugais**	
esse		essere		ser		esser		(ser) ser	
(ego)	sum	(io)	sono	(yo)	soy	(jo)	só	(eu)	sou
(tu)	es	(tu)	sei	(tú)	eres	(tu)	ets	(tu)	és
(is)	est	(egli)	e	(él)	es	(ell)	é	(êle)	é
(nos)	sumus	(noi)	siamo	(nosotros)	somos	(nosaltres)	som	(nós)	somos
(vos)	estis	(voi)	siete	(vosotros)	sois	(vosaltres)	son	(vós)	sois
(ei)	sunt	(eglino)	sono	(ellos)	son	(ells)	són	(êles)	são

français		**wallon**		**roumain**		**albanais**		**arménien**	
être		èsse		a fi		jam		ellal	
je	suis	dji	so	(eu)	sunt	unë	jam	(ès)	èm
tu	es	t'es		(tu)	eşti	ti	je	(tou)	ès
il	est	il	est	(el)	eşte	ai	është	(an)	è
nous	sommes	nos	èstans	(noi)	suntem	ne	jemi	(mènk)	ènk
vous	êtes	vos	èstez	(voi)	sunteţi	ju	jeni	(touk)	èk
ils	sont	i	sont	(ei)	sunt	ata	janë	(anonk)	èn

islandais		**suédois**		**dan/norv.**		**allemand**		**néerlandais**		**anglais**	
være		vara		at være		sein		zijn		to be	
ég	er	jag	är	jeg	er	ich	bin	ik	ben	I	am
þú	ert	du	är	du	cr	du	bist	jc	bcnt	thou	art
ham	er	han	är	han	er	er	ist	hij	is	he	is
við	erum	vi	äro	vi	cr	wir	sind	wij	zijn	wc	arc
þið	eruð	ni	är	i (dere)	er	ihr	seid	gij	zijt	you	are
þeir	eru	de	äro	de	er	sie	sind	zij	zijn	they	are

Langues d'Europe non indo-européennes

hongrois		**finnois**		**estonien**		**géorgien**		**basque**	
van		olla		olema		kopna		da	
én	vagyok	minä	olen	mina	olen	me	var	ni	naiz
te	vagy	sinä	olet	sina	oled	šen	khar	zu	zera
ő	van	hän	on	tema	on	is	aris	bera	da
mi	vagyunk	me	olemme	meie	oleme	čven	vart	gu	gera
ti	vagytok	te	olette	teie	olete	tkven	khart	zuek	zerate
ők	vannak	he	ovat	nad	on	isini	arian	berak	dira

Tableau 3

La numération dans les langues indo-européennes.

	persan	hindi	bengali	panjabi	assamais	marathi	gujrati	cinghalais
1	yek	ek	ek	yk	ek	ek	ek	eka
2	do	do	duĩ	do	dui	don	be	deka
3	sé	t̃in	tin	tyn	tini	t̃in	truṇ	tuṇa
4	čahār	čār	chaar	čar	chari	chār	chār	hatara
5	panj	pãč	paanč	pèñj	pānch	pēṅc̲h̲	pāṅch	paha, pasa
6	shesh	čhah	chhay	che	shhay	sahā	c̲h̲	saya, haya
7	haft	sāt	saat	sèt	sāt	sāt	sāt	hata, sata
8	hasht	āṭh	aaṭ	èth	āth	āth	āt̲h̲	aṭa
9	noh̲	nau	nay	nèwṅ	naw	naū	nuv	navaya
10	dah̲	das	dash	dès	dah	dahā	dus	dahaya, dasaya

	sanskrit	grec classique	grec moderne	lituanien	letton
1	eka	eís	éna	víenas	viens
2	dva	dhýo	dhýo	dù	divi
3	tri	treĩs	tría	trỹs	trĩs
4	čatur	téttares	téssera	katur̀i	četri
5	pañča	pénte	pénde	penkì	pieci
6	ṣaṣ	hex	éxi	šešì	seši
7	sapta	hepta	eptá	septynì	septiņi
8	aṣta	oktô	oktô	aštuonì	aštoņi
9	nava	ennéa	ennéa	devynì	deviņi
10	daśa	dhéka	dhéka	dẽšimt	desmit

	russe	ukrain.	polonais	tchèque	slovaque	serbo-cr.	slovène	bulgare
1	adín	odín	jeden	jeden	jeden	jedan	eden	ednó
2	dva	dva	dva	dva	dva	dva	dvá	dve
3	tri	tri	trzy	tři	tri	tri	tríje	tri
4	četЬIre	čotíri	cztery	čtyři	štyri	četiri	štirje	četiri
5	piat’	piat’	pięć	pět	pät’	pet	pét	pet
6	šest’	šist’	sześć	šest	šest’	šest	šést	šest
7	s’em’	sim	siedem	sedm	sedem	sedam	sédem	sédem
8	vós’em’	vísim	osiem	osm	osem	osam	ósem	ósem
9	d’éviat’	déviat’	dziewięć	devět	deväť	devet	devét	dévet
10	d’ésiat’	désiat’	dziesięć	deset	desať	deset	desét	đeset

	latin	italien	espagnol	catalan	portugais	français	wallon	roumain
1	unus	uno	uno	un	um	un	eune, onk	un
2	duo	due	dos	dos	dois	deux	deûs	doi
3	tres	tre	tres	tres	tres	trois	treûs	trei
4	quattuor	quattro	cuatro	quatre	quatro	quatre	cwate	patru
5	quinque	cinque	cinco	cinc	cinco	cinq	cinq’	cinci
6	sex	sei	seis	sis	seis	six	sîh’	şase
7	septem	sette	siete	set	sete	sept	sêt’	şapte
8	octo	otto	ocho	vuit	oito	huit	ût’	opt
9	novem	nove	nueve	nou	nove	neuf	nouf’	nouă
10	decem	dieci	diez	deu	dez	dix	đih’	zece

Tableau 3

La numération dans les langues indo-européennes.

	islandais	suédois	dan/norv.	allemand	néerlandais	anglais
1	einn	en	en	eins	een	one
2	tvei	två	to	zwei	twee	two
3	þrír	tre	tre	drei	drie	three
4	fjórir	fyra	fire	vier	vier	four
5	fimm	fem	fem	fünf	vijf	five
6	sex	sex	seks	sechs	zes	six
7	sjö	sju	syv	sieben	zeven	seven
8	átta	åtta	otte	acht	acht	eight
9	níu	nio	ni	neun	negen	nine
10	tíu	tio	ti	zehn	tien	ten

	albanais	arménien	irlandais	gallois	breton	esperanto
1	një	mèk	a haon	un	unan	unu
2	dy	yèrkou	a dó	dau	daou	du
3	tre	yèrèk	a trí	tri	tri	tri
4	kátër	tchôrs'	a ceathair	pedwar	pevar	kvar
5	pesë	h'inq	a cúig	pump	pemp	kvin
6	gjáshtë	vèts	a sé	chwech	c'hwec'h	ses
7	shtátë	yot	a seacht	saith	seizh	sep
8	tetë	oût'	a hocht	wyth	eizh	ok
9	nëntë	inë	a naoi	naw	nav	naŭ
10	dhjetë	das	a deich	deg	dek	dek

Langues d'Europe non indo-européennes

	hongrois	finnois	estonien	géorgien	turc	basque	kalaallisut (groenlandais)
1	egy	yksi	üks	erti	bir	bat	atausek
2	kettő	kaksi	kaks	ori	iki	bi	mardluk
3	három	kolme	kolm	sami	üç	iru	pingasut
4	négy	neljä	neli	ot'hi	dört	lau	sisamat
5	öt	viisi	viis	huti	beş	bost	tatdlimat
6	hat	kuusi	kuus	ekvsi	altı	sei	arfinek, arfinigdlit
7	hét	seitsemän	seitse	švidi	yedi	zazpi	arfinek mardluk
8	nyolc	kahdeksan	kaheksa	rva	sekiz	zortzi	arfinek pingasut
9	kilenc	yhdeksän	üheksa	ts'hra	dokuz	bederatzi	arfinek sisamat, kulingiluat
10	tíz	kymmenen	kümme	ati	on	amar	kulit

8. Les mots indo-européens

ou : élargissez votre vocabulaire !

Le cheval

Le francophone qui voit pour la première fois le mot allemand *Pferd*, peut facilement s'imaginer qu'il a découvert une nouvelle racine inconnue dans sa propre langue. Rien de commun avec *equus* (parent de ἱππός (hippos), issu de ἴκκος (*íkkos*), vieil irlandais *ech*. C'était aussi l'anglo-saxon *eoh,* que l'on entend encore piaffer dans l'écossais *each*, sanskrit *acvas*, persan *asb*), que nous retrouvons dans le français « équestre, équitation, écuyer, écurie », etc. Rien de commun non plus avec le bas latin *caballus*, d'ou sont venus, avec notre cheval, le gallois *ceffyl* et l'irlandais moderne *capall*, alors que le breton a conservé le vieux mot celtique *marc'h*, également présent dans le gallois *march*, synonyme de *ceffyl*. On peut se rendre compte tout d'abord du fait que le son « pf » de *Pferd* est particulier à l'allemand et correspond au son « p », mais notre francophone n'est pas plus avancé pour autant... S'il a appris le néerlandais, il connaît l'équivalent *paard,* qui peut déjà le mettre sur la voie. Avec un peu de curiosité, il découvrira le mot latin *paraveredus*, qui peut lui sembler barbare, mais qui n'est autre que notre vieux « palefroi » (du bas latin : *parafredus*), le cheval de parade de nos chansons de geste, d'où est issu le nom toujours bien vivant du palefrenier, en espagnol *palafrenero*, en portugais *palafreneiro*, en italien *palafreniere* ; et le palefroi se dit en anglais *palfrey*. Nous sommes bien en pays de connaissance.

Ce *paraveredus* est d'ailleurs un mot d'origine gauloise, tout comme le *caballus* ; il désignait autrefois un cheval de rechange pour le *veredus*, « celui qui tire le chariot ou le char ». Le char se disait en gaulois *reda*, parent du sanskrit *rátha*, du latin *rota*, du lituanien *ratas*, du letton *rats*, de l'allemand *Rad*, du breton *rod*, du gallois *rhod*, de l'irlandais *roth*, de l'italien *ruota*, de l'espagnol *rueda*, du portugais *roda*, du roumain *roată*, de l'albanais *rrotë*, c'est-à-dire du français « roue », parent du latin *rotundus* = rond, italien : *rotondo*, allemand : *rund*, anglais : *round*, etc. Cette même racine a été empruntée à date ancienne en finnois : *rattaat* = le char, *ratti* = (anciennement) la roue, mot qui sert aujourd'hui à désigner le volant d'une voiture, l'estonien ayant conservé pour désigner la roue le mot d'emprunt *ratas*.

Quant à la syllabe « *ve* » placée devant le « *redus* », elle rappelle nettement le verbe latin « *vehere* » = charrier, transporter, tirer, et se retrouve dans les mots français « véhicule », (vehiculum, de *veho, vexi, vectum*) et « vecteur » (de *vectio, vectionis* = action de charrier, de voiturer), ainsi que dans le lituanien : *vežimas*, le letton : *vezums*, le latin : *vectura*, italien : *vettura* = voiture, correspondant au grec : ὄχημα - *ókhima*. Ce verbe -

« *vehere* » est en effet le descendant du sanskrit *váhati*, qu'on retrouve dans le grec ὀχέω - *okhéo* = voiturer, conduire (anciennement ʷοχέω -ʷokhéo) dans ὄχος - *ókhos* = char, et dans les verbes russes **вести (весть)**, **возить** - *vestí (viest')*, *vozit'* = conduire, traîner, charrier, mener, tirer, voiturer ; dans les mots **воз** - *voz* = charretée, **возка** - *vozka* = transport, en polonais : *wozić* et *wodzić* = conduire une voiture (de *wóz* = chariot).

La même racine est également présente dans les mots suivants : russe : **вождь** - *vojd'*, polonais : *wódz*, slovène : *vodec*, tchèque : *vodič*, serbo-croate : *vođ, vođa*, letton : *vadonis*, et même dans le hongrois *vezér* = dux, duc, duca, doge, Duce, Führer, Caudillo, Conducător, etc. Elle a même été empruntée en estonien dans les mots : *vedu* = transport, *vedama* = transporter, *vedaja* = voiturier. C'est aussi la racine des mots islandais *wegur* = voie, route, et *wagn* = voiture ; en allemand : *Weg* et *Wagen*, en anglais : *way* et *waggon*, et des mots français : vagon, voie, voyage, viatique, véhément, viaduc, invective, veine, etc. Rien de tout cela ne nous est vraiment étranger.

De leur côté, les étudiants d'anglais qui découvrent le mot *horse* risquent de se demander longtemps d'où il a bien pu sortir ; à première vue, il ne se rattache à rien de connu. Le mot scandinave *hæst* n'apporte aucune solution. *Horse* est de la même famille que le latin *cursor*, le coursier, nom qui désignait en l'an 54 avant notre ère les chevaux de Jules César, qui écrasèrent au Nord de la Tamise les troupes de Cassivelaunus, le Vercingétorix breton. Il est évidemment parent des verbes latins *currere* et *cursare* d'où sont venus les mots français « courir » et « course », et d'une foule d'autres mots de nos langues romanes tels que *corriere, courrier, correo, corrida, corridor, corsario*, corsaire, cursif, curseur, précurseur, incursion, excursion, carrosse, char, chariot, concours, charger, et des mots anglais *car, to carry, carriage,* etc. Mais il est beaucoup plus ancien que son parent latin : il vient tout droit de la racine indo-européenne *Khors-Kour*. On le retrouve dans l'allemand *Ross*, dans le français « rosse », « rocin », « roussin », dans le wallon *roncin*, dans le breton *roñse* et dans le nom de la célèbre Rocinante (Rossinante) de Don Quichotte. C'est aussi l'islandais *hross*, synonyme de *hestur*, le cheval.

On pourrait certes aller plus loin dans les comparaisons, mais il serait dangereux de s'aventurer au-delà des étymologies bien évidentes et étayées par des preuves solides. Dans ce domaine, le chercheur doit toujours entendre siffler à ses oreilles l'épigramme du Chevalier d'Aceilly (Jacques de Cailly), qui brocardait malicieusement Gilles Ménage (Ægidius Menagius), un hardi pionnier de l'étymologie, auteur de l'ouvrage « Origines de la langue italienne », paru en 1669 :

Alfana vient d'equus sans doute,
Mais il faut avouer aussi
Qu'en venant de là jusqu'ici
Il a bien changé sur la route.

Le moujik

Le mot *moujik* (**мужик**) évoque pour tous les Européens le paysan russe traditionnel. Ce mot typiquement russe fait partie en réalité de notre vocabulaire usuel : il signifie « petit homme », la terminaison *« ik »* étant un suffixe diminutif commun à toutes les langues de la famille. Il nous reste donc la racine муж *(mouj)*. Même si nous ignorons que le son « ou » en russe recouvre une ancienne nasale, l'équivalent polonais *mąż* (prononcé *monj*) révèle d'emblée la parenté avec l'allemand *Mensch*, le suédois *människa*, le danois *menneske*, le néerlandais *mens*, l'anglais *man* etc. « Le petit homme » se dit en néerlandais *menneke*, d'où le célèbre *Manneken-Pis*, devenu la grande attraction touristique de Bruxelles. C'est de ce mot *manneken* que nous est venu le mannequin, qui est donc l'équivalent parfait du moujik (même racine, même suffixe).

Tous ces mots : муж, *mąż*, *Mensch*, *menneske*, *mens*, *Mann*, *man* etc., signifiant « l'être pensant », donc « l'être humain », sont des descendants d'une même racine *« men »* (gotique : *mannisks*, vieux nordique : *mennskr*, anglo-saxon : *mennisc*, etc.) du sanskrit *manuš* (adj. *manuṣya*), encore utilisé par les Tsiganes dans le mot « manouche », qui désigne les membres de leur groupe. On y sent la présence du latin *mens*, *mentis* = esprit, pensée, *meminisse* = se souvenir, etc., du grec μνήμη - *mními* = mémoire, μνημονικός - *mnimonikós* = mnémonique, μνημεῖον -*mnimeíon* = monument, souvenir, ἀμνηστία, ἀμνημοσύνη - *amnistía*, *amnimosyni* = oubli, mots parents de l'allemand *meinen*, *Meinung*, de l'anglais *to mean* et *mind*, du breton *meiz* = compréhension, intelligence, *meizadenn* = idée, pensée, *reizhveizad* = raisonnement logique.

De la même racine nous est venue μοῦσα (*Musa*, la muse), d'où μουσεῖον - *mouseíon* = museum, ainsi que *musica*, musique, un mot connu dans le monde entier. Mentionnons encore le grec μαθαίνω - *mathainô* = apprendre, d'où sont sortis μάθησις -*máthisis* = l'instruction, le savoir, μάθημα - *máthima* = étude, leçon, science, connaissance, et bien entendu, les mathématiques.

N'oublions pas non plus μανία - *manía* = la folie, μαντεία - *manteía* = divination, oracle, prédiction, μάντις - *mántis* = le devin, μαντεῖον - *manteíon* = oracle, d'où « chiromancie », « nécromancie », « cartomancie », etc., la démence, le dément *(demens)* et le latin *mentiri* = mentir, mensonge, et les réminiscences, les commentaires, mental, mention, ou encore le latin *monere* = avertir (allemand : *mahnen*), le français « admonestation », l'allemand *Mahnung*, même sens, et l'anglais *to summon* = mander, citer en justice, assigner, ou encore le moniteur et le monitoring, le mentor, etc. Citons aussi *monstrum* = avertissement des dieux, d'où sont sortis les monstres, les monstruosités, les démonstrations, les remontrances, et notre verbe « montrer » ainsi que des centaines de mots de notre vocabulaire européen.

Le touriste qui se promène à Rome sur le Mont Palatin peut encore admirer le temple de *Juno Moneta* (Junon qui avertit). C'est à cet endroit que l'on battait la monnaie romaine sur laquelle la déesse était représentée. Ce mot de *Moneta* a vraiment fait fortune, comme il se devait ; il désigne la monnaie, l'argent, dans toutes nos langues d'Europe : *Money*, *Münze*, *Moneda*, *Moeda*, *Moneta*, etc., et l'atelier monétaire : *Mint*, *Munt*, *Mynt*, la Monnaie, etc. Même en géorgien, langue non indo-européenne, le mot *manet'i* désignait habituellement le rouble ; il est devenu ensuite l'unité monétaire de la Géorgie indépendante, avant d'être remplacé par le *« lari »* et ensuite par le *« tetri »*, mais la devise nationale de la République d'Azerbaïdjan est toujours le *« manat »*.

L'isba

Quoi de plus russe que le mot *isba* (изба) ? On pourrait penser qu'il a pris naissance un soir d'hiver dans la toundra ; il vient pourtant d'une racine que nous utilisons abondamment dans toutes les langues d'Europe. Il y a seulement trois siècles, on l'écrivait encore истба *(istba)*. Il n'en faut pas plus pour le reconnaître.

En letton, *istaba* signifie chambre, à l'origine « pièce chauffée », c'est la *Stube* des Allemands (en danois *stue*, en suédois *stuga*, en islandais *stuva*), et c'est aussi notre « étuve » dans laquelle on « étouffe », le *stove* des Anglais, la *estufa* des Espagnols (à la fois « poêle » et « étuve ») et des Portugais (qui lui donnent en plus le sens de « serre », comme les Italiens qui l'appellent *stufa*) ; c'est encore le *stupa* des Indiens.

Comme c'est un terme de civilisation, il s'est tout naturellement glissé dans les langues non indo-européennes. Il est devenu *tupa* en finnois (avec le sens d'isba). (En slovaque, *izba* = chambre.) De même en estonien *tuba* et en hongrois *szoba* (chambre), d'où le mot d'emprunt *soba* utilisé en serbo-croate, en slovène et en macédonien ; il est même passé en turc, où *soba* a retrouvé son sens de « four », comme dans l'arménien *zoba* ; c'est encore le même mot qui désigne en albanais la maison : *shtëpí*. En grec moderne, le même mot a subi une métathèse et se dit τὸ σπήτι *(to spíti)* ; il a remplacé οἶκος *(oikos),* qui non seulement nous a donné « économie », « écologie », « écolo », « écosystème » etc., mais encore se retrouve dans des centaines de mots de nos langues européennes. *Spíti* n'en est pas moins d'origine ancienne : il en est sorti autrefois *hospitium*, qui nous a donné « hospice », et les *hospites*, l'hospitalité, l'hôtel, l'hôte, qui se dit en russe гость *(gost')*, en polonais *gość*, en allemand *Gast*, en suédois *gäst*, en danois *gæst*, en islandais *gestur*, en anglais *guest*, en roumanche *giast*, en italien *ospite*, en portugais *hóspede*, en espagnol *huésped*, en catalan *hoste*, en gallois *gwestai*, en breton *ostis*, etc.

Vodka et whisky

Il n'est pas tellement rare de rencontrer dans des langues indo-européennes, en apparence assez éloignées l'une de l'autre, des mots composés d'une même racine et d'un même suffixe. Voyons par exemple le mot « vodka », qui est bien aussi russe que l'isba ; il est formé de вода (*voda*, prononcé *vadá*) = eau (polonais : *woda*), et du suffixe diminutif féminin *-ka*, qu'on retrouve dans de nombreuses langues de la famille (allemand *-chen*, néerlandais *-ke*). On a donc : vodka = « petite eau ».

вода - *voda*, c'est notre vieille racine grecque bien connue ὕδορ-ὑδρο *(hydor/hydro)*. Elle est parente du sanskrit *udan*, *udnáh* (racine *ud/und*), d'où proviennent également le mot français « onde », du latin *unda*, et le latin *udus* (humide), dont les deux formes radicales *ud* et *vad* se retrouvent partout avec ou sans « n » : en lituanien *vanduo* et *undo* (d'où le vieux mot *undinė* = l'ondine, la fée des eaux), en danois *vand*, en norvégien *vann*, en suédois *vatten*, en anglais *water*, en gotique *wato*, en allemand *Wasser*, en islandais *votur* et *vatn*, le letton conservant la vieille forme : *ūdens*.

Le « h » de la racine grecque transcrit un « esprit rude » de l'original, qui s'écrit ὕδορ, la lettre grecque « δ » se prononçant « dh », c'est-à-dire comme le « th » anglais dans l'article *the*. On voit d'ici l'origine du mot bien celte et bien irlandais *udh*. (Le breton *dour*, du gallois *dwer*, n'a conservé que la deuxième syllabe de la racine grecque, tout comme l'arménien : *dšur*, prononcé *dchour*).

À ce nom qui désignait l'eau, les Irlandais ont ajouté le suffixe diminutif *-ke*, d'où *udhke* = « petite eau », en irlandais moderne *uisce*, prononcé išgi, (*uisc* = jus), d'où *uisce beatha* = eau de vie. C'est ce *uisce* que les Anglais ont transcrit par « *whiskey* », et ensuite par « *whisky* », que les Irlandais écrivent «*fuiscí*» et prononcent «*fišgi*». On peut donc affirmer que malgré la différence de goût, la vodka (en polonais *wódka*) et le whisky ne sont qu'un seul et même mot, issu directement de l'indo-européen commun...

Le lait

Même lorsque cette belle unité linguistique se trouve en apparence rompue ou scindée en deux ou plusieurs formes, la trace d'un mot indo-européen surgit toujours d'un groupe de langues à l'autre. Prenons le cas d'un breuvage moins nocif que le précédent : le lait.

Tout le monde connaît le mot anglais *milk*, qui correspond à l'allemand *Milch* (islandais : *mjólk*, suédois : *mjölk*, danois : *mælk*, norvégien et néerlandais : *melk*). C'est le mot russe молоко (prononcé *malakó*), ukrainien : молоко (prononcé : *molokó*), bulgare : мляко - *mliako* et dans toutes les autres langues slaves : *mleko*. Le mot n'apparaît pas dans les langues latines avec le sens de « lait », mais il n'y est pas inconnu : la racine *mulk/mulc/mulg* refait surface dans le latin *mulgere* = traire, en italien *mungere*, correspondant à l'allemand *melken* et à l'anglais *to milk* (du grec ἀμέλγειν, ἀμέλγω, αμέργω - *amélgein/amelgô/amergô*), héritage du sanskrit *mṛkšati*, *māršti*, signifiant « presser, pressurer, faire sortir en pressant », et d'où sont sortis entre autres les mots français « émulsion » et même « promulguer », ainsi que le « marc » (ce qui reste quand on a pressé).

Dans les langues latines, le mot qui désigne le lait vient du grec γάλα-γαλακτος *(gála - galaktos)*, en latin *lac*, *lactis*, *lacte*, en italien *latte*, en portugais *leite*, en espagnol *leche*, en catalan *llét*, en roumain *lapte*, en roumanche *lat*. Le roumanche nous offre d'ailleurs un joli mot, qui réunit à lui seul les deux formes indo-européennes : c'est le mot *« latmielch »* qui signifie « crême fouettée ».

La terre

Les amateurs de géographie, qui aiment contempler sur la carte les confins extrêmes de l'Europe, peuvent à juste titre se demander ce que signifie la «Nouvelle Zemble», puisque « zemble » en français ne veut strictement rien dire. C'est simplement une francisation saugrenue du russe новая земля *(Novaïa Ziemliá)*, la Nouvelle Terre (une autre Terre-Neuve que la *« Newfoundland »*, aujourd'hui province du Canada). En russe, le « l » de *Ziemliá* a été ajouté à une époque relativement récente pour des raisons d'euphonie. En polonais on dit toujours *ziemia*, en tchèque *země*, en ukrainien et en bulgare *zemiá*, mais en serbo-croate *zemlja*. En lituanien, langue dont la forme est plus ancienne, on dit *žēmė*, en letton *zeme*. En hindi, ourdou et persan, on a conservé jusqu'à nos jours la forme « *zamīn* ». On sait que le « z » initial est un ancien « h » ; c'est évidemment notre mot « humus », que nous avons pieusement conservé sous sa forme latine.

C'est aussi le sanskrit *kśaman* et le grec χθών - *khthôn* (d'où nous avons tiré l'autochtone, c'est-à-dire « de sa propre terre »), que l'on reconnaît aisément dans le traductionyme (nom propre traduit) de *Schwartzerd* (Terrenoire), le compagnon de Luther, grand traducteur de textes bibliques, plus connu sous le nom de Melanchton. Ce mot se retrouve dans l'expression sanskrite *kśamí* = à terre (en lituanien *žemai*, en grec χαμαί - *khamaí*), qui nous rappelle le grec moderne τὸ χῶμα - *to khôma* = la terre et le roumain *huma* = terre argileuse, en bulgare хума - *khúma,* de même que le persan *khâk* = terre et poussière.

C'est à partir de cet humus que les Indo-européens, voulant établir une distinction nette entre les habitants de la terre et ceux du ciel, ont créé l' « *homo*, gén. *hominis* », devenu en italien *uomo*, pl. *uomini*, en roumain *om*, pl. *oameni*, en roumanche *homens*, en français « *homme* », en espagnol *hombre*, en portugais *homem*, en catalan *home*, etc. et d'où sont sortis en français « hommage, homicide, inhumer, exhumer » etc., mais qui, assez curieusement, n'aurait rien de commun avec *humanus*, humain et leurs dérivés...

Peut-être convient-il de faire observer en passant que, tout comme les Latins, les Lituaniens ont formé le mot « homme » (*žmõgus*, pl. *žmónės*) à partir du mot *žẽmė* (humus, terre), et le mot *Diẽvas* (*Deus*, Dieu) à partir de *dienà* (latin : *dies* = le jour, le ciel). La forme grecque θεός - *theos* a donné δῖος - *dhios* = divin. Voir l'irlandais *dia* = Dieu et jour, le vieux norrois *tívar* = les dieux, l'anglo-saxon *Tīvesdäg* = *Tuesday*, le jour des dieux, le sanskrit *div* = clarté, lumière du jour, et *deva* = les dieux, la divinité.

C'est encore de l'humus que nous sont venus *humilis* = humble = « aussi bas que terre », (en grec χαμηλός - *khamilós*, en lituanien *žẽmas* = bas), humilité, humilier etc. On peut dire que cet humus a été d'une remarquable fécondité. Et que ce *« zemble »*, qui ne voulait rien dire, peut tout de même nous mener assez loin.

Le bourg

En France, nous pouvons rêver longuement sur les noms prestigieux de « Bourg-le-Roi » et de « Bourg-la-Reine ». Dans les noms de *Kingsborough* et de *Queensborough*, nous retrouvons ce même bourg, tout comme dans *Göteborg*, *Hälsingborg*, *Ålborg*, etc. La ville de *Viborg* au Danemark est l'homonyme de l'ancienne ville hanséatique, récemment encore finlandaise, qui s'appelait *Vyborg*, en finnois *Viipuri*. Il existe une infinité d'autres formes de bourg, *borough* et *borg* (en breton *bourc'h*), que l'on retrouve notamment dans Strasbourg et dans d'innombrables noms de villes allemandes, d'*Augsburg* jusqu'à *Würzburg*. Tout bon Français sait ou doit savoir que les habitants de Bourg-la-Reine sont des Regineborgiens et que *regina* (en sanskrit *rājñī*) est le féminin de *rex,* génitif *regis* = le roi (qu'on appelle en roumain *rege*), et qui a même été emprunté en basque *errege*. C'est aussi le gaulois *« rix »*, présent dans les noms de Vercingétorix, Eporédorix, Ambiorix, Adiutrix, et plus près de nous... Astérix. C'est le sanskrit *rájá* (le Rajah), le *Maharajah* étant le Grand Roi (*maha* = μέγας - *mégas*, *magnus* etc.) D'où *Râjpour* = Bourg-le-Roi, que l'on retrouve en Thaïlande sous la forme *Rajaburi*. On retrouve au Cambodge des villes comme *Mongkolboreï*, le Bourg-Mogol, et au Sud de la péninsule de Malaisie la ville de Singapour (*Singha-pûr* = ville des lions). Revenons en Europe pour saluer au passage la ville de *Ratibor* (Bourg-le-Roi) en Haute-Silésie, et en Slovénie la ville de *Maribor* (Marburg). Le *Burg* (forteresse, ville fortifiée) a pris en albanais le sens de prison *(burg)*. Il est même passé en arabe sous la forme *Bordj*, avec son sens original de forteresse, et se retrouve dans de nombreux noms de villes d'Algérie anciennement fortifiées, comme *Bordj-Menaïel* dans la wilaya de Tizi-Ouzou ou *Bordj-Bou-Arréridj* dans la wilaya de Sétif.

Tout celà n'est d'ailleurs que la partie visible de l'iceberg. En cherchant un peu on pourrait aller beaucoup plus loin : Nous avons vu dans le mot Singapour la racine sanskrite *« pûr »* signifiant ville fortifiée ; c'est le grec πόλις - *pólis* = ville, cité, d'où nous avons tiré métropole, mégapole, Constantinople *(Constantinopolis)*, Naples *(Néapolis)*, Antibes *(Antipolis)* etc. et d'où sont sortis ὁ πολίτης - *o polítis* = le citoyen, πολιτικός - *politikós*, πολιτεία - *politeía* (état, république, régime politique) et plus tard la police. C'est encore le grec πύλη - *pylê*, la porte de la ville, le portail, (qu'on reconnaît dans les Thermopyles), le lituanien *pilis* = fort, forteresse, ville fortifiée, que l'on retrouve en Lettonie dans le nom de la ville de *Daugavpils*, en lituanien *Daùgpilis*, en allemand *Dünaburg*, en russe *Dvinsk* (forteresse sur la *Daugava*, sur la *Dvina*).

Tous ces mots sont parents de l'adjectif sanskrit *brhant* = fort, d'où le latin *fortis* et tout ce qui en est sorti, ce qui nous ramène au fort et à la forteresse. Ils sont tous dérivés sans aucun doute du sanskrit *purúh*, *pūrnah* = plein, abondant (voir *Annapūrnā* = pleine de dons ou d'aliments, nom d'une déesse dont le temple est à Bénarès et d'un sommet de l'Himalaya). On utilise toujours cette racine dans le verbe hindi et ourdou *bharnā* = remplir. C'est aussi le persan *por*, correspondant au grec πολὺς - *polys* (d'où polyvalent, polyglotte, etc.) et πλέως - *pléôs*, grec moderne πλήρης - *plíris* = plein, πληρῶ - plërö – je remplis, πλῆθος, πλήθορα - plêthos, plêthora = pléthore, abondance et πλοῦτος - *ploutos* = richesse, auquel se rattachent le latin *pluris* (d'où notre « pluriel »), l'anglais *full*, *plenty*, to *fulfill*, l'allemand *voll*, *viel*, *Fülle*, l'islandais *fullur*, le lituanien *pilnas*, le polonais *pełny*, le russe полный, le français : plein, plénitude, complet, replet, plantureux, accomplir, etc. On n'en finirait plus...

Le lord et le pain

La traque des mots n'est pas toujours aussi facile, mais la difficulté première peut la rendre encore plus savoureuse. Considérons par exemple le mot *lord*, parfois curieusement utilisé chez nous dans la belle expression populaire « un lord anglais ». (On n'est jamais trop précis).

Le mot vient de l'anglo-saxon *hlāford* (de *hlāf*, le pain et de *ord* ou *weard*, le gardien), en germanique *hlāfgärdiga* (celui qui détient le pain). Le mot *ward*, *warden*, bien connu en anglais, est notre mot « garde, gardien », et aussi « jardin », un mot commun à toute la famille, comme on le verra au chapitre suivant. Le mot *hlāf* est encore plus intéressant : Il ressemble comme un frère au mot russe хлеб - *khlieb*, polonais *chleb*, tchèque *chléb*, bulgare хляб - *khliab*, qui se retrouve dans presque toutes les langues slaves et dans l'allemand *Leib* (miche de pain) qui correspond à l'anglais *loaf*. C'est le lituanien kliēpas, anciennement *klaips*, le vieux-prussien *klaipa*, le gotique *hlaifs* et le letton *klaips*. On le retrouve en Lituanie dans un nom de ville *Klaipėda* (la ville où il y a du pain). Il a été emprunté en finnois sous la forme *leipää* et en estonien sous la forme *leib*.

Quelques animaux

Le mot russe голубь - *góloub* (prononcé *góloup*), de même que le tchèque *holoub*, ne vous dira rien au premier abord. Mais le mot polonais corespondant : *gołąb* (prononcé *golomb*) est bien clair pour un francophone : il s'agit du pigeon ou colombe (toujours ce son « ou » du russe qui recouvre une ancienne nasale). Le mot hongrois correspondant, emprunté à date ancienne, nous restitue la forme originale : *galamb* (prononcé : *golomb*). En albanais, le mot *pëllumb* (pigeon) évoque immédiatement la palombe, le ramier, en roumain *porumbel*, portugais *pombo*, espagnol *paloma*. C'est bien le même animal, il n'y a rien de neuf à apprendre.

Si l'étudiant cherche à comprendre les raisons de ces ressemblances, il peut passer à l'échelon supérieur ; il découvrira ainsi que le sanskrit *palitáh* = gris, pâle, gris-pâle, parent du mot français « pâle » *(pallidus)* se retrouve dans les mots grecs πολιός - *polios* = gris, πελλός - *pellos* = sombre, πελιός - *pelios* = pâle, livide, d'où πελεία - *pelía* = pigeon sauvage (en latin : *palumbes*, parent de *columba*) ; et également dans l'allemand *fahl* et *falb* = pâle, blême, fauve (ancien-haut-allemand : *falw* = fauve), *fahlgrau* = grisâtre, l'italien *pallido*, l'espagnol *pálido* et l'anglais *pallid* (pâle), *fallow* = friche, etc.

Le chasseur de mots peut parfois tomber sur un gibier inattendu ; si l'on considère par exemple le mot russe верблюд -*verblioud*, qui signifie « chameau », on ne voit pas tout de suite d'où il peut sortir. Là encore, dans le mot polonais *wielbłąd*, (tchèque *velbloud*), ce chameau montre le bout de l'oreille. Drôle d'oreille d'ailleurs : c'est l'ancien *ierebandas*, en grec ἐλέφας -*eléfas* (génitif ἐλέφαντος - *eléfantos*). Il faut bien constater que les anciens Slaves n'étaient pas très forts en zoologie…

Le même mot transmis par le pâli jusqu'en Thaïlande a donné Erawan, et certains pensent l'avoir retrouvé au Caucase, à Erivan (anciennement Erebouni).

L'interaction des civilisations

Il ne faut pas négliger les innombrables effets de l'interaction des civilisations dans le domaine européen ; elle a fourni des quantités de mots qui ne sont même plus sentis comme des emprunts tant ils sont devenus courants et font partie de l'émouvant trésor historique et linguistique de nos pays.

Prenons par exemple le cas d'un certain Jules, qui vivait à Rome il y a un peu plus de deux millénaires. C'était un beau garçon apprécié de tous ses amis. Il avait hérité de son père le surnom de *Cæsar*, (= « le frisé », du sanskrit *kēcara* = chevelure). Pour comble d'ironie, le jeune Julius était désespérément chauve et en était profondément affligé, ce qui ne l'empêcha pas de devenir, entre autres, « l'amant de toutes les femmes ». Lorsqu'il devint général, ses soldats l'appelèrent familièrement *« moechus calvus »* (le séducteur chauve), tout comme les grognards de Napoléon parlaient du « petit tondu ». Nous ne risquons pas d'oublier Jules le Frisé. Le « c » de Cæsar se prononçait à l'époque comme un « k » ; en France, nous prononçons « César ». Charlemagne en fit le titre envié de *Kaiser* ; on le retrouve jusque dans le persan : *kaïsar*, le turc : *kayser* et l'arménien oriental *ksaïr* (arménien occidental : *gsaïr*). En polonais, César se dit *Cesarz* (la première syllabe étant prononcée *« tsé »*). Au IXe siècle, le Khan des Bulgares, Boris, contemporain de Charlemagne, converti à l'Orthodoxie, prend le titre de Tsar (César) et fonde le royaume de Bulgarie. Au Moyen Âge, dans tous les pays orthodoxes slaves et en Roumanie, le nom de la ville sainte (Constantinople) était devenu *Tsarigrad* ou *Tsargrad* selon les pays. Au XVIe siècle, les Princes de Moscovie relevèrent le titre et devinrent des Tsars. (Царь = le Tsar).

La nouvelle nous en vint d'Allemagne et les Français adoptèrent la graphie allemande *« Tzar »*. Au dix-neuvième siècle, les Hongrois, qui utilisaient pour leur propre Roi et Empereur (d'Autriche) le titre de *« Császár »* (prononcé *tchasar*), employaient pour désigner le Tsar de Russie la transcription hongroise de l'époque *« Czár »* (prononcé *« tsar »*). Au moment du Traîté de Vienne, les Anglais notèrent le mot sous sa forme hongroise et l'utilisent toujours sous cette forme. D'Angleterre, le mot fut importé en France avec cette graphie originale, et de nombreux Français en déduisirent qu'il fallait prononcer *« Kzar »* ! On ne les détrompa jamais. D'où nos trois graphies actuelles : *Tsar*, *Tzar* et *Czar*, dont la première seule a une raison d'être ; on peut encore entendre de nos jours des Français qui parlent du *« Kzar »*.

Les origines de Louis et les avatars de Charles

Toute l'histoire de l'Europe est constellée de mots qui ont formé, au cours des quatre ou cinq derniers millénaires, un inextricable réseau d'enchaînements. Les noms des trois derniers rois de France (Louis XVIII, Charles X et Louis-Philippe) nous rappellent qu'au cours d'une période de quatorze siècles, il y eut dans notre histoire dix-neuf Louis et au moins dix Charles. Il n'est pas sans intérêt de montrer à quel point le nom de Louis vient de loin, et comment celui de Charles s'est imposé dans les langues de l'Europe.

Depuis la nuit des temps, la gloire et la renommée ne pouvaient s'acquérir que dans les batailles. Le héros dont on vantait les mérites dans les épopées et les chansons de geste était un homme vigoureux, qui avait montré son courage en exterminant un grand nombre d'ennemis dans des combats particulièrement sanglants. Ce qui comptait le plus pour nos ancêtres indo-européens, c'était cette renommée, cette gloire, cette célébrité, en sanskrit : *çravas*, *çravah* = bruits, rumeur, réputation. On peut en entendre l'écho dans le mot russe слава - *sláva* = la gloire, qui est très probablement à l'origine du mot « slave ». C'est hélas sur ce mot que les Occidentaux ont formé par la suite le mot « esclave » (*slavus*, *sclavus*, *schiavo*, *esclavo*, *escravo*, all. *Sklawe*, angl. *slave*, fr. *esclavon*, *escravon*, prov. *esclau*, etc.)

Le mot sanskrit est parent d'une racine indo-européenne *« klev »*, signifiant « entendre parler de » ; on le détecte facilement dans les mots « *çrávaṇa* » = oreille, réputation, et « *çravayâmi* » = « faire entendre, raconter les hauts faits », et il est encore vivant en hindi dans le mot « *śravaṇ* » = ouïe, oreille (ś = ç). Notre racine *klev* est probablement présente dans le mot russe клевета -*klievietá* = calomnie (ce qui est porté par la rumeur publique).

C'est évidemment le grec κλείω - *klíô* = vanter, célébrer, et κλεῶ - *kléô* (κλε^w^ῶ), correspondant au latin *clŭeo* = « entendre parler de soi, avoir la réputation de, passer pour ». Le mot nous est bien connu, il désigne la muse de la poésie épique et de l'histoire, Clio (Κλειὼ) qui célébrait, comme son nom l'indique, la mémoire des hommes illustres.

Ce mot vient de la racine κλὐ - *kly* = entendre, et du verbe κλὐω - *klyô* (du sanskrit : *çru*) = « entendre, écouter, avoir une réputation (bonne ou mauvaise) », d'où : κλυτός - *klytós* = « dont on entend parler, glorieux, célèbre, illustre », et κλειτός - *klitós* = « illustre, célèbre, digne d'être vanté, superbe, magnifique », qui correspond au sanskrit *çrutah* et au latin *inclutus*, et qu'on retrouve dans le russe клич -*klitch* = cris, clameurs, publication.

On peut rapprocher cette racine du russe слух - *slukh* = le bruit, du verbe слыхать - *słykhat'* = entendre dire, et aussi de слава (voir plus haut), de славный - *sláνnyï* = glorieux, et même de слово - *słowo* = « le mot » (« ce qu'on entend »).

L'histoire a retenu le nom de *Clitus*, (Κλειτός = illustre, célèbre, glorieux), l'officier qu'Alexandre le Grand tua sauvagement au cours d'un banquet à Samarkande.

Assez curieusement, un grand philosophe d'origine carthaginoise, qui fut plus tard l'inspirateur de Cicéron, portait assez mal le beau nom de Κλειτόμαχος - *klitómakhos* (célèbre par ses batailles), mais il s'agissait visiblement du traductionyme de *Hasdrubal*, nom qui fut porté avant lui et à juste titre par une longue lignée de généraux carthaginois, et que le frère d'Hannibal fit entrer définitivement dans l'histoire de l'Europe. Un des noms les plus connus de l'antiquité est certainement celui de Cléopâtre (Κλεοπάτρα = de père illustre), qui fut fièrement porté par sept reines d'Égypte.

Tout cela pour en arriver au germanique *hlūt*, *hludo*, *hlod* = « à haute voix, célèbre, illustre » (all. *Laut*, angl. *loud*, anglo-saxon *hlūd*, (russe : гласно - *glásno*), qui figure dans le nom du roi franc salien *Hlodwig* (*hludo-vīg* = « célèbre par ses batailles » ou « illustre au combat »), dit *Chlodovech*, *Chlodovīg*, *Chlodwig*, *Chlodovechus*, en français *Clovis*, alias *Ludwig*, *Ludovicus*, *Ludovic*, et enfin *Louis*, néerlandais : *Lodewijk*, italien : *Luigi*, espagnol : *Luis*, portugais : *Luiz*, anglais : *Lewis*, hongrois : *Lajos*.

Quant au mot francique « *vīg* » = « combat victorieux », il remonte à une vieille racine indo-européenne *ueik*, *veigh* = combattre, (*uoikiā* = combat) et au sanskrit *váya* = lutte, combat, qu'on retrouve entre autres dans le russe бой - *boï* = combat, bataille, lutte, dans воин - *voïn* = guerrier, combattant, soldat, et dans война - *vaïná* = la guerre, de même que dans le latin *vincere* (*vinco*, *vīcı*, *victum*), dans *victoria* et dans le français « vaincre, vainqueur, vaincu ». C'est aussi le gotique *weihan* = combattre, présent : *weihjo*, qu'on retrouve dans le vieux-haut-allemand *überwehan* = triompher, dans l'allemand *sich weigern* = se défendre, dans le vieil-anglais *vīgan* = combattre, et parfois assorti d'un « t » : allemand : *fechten*, néerlandais : *vechten*, anglo-saxon : *feoht*, anglais : *fight* et *to fight*.

Charlemagne, Karl der Grosse pour les Allemands, était connu sous le nom de Karol ou Carolus (magnus) par les gens de son temps. Le sens premier du nom germanique *Karla*, est conservé dans l'allemand *Kerl* (néerlandais : *kerel*, islandais, suédois et danois : *karl*), dont le sens principal est « gars », « gaillard », « jeune homme robuste ». C'est grâce à Charlemagne, ou à cause de lui, que le Roi, en russe, se dit король - *Korol'* (prononcé *Karol'*), en polonais *Król*, en tchèque *Král*, en serbe et en croate *Kralj*, en lituanien *Karalius* ; le mot a été emprunté en hongrois sous la forme *Király*, et en turc sous la forme « Kıral ».

Dans les pays germaniques et d'influence germanique, le titre existait déjà avant Charlemagne, et on dit toujours *king*, *König*, *koning*, *konung*, *konge*, *konungur*, en finnois et en estonien : *kuningas*, en letton *ķēniņš*. Dans les langues slaves, ce même mot a le sens de « prince »: en russe КНЯЗЬ - *kniaz'*, en bulgare et en serbe КНЕЗ - *knez*, en tchèque *kníže*, en polonais *książę*. En albanais, le Roi se dit tout simplement *mbret*, raccourci saisissant du mot *imperator*.

Mais Charlemagne a marqué par de nombreuses autres voies le vocabulaire des Européens : il envoyait dans ses provinces des hommes de confiance, qu'il choisissait de préférence parmi ses scribes, afin qu'ils fussent capables de lui envoyer par écrit des rapports sur ce qui se passait dans son Empire (les gens qui savaient écrire étaient assez rares). À la Cour d'Aix-la-Chapelle, le scribe s'appelait «*graphio*», (d'où notre «graphier», devenu par la suite le greffier). C'est ainsi qu'est né le *Graf*, le comte, *graaf*, *greve*, en lituanien *grãfas*, en russe граф - *graf*, en polonais *hrabia*, en tchèque *hrabě*, en hongrois *gróf*, etc.

Le bailli, en allemand *Vogt*, était le personnage le plus important de l'administration locale ; sous ce vocable, en apparence étranger, se cache le mot latin *vocatus*, proche parent du mot français « avocat », et dans lequel on retrouve le sanskrit *vák*, *uk* = parole, lui-même parent du grec ἔπος - *épos* (même sens), anciennement *ʷepos*, du latin *vox*, du français « voix, vocable, vocabulaire, voyelle, avoué, » etc.

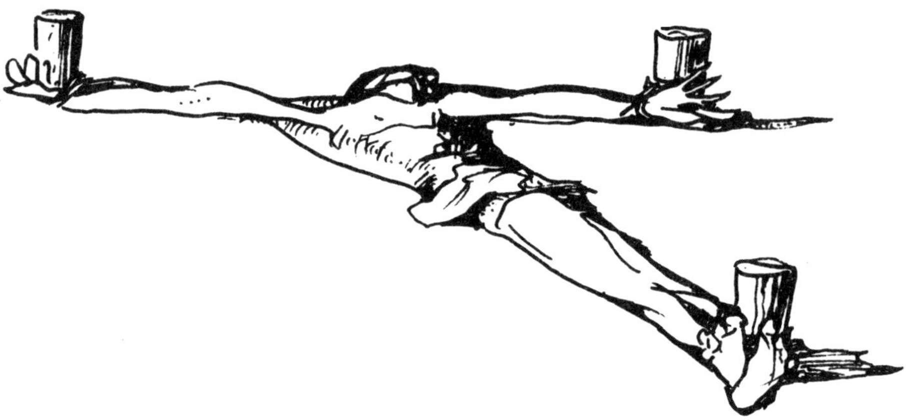

Le *tripalium*
Telle est la triste origine de notre mot travail.

9. Supplément pour les amateurs

En faisant miroiter assez longuement, dans le chapitre qui précède, quelques joyaux de notre vocabulaire européen, nous craignons d'avoir quelque peu abusé de la patience des lecteurs ; d'aucuns auront peut-être abandonné en cours de route. Toutefois, il n'est pas impossible que d'autres aient pris goût à ce genre d'exercice, et aient saisi cette occasion d'explorer le vocabulaire de notre inépuisable fonds indo-européen. C'est exclusivement à leur intention que nous donnons, à tout hasard, quelques échantillons supplémentaires du trésor linguistique de l'Europe. On sera frappé de voir une fois encore à quel point nos langues sont toujours proches de leur forme originale indo-européenne, et comment elles ont conservé au cours de leur évolution les traces indélébiles de leur origine commune.

La notion de travail

Il existe en sanskrit une racine *« pac »* (prononcée *patch*) qui signifie « attacher, faire tenir ensemble, saisir », et qu'on retrouve dans *pāca* = lien, lacet, piège, et dans *pacú* = animal attaché au poteau, c'est-à-dire domestique, ancêtre du mot latin *pecu*, *pecus*, puis de *pecunia* = richesse en bétail, parent du vieux lituanien *pēkus*, gotique *faíhu*, puis de l'allemand *Vieh* = bétail, de l'anglais *fee* = salaire, tarif, du français « pécuniaire, pécule, pécore, fief, féodal, etc. » Le sanskrit «*pacú*» est presque intact en albanais dans l'adjectif «*i pasur*» = riche, dans «*pasurí*» = richesse, et dans «*pasurohem*» = s'enrichir.

Le mot sanskrit *pacu-bandhá*, qui désigne le sacrifice d'un animal, décrit l'action d'attacher l'animal au poteau. C'est ce sens de poteau, de pieu fiché en terre, (en grec πηκτὸς - *pêktós* = « fiché en terre », qui est le plus caractéristique de la racine *« pag »*, restée intacte dans le mot anglais *peg* = cheville (« ce qui fait tenir ensemble »). La racine est également intacte dans le latin *pagus* = pieu, borne, et dans son doublet *paxillus* (de *pakslos*, *pakslus*, en grec πάσσαλος - *pássalos*) devenu en latin *palus*. C'est le fameux « pal » qui servait au supplice du même nom et d'où sont sortis nos mots « palissade, pieu, palais, palace ». (en irlandais, le mot *pailís* désigne à la fois un palais, une palissade, une forteresse). C'est aussi le polonais *pal*, l'allemand *Pfahl* (d'où le verbe *pfählen* = empaler), l'irlandais *polla*, le gallois *pawl*, le breton *peul*, l'anglais *pole*, etc. Il y a seulement quelques siècles, les territoires anglais d'Irlande s'appelaient encore « *the English Pale* » et les Irlandais sont encore désignés en style poétique sous le nom de « *men of the Pale* ». Il s'agissait à l'origine du poteau bornant le territoire. En France, il y eut « *the Calais Pale* » jusqu'en 1558.

Non contents de faire subir à leurs ennemis le supplice du pal, nos bons ancêtres indo-européens pratiquaient une charmante coutume consistant à ficher en terre trois pieux disposés en triangle équilatéral et séparés l'un de l'autre par une distance d'environ 1,60 m. (On disait autrefois une brasse, en latin *brachia* = longueur de deux bras étendus). La victime étant étendue à terre entre les trois pieux (les deux bras étendus), on attachait solidement à un pieu les deux chevilles, à un autre pieu la main droite, et au troisième pieu la main gauche. Après quoi, on pouvait tranquillement torturer le sujet ou l'offrir en sacrifice aux dieux. Cet ingénieux dispositif s'appelait le *tripalium* ou *trepalium* (les trois poteaux), ce nom désignant également le supplice lui-même ou les douleurs du supplicié.

Telle est la triste origine de notre mot « travail » (espagnol *trabajo*, catalan *treball*, portugais *trabalho*). En italien *travaglio* = labeur, peine, tourment, anxiété, et aussi *travaglio di stomaco* = violentes douleurs d'estomac, mal au cœur. Dans une clinique, ont dit encore chez nous que la parturiente est « en travail » et la salle d'accouchement s'appelle « salle de travail ». Littré donne pour premier sens du mot travail : « travail de maréchal », le dispositif servant à attacher les grands animaux auxquels on doit faire subir une opération. Il indique également pour les mots provençaux *« trabalh, trebalh, trebail »* les deux sens de « travail de maréchal » et « fatigue ». Le même sens se retrouve dans le mot anglais *travail* (*labor, torment, agony, toil)* = dur travail, labeur, peine ; (en breton : *trevell* = labeur, peine, travail, embarras, tracas) et dans l'expression *« travail pains »* et *« travail pangs »* = douleurs de l'enfantement. C'est aussi l'origine du mot anglais *to travel* et du breton *trevelliñ* = voyager, formés à une époque où les voyages pouvaient être considérés à juste titre comme une pénible épreuve, assimilable à une longue torture.

Il y a lieu d'insister sur le fait que cette racine *« pag »* se retrouve dans des milliers de mots de toutes les langues de l'Europe. Dans son sens initial de « fixer, consolider, compacter », elle a servi à former de nombreux mots grecs tels que : πάγος - *págos* = solide, gelée, glace, πηγνιμί = *pêghnimí* = ficher, et en grec moderne : πυκνὸς - *pyknós* = dense, épais, compact ; πυκνότιτα - *pyknótita* = densité ; πύκνωσις - *pýknôsis* = condensation ; πυκνότυς - *pyknótis* = condensateur ; πάγιος - *págios* = stable, fixe, solide ; πάγιονω - *págionô* = stabiliser, consolider, renforcer ; παγίδα - *pagídha* = piège (sens premier du sanskrit *pāca*) ; et aussi πάγος - *págos* = la glace, παγόνω - *pagónô* = geler, glacer ; sans oublier la crême glacée : παγωτὸ - *pagôtó*. C'est la racine de notre mot « paquet » (anglais : *pack*, allemand : *Pack*, italien *pacco*, *pacchetto*, etc.) ; c'est aussi l'origine de la racine *« pik »*, qu'on retrouve dans *pissa*, la poix (de *pik-ya*), en latin *pix*, gén. *picis*, en anglais *pitch (pitchpine)*, en allemand *Pech*, en espagnol *pez*, en italien *pece*, en breton *peg*, en irlandais *pic*. Remarquons en passant que la « poisse », la malchance, la guigne, se dit en allemand *Pech*.

En latin, le nom du fameux pieu originel *(pagus)* servait à désigner les bornes d'un terrain ou territoire, qu'on a appelé *pagensis*, c'est-à-dire « le pays », (Italien : *paese* ; espagnol, portugais et catalan : *país*, roumanche : *pajais*, breton : *pou*), dont l'habitant était le *paganus*, le paysan ; en catalan : *pagès* ; en espagnol et portugais : *paisano* = le compatriote, le civil. Le *pagus* romain désignait aussi un bourg. En Gaule franque, le *pagus* désignait une circonscription administrative jusqu'au VIIIe siècle, époque à laquelle il devint le *comitatus* ou comté. En Bretagne, le *pagus (pou)* s'est maintenu beaucoup plus longtemps ; il désignait un groupe de paroisses *(plou)*. La réunion de plusieurs *pouioù* (pluriel de *pou*) formait un *« bro »*. (*Bro Kerne, Bro Leon, Bro Dreger, Bro Wened,* etc.).

La christianisation ayant commencé par les villes, les derniers convertis furent les paysans, et le mot *paganus*, en français « païen » désigna le non-converti. (Espagnol et italien : *pagano*, portugais : *pagão*, catalan : *pagà*, roumanche : *pajaun*, roumain : păgân, polonais, tchèque, ukrainien et bulgare : *poganin*, breton et gallois : *pagan*, irlandais : *pagánach*, anglais : *pagan*, hongrois : *pogány* et basque : *pagaño*.

Le verbe latin de même origine : *pangere* (de *pango/pactum*) signifie « ficher en terre ». Quand on avait planté des pieux pour délimiter son territoire, il fallait s'entendre avec ses voisins *(pacisci)* si on n'osait pas les occire, donc faire un « *pactum* », une convention, un pacte ; en d'autres termes, faire la paix *(pax, pacis)*. Italien et roumain : *pace*, espagnol et portugais : *paz*, catalan : *pau*, anglais *peace*, albanais : *paqe*, breton : *peoc'h*, mot qu'on retrouve en basque : *bake*, et dans certains dialectes basques : *pake*. Le meilleur moyen d'avoir la paix était de verser un tribut, de donner quelque chose, c'est-à-dire « *pagare* » (apaiser), d'où notre mot « payer ». Italien : *pagare*, espagnol, portugais et catalan : *pagar* ; roumanche : *pajêr*, anglais : *to pay*, albanais : *paguaj*, breton : *paeañ*.

Les Romains cultivaient la vigne en espaliers. Pour ce faire, on plantait un pieu *(pagus)* en terre, et on y attachait plusieurs étages de bâtonnets horizontaux ou palmettes. Cet assemblage se nommait *pagina*. Les premiers scribes disposèrent leurs lignes d'écriture en colonnes, comme les palmettes des espaliers, et la plaque de bois ou d'écorce recouverte de cire s'appela tout naturellement *pagina*, la page. Italien, espagnol et portugais : *pagina*, roumain : pagină, anglais : *page*, albanais *faqe*, breton : *pajenn*.

On n'en finirait pas de relever les traces de cette racine à travers l'Europe. D'innombrables mots modernes et internationaux en sont issus. C'est ainsi que le pal (toujours lui !) a donné en italien *palanca*, d'où le français « palanque », en italien : *palancata* = palissade, mais aussi par contraction les mots *banca* et *banco*, la banque, le banquier et la banqueroute *(bancarotta)*.

Nous revenons à la notion de travail avec la racine *« rab/orbh »* qui s'est conservée telle quelle dans le mot russe раб = esclave (« celui qui est privé de liberté »). Elle est également intacte dans les mots roumains : *rob* = esclave, *a robi* = réduire en esclavage, travailler comme esclave, *robie* = esclavage, *robire* = assujettissement, et dans les mots albanais : *rob*, *rop* = esclave, serf, prisonnier de guerre, captif, *robëri* = esclavage, *robi, robëroj* = asservir, *robërim* = asservissement, de même qu'en serbo-croate : *rob* = esclave, *robija* = bagne, *robijaš* = forçat, tout comme en macédonien et en bulgare : роб - *rob* = esclave, робство - *robstvo* = esclavage, etc. En sont issus les mots russes работа - *rabóta* = le travail, et работник - *rabótnik* = le travailleur. Polonais, ukrainien et tchèque : *robotnik*. C'est en 1924 que dans un drame de science-fiction du Tchèque Karel Čapek, intitulé R.U.R. (Les Robots universels de Rossum), le « robot » fit sa première apparition. Karel Čapek a simplement donné à l'esclave mécanique imaginé par lui, le mot qui signifiait jusqu'alors en tchèque la corvée, le travail obligatoire, et à l'origine le travail de l'esclave. On parle beaucoup aujourd'hui de la robotique et de la robotisation, et on n'a pas fini d'en parler.

C'est la même racine que l'on retrouve dans le mot russe ребёнок - *rebiónok* = l'enfant. Elle reparaît avec son sens primitif dans le grec ὀρφανὸς - *orfanós* = l'orphelin, celui qui est privé de ses parents, dans l'arménien : *orp* (prononcé *vorp*) = orphelin, et dans le latin *orbus* = privé de parents ou privé de la vue. Cette racine se retrouve en albanais dans les adjectifs *« i vërbër »* = aveugle et *« i varfër »* (pauvre, privé de biens) et dans *« vorfnor »* = orphelinat. Elle a même été empruntée dans les langues finno-ougriennes : estonien : *orb*, finnois : *orpo*, hongrois : *árva*, toujours avec le sens « d'orphelin ». L'adjectif français « orbe » signifie : privé de quelque chose, sans enfants, aveugle. Il est devenu rare, mais il est bien vivant en italien où l'adjectif *orbo* a le sens d'aveugle, borgne, privé de quelque chose, d'où *orbezza* = privation. En provençal : *orbs* = aveugle, en roumain : *orb* = aveugle, *a orbi* = aveugler, crever les yeux, *orbie* et *orbire* = cécité (voir l'ancien français « orbeté » qui a le même sens). En espagnol, *orbedad* désigne l'état d'orphelin. C'est ce qui explique le gotique *arbi* = héritage (« ce qui revient à celui qui est privé de ses parents »), d'où l'allemand *erben* = hériter, *der Erbe* = l'héritier, *das Erbe* = l'héritage (en persan *érs*), et aussi un autre mot gotique : *arbaiþs*, composé de *orbho* + *ið*, d'où *arbeid*, puis l'allemand *Arbeit* (« ce que fait l'esclave »), le second élément *« ið »* correspondant au verbe islandais *iðja* = faire (islandais : *iðinn* = diligent, assidu ; *iðn* = profession, métier ; *iðjulaus* = oisiveté).

La racine est légèrement modifiée dans le lituanien *darbas* = travail, *dirbti* = travailler. En letton, *darbs* = travail, mais le verbe travailler se dit *strādāt*, ce qui signifie à l'origine « souffrir », « supporter ».

Assez curieusement, le mot *Arbeit* est passé en japonais sous la forme *arubaito* et désigne le travail occasionnel que font les étudiants pour arrondir leurs fins de mois.

Le mot grec ἔργον - *ergon* (anciennement *^{w}ergon*), qui n'est autre que l'allemand *Werk*, signifie « œuvre, ouvrage, opération » et a servi à former un grand nombre de vocables grecs : ἐργάζομαι - *ergázomai* = travailler; ἐνέργεια - *enérgeia* = énergie (force en action) ; ὄργανον - *órganon* = instrument, organe ; χειρουργία - *chirourgía* (= opération manuelle, en anglais *surgery*, *surgeon*) ; ἐργάτης - *ergátis* = ouvrier ; λειτουργία *leitourgía* = liturgie (office public, fonction) ; σιδηρουργία - *sidhirourgía* = travail du fer, sidérurgie ; δημιουργὸς - *dhimiourgós* = le démiurge (le créateur, l'ordonnateur du monde selon Platon) ; θαυματουργὸς - *thavmatourgós* = le thaumaturge, le faiseur de miracles ; ὁ ἐνεργουμένον - *o energoumènon* = l'énergumène (travaillé par le mauvais esprit) ; etc.

C'est à cette source féconde qu'ont été puisés de nombreux mots communs à toute l'Europe et au monde entier, tels que : « organiser, organisation, organisme, énergétique, organigramme, organique, synergie (coopération), ergonomie », etc. Il conviendrait de mentionner aussi « erg », unité de travail définie par la formule 1 erg = 10^{-7} joules, ou encore : 1 CV/h = 26,5 x 10^{12} erg. (CV/h étant le cheval-vapeur / heure).

Les fusées sont souvent propulsées par le « propergol », mélange liquide d'ergols comprenant des « monergols » et des « diergols », ou par des poudres appelées « lithergols ». On pourrait également mentionner les mots « orgue, organiste, orgasme » etc.

Les Romains faisaient jeter aux ergastules les esclaves délinquants, et on emploie toujours en italien le mot *ergástolo* pour désigner les travaux forcés, le bagne. Le lituanien *vérgas* (en letton : *vērgs*, gotique : *waurh*) désigne l'esclave, celui qui travaille, et le verbe *verganti* = travailler comme esclave, d'où *vergijà, vergóvė* = esclavage (en gotique : *wargitha*). Le mot lituanien *vargšas* = le malheureux, le maudit, correspond au gotique *wargs*. C'est très vraisemblablement à une langue balto-slave qu'a été emprunté le mot finnois *orja* = esclave.

On emploie couramment en allemand de nombreux dérivés de *Werk* : *werken* = travailler ; *wirken* = faire, opérer ; *Wirkung* = effet, activité ; *Mitwirkung* = coopération, collaboration ; *wirklich* = réel, réellement ; *Wirkungskraft* = efficacité, etc. La racine se retrouve dans le scandinave *yrke* = profession, métier, (repris en finnois dans le mot *virka*), dans *virksomhed* = activité, et dans l'anglais *work*. On rencontre ce même mot emprunté en estonien sous ses deux formes *« erg »* et *« virk »* : *ergas*, *virge* = alerte, éveillé ; *virgus* = vivacité ; *ergatama, ergutama, virgutama* = stimuler ; *ergastus, ergustus, virgustus* = stimulation ; *virk* = appliqué ; *virkus* = diligence, application, agilité.

Quant au mot *labor*, il est issu du verbe labāre, lābi = trébucher, glisser, s'écrouler, s'affaisser (*labes*, *lapsus* = chute), qu'on retrouve dans les mots français « labile, relaps », et dans l'anglais *to collapse* (de *col-lābi*). La racine évoque l'image d'un personnage qui titube et trébuche sous le poids d'un lourd fardeau. *Labor* désigne donc un travail pénible, comme le français « labeur, laborieux, labourer ». En anglais, *labour* désigne surtout la notion abstraite de travail. (En breton : *labour*, en gallois : *llafur*, en irlandais : *lobair*).

L'idée de « peine, pénible, punition, pénitencier » est également bien présente dans l'albanais *punë, punim* = travail ; *punëtor, punónjës* = travailleur ; *punoj* = travailler. Rappelons qu'en grec on emploie courament, outre le verbe ἐργάζομαι = travailler, le verbe δουλεύω - *dhoulévo*, formé sur ὁ δοῦλος - *o dhoúlos* = l'esclave (qu'on retrouve dans le prénom « Théodule » = esclave du Seigneur).

En roumain, on emploie parfois le verbe *a lucra* = travailler, le substantif *lucrare* désignant à la fois l'action de travailler et son résultat (du latin *lucrum* – gain, profit ; d'où le français « lucratif »), idée déjà présente dans le sanskrit *lōtram* = butin, et dans la racine « *lau/lu* », également présente dans le verbe ἀπολαβεῖν - *apolaveín* = profiter, dans le grec moderne ἀπολαβὴ = *apolaví* = profit, dans l'allemand *« Lohn »* et dans le russe ЛОВИТЬ - *lovít'* = saisir et ЛОВЛЯ - *lóvlia* = la chasse.

Il semblerait donc que pour une fois, on mette dans ce cas unique l'accent sur la carotte plutôt que sur le bâton. Malheureusement, le mot roumain le plus fréquent pour désigner le travail est *« muncă »* (*a munca* = travailler; *muncitor* = travailleur). C'est un emprunt au slave, par l'intermédiaire du hongrois *« munka »* (prononcé comme *muncă*), lui-même emprunté au mot russe мука - *moúka* (polonais : *męka*) signifiant : « supplice, tourment, torture », (мучить - *moútchit'* = tourmenter, faire souffrir, martyriser, torturer ; мучение - *moutchénie* = tourment, martyre; мучитель - *moutchít'el'* = bourreau, tortionnaire, tyran ; мученик - *moútchenik* = martyr), d'où le mot d'emprunt hongrois *« munka »*, désignant le travail, qui a donné : *munkás* = le travailleur, *munkabér* et *munkadíj* = le salaire, *munkálatok* = les travaux, *munkanélküliség* = chômage, et une bonne centaine d'autres mots composés.

C'est sur cette note peu réjouissante que nous terminerons notre tour d'horizon sur la notion de travail. Le lecteur aura pu remarquer à cette occasion que presque tous les mots mentionnés ici existent également dans notre langue, sous une forme ou sous une autre. Dans tous les cas, nous employons bien les mêmes racines.

Le jardin

Nous avons rencontré au chapitre précédent le mot « jardin », parent de l'anglais : *yard, garden*; islandais : *garður, garðinum*, allemand : *Garten*; italien : *giardino*; espagnol : *jardín*; portugais : *jardim*; catalan : *jardí*. Ce mot, qui signifiait à l'origine « enclos, enceinte » (en lituanien : *gãrdas*), est parent du sanskrit *harati* = « il prend, il saisit » et du grec χεύρ, χέρι - *kheir, khéri* = main, χορὸς - *khorós* = « danse en rond », d'où sont venus « chœur » et « chorale », et χόρτος - *khortos* = enclos, enceinte, jardin, d'où le latin *hortus*, qu'on retrouve de nouveau sous cette forme dans les langues romanes : italien : *orto*; roumanche : *üert*; espagnol : *huerto*; portugais : *horta*; catalan : *hort*; dans le français : horticulture; et même dans le serbo-croate et le slovène : *vrt*; et aussi sous la forme « *cort* » : anglais : *court*; français : « cour, cortil (enclos), courtil (petit jardin), cohorte, etc.; espagnol : *corte, cortijo* (métairie), *corral, cortil* (basse-cour); italien : *cortile* (cour), d'où sont issus les mots « courtois » *(courteous, cortés, cortese)*, courtisan (courtier, *cortesano, cortigiano*), courtoisie *(courtesy, cortesia)*, cortège *(cortejo, corteggio)*. C'est encore l'allemand *Gurt* (sangle) et *Gürtel* (ceinture), en néerlandais *gordel* (islandais : *gyrðar* = ceindre, en allemand : *gürten*), le breton : *garzh* = haie, le gallois : *gardd* = jardin, l'irlandais : *garraí, gairdín* = jardin, et l'albanais *gardh* = haie, barrière.

Nous retrouverons plus loin l'équivalent scandinave *gaard, gård*, en faisant observer que *Kirkegaard* (prononcé *kirkegôr*) est l'équivalent exact de l'anglais « *churchyard* » = cimetière.

C'est également la racine slave « *grad* » (enclos, enceinte, ville) bien connue par les nombreux noms de villes : *Beograd* (Belgrade) = la ville blanche; Petrograd, puis Leningrad, Stalingrad, puis Volgograd, etc. Cette forme slave ancienne a en russe, en ukrainien et en biélorusse un doublet caractéristique (dit « à vocalisme plein ») : russe : город - *gorod*; ukrainien город - *horod*; biélorusse : горад - *gorad*, correspondant au polonais *gród* = forteresse, ville fortifiée. On la retrouve dans les noms de *Novgorod* (ville neuve) et de *Užhorod (Ungvár)* ainsi que dans le nom de la ville de *Grodno*, en lituanien *Gàrdinas*. Dans toutes les langues slaves, la même racine sert également à désigner le jardin, le potager : en russe : огород - *ogorod*; ukrainien : город - *horod*; biélorusse : гарод, агарод - *garod, agarod*; polonais : *ogród*. en serbe, croate, macédonien et bulgare : *gradina*, que l'on retrouve emprunté dans une langue romane, dans le roumain : *grădină*.

On peut trouver sans peine dans toutes les langues romanes, germaniques, slaves et celtiques des centaines et des centaines de mots d'usage courant, dérivés de cette robuste et fructueuse racine.

L'écriture

Il y aurait beaucoup à dire sur le verbe grec γράφω - *gráphô* = j'écris, qui est le parent du français « graver » et « grotte » ; du gotique *groba* (fosse) ; de l'allemand *graben* (creuser), *Graben* (fossé), *Grube* (fosse), *Gruft* (crypte, du grec κρύπτη - *krýptê* = cachette, κρυπτὸς - *kryptós* = caché, enfoui) ; du russe гроб - *grob* et du lituanien *grãbas* (fosse) et *grabė* (fossé), du russe гребень - *greben'* (peigne) et грабли - *grabli*, lituanien : *grēblỳs* (râteau), грести - *grestí*, lituanien *grèbti* (ratisser). On évoque aussitôt le breton *krib*, le gallois *crib*, l'irlandais *cíor* = peigne, et aussi le grec γλαφυρός - *glaphyrós* = creusé, gratté, qui a en grec moderne le sens « d'élégant, gracieux » ; γλύφω - glýphô = tailler, ciseler, sculpter ; γλυπτὸς - *glyptós* = gravé, sculpté, ciselé ; et γλυφὴ - *glyphí* = gravure, ciselure, sculpture d'où le français « hiéroglyphe » (inscription sacrée), « glyptothèque », etc.

Tous ces mots, et beaucoup d'autres, sont issus d'une même racine *« krb »* ou *« gerbh »* signifiant « gratter, égratigner, creuser ». Les grecs écrivaient avec un stylet ou poinçon appelé γραφεῖον - *grapheíon* (en latin *graphium*), de γράφω - *gráfô* = égratigner, puis écrire ; γραπτὸς - *graptós* = écrit, d'où γράμμα -*grámma* = caractère gravé, lettre, et γραμμὴ - *grammê*, *grammí* = trait, ligne. Voir l'italien *graffiare* (égratigner), *graffio*, *graffiata* (coup de griffe) et *graffito* (gravé avec un stylet), d'où sont venus nos propres « graffiti ». Et ce n'est pas par hasard que notre chat s'appelle en argot le greffier ; la griffe elle-même (néerlandais : *klauw*, allemand : *Klaue*, anglais : *claw*, suédois : *klo*, etc.) vient visiblement de la même racine.

La racine *« krb/gerbh »* est encore intacte dans l'allemand *kerben* (entailler, cocher), qui est évidemment l'ancêtre de l'anglais *to carve*. Elle est toujours présente dans le francique *kratton* qui est à l'origine de notre verbe « gratter » (en ancien français « gratiner », qu'on retrouve dans « égratigner »).

Dans presque toutes les langues indo-européennes, la racine *« krb »* s'accompagne d'un doublet *« skrb »* qui a le même sens de « gratter, inciser, entailler, griffer ». Il est présent dans l'anglais : *to scrawl*, *to scribble* (griffonner), *to scrape*, *to scrub*, *to scratch* (gratter), dans le suédois : *skrapa*, le breton : *skrabañ*, le roumain : *a scărpina*, le roumanche : *sgratter*, le russe скребать, скрести - *skrebát'*, *skrestí*, polonais : *skrobać*, tchèque : *škrabati*, lituanien : *skrebenti*, letton : *skrāpēt* (russe : скребок - *skrebók*, polonais : *skrobaczka* = grattoir). On a utilisé cette racine en russe moderne pour former le mot небоскрёб - *nieboskriob*, traduction-calque de *skyscraper*, le gratte-ciel (en breton : *skraber-oabl*). Les Russes emploient aussi couramment le mot скрепер, transcription de l'anglais *scraper* (boutoir mécanique à lame, benne râcleuse, décapeuse, bulldozer).

C'est toujours la même racine qu'on retrouve dans le mot grec σκάριφος - *skáriphos* (stylet, poinçon, grattoir), d'où vient non seulement notre mot « scarifier », mais encore et surtout le latin *scribere*, le français « scribe » et « écrire », l'italien *scrivere*, l'espagnol *escribir*, le portugais *escrever*, le catalan *escriure*, le roumanche *scriver*, le wallon *skrire*, le roumain *a scrie*, l'albanais *shkruaj* (*kruaj* = gratter), l'islandais *skrifa*, le suédois *skriva*, le danois et le norvégien *skrive*, l'allemand *schreiben*, le néerlandais *schrijven*, le gallois *ysgrifennu*, le breton *skriva*, l'irlandais *scríobhaim* (*scríob* = gratter) et l'arménien *krel* (*kerel* = gratter), et qui reparaît en anglais dans *scrip*, *script*, *scripture*, *scrivener* (du vieux français « escrivang, escrivein, escrivain »), en breton *skrivagner*, en gallois *ysgrifennwr*, en irlandais *scribhneoir*...

La maison et le perroquet

Nous avons déjà mentionné au chapitre précédent le mot grec οἶκος - *oikos* (maison), bien présent dans le vocabulaire européen où l'on ne compte plus les mots commençant par « éco- »(économie, écologie, écosystème etc.). On le retrouve notamment dans μέτοικος - *metoikos* (celui qui change de domicile), c'est à dire le métèque, l'étranger dans la cité, qui a pris chez nous un sens péjoratif.

Ce οἶκος - *oikos* se rattache à une vénérable racine « *weik* », proche de sa forme ancienne , ʷοἰκος - ʷ*oikos*, du sanskrit *veśah, vēśāš, vīš, vīs* = maison, clan ; c'est le latin *vīcus* = hameau, village, mais aussi le polonais *wieś* et le tchèque *ves* = campagne, village, le breton *gwig* = village, l'albanais : *vis* = pays et le gotique *weihs*, qu'on retrouve en allemand dans *Weichbild* = droit local (moyen-haut-allemand : *wīchbilde*, de *wīch-bil-idi*, dans lequel on retrouve aussi l'anglais *bill* avec son sens de « loi »), en néerlandais dans *wijk* = quartier, circonscription, et dans l'ancien anglais *vīk*, présent dans *bailiwick* = bailliage et dans de nombreux noms de lieux en *-wick* et *-wich* (*Greenwich*, *Norwich*, *Ipswich*, *Gatwick*), tout comme dans des noms de lieux allemands : *Osterwiek*, *Bardowiek*, *Braunschweig* (en anglais *Brunswick*).

Du *vīcus* latin sont issus *vicinus* = proche du village, voisin, le français « vicinal », l'anglais *vicinity*, l'italien *vicino* et l'espagnol *vecino* ; l'italien *vico* = bourg, ruelle et *vicolo* = venelle, ruelle. La même racine est à l'origine du latin *villa* (d'après *weiksla*) = ferme, village, d'où le français « ville », « village », « vilain » (de *villanus*, en italien : *villano*), le mot français et italien « villa » et une infinité d'autres vocables.

Cette vieille racine est à l'origine d'innombrables mots européens dans lesquels elle est parfois devenue méconnaissable ; c'est ainsi que le mot sanskrit *vīspati*, *vīšpati* (maître de la maison, chef du clan, seigneur), qu'on retrouve presque intact dans le lituanien *viešpats* = seigneur, est en même temps à l'origine du russe господь - *gospod'* = Seigneur, et de l'arménien *Asdouadz* (même sens). Ce *vīspati*, *vīšpati* est formé de *vīs* = maison et du suffixe sanskrit *pati* (celui qui possède), suffixe encore bien vivant et productif en hindi, où il forme par exemple le mot moderne *krorepattī* = multimillionnaire, celui qui possède des crores (1 crore = 10 millions). C'est ce même *pati* = maître, époux, celui qui possède (féminin *patni*) qui correspond au grec πόσις - *pósis* (féminin πότνια - *pótnia*) et qu'on retrouve dans le latin *potis*, *pote* = maître, d'où sont issus *possum (potis sum)* = je peux, et tous ses dérivés : *potens* = puissant, *possideo*, *possīdo* = je possède, *possibilis* etc. et des mots français tels que « pouvoir », « puissance », « possession », « potentat », « potence », etc.

Il existe en sanskrit un équivalent de *vīspati*, *vīšpati*, c'est *dampati* (de *damas* = maison + le même suffixe) d'où est sorti δεμς-πότης, puis δεσπότης - *dhespotis*, en français : despote. Le féminin *dampatni*, *damspatni* (maîtresse de maison), a eu pour équivalent grec δεσπότνια - *dhespótnia*, puis δέσποινα - *dhéspoina*, d'où le grec moderne δεσποινίς - *dhespinís* = mademoiselle et le lituanien *pona* (même sens).

Dampati a un autre équivalent dans le latin *Dominus*, formé sur la même racine *damas*, δόμος - *dhómos* = *domus*, en russe дом, en ukrainien дiм, en polonais *dom*, en tchèque *dům*, en arménien *doun* (en albanais *dhomë* = chambre = le grec moderne δομάτιον - *dhomátion*), d'où sont sortis de nombreux mots dérivés, par exemple en grec : δὲμω - *dhémô* = bâtir, et δώμα - *dhôma* = construction. C'est encore la même racine qu'on retrouve dans l'anglais *timber* (bois de construction) et dans l'allemand *Zimmer* (chambre) ; c'est aussi l'italien *duomo* et l'allemand *Dom* (cathédrale) et la дума - *Douma*, le parlement russe. Et notons en passant que tout ce qui se rattache à la maison se dit en français « domestique ».

Tout comme le russe господь - *gospod'* (Seigneur) a donné господин - *gospodín* = monseigneur, monsieur, et госпожа - *gaspajá* = madame, le roumain *domn* = maître, seigneur, a donné *Dumnezeu (Dominus Deus)*, *domnul* = monseigneur, monsieur, et *doamnă* = dame *(domina)*.

Toutes choses qui tendraient à prouver que la plupart des Européens parlent encore de nos jours, sans le savoir, une langue très proche du sanskrit. Le Français qui dit ou écrit « le possesseur de la villa », emploie les deux racines contenues dans *vīšpati* pour exprimer la même notion ; s'il dit ou écrit « le possesseur du domaine », il exprime la notion contenue dans *dampati*, en utilisant les deux mêmes racines. Quant au jeune Français qui dit « mon pote », en croyant recourir à un nouveau moyen d'expression, il utilise tout simplement le mot breton *paotr* (garçon), qui est lui-même un des innombrables avatars du sanskrit *putra* (fils), avec le persan *pesar*, le grec παῖς, gén. παιδος, le grec moderne παιδὶ, le latin *pŭtus*, *pūbĕr*, *puer*, *pūsus*, l'espagnol *potro* = fils de cheval, poulain (italien : *poledro*, grec : πῶλος), les mots français « poulain, poulet, pucelle, puériculture, poltron, poutre, pédagogie, pédéraste, encyclopédie etc., les mots anglais *poultry, fowl* = volaille et *foal* = poulain, etc. Tout le monde a rencontré ce mot sous sa forme ancienne dans le nom du fleuve Brahmapoutre (*Brahmaputra* = fils de Brahma). Et nos langues européennes contiennent des milliers d'enfants de cette prolifique famille !

Mais revenons à οἶκος - *oikos*. Le mot grec moderne signifiant « administration » est διοίκησις - *dhioíkisis (dioikêsis)*, dans lequel on retrouve sans peine le français « diocèse » ; le diocèse est divisé en paroisses, ce mot étant lui aussi formé sur οἶκος - *oikos* : πάροικος - *paroikos* = proche de la maison, voisin, d'où παροικία - *paroikia* = voisinage (On emploie toujours couramment en hindi *paros* = voisinage et *parosī* = voisin), comme en latin *paroecia*, puis *parochia* (italien : *parrocchia*, français : *paroisse*, espagnol : *parroquia*, portugais : *paróquia*, roumanche : *parochia*, anglais : *parish* et l'adjectif *parochial*, allemand : *Pfarre*, néerlandais : *parochie*, breton : *parrez*, irlandais : *paróiste* = commune, roumain : *parohie*, polonais : *parafia*, etc.). Mentionnons à propos de ce dernier mot l'expression polonaise *wieś parafialna* = village paroissial, désignant un village doté d'une église, et qui contient deux fois la même racine.

Le curé (chargé d'administrer la paroisse) se dit en italien *parroco*. L'oiseau nommé *pappagallo* (en français : « papegai », « papegeai » et aussi « papegaut », anglais : « *popinjay* »), qui répète toujours les mêmes paroles, comme un curé, a été surnommé *parrocchetto* (petit curé), d'où le français moderne « perroquet », « perruche », l'anglais *parrot* (anciennement *perrot*) et *parakeet*.

Peut-être convient-il de faire observer que le papegai, chassé par le perroquet du vocabulaire français, s'est maintenu dans les autres langues de l'Europe. En voici quelques exemples :

italien :	pappagallo	russe :	папугай
espagnol :	papagayo	ukrainien :	папуга
portugais :	papagoio	polonais :	papuga
catalan :	papagall	tchèque :	papoušek, papuch
roumanche :	papagagl, papagial	serbe, croate	
roumain :	papagali	et slovène :	papiga
allemand :	Papagei	bulgare :	папагал
néerlandais :	papegaai	lituanien :	papūgà
suédois :	papagoja	letton :	papagailis
danois :	papegøje	finnois :	papukaija
grec mod. :	παπαγάλος	estonien :	papagoi
albanais :	papagall	hongrois :	papagáj
arménien :	papgay/babgay	turc :	papağan

Ce mot bien cosmopolite nous est arrivé avec l'oiseau qu'il désigne, à l'époque des croisades, et n'est autre que l'arabe *bab aghâ* (honoré Monsieur, vénérable vieillard, petit père), autrefois également utilisé en persan et en turc. On disait aussi plus simplement : *aghâ* (Monsieur), d'où vient probablement notre mot « ara ».

La pomme, l'orange, la tomate et la pomme de terre

La pomme, fruit connu depuis la plus haute antiquité et même depuis Adam et Eve, semble avoir été considérée en France comme le fruit par excellence, puisque les Gallo-Romains l'ont désignée simplement par le mot *pomum* qui signifiait en latin le produit de la terre, le don de la déesse Pomone, le fruit à pépin ou à noyau, équivalent de *fructus* = le fruit. Cette particularité se retrouve en italien où *pomo* = fruit ou arbre fruitier, et en roumanche où *pom* = pomme, mais où le pluriel *poma* a gardé le sens de « fruits ». Le nom latin traditionnel de la pomme est *« malum »* (*malus* = le pommier), du grec τὸ μῆλον - *to mêlon*, ἡ μηλέα - *i mêléa* = le pommier), conservé en italien *(mela)*, en albanais *(mollë)*, en roumain (*măr* = pomme et pommier) et toujours présent dans le français « marmelade », ainsi que dans l'anglais *marmalade* qui signifie « confiture d'oranges ».

On imagine difficilement de nos jours à quel point les échanges internationaux étaient largement répandus dans l'antiquité : les plus belles pommes provenaient de la région de Naples, c'est-à-dire de la Campanie, principalement des alentours de la ville d'Abella, dont le nom désigne encore aujourd'hui la pomme dans la plupart des pays d'Europe :

vieux-haut-allemand :	aphul	russe :	яблоко - yábloko
allemand :	Apfel	ukrainien :	яблуко - yábluko
islandais :	epli	polonais :	jabłko
norvégien :	eple	tchèque :	jablko
danois :	æble	bielorusse :	яблык - yáblyk
suédois :	äple	slovène :	jabolko
anglais :	apple	serbo-croate :	jabuka
néerlandais :	appel	bulgare :	ябълка - yábëlka
breton :	aval	lituanien :	obuolys
gallois :	afal	letton :	ābols
irlandais :	ubull		

On se souvient que dans l'Avare, Molière mentionne des fruits particulièrement chers : « des oranges de la Chine ». On disait aussi autrefois pomme-orange, mot qui fut employé à l'époque en allemand *(Pomeranz)* et est resté en suédois *(pomerans)* et en polonais *(pomarańcza)*. Mais le terme « pomme de la Chine » a été adopté dans une grande partie de l'Europe :

allemand :	Apfelsine	russe :	апельсин- *apiel'sín*
néerlandais :	sinaasappel	ukrainien :	апельсин et помаранча - *pomarantcha*
danois :	appelsin	lituanien :	apelsinas
estonien :	apelsin	letton :	apelzine

C'est vers la même époque que l'Europe découvrit avec émerveillement un fruit « paradisiaque » venu du Mexique avec son nom aztèque *(tomatl)*, la tomate, qui s'appela d'abord en France « pomme d'amour ». Les Italiens, se souvenant du jardin des Hespérides, l'appelèrent *« pomo d'oro »*, le fruit d'or, et le mot est resté tel quel, ou presque, en russe : помидор - *pomidór* et en polonais : *pomidor,* et on le retrouve tel quel en arménien oriental à côté du mot classique *lolik.*

En allemand, on lui donna d'abord divers noms : *Goldapfel, Liebesapfel* et *Paradiesapfel*, puis on finit par choisir *« die Tomate ».* Mais dans l'Allemagne du Sud et en Autriche, on dit toujours *Paradeis* ou *Paradies*, selon les régions. Et dans les langues de l'ancienne Autriche-Hongrie, le nom de ce fruit est resté associé à l'idée de paradis :

slovène :	*paradižnik*	serbo-croate :	*paradajz*
slovaque :	*paradajka*	hongrois :	*paradicsom* (prononcé : *póroditchom*)

et en tchèque : *rajské jablíčko* (petite pomme du paradis)

Quelques années après la découverte de l'Amérique, les Espagnols et les Portugais introduisirent en Europe une plante qui allait, vers la fin du XVIIIe siècle, transformer radicalement l'agriculture et les habitudes alimentaires de toute l'Europe ; c'était un tubercule que les Incas du Pérou appelaient *batata* ou *patata.* Le mot espagnol *patata* devint en anglais *potato*, en danois et en norvégien *potet* et en suédois *potatis.* En portugais, on dit toujours *batata*, et le mot s'est conservé en grec, en turc et en arabe. En France, on essaya un certain temps, mais sans succès, de l'appeler « parmentière », mais Parmentier lui-même l'appela « pomme de terre », suivant en celà l'exemple des pays voisins : (allemand : *Erdapfel*, néerlandais : *aardappel*) ; les Suédois l'appelèrent d'abord *« jordpäron »* (poire de terre), traduction-calque de l'allemand *Grundbirne,* qui céda la place à *« potatis »*, mais fut adopté (et adapté) en finnois sous la forme *« peruna »*, à côté de *« potaatti ».*

Ce précieux tubercule dut être d'abord imposé dans les campagnes à des gens qui n'en voulaient pas. On chercha d'abord à convaincre les paysans les plus pauvres et les plus arriérés qui souffraient vraiment de la faim ; ces pauvres gens, analphabètes, ne comprirent pas le sens du mot nouveau *« Erdapfel »* et crurent entendre *« Kartoffel »*, qui fut très vite adopté sous cette forme dans une bonne partie de l'Europe :

russe :	картофель - kartófel'	roumain :	cartof
ukrainien :	картопля	letton :	kartufeļi, kartupeļi
polonais :	kartofel	arménien :	kartofil
bulgare :	картоф - kartof	estonien :	kartul
danois :	kartoffel	géorgien :	kartop'ili
islandais :	kartafla		

Dans les pays slaves, les puristes essayèrent de traduire ce bizarre mot « allemand ». Cela donna en polonais *« ziemniak »*, que l'on utilise encore, et en tchèque *« zemče »*, aujourd'hui peu employé, alors qu'en slovaque on dit couramment *zemiak*. En russe, on fabriqua le mot земляное яблоко - *ziemlyánoïe yábloko* », calque parfait de « pomme de terre », qui n'eut aucun succès.

En breton, on a tout naturellement calqué le mot « pomme de terre » : *aval douar*. En basque, on emploie encore dans certaines régions le mot *patata* à côté de *lursagar*, traduction-calque de pomme de terre. En arménien, à côté de *kartofil*, on a le mot *qednakhntzor* (*qedna* = sol, terre et *khntzor* = pomme), correspondant exactement à *Erdapfel* et à l'esperanto *terpomo*. En grec, la πατάτα - *patáta*, s'est maintenue, mais les puristes emploient encore le mot-calque το γεώμηλον - *to geómilon*.

De leur côté, les Autrichiens fabriquèrent le mot *« Grundbirne »* (poire du sol), qui n'eut pas un très grand succès sous sa forme originale ; mais les paysans entendirent « *krompir* » et ce mot, immédiatement adopté en Autriche, passa dans d'autres langues de l'Empire :

slovène :	krompir	serbo-croate :	krumpir
roumain :	crumpenă		

Le mot est également employé dans de nombreux dialectes allemands, par exemple en luxembourgeois : *Gromper*.

Le *krompir* introduit en Bohême venait du Brandebourg (Brandenburg), et on l'appela *« brambor »*, qui est resté en tchèque le mot le plus employé pour désigner la pomme de terre. En Hongrie, on planta des tubercules venus de Bourgogne, d'où le nom hongrois de *« burgonya »*, qui s'est maintenu à côté du mot populaire *« krumpli »* (krompir), équivalent de notre « patate ».

En biélorusse, on emploie couramment un mot latin tiré du vocabulaire de la botanique : бульба - *bul'ba* = bulbe (lituanien : *bulvė*).

Il convient de faire observer, là encore, que la grande variété des termes employés en Europe pour désigner la pomme, l'orange, la tomate et la pomme de terre, masque imparfaitement le fait que, dans tous les cas, aucun des mots employés dans les différentes langues d'Europe n'est vraiment étranger pour l'étudiant européen ; une fois de plus, il s'agit bien là de vocables connus de tous les peuples de l'Europe.

10. Traits communs et ressemblances à l'intérieur des groupes de langues

« *Wer fremde Sprachen nicht kennt*
weiß nichts von seiner eigenen »
Qui ne connaît pas de langues étrangères ne sait rien de la sienne
(Goethe)

L'Européen qui a pour langue maternelle le basque, le géorgien, le tchétchène ou l'abkhaze aurait le droit de se sentir linguistiquement isolé dans son continent, s'il ne disposait pas en outre de la connaissance approfondie d'une langue indo-européenne largement répandue en Europe et dans le monde.

Les Hongrois, qui ont bien conscience de leur parenté linguistique avec les Finnois et les Estoniens, savent que cette parenté ne les aide en rien à sortir de leur isolement linguistique. En effet, les ressemblances entre le hongrois et le finnois (ou l'estonien) sont si légères qu'elles peuvent facilement passer inaperçues. On pourrait, en faisant beaucoup d'efforts , trouver au maximum cinq cents mots issus de racines communes, mais ils ne sont pas particulièrement significatifs, et les ressemblances, souvent peu évidentes au premier abord, ne portent pas toujours sur des mots d'usage courant. Il est infiniment plus facile et surtout plus utile pour un Hongrois d'apprendre l'anglais ou l'allemand que de s'initier à la connaissance du finnois ou de l'estonien…

Même parmi les Européens qui ont pour langue maternelle une langue indo-européenne, il n'est pas impossible de retrouver ce sentiment d'isolement linguistique ; c'est par exemple le cas des Albanais et des Arméniens (ou de quelques Irlandais) qui ne connaissent pas une langue indo-européenne largement répandue. Ils pourraient à juste titre se sentir à l'écart de la civilisation européenne moderne ; heureusement, la nécessité d'apprendre une grande langue de communication s'impose très rapidement à eux, et ils auraient plutôt naturellement tendance à devenir polyglottes.

L'importance d'être curieux

Les Européens qui ont la chance de parler une langue latine, germanique ou slave ont bien le sentiment d'être entourés par des populations parlant des langues très proches de la leur, mais ils n'en tirent le plus souvent aucun avantage pratique ; il est en effet assez rare que la similitude frappante entre leur langue et celles de leurs voisins les pousse à faire plus ample connaissance. Peut-être faut-il voir là un effet de l'instinct grégaire et de la défense mal comprise du particularisme linguistique.

Dans ce domaine, on a remarqué, il y a une trentaine d'années, un phénomène assez curieux mais qui s'explique facilement : des enfants de travailleurs italiens immigrés en Allemagne se rendaient chaque année en Italie pour y passer l'été dans des colonies de vacances et voyageaient en groupe par le même train. Beaucoup d'entre eux, n'ayant pratiqué l'italien qu'au sein de leur famille, s'exprimaient dans des dialectes différents. Après quelques tentatives infructueuses pour communiquer entre eux dans leur langue maternelle, ils décidaient très vite de se parler en allemand, la langue commune apprise à l'école.

C'est un peu la même impression de gâchis qu'on ressent lorsqu'on entend en Espagne, au Portugal ou en Italie, des touristes français qui doivent s'exprimer en anglais pour se faire comprendre. Les langues romanes sont pourtant très proches les unes des autres et tout le monde s'en rend bien compte, mais combien de Français ont-ils essayé au cours de leur existence, par simple curiosité, de lire un texte rédigé en italien ou en espagnol ? Très peu, sans doute.

Ils vous répondront probablement qu'ils n'en ont pas vu la nécessité et qu'ils n'ont pas eu le temps ; et personne ne les a incité à le faire. Au contraire, il se trouvera toujours des éducateurs pour prétendre que la connaissance des langues étrangères, surtout lorsqu'elles sont proches du français, ne peut s'acquérir qu'au détriment du français langue maternelle ; c'est évidemment là un argument stupide, mais c'est en même temps une idée reçue profondément ancrée dans le subconscient de nombreux parents et enseignants. La phrase de Goethe citée en tête de ce chapitre devrait être gravée sur les murs de toutes les écoles d'Europe.

Même parmi les traducteurs ou interprètes professionnels, nous avons très souvent entendu des déclarations de ce genre : « Je n'apprends pas l'espagnol parce que cela pourrait nuire à ma connaissance de l'italien ». Nous avons déjà eu l'occasion de faire observer que malgré l'étroite similitude des deux langues, les Portugais apprennent très rarement l'espagnol, et les Espagnols n'apprennent jamais le portugais. Par ailleurs, tous les Catalans ou presque pratiquent l'espagnol en plus de leur langue maternelle, mais il est rarissime qu'un Castillan ait la curiosité d'apprendre le catalan, si les circonstances ou son intérêt immédiat ne l'y obligent pas.

Comment expliquer qu'un Norvégien n'hésite généralement pas à lire un texte en danois ou en suédois et qu'un Français n'ose même pas honorer d'un regard un texte rédigé en italien ou en espagnol ? Faut-il en conclure que les Latins ont reçu, de par leur éducation, une énorme paire d'oeillères, ou bien estiment-ils que la compréhension de la langue de leurs proches voisins ne vaut pas quelques heures d'attention ?

Peut-être notre enseignement pourrait-il un jour éveiller la conscience linguistique des étudiants, en leur démontrant en quelques heures que le français n'est pas la seule langue romane d'Europe et en leur faisant toucher du doigt l'étroite parenté qui unit toutes les populations de langue romane. On reconnaissait autrefois que le pénible apprentissage du latin était indispensable pour une meilleure connaissance du français. Les élèves qui n'apprennent plus le latin, et ils sont l'immense majorité, devraient au moins avoir droit à une autre langue de référence plus facilement assimilable (Par exemple l'Esperanto ou une langue latine autre que la leur).

Il suffirait bien souvent de démontrer par la pratique, par exemple en utilisant comme référence la grammaire très simple de l'Esperanto, comment fonctionne le mécanisme grammatical du français, de l'italien, de l'espagnol, du catalan, du portugais, du roumanche ou du wallon. De surcroît, ce serait un jeu pour beaucoup d'étudiants de découvrir et de comparer les ressemblances lexicales entre ces langues ; la barrière psychologique serait ainsi aisément franchie et beaucoup d'entre eux n'hésiteraient plus à consacrer une partie de leurs loisirs à l'élargissement de leurs possibilités de communication. Il ne s'agirait pas là d'une innovation extraordinaire : pour les Indiens cultivés parlant une langue indo-européenne, la langue de référence est toujours le sanskrit, langue partiellement artificielle, comme l'Esperanto, constituée sur la base des langues indiennes utilisées il y a 2600 ans, et mise au point au IVe siècle avant notre ère par le grammairien Pāniṁi, précurseur de Zamenhof.

Dans le domaine germanique, la situation est quelque peu différente. Deux langues du groupe ont sur les autres une énorme supériorité numérique : l'anglais, langue la plus largement répandue dans le monde entier, et l'allemand, langue parlée au cœur de l'Europe par plus de cent millions d'Européens. Beaucoup d'Européens de langue allemande apprennent facilement l'anglais et s'abstiennent généralement de faire la connaissance des autres langues germaniques. Mais l'Européen dont la langue maternelle est le néerlandais ou l'une des trois langues scandinaves est toujours bien conscient de l'avantage que lui apporte la connaissance de l'anglais et de l'allemand, et il ne s'en prive pas dès qu'il a découvert à quel point ces langues sont proches l'une de l'autre, et encore plus proches de sa langue maternelle.

Dans le domaine slave, la situation est plus compliquée. Une seule langue domine nettement toutes les autres par son importance numérique : c'est le russe, langue de 130 millions d'Européens, comprise et le plus souvent parlée également dans toute l'Ukraine, en Biélorussie, dans une partie des Pays Baltes, de la Moldavie, et aussi hors d'Europe dans tous les pays de l'ancienne URSS.

Les langues slaves sont encore plus proches entre elles que les langues romanes et germaniques, mais là encore, la situation est très différente : d'une part, une moitié des langues slaves s'écrit en caractères cyrilliques et l'autre moitié en caractères latins, ce qui crée artificiellement une différence entre ces deux groupes. Et nous avons déjà fait observer qu'il serait absolument impossible et même impensable d'abandonner l'usage de l'écriture cyrillique.

D'autre part, les Européens qui parlent une langue slave éprouvent très rarement, pour diverses raisons, l'envie de connaître la langue de leurs voisins immédiats, même et surtout lorsqu'elle est extrêmement proche de la leur. En effet, il est exceptionnel qu'un Russe pratique une autre langue slave que la sienne si les circonstances ne l'y obligent pas. Il est évident que les Russes qui habitent en Ukraine connaissent et pratiquent plus ou moins l'ukrainien, alors que la plupart des Ukrainiens vivant en Ukraine ou ailleurs connaissent et utilisent la langue russe. La situation est la même dans le cas de la Biélorussie.

Dans presque tous les autres pays de langue slave, où l'étude du russe a été obligatoire pendant quarante-cinq ans, bon nombre de ceux qui ont dû apprendre le russe ne tiennent pas vraiment à s'en servir. C'est peut-être en Bulgarie que la langue russe est le plus souvent connue et pratiquée sans trop de réticences, ce qui ne porte d'ailleurs aucun tort à la situation de la langue bulgare.

Dans tous les autres pays slaves, chacun estime, en son for intérieur, que « le russe n'est qu'une caricature » de sa propre langue. Et c'est exactement ce que le Russe moyen pense le plus souvent des autres langues slaves envisagées par rapport à la langue russe. Il est à craindre que cette incompréhension tenace ne se prolonge encore longtemps, si l'on considère à quel point la connaissance de l'anglais et de l'allemand prend aujourd'hui une importance primordiale pour les Européens qui parlent une langue slave.

Dans les trois grands groupes considérés, roman, germanique et slave, les règles grammaticales sont le plus souvent parallèles et n'accusent que de légères différences. Ce qui frappe au premier abord à l'intérieur de ces groupes, c'est la similitude du vocabulaire fondamental couramment utilisé. Afin que le lecteur puisse s'en faire une idée assez précise, nous montrons à la fin de cet ouvrage des vocabulaires de base des trois grands groupes de langues indo-européennes.

Le débutant pourra constater dès le premier coup d'œil que dans ces longues listes, un très grand nombre de mots sont déjà connus de lui. Lorsqu'il se sera un peu familiarisé avec leur morphologie, il découvrira très vite que les différences d'une langue à l'autre entre les mots de même origine sont presque toujours de la même nature et reproduisent à l'infini les mêmes particularités de prononciation et d'orthographe qui constituent des marques bien voyantes d'identification de la langue.

C'est ainsi que *vinum*, avec sa terminaison bien caractéristique, est reconnu à première vue comme un mot latin, alors que *vino* peut être espagnol ou italien. En revanche « vin », prononcé avec nasalisation ne peut être que français, et prononcé sans nasalisation il est incontestablement roumain, alors que *vi*, est immédiatement identifié comme catalan du fait de l'absence de la dernière syllabe, ou que *vinho* arbore un *« nh »* qui révèle immédiatement son caractère portugais, aussi sûrement que *wine* a un air bien anglais, *Wein* une allure bien allemande, que l'orthographe de *wijn* fait reconnaître au premier abord un mot néerlandais, que *gwin* a bien la forme d'un mot breton, etc.

Et dans toutes les langues slaves sans exception, le débutant retrouvera le mot *vino* sans changement, avec, de temps en temps, une graphie à peine différente. Une fois de plus il constatera que dans toutes ces langues il n'y a rien de neuf à apprendre et qu'il était largement polyglotte sans le savoir.

Cet « étiquetage » des mots, dû à la prononciation typique de chaque langue et à son orthographe bien particulière, devrait suffire à rassurer tous ceux qui craignent de se perdre dans le dédale des formes du vocabulaire et de confondre une langue avec une autre ; cet inconvénient ne se produit presque jamais. En effet, après quelques heures de lecture dans une nouvelle langue, l'étudiant reconnaît et identifie immédiatement les vocables d'après leur physionomie particulière. La confusion entre deux langues voisines ne peut surgir que dans un bref moment d'inattention ou de distraction, et pour peu que l'étudiant ait pris la peine de lire attentivement pendant quelques heures dans sa nouvelle langue, le subconscient, qui a enregistré les formes et l'aspect des mots, décèle immédiatement leur identité.

D'autre part, loin de créer une confusion avec la langue maternelle, l'apprentissage d'une langue très proche et très ressemblante de celle-ci éclaire bien souvent d'un jour nouveau le vocabulaire de la langue maternelle, en permettant de découvrir une infinité de détails sur son origine, son histoire, son évolution, et sur le sens profond des vocables.

Prenons par exemple le mot *hidalgo*, qui est entré tel quel dans notre langue, avec son bel habit espagnol, et son sens bien précis de « noble espagnol ». Le sens n'apparaît pas à première vue, même pour un francophone qui connaît bien l'espagnol. Mais si notre francophone ose faire connaissance avec le portugais, il rencontrera tôt ou tard le mot *fidalgo* et découvrira en un éclair le sens original *« fi(lho) d'algo »*, c'est-à-dire « fils de quelqu'un ».

Le francophone qui lit une ou plusieurs langues latines peut s'attendre à faire ainsi, au cours de rencontres fortuites avec des mots plus ou moins connus de lui, des milliers de découvertes sur le sens du vocabulaire qu'il emploie dans la vie de tous les jours. Et plus il rencontrera de mots, mieux il connaîtra en profondeur la langue ou les langues qu'il maîtrise déjà ; il lui suffira de « voir » les mots et la connaissance suivra. Une fois de plus, il pourra vérifier la justesse du fameux dicton basque : *« zer ikusi, hura ikasi »* (celui qui voit, il apprend), ou « voir c'est apprendre ».

11. Les trésors cachés du vocabulaire européen

L'étudiant qui découvre les langues de l'Europe se rend compte très rapidement du fait qu'il connaissait déjà, à son insu, la plus grande partie du vocabulaire de presque toutes les langues du domaine indo-européen. Il peut être amené tout naturellement, poussé par la simple curiosité, à collectionner ces mots comme des trésors, avec le même acharnement que met un numismate à collectionner des monnaies ou un philatéliste à collectionner des timbres-postes. De même que pour le numismate chaque monnaie raconte une histoire, pour le polyglotte, même novice, chaque mot représente un jalon, une relique, parfois même un monument, dans l'histoire de nos langues ; comme le disait si justement un grand linguiste français, un dictionnaire se lit comme un roman. Nous ajouterons que la lecture du dictionnaire peut aussi devenir un puissant stimulant au cours de la période, parfois décourageante, d'acquisition du vocabulaire.

Dans ce dernier domaine, il existe en contrepartie des particularités nettement encourageantes. Il est relativement facile pour un débutant d'apprendre, ou plutôt de reconnaître à première vue, en un temps record, une bonne moitié des mots du dictionnaire de sa nouvelle langue ; il lui faudra deux ou trois fois plus de temps pour en reconnaître 75 %. S'il ambitionne d'arriver à 85 %, il lui faudra des années de pratique patiente et de persévérance ; il peut normalement espérer arriver sur ses vieux jours à 90 % ou un peu plus. Il serait déraisonnable de s'acharner à viser plus haut, ce serait d'ailleurs une énorme perte de temps et le jeu n'en vaudrait pas la chandelle : la plupart des mots de cet inaccessible reliquat sont rarement utilisés, et l'effort à faire pour les retenir ne serait pas rentable. Mais ce reliquat ne doit pas être considéré comme le rebut, les oubliettes ou la poubelle du trésor lexical ; c'est plutôt un vénérable musée, une source inépuisable d'informations précieuses, un reliquaire offert à l'admiration des adorateurs du verbe.

L'acquisition du vocabulaire d'une nouvelle langue est généralement considérée par la plupart des étudiants comme la tâche la plus ardue et la plus démoralisante ; le débutant a très souvent l'impression qu'il n'arrivera jamais à assimiler un vocabulaire suffisant pour pouvoir mettre a profit les connaissances acquises. Et pourtant, un simple coup d'œil à l'étymologie des vocables et à leurs tribulations d'une langue à l'autre peut donner immédiatement l'impression d'être en pays de connaissance dans n'importe quelle langue de l'Europe.

Les aubaines du vocabulaire anglais

Le francophone qui étudie l'anglais constate d'emblée avec satisfaction que le vocabulaire anglais est truffé de mots latins et français ; l'acquisition du vocabulaire s'en trouve simplifiée d'autant. Le débutant découvre rapidement que l'anglais contient plus de mots latins que le français ; en effet, d'innombrables mots anglais ont été formés sur des racines latines, souvent par emprunt direct au latin, mais aussi par d'autres voies. On ne mentionne que très rarement la période celto-romaine, qui englobe près de cinq siècles de l'histoire de la province romaine de Bretagne, de l'arrivée de Jules César jusqu'au départ d'Honorius, c'est à dire de l'an 55 avant notre ère jusqu'en 410 ; le latin était alors parlé dans toutes les grandes villes de la province et les centaines de milliers de colons et de marchands romains, qui ne parlaient que le latin, constituaient la partie la plus active et la plus influente de la population urbaine.

De leur côté, les Angles et les Saxons avaient déjà subi, bien avant leur arrivée dans le pays, (au milieu du Ve siècle) une forte influence latine, dont leur langue portait de nombreuses traces. On peut dire que les Celtes romanisés ont été envahis par des Anglo-Saxons en cours de romanisation. L'étudiant d'anglais s'imagine bien souvent que le vocabulaire anglo-saxon était du pur germanique et que tous les éléments latins représentent l'apport de la conquête normande ; c'est là une grossière simplification. Une partie du vocabulaire d'origine latine (quelques centaines de mots) avait déjà été empruntée au latin par l'anglo-saxon au cours des premiers siècles de notre ère, surtout au cours de la période de christianisation ; ces mots anciens ont gardé presque sans changement leur forme latine.

En voici quelques exemples :

latin/grec	**anglo-saxon**	**anglais**	**latin/grec**	**anglo-saxon**	**anglais**
abbatem	abbod	abbot	discus	disc	dish
altare	altare	altar	eleemosyna	ælmesse	alms
angelus	engel	angel	episcopus	biscop	bishop
antiphona	antefn	anthem	furca	forca	fork
apostolus	apostol	apostle	monachus	munuc	monk
asellus	assa	ass	offerre	offrian	to offer
butyrum	butere	butter	presbyter	preost	priest
clericus	cleric	clerk	strata	stræt	street
corona	corone	crown	tegula	tigele	tile
coquina	cycene	kitchen	uncia	ynce	inch
culina	cylen	kiln	vallum	weall	wall
cuprum	copor	copper	vannus	fan	fan
curtus	sceort	short	vinum	win	wine
cyriaca	cirice	church *(kyriakos)*			

Nous ne résistons pas au plaisir d'ajouter à cette liste le mot *orchard* = verger, venu de l'anglo-saxon *ord/geard* : *« ord »* vient évidemment de *hortus* = jardin (χὸρτος - *khórtos*), et nous avons déjà parlé, à propos du mot *Lord* de la racine *ord/weard/geard* qui a donné « garde » et « jardin » ; le mot *orchard* est donc une répétition de la même racine sous ses deux formes.

D'un autre côté, l'apport des Normands à la langue anglaise n'était pas uniquement composé de mots français d'origine latine. Dans ce vocabulaire importé, on trouve des centaines de mots français d'origine germanique, qui ne doivent rien à l'anglo-saxon.

C'est en particulier le cas du mot *brick*, venu du français « brique », provenant lui-même du gotique *brikan* = briser, lequel provient de la même racine que le latin *frangere* qui nous a donné les mots : « fragile, frêle, fragment, fraction, fretin, fracture, réfractaire, suffrage, naufrage, frayeur, frayeur, frais (amende pour "infraction"), effraction, orfraie » (anglais : *osprey*), etc. Voir l'allemand : *brechen* = briser, *Brocken* = miette, *Brack* = débris ; l'anglais : *to break*, d'où sont issus : *brake* = frein et *breach* = brèche, ce dernier mot ayant la même origine.

C'est aussi le cas de *pocket*, du français « pochette », lequel venait du francique *pokka* = poche (irlandais : *póca*), qui a subsisté dans l'allemand *Pocke* = pustule (irlandais *puchóid*) et qui vient d'une racine indo-européenne *« bu/bhu »* = enfler, qu'on retrouve dans l'allemand : *Beule* = bosse, *Beutel* = bourse, dans l'anglais : *bullet* = balle, *to boil* = bouillir, *to pout* = enfler ses joues, *to boast* = se vanter, *bud* = bourgeon, et dans le français « bulle, boule, boulet, bouleverser, boulanger (qui fait des boules de pain), bouillir, etc.

Cette racine *bu/bhu* a plusieurs variantes, dont la forme élargie *bhelg* signifiant « gonfler », à laquelle se rattachent le sanskrit *barhis* = coussin, le gallois : *bol*, l'irlandais : *bolg*, le gaulois *bulga*, *bolge* = sac de cuir, *bolgete* = baluchon, l'irlandais *bolc*, le gotique *balgs* et le lituanien *balga* = sac, l'allemand *Balg* = soufflet (en anglais *bellows*), l'italien *bolgia* = besace, le vieux français « boulge » et « bouge », puis « bougette » = bourse, valise, conservé en breton dans le mot *boujedenn* avec le sens de « bourse », d'où est sorti à son tour l'anglais *budget*, lequel a été ensuite réimporté en français sous cette forme.

C'est une racine bien vivante qui sert encore à former des mots comme le néologisme islandais *verðbólga* signifiant « inflation » (mot à mot : « enflure des prix »). En breton *bolzenn* = renflement et *bolc'henn* = capsule. En français, le renflement d'un tonneau est le « bouge », anciennement « boulge », ce qui nous explique les mots anglais : *bulge* = renflement, saillant, *bulk* = masse, volume, de même que le gallois : *bol*, l'irlandais : *bolg*, l'arménien : *p'or*, l'albanais : *bark* et l'anglais : *belly* = danois : *bug*, suédois : *buk*, néerlandais : *buik*, allemand *Bauch*, russe : брюхо - *brioúkho*, polonais : *brzuch* = ventre. (même sens que le portugais barriga, mot proche du gascon puis du français « barrique »), et *bolster*. En allemand *Polster* = coussin, qui nous ramène au sens du mot sanskrit initial.

L'anglais *to wait* vient du français « guetter », lequel vient du francique *wachtôn* (dérivé du sanskrit *vāgas* = force, d'où sont issus *vigor*, *vigilare* = veiller, *vegetus*, *vegetare* etc.), germanique : *wachta*, allemand : *wachen* = veiller, *Wache, Wacht* = garde, *wecken* = éveiller et *Beiwach*, d'où est sorti notre « bivouac », par l'intermédiaire du suisse alémanique *bîwacht*, qui a été ensuite repris du français en allemand sous la forme *Biwak*, et ultérieurement emprunté à l'allemand sous cette forme en russe, en polonais et dans de nombreuses autres langues.

C'est encore dans cette catégorie que figure le mot anglais : *supper*, du français « souper », venu lui-même du germanique *sūgan*, = sucer *(to suck)* et *sūfan* = boire (allemand : *saugen* = sucer, *säugen* = allaiter *(to suckle)*, *saufen* = « boire à longs traits », *seufzen* = gémir *(to sob)*, anglais : *to sop* = tremper).

Voici encore quelques mots anglais courants de même origine :

anglais	**du français :**
blue	bleu, du francique *blao*, allemand *blau* latin : *flavus* = jaune (sic !)
board	bord, du francique : *bord*, all : *Borte* = bordure, galon
bacon	bacon, du germanique : *bahho* = fesse, croupe (back)
booty	butin, du germanique *bute* = partage, all : *Beute*
button	bouton, du francique : *botan* = « bouter »
crayfish	écrevisse, du francique *crebis*, all : *Krebs*
war	guerre, du germanique : *werra*, all : *Wirre* = confusion, d'où *wirren*, *verwirren* = embrouiller.

Tous ces vocables sont relativement anciens et font partie du vocabulaire de base de l'anglais. On admet généralement que 50 % des mots anglais d'origine française ont été introduits dans la langue entre le XIIe et le XIVe siècle ; un autre contingent de 42 % aurait été introduit entre le XVe et le XVIIe siècle. Les mots d'origine récente sont bien souvent communs à la plupart des langues de l'Europe, et bon nombre d'entre eux sont des mots internationaux, dont nous traiterons au chapitre suivant.

12. Les mots internationaux

Nous avons déjà parlé des vocables dits « internationaux » qui pullulent dans toutes les langues d'Europe. Ils constituent souvent la majorité des termes répertoriés dans les dictionnaires bilingues de langues d'origine indo-européenne. Pour le linguiste, ils ne sont pas significatifs et ne présentent aucun intérêt. Pour l'étudiant qui apprend une nouvelle langue européenne, ils constituent en revanche un support et un puissant encouragement ; ils offrent souvent au débutant la connaissance spontanée et sans effort de la moitié du vocabulaire de sa nouvelle langue.

De tels mots se retrouvent dans toutes les langues d'Europe, presque sans modification d'une langue à l'autre. Le francophone qui étudie le russe, par exemple, découvre non sans plaisir qu'il connaît déjà environ 40 % du vocabulaire courant ; masqués par la graphie cyrillique, ces vrais amis se montrent au grand jour dès la première heure de contact avec la langue ; il suffit au débutant de jeter un rapide coup d'oeil à un dictionnaire bilingue pour s'en convaincre immédiatement. Il en va de même pour la plupart des langues de l'Europe. Et ce phénomène ne fait que s'amplifier avec le temps, les langues d'Europe absorbant, avec chaque année qui passe, d'énormes quantités de termes techniques, le plus souvent d'origine anglaise.

Voici par exemple ce que découvre le débutant qui ouvre pour la première fois un dictionnaire russe, pour peu qu'il ait fait l'effort infime d'apprendre la valeur des lettres cyrilliques (ce qui exige, rappelons le, une attention soutenue de trente à soixante minutes selon les sujets) :

Abajour	Abzats	Abbat	Abbreviatoura
Abitourient	Abolitsionizm	Abonement	Abordaj
Aborigen	Abort	Abraziv	Abrazia
Abrikos	Abris	Absenteizm	Absoliout
Absolioutizm	Absorbtsia	Abstraktsia	Absurd, ...

Il n'y a rien à apprendre dans cette liste pour le débutant qui connaît le français et l'allemand. Et ce n'est là que la première page du dictionnaire russe-français ! L'avant-dernière lettre dans l'ordre alphabétique est « Ю » (prononcée « you »). La première page où figurent les mots commençant par « Ю » se lit ainsi :

Youbilieï	Youbka (jupe)	Youvelir	Youg (sud)
Youmor	Younker	Youniï (jeune)	Youridiktsia
Youriskonsoult	Yourisproudentsia	Yourist...	

Voici maintenant la transcription de quelques mots russes courants :

Restoran	Kafeterii	Kokteïl-Kholl	Kafechantan
Chkola (école)	Chef	Chpinat	Chliapa (chapeau)
Chnour	Chtorm	Chtourm	Chtof
Seïf (coffre-fort)	Chtreïk (grève)	Chtreïkbrekher	Chtraf
Chrift	Chrapnel'	Chpion	Chofer (chauffeur)
Barièr	Demontaj	Ippodrom	Kaoutchouk
Degoustatsia	Depo	Intoksikatsia	Kontrast
Dezinfektor	Depressia	Infantilizm	Professionnal
Dekorator	Defliatsia	Demilitarizatsia	Defitsit
Detsentralizatsia	Dispozitsia	Simouliatsia	Simptom

Il y en a comme cela des milliers et des milliers, et depuis 1992, leur nombre augmente à une vitesse étourdissante. À elle seule, l'apparition du компютер - *kompiouter* a ouvert la voie à une infinité de mots nouveaux tels que : софтвер - *softver*, лазерный принтер - *lazernyï printer*, флоппи - *floppy*, джойстик -*djoïstik*, etc. Des notions économiques nouvelles pour la population s'accompagnent de l'apparition d'un immense vocabulaire nouveau, bien connu des Occidentaux ; la lecture de la revue коммерсант - *Kommersant* doit être édifiante à cet égard. L'entré des pays de la C.E.I. dans l'économie de marché a déclenché une invasion, un déluge de mots occidentaux, anglais pour la plupart, qui n'est pas près de se calmer. Bien des Russes, comme Soljenitsyne, lancent un cri d'alarme, mais on n'arrête pas le progrès si facilement après un isolement de trois quarts de siècle...

Aucun lecteur russe ne s'étonne aujourd'hui de rencontrer dans un journal des mots tels que :

maksishow	télétaïp	khit-parad	overtaïm	monitoring
fan-klub -	spektakl'	festival'	kulisy	antrakt
presskonferentsia	et quelques milliers d'autres.			

Quant aux mots réellement russes, ils s'articulent autour de quelque 800 racines indo-européennes, dont la plupart sont déjà présentes en français, en anglais et en allemand, et leur étude systématique n'exige nullement un effort exceptionnel ; ce serait plutôt un jeu passionnant.

Il en va de même pour toutes les autres langues slaves ; en roumain, la seule langue latine de l'Europe orientale, le débutant francophone reconnaît déjà, d'emblée, dans le dictionnaire, plus de 70 % des mots utiles d'usage courant ! Du point de vue purement pratique de l'étude des langues, il en résulte que n'importe quel Européen peut reconnaître immédiatement le sens de très nombreux mots dans des dizaines de langues d'Europe, sans avoir eu besoin de faire le moindre effort de mémoire !

Tous les mots français d'origine grecque ; et nous avons vu, au chapitre consacré à la langue grecque, à quel point ils sont légion, se retrouvent généralement sans changement ou presque dans toutes les langues indo-européennes.

Les seules langues qui font exception à cette règle sont évidemment les langues d'origine non indo-européenne (hongrois, finnois, estonien, basque etc.). Mais même dans ces derniers cas, il arrive fréquemment qu'à la place des vrais mots internationaux, on trouve des mots formés de racines indigènes, calqués sur les mots internationaux, qui apparaissent, pour ainsi-dire, en filigrane. C'est ainsi qu'un mot composé purement finnois ou estonien est souvent le calque du mot suédois correspondant, lui même formé à l'imitation du latin ou de l'allemand ; un mot composé hongrois est fréquemment la traduction littérale, la transposition, du mot latin ou allemand correspondant. Le même phénomène est également présent dans les langues slaves ; en russe, par exemple, c'est à Lomonossov, le père de la langue littéraire moderne, que l'on doit « l'invention » du mot влияние, - *vliyánie*, calque parfait du mot allemand *Einfluß* et du mot international « influence ».

Les mots-calques

Le débutant ne tarde pas à découvrir que dans la langue européenne qu'il étudie, il existe, en plus des mots internationaux immédiatement identifiables, une importante catégorie de mots déguisés, composés avec des éléments indigènes sur le modèle de mots grecs ou latins généralement utilisés par tous les Européens ; ce sont les mots-calques. Une fois reconnus comme tels, ils constituent pour le débutant une mine précieuse pour l'acquisition rapide du vocabulaire.

Prenons par exemple l'adjectif « international » qu'on rencontre dans toutes les langues de l'Europe occidentale, avec des prononciations ou des graphies légèrement différentes, et qui est immédiatement identifiable. Il a été décomposé et recomposé en esperanto selon les règles simples et logiques de la langue artificielle : *inter* (entre), *nacio* (nation) d'où *nacia* (national), soit : *internacia*.

Dans les langues slaves, il a été rigoureusement calqué sur le modèle latin correspondant, ce qui donne en russe международный - *mejdounarodnyï.* (между = entre, народ = nation + marque de l'adjectif). On le reconnaît immédiatement dans toutes les autres langues slaves sous les formes suivantes : мижнародній (ukr.), мижнародны (biel.), *międzynarodowy* (pol.), *mezinárodni* (tch.), *medzinarodni* (slovaque), *mednarodni* (slovène), међународни *međunarodni* (serb.cr.), международни (bulg.), меѓународни (macéd.).

La même formation se retrouve en arménien : *midjazqayin* (*azq* = nation), en lituanien : *tarpvalstybinis* (*tarp* = entre, *valstybė* = nation) et en letton : *starptautisks* (*starp* = entre, *tauta* = nation), tout comme en breton : *etrevroadel* (*etre* = entre, *bro* = nation) ou en albanais : *ndërkombëtar* (*ndër* = inter, *komb* = nation).

Dans les langues finno-ougriennes, l'ordre des mots est inversé, mais le sens est toujours clair :

hongrois :	*nemzetközi* (*nemzet* = nation, *köz* = entre)
finnois :	*kansainvälinen* (*kansa* = nation, *välillä* = entre)
estonien :	*rahvusvaheline* (*rahvus* = nation, *vahel* = entre)

En grec, on assemble deux mots grecs largement utilisés dans nos langues latines et germaniques : *dia-* et *ethnos* (ἔθνος), ce qui donne διεθνής *(dhiethnís).*

En turc, où on utilise pour former des mots nouveaux, des vocables arabes et persans (tout comme nous utilisons des mots latins et grecs), on a le mot arabo-persan, mais bien turc : *beynelmilel* (*beyn* = entre, *millet* = nation, *millî* = national), persan : *beïnolmelalí.*

Certains se demanderont la raison de cette énumération, qui peut sembler au premier abord fastidieuse et inutile ; il convient toutefois de considérer qu'elle fait mieux comprendre l'énorme économie d'efforts que permet de réaliser l'observation systématique du vocabulaire de nos langues : un dictionnaire de taille moyenne contient environ 120 mots formés avec « inter », et le mot « nation », qui n'est pas tellement productif, permet néanmoins de former une trentaine de mots dérivés ou composés. Le simple fait de reconnaître à première vue 120 mots formés avec « inter » permet de reconnaître aussi sans effort quelque 3 600 mots. En répétant cet exercice facile avec une vingtaine de préfixes (a-, ad-, an-, anti-, co-, con-, com-, dé-, dis-, in-, im-, sous-, sub-, super-, supra-, re-, etc.) et une vingtaine de suffixes (-ade, -age, -aire, -eur, -esse, -ide, -isme, -iste, -ique, -iser, -isation, -ment, -ation, -tion, -té, etc.), on peut arriver à reconnaître d'emblée 30 000 ou 40 000 mots en plus des mots internationaux déjà connus du lecteur et des nombreux mots composés de racines déjà connues et dont le sens est immédiatement évident, ce qui met à la disposition du débutant un trésor lexical d'environ 80 000 mots et doit l'encourager à aborder avec confiance la lecture de n'importe quel texte. Et à partir du moment où il lit dans sa nouvelle langue, le débutant se trouve tout naturellement amené, sans s'en rendre compte, à la connaissance pratique de la langue, presque sans l'avoir étudiée.

Bien entendu, il a toujours existé dans toutes les langues d'Europe, sous l'influence d'un nationalisme linguistique bien compréhensible, une tentation de résister à l'emploi des mots internationaux et de les remplacer par des mots-calques. Dans un certain nombre de cas, le mot-calque a même réussi à évincer dans l'usage courant le mot international, mais ce dernier reste présent dans toutes les mémoires, même si on évite soigneusement d'y recourir. Le Suédois qui préfère employer parfois l'adjectif *« mellanfolklig »* n'ignore évidemment pas le mot *« internationell »*, et le Breton qui écrit *« prederouriezh »* n'hésitera pas à dire *« filosofiezh »*, s'il a peur de n'être pas compris de son auditoire ; et s'il tient à dire *« skingomzerezh »* et *« skinsellerezh »*, il est bien évident qu'il connaît les mots « radio » et « télévision ». À l'autre bout de l'Europe, en Arménie, le visiteur étranger est un *« zbosacherdjik »* ; toutefois, vous pouvez hardiment le qualifier de *« tourist »*, c'est évidemment un mot russe, mais on trouvera cela normal…

On dispose donc, avec les mots internationaux, les mots-calques et des dizaines de milliers d'autres mots composés, d'une aide puissante pour l'acquisition du vocabulaire de toutes les langues de l'Europe. Le débutant les repère très rapidement et peut ainsi assimiler sans effort plus de la moitié ou des trois quarts du trésor lexical de nos langues !

Ces diverses démonstrations auront du moins le mérite de faire toucher du doigt la ressemblance et l'interpénétration des vocables européens. Quelle que soit la langue européenne que vous étudiez, vous n'êtes pas en terre inconnue ; en tant que possesseur d'une langue européenne ou de plusieurs, vous n'êtes pas tout à fait un étranger : vous êtes un peu chez vous dans toute l'Europe.

13. Les emprunts spontanés

Nous avons déjà eu l'occasion de parler des emprunts qui, la plupart du temps, ne sont rien d'autre qu'un moyen commode de désigner un objet pour lequel on ne trouve pas immédiatement dans sa langue le vocable adéquat. On imagine facilement que le premier francophone qui a vu une imposte dans un pays de langue allemande a dû dire simplement, en montrant cette petite ouverture : « qu'est-ce que c'est ? ». L'interprète ayant immédiatement traduit par *« was ist das ? »*, le nouveau venu aura pris cela pour une réponse et aura soigneusement noté le mot « vasistas ».

Les méprises de ce genre sont légion, et ont apporté leur contribution à la formation du vocabulaire de toutes les langues. On imagine tout aussi facilement que le Hongrois habitué à vivre sous la tente, après avoir pénétré pour la première fois dans une maison avant le IXe siècle, se sera probablement étonné de voir une ouverture pratiquée dans un mur et l'aura désignée du doigt en posant la question sous la forme habituelle : « qu'est-ce que c'est ? ». Son interlocuteur aura pensé qu'il désignait le nuage qu'on voyait par la fenêtre et aura répondu par le mot slave correspondant : *« óblako »* (nuage). C'est peut-être là la meilleure explication de l'origine du mot hongrois *« ablak »* = fenêtre (prononcé *« oblok »*). Les Indonésiens, qui ont découvert beaucoup plus tard l'architecture européenne, ont adopté d'emblée le mot *« djendela »*, équivalent phonétique du mot portugais *« janela »* (fenêtre). Ce peut être aussi une question de mode qui pousse le locuteur à employer un mot étranger ; les Germaniques disposaient bien d'un mot pour désigner la fenêtre (danois : *vindue*, anglais *window*, de l'ancien nordique *vindauga* = oeil du vent), mais certains ont préféré, à une époque très ancienne, employer le mot latin *fenestra* (en vieux-haut-allemand : *venstra*, néerlandais : *venster*, suédois : *fönster*, allemand *Fenster*), suivant en celà l'exemple des Celtes (breton : *prenestr*, gallois : *ffenester*, ancien irlandais : *senister*).

L'origine connue du mot « Canada » présente également toutes les caractéristiques de l'emprunt spontané : Jacques Cartier, qui découvrit le pays alors qu'il cherchait la route des Indes par l'Ouest, avait pris la précaution de se faire accompagner par de nombreux interprètes parlant le japonais, le chinois, l'hindustani... et à tout hasard l'hébreu et le chaldéen. Dans l'embouchure du Saint Laurent, en Gaspésie, il rencontra des « Indiens » de la tribu des Micmac, qui osèrent monter à bord de son navire. Au grand agacement de Jacques Cartier, les divers interprètes ne furent d'aucun secours ; c'est alors que notre héros écarta ses compagnons, se planta devant le chef des « indigènes », et lui posa en français la question suivante : « Comment se nomme ce pays ? » Le chef répondit sans hésiter : *« ac'nadá »*, ce qui veut dire en micmac : « Je ne comprends pas ». C'est alors que Jacques Cartier se tourna vers le scribe qui l'accompagnait et déclara : « Notez : ce pays s'appelle le Canada ». Le même jour prenait naissance dans notre langue le mot « micmac » qui a aujourd'hui le sens « d'imbroglio » (autre emprunt) et qui a d'abord signifié « quelque chose d'incompréhensible ».

De la même manière, les mots « baragouiner » et « baragouin » sont manifestement venus des mots bretons *« bara, gwin »* (pain, vin), ce que réclamait probablement le voyageur étranger arrivant en Bretagne, ou le Breton arrivant dans une région francophone. Dans de nombreux cas, un étranger qui a vu quelque chose pour la première fois, a noté approximativement ce qu'il avait cru entendre. C'est ainsi que le Hollandais Tasman, qui a donné son nom à la Tasmanie, découvrit dans cette île un curieux animal; ayant cherché à savoir comment il se nommait, il entendit quelque chose comme *« kangaroo »* et nota le mot sous cette forme. Malgré de nombreuses recherches, on n'a jamais retrouvé ce mot ou quelque chose d'approchant dans une des langues des aborigènes; le Kangourou ne s'en porte pas plus mal...

Les noms géographiques offrent d'innombrables exemples d'emprunts spontanés et souvent inconscients à une langue étrangère. Les premiers explorateurs portugais qui découvrirent dans le Golfe de Biafra l'embouchure du Wouri, avaient été frappés par l'abondance des crevettes qui pullulent à cet endroit; le fleuve s'appela donc en portugais le *Rio Camarões* (Fleuve des crevettes), et tout l'arrière-pays hérita de ce nom. Puis les Allemands colonisèrent le *Kamerun*, qui fut conquis par les alliés pendant la première guerre mondiale; on eut alors au Nigeria le territoire du *Cameroons* sous mandat britannique et le mandat français du Cameroun. En 1961, les deux territoires réunis ont formé la République du Cameroun.

Il est arrivé assez souvent qu'un mot d'une langue étrangère ait remplacé dans une langue un mot commun à tout le domaine indo-européen et vraiment international; c'est ce qui s'est produit en français pour les mots « joyau » et « joaillier » :

anglais :	jewel,	jeweller
allemand :	Juwel,	Juwelier
néerlandais :	juweel,	juwelier
suédois :	juvel,	juvelerare
danois :	juvel,	juveler
italien :	gioiello,	gioielliere
espagnol :	joya,	joyero
portugais :	joia,	joalheiro
turc :	cevahir,	cevahirci
persan :	djevahir,	djevahirī

Le joaillier se dit en russe ювелир - *youvelír* et en polonais : *jubiler.*

Il faut croire que ce mot bien répandu ne nous suffisait pas, puisque nous avons emprunté le mot breton « bijou ». (Du breton *biz* = doigt, d'où *bizou* = « ce qu'on met au doigt », anneau, puis ornement, qui se prononce et s'écrit en dialecte de Vannes : *« bijou »*). Bien entendu, le mot est passé du français dans d'autres langues : «bijouterie» se dit en roumain : *bijuterie* et en polonais : «*biżuteria*». Ce qui tendrait à prouver, s'il en était besoin, qu'en matière d'emprunts tout est possible ; et on ne voit pas très bien pourquoi on devrait le regretter.

Il est bien évident que ces invasions ont commencé avec la langue elle-même, et bien souvent avant sa création, et que c'est à elles que nous devons la langue que nous parlons aujourd'hui, comme nous avons pu le voir précédemment. Il arrive fréquemment, d'ailleurs, qu'en empruntant un mot étranger, qu'il s'agisse par exemple du budget ou du flirt (fleurette), nous ne fassions que reprendre notre bien. En revanche, ce qui est regrettable, c'est l'adoption d'un mot dont l'équivalent absolu existe déjà dans notre langue, ou pis encore, l'emploi d'un mot français dans son sens anglais : le sportif qui déclare que ses fans le « supportent » est réellement insupportable ; quant à l'avion qui s'est « craché », il ne peut être que l'objet d'un profond dégoût. Mais ce n'est pas une raison pour barrer la route au bulldozer ou à l'internet : la langue française en a vu bien d'autres, et toutes les langues du monde sont dans le même cas…

III. Les écritures de l'Europe

14. La prononciation et l'écriture dans les langues d'Europe orientale et centrale

L'importance d'être précis

On parle assez souvent en France de « Lèche Valéza » ou de « Vaklav Avèle », d'Eltsine, ou même de la conférence d' « Helsinski » ; les Européens sont fréquemment surpris d'entendre chez nous des noms bizarres prononcés par des hommes d'état, des diplomates, des hauts fonctionnaires, des politiciens, des journalistes, des annonceurs de radio ou de télévision.

Chaque fois qu'un événement international fait surgir dans l'actualité un nom de ville ou de personne, on entend un concert de bafouillements, provoqué par des mots jugés « imprononçables » ; c'est ainsi qu'on entend parler de Maastritch, Maèstrick, Mastriche, Mastrique, Mastrikt, etc., à croire que les Français sont plus ou moins dyslexiques. Rares sont ceux qui prononcent correctement le nom de Maastricht.

Évidemment, pour l'homme de la rue, ce n'est pas trop grave : une approximation peut suffire, et tout le monde se comprend ; mais dans les relations internationales et dans les media, la confusion est extrême : personne ne sait comment il faut prononcer un nom étranger et, dans le doute, on dit n'importe quoi. On s'en est bien aperçu lors des événements de Bosnie et du Kosovo ; à la télévision, par exemple, les noms de lieux et de personnes sont prononcés de toutes les manières possibles, au point que personne ne s'y retrouve. On comprend l'embarras des présentateurs : selon la langue considérée, la lettre « c » peut se prononcer k, ts, dj ou tch. Dans le cas du serbo-croate, la confusion est d'autant plus facile que dans les textes français et anglais, le signe diacritique utilisé dans la langue originale est systématiquement supprimé. De cette manière, il est impossible de savoir si, dans un nom serbo-croate, par exemple, le « s » doit se prononcer « s » ou « ch » (š), ou si le « z » doit se prononcer « z » ou « j » (ž). C'est pourquoi tout le monde prononce « Milosevitch », « Milosevik », ou même « Milozevitch » ou « Milozevik », au lieu de « Milochevitch », faute de savoir que le nom s'écrit « Milošević » (en serbe : милошевић) et que le « š » correspond dans toute l'Europe au français « ch ». Et son successeur Kochtounitsa (Koštunica - Коштуница), est évidemment devenu dans les médias francophones et anglophones « Kostunitsa » Il suffirait, pour s'y reconnaître, que nos journaux aient le moyen d'imprimer des « š », des « č », des « ć » et des « ž » ainsi que quelques autres lettres munies de signes diacritiques. À l'époque de l'ordinateur, cela ne doit pas présenter des difficultés techniques insurmontables ; et il n'est pas vraiment impossible, par exemple, de retenir que « sz » se prononce « ch » en polonais, alors qu'il se prononce « s » en hongrois, mais qui daignerait s'intéresser à des détails aussi insignifiants ?

L'impression ainsi produite sur les autres Européens est déplorable ; même s'ils nous pardonnent volontiers, leur bienveillance n'est pas exempte d'une certaine dose de condescendance amusée. Quel effet produirait sur nous la performance d'un Grec qui dirait : *« Zè serss la statione Sarl dè Holl» ?* Les Français sont presque les seuls à se distinguer de la sorte par une prononciation très approximative ; un Allemand, un Hollandais ou un Scandinave prononce à peu près correctement et sans effort les noms français, polonais, russes, tchèques, roumains ou serbes. De leur côté, les Slaves, les Hongrois ou les Roumains prononcent généralement sans la moindre erreur les mots français, allemands ou autres… Et les Grecs parviennent le plus souvent à prononcer convenablement les chuintantes. Les Allemands et les Scandinaves ont tous appris à prononcer le « j » français, et les Slaves se donnent beaucoup de mal pour prononcer correctement nos « u » et nos « eu ». Ils ont tous fait quelques efforts de prononciation ; pourquoi le Français ferait-il exception ?

Il serait peut-être temps, à l'heure de l'Union Européenne, de mettre une fois pour toutes un terme à cette étrange infirmité ; les noms propres des pays d'Europe ne sont pas imprononçables, il suffit de connaître quelques règles très simples ou quelques exemples courants pour lire correctement les mots dans la plupart des langues d'Europe.

De nos jours, les Français sont capables, dans l'ensemble, de prononcer convenablement les mots anglais. Ceux qui ne connaissent pas l'allemand pourraient au moins apprendre la prononciation allemande d'une dizaine de lettres, afin de pouvoir lire les noms allemands ou alsaciens sans les écorcher. Il en va de même pour n'importe quelle langue d'Europe ; quelques minutes d'attention soutenue peuvent permettre à n'importe quel Français, s'il n'est pas atteint de dyslexie congénitale, de prononcer n'importe quel nom de n'importe quelle langue de notre continent.

Il suffit d'essayer pour s'en convaincre. C'est pourquoi nous mettons à la disposition du lecteur un tableau comparatif de quelques lettres dont la prononciation diffère d'une langue à l'autre. Pour ceux qui auront fait l'effort minime d'apprendre l'alphabet cyrillique, nous avons fait figurer dans ce tableau la correspondance des lettres dans les diverses langues qui s'écrivent au moyen de cet alphabet.

Au risque de nous répéter, nous ne saurions trop recommander aux Européens qui auront la chance de vivre au XXIe siècle, l'étude de l'alphabet cyrillique, même s'ils n'ont pas l'intention d'apprendre un jour le russe, l'ukrainien, le biélorusse, le serbe, le macédonien ou le bulgare ; cette connaissance peut s'acquérir en 30 minutes ou en deux heures selon les cas. Elle permet non seulement de lire aisément les noms de personnes ou de lieux, et de savoir les prononcer correctement, mais encore de déchiffrer et de reconnaître à première vue environ 40 % des mots du vocabulaire de chacune des langues en question. Il s'agit, bien entendu, des mots dits « internationaux », qui sont généralement empruntés au français ou à l'anglais. Au regard du léger effort exigé dans ce domaine, l'avantage ainsi acquis paraîtra énorme.

Ceux qui n'ont jamais appris l'alphabet grec auront également intérêt à parfaire leurs connaissances en s'initiant à son maniement. S'ils maîtrisent déjà l'usage de l'alphabet cyrillique, ils n'auront à apprendre qu'une dizaine de formes légèrement différentes de lettres déjà connues ; leurs possibilités de lecture s'en trouveront encore multipliées.

Bien entendu, les Européens qui utilisent l'un de ces deux alphabets connaissent l'alphabet latin. Les Européens d'occident se trouvent donc là dans une situation d'infériorité où d'aucuns semblent se complaire ; aux autres de réagir en Européens du XXIe siècle, et de mettre fin à un certain obscurantisme à l'égard de tout ce qui touche au reste de notre continent.

Tableau 4

Les systèmes graphiques des principales langues d'Europe orientale et centrale

Prononciation fr.	all.	polonais	tchèque	slovaque	hongrois	roumain	slovène	croate	serbe	macédonien	bulgare	russe	ukrainien	biélorusse	turc	albanais	finnois
ts	z	c	c	c	c/cz	ţ	c	c	ц	ц	ц	ц	ц	ц	t	c	ts
ch	sch	sz	š	š	s	ş	š	š	ш	ш	ш	ш	ш	ш	ş	sh	
tch	tsch	cz	č	č	cs	ce/ci	č	č	ч	ч	ч	ч	ч	ч	ç	ç	
chtch	schtsch	szcz										щ	щ	щ			
cht	scht									щ	щ						
j	zh	ż/rz	ž	ž	zs	j	ž	ž	ж	ж	ж	ж	ж	ж	j	zh	
dj	dsch	dż						dž	џ	џ					c	xh	
dz																x	
d^{i}		dź	d'	d'	gy			đ	ђ	ѓ							
t^{i}		ć	t'	ť	ty			ć	ћ	ќ							
s^{i}		ś															
z^{i}		ź															
kh	ch	ch	ch	ch		h	h	h	х	х	х	х	х	х			
s	ss	s	s	s	sz	s	s	s	с	с	с	с	с	с	s	s	s
v	w	w	v	v	v	v	v	v	в	в	в	в	в	в	v	v	v
g(u)	g	g	g	g	g	g	g	g	г	г	г	г	ґ	г	g	g	g
h	h	h	h	h	h	h	h	h					г		h	h	h
l^{i}/ly	lj				ly		lj	lj	љ	љ							
gn	nj	ń	ň		ny		nj	nj	њ	њ						nj	
ill, y	j	j	j	j	j		j	j	j	j					y	j	j
r + j	r + zh		ř														
ou	u	u/ó	u/ů	u/ú	u/ú	u	u	u	у	у	у	у	у	у	u	u	u
eu-o					a	ă					ъ					ë	
u	ü				ü/ű										ü	y	y
eu	ö				ö/ő										ö		ö
ou-i		y				î/â						ы		ы	ı		
on		ą															
in		ę															
l-w		ł										л	у/в	ў			

N.B. á hongrois = a français.

Les autres lettres ont presque la même valeur phonétique dans toutes les langues de l'Europe.

Accent tonique : Dernière syllabe : français, turc. Avant-dernière syllabe : polonais.
Première syllabe : tchèque, slovaque, hongrois, finnois.

15. Notre alphabet est grec

Que penserait-on d'un Russe, d'un Bulgare ou d'un Grec arrivant à Paris ou à Londres, qui ne connaîtrait pas l'alphabet latin ? Il serait entouré à chaque pas d'inscriptions indéchiffrables pour lui ; dans les rues, sur les routes, dans les lieux publics, la moindre inscription serait pour lui une énigme totalement insoluble... Qu'on se rassure vite, une telle situation ne se produit pour ainsi dire jamais : presque tous les Européens qui utilisent chez eux un alphabet cyrillique ou grec, lisent sans difficultés les lettres latines.

Plaignons plutôt les touristes, les hommes d'affaires, les techniciens ou les diplomates venant de l'Ouest, qui arrivent à Moscou, à Sofia ou à Athènes et qui se trouvent dans cette situation, incapables de déchiffrer un nom de rue ou de consulter l'annuaire des téléphones. Malgré la similitude frappante des caractères qu'ils découvrent, la plupart d'entre eux considèrent cette différence d'alphabet comme un obstacle insurmontable, et se résignent à leur nouvelle condition d'analphabètes.

Ayant été bien souvent le témoin de ces petits drames, nous avons très rarement réussi à faire admettre aux victimes qu'il suffirait d'une demi-heure ou d'une heure d'attention un peu soutenue pour vaincre définitivement cet obstacle ridicule. Peut-être faut-il voir là une lacune de notre enseignement ; quelques heures de cours sur l'histoire de notre alphabet, dispensées en classe de 4e ou de 3e, feraient à tout jamais disparaître cette étrange incompréhension, indigne d'un Européen moderne.

On pourrait en effet, en quelques heures de cours, expliquer à tous les élèves des lycées l'origine de notre alphabet ; peut-être même en montrant aux plus curieux comment l'alphabet grec lui-même est issu de l'alphabet phénicien, qui a également donné naissance à l'alphabet hébreu et, par l'intermédiaire de la graphie syriaque, à l'alphabet arabe. Ce serait en même temps l'occasion de leur faire toucher du doigt l'étroite ressemblance des trois variantes de notre alphabet commun, en les initiant à l'alphabet grec et à l'alphabet russe, ce qui éveillerait leur curiosité et leur conscience d'Européens à part entière.

Il semble qu'on n'ait pas suffisamment démontré en Europe occidentale que notre alphabet « latin » n'est en fait qu'une version très légèrement retouchée de l'alphabet grec, et que l'alphabet dit « cyrillique » en est une autre. En réalité, les Européens utilisent trois variantes d'un même alphabet. Il convient de faire remarquer aux francophones que les Gaulois, lorsqu'ils savaient, osaient ou daignaient écrire, employaient l'alphabet grec ; et ce, pour une raison bien simple : on n'en connaissait pas d'autre. Les Romains, dès qu'ils ont commencé à écrire en latin, ont évidemment eu recours à l'alphabet grec ; avec le temps et l'usage, ils y ont apporté quelques légères retouches. C'est cet alphabet grec à peine modifié qu'ils ont introduit dans les territoires conquis, et notamment en Gaule.

Tout naturellement, le premier texte en gotique, la bible traduite au IVe siècle par l'évêque Ulfila et connue sous le nom de *codex argenteus*, a été écrit en caractères grecs. C'est encore l'aphabet grec qui a servi, au début du Xe siècle, à noter les sons du macédonien, et par la suite pour transcrire le bulgare, le serbe, le russe, l'ukrainien et le biélorusse. A l'époque de Staline, presque tous les peuples de l'URSS (à l'exception des Baltes, des Caréliens, des Arméniens et des Géorgiens) ont été obligés d'écrire leur langue en caractères cyrilliques et bon nombre d'entre eux utilisent encore cette graphie. On peut dire qu'aujourd'hui tous les Européens emploient l'alphabet grec, mais sous ses trois formes : grecque, latine et cyrillique. Ces trois variantes font partie de l'héritage commun de la civilisation européenne ; l'Européen du troisième millénaire devra tôt ou tard se familiariser avec leur maniement et cesser de considérer cette légère différence comme un obstacle insurmontable à la communication.

Ce qu'on appelle le « cyrillique »

En Europe occidentale, on désigne sous le nom d'alphabet cyrillique le système graphique actuellement utilisé dans les six pays slaves orthodoxes d'Europe[1]. On s'imagine généralement, et on entend dire assez souvent, que cet alphabet, utilisé aujourd'hui par près de 200 millions d'Européens, a été inventé par les Saints Cyrille et Méthode. C'est là une erreur assez répandue, même dans les ouvrages de référence en apparence fiables et réputés sérieux.

En réalité, Cyrille (de son vrai nom Constantin) et son frère aîné Méthode, tous deux originaires de Salonique, traduisirent à partir de l'an 862 dans leur langue, le macédonien, des textes grecs tirés de la Bible et des Evangiles ainsi que divers textes de la liturgie orthodoxe grecque[2]. Comme le macédonien et les autres langues slaves n'avaient pas encore d'écriture, Cyrille et Méthode inventèrent un curieux alphabet aux caractères assez compliqués, la *« glagolitsa »,* ou alphabet glagolitique.

C'est seulement bien après leur mort que, dans les premières années du Xe siècle, un des disciples de Méthode, très vraisemblablement Saint Clément[3], décida de transcrire simplement en caractères grecs, pour en faciliter la lecture aux profanes, les textes tra-

Notes

1 En Russie, on parle tout simplement de « l'alphabet russe », le terme de « cyrillique » servant à désigner seulement la graphie du slavon, utilisée en Russie jusqu'au début du XVIIIe siècle.

2 Cyrille et Méthode avaient été envoyés en mission en Moravie en l'an 862, par le Patriarche de Constantinople, à la demande de Rostislav, Roi de Moravie, qui aurait voulu faire christianiser son peuple par d'autres missionnaires que le clergé allemand. Les sujets de Rostislav parlaient une langue slave qui allait devenir le tchèque, mais ils pouvaient comprendre, à la rigueur, des sermons en macédonien. Les deux frères réussirent pleinement dans leur mission de christianisation, mais furent finalement évincés par les missionnaires allemands.

3 Saint Clément, évêque d'Okhride, mort en l'an 916, fondateur du Monastère de Saint Panteleïmon au bord du Lac d'Okhride, situé entre l'Albanie et la Macédoine. Expulsé de Moravie après la mort de Méthode en 885, il se retira en Macédoine avec les autres disciples de Méthode, les Saints Naoum, Gorazd, Sava et Angelarios.

duits par Cyrille et Méthode, jusque là calligraphiés en glagolitique ; comme les lettres de l'alphabet grec étaient insuffisantes pour rendre tous les sons reproduits dans la glagolitsa, il y ajouta plusieurs lettres tirées de l'alphabet hébreu[1]. Par déférence pour ses maîtres, il donna au nouvel alphabet ainsi créé le nom d'alphabet cyrillique. Au cours des siècles, cet alphabet est resté assez proche du type original, mais il a perdu une dizaine de lettres qui ont été jugées inutiles.

La langue macédonienne de Cyrille et Méthode, également appelée vieux bulgare, slavon ou slavon d'église, est restée la langue liturgique de l'orthodoxie slave ; elle est aussi la source des langues littéraires de tous les pays slaves orthodoxes, et l'alphabet cyrillique est considéré comme le trésor commun de ces pays. L'abandon de cette écriture au profit de l'alphabet latin serait unanimement ressenti comme un reniement de tout le passé, de la culture et des traditions millénaires de l'Europe slave orthodoxe. Pour un Russe, par exemple, l'idée d'écrire le russe au moyen de l'alphabet latin est aussi grotesque que serait pour un français une proposition tendant à utiliser l'alphabet cyrillique pour écrire le français. Ce serait évidemment une idée saugrenue, et pourtant… Les Roumains de Moldavie ont été obligés pendant quarante-cinq ans d'écrire le roumain, langue romane proche du français, en caractères cyrilliques, comme au XVIIe siècle, et leur roumain est ainsi devenu le moldave. Il va sans dire que dès leur accession à l'indépendance en 1990, les Roumains de Moldavie ont mis fin à cette étrange et anachronique mascarade graphique.

L'alphabet cyrillique doit donc être considéré comme partie intégrante du patrimoine culturel de l'Europe, et les Européens du XXIe siècle ne pourront pas continuer à l'ignorer, de même que ceux qui l'utilisent ne peuvent ignorer l'alphabet latin. L'alphabet grec ne disparaîtra pas non plus, car il est, lui-aussi, inséparable de la langue et de la culture grecques ; il en est de même pour les alphabets arménien et géorgien, dont la connaissance n'est évidemment pas indispensable aux Européens de l'Ouest dans la situation actuelle ; mais il ne serait certes pas superflu d'enseigner dès maintenant, dans les écoles d'Europe occidentale, en plus de l'alphabet latin, les deux autres alphabets principaux de l'Europe : le cyrillique et le grec, ou au moins l'un des deux…

Note

1 Il s'agit donc simplement de l'adaptation à une langue slave des caractères de l'alphabet grec. Les disciples avaient très vite compris que la glagolitsa, incontestablement élégante et riche en fioritures, était beaucoup moins pratique que l'alphabet grec, utilisé à cette époque dans tout l'Empire byzantin.

Tableau 5

Tableau comparatif des deux alphabets glagolitiques et de l'alphabet cyrillique ancien

1	2	3	4	5
Ⰰ	Ⰰ	а	a	азъ
Ⰱ	Ⰱ	б	b	боукы
Ⰲ	Ⰲ	в	v	вѣдѣ
Ⰳ	Ⰳ	г	g	глаголи
Ⰴ	Ⰴ	д	d	добро
Ⰵ	Ⰵ	є	e	єсть
Ⰶ	Ⰶ	ж	ž	живѣте
Ⰷ	Ⰷ	ѕ	dz (ʒ)	ѕѣло
Ⰸ	Ⰸ	з	z	землꙗ
Ⰺ Ⰻ	Ⰺ Ⰻ	и, і	i	иже, і
Ⰹ	Ⰹ	—		
Ⰼ	Ⰼ	—	đ j.	ђєрвь
Ⰽ	Ⰽ	к	k	како
Ⰾ	Ⰾ	л	l	людиє
Ⰿ	Ⰿ	м	m	мыслитє
Ⱀ	Ⱀ	н	n	нашь
Ⱁ	Ⱁ	о	o	онъ
Ⱂ	Ⱂ	п	p	покои
Ⱃ	Ⱃ	р	r	рьци
Ⱄ	Ⱄ	с	s	слово
Ⱅ	Ⱅ	т	t	твръдо
Ⱆ	Ⱆ	оу	u	оукъ

1	2	3	4	5
Ⱇ	Ⱇ	ф	f	фрьтъ
Ⱈ	Ⱈ	х	h	хѣръ
Ⱉ	Ⱉ	ѡ	o	ѡтъ
Ⱋ	Ⱋ	щ	ši, šć, ć	шта
Ⱌ	Ⱌ	ц	c	ци
Ⱍ	Ⱍ	ч	č	чрьвь
Ⱎ	Ⱎ	ш	š	ша
Ⱏ	Ⱏ	ъ	ŭ	єръ
ⰟⰊ, ⰟⰋ, ⰟⰉ	—	ꙑ, ъи	y	єры
Ⱐ	Ⰹ	ь	ĭ	єрь
Ⱑ	Ⱑ	ѣ	ê	ѣть
Ⱓ	Ⱓ	ю	ju	ju
—	—	ꙗ	ja	ja
—	—	ѥ, є	je	je
Ⱔ	—	ѧ	ę	ęs
Ⱘ	—	ѫ	ą	ąs
Ⱗ	—	ѩ	ję	jęs
Ⱙ	—	ѭ	ją	jąs
—	—	ѯ	ks,	ksi
—	—	ѱ	ps,	psi
Ⱚ	—	ѳ	th, f	ѳита
Ⱛ	—	ѵ	y	ѵжица

1. Glagolitsa bulgare.
2. Glagolitsa croate.
3. Écriture cyrillique ancienne (slavon).
4. Équivalent en écriture latine.
5. Nom traditionnel de la lettre.

Tableau 6

La glagolitsa et l'écriture cyrillique

1
Glagolitsa bulgare (obla glagolitsa) ou glagolitsa ronde

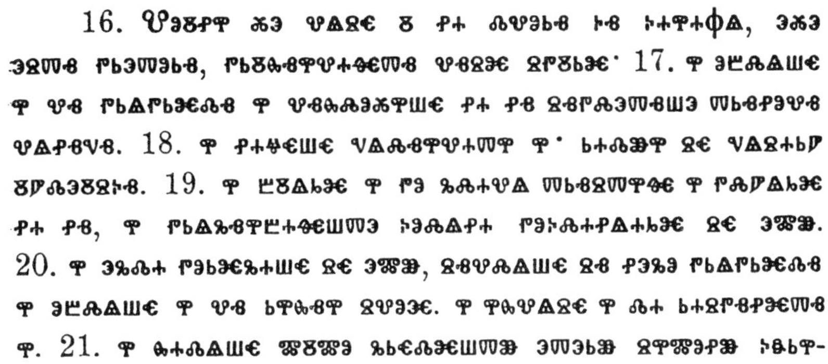

2
Glagolitsa croate (ouglasta glagolitsa) ou glagolitsa angulaire

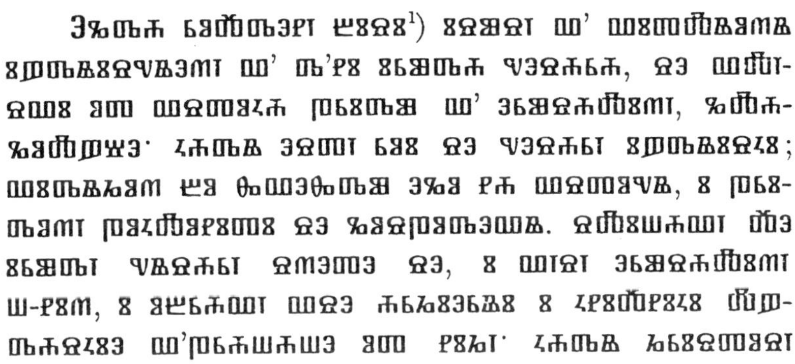

3
Cyrillique ancien

Житиѥ Григора папы роумъска'го.

Блаженыи Григории поставьѥнъ бысть патриархъ свѧтѣи божеи цръкви римьстѣи, а прѣжде патриаршъства цръноризьцъ бѣ въ манастыри свѧтааго апостола Аньдрѣа, нарицаѥмааго Клноскаура, близъ свѧтоую мѫченикоу Їωана и Паула. бѣаше же игоуменъ того манастырѣ, мати же ѥго блаженаꙗ Силвиꙗ живѣаше близъ вратъ свѧтааго Паула апостола на мѣстѣ нарицаѥмѣѣмъ кѣла нова. тъ же блаженыи Григории ѥг'да сѣдѣаше въ хызинѣ своѥи и писааше, приде къ нѣмоу маломоштъ, молѧ и глаголѧ· помилоуи мѧ, рабе бога вышь-

4
Cyrillique russe moderne

Научно-техническая революция с необходимостью требует решительной демократизации экономической, а значит и политической структуры. Пойдут ли на это наши руководители? Есть ли у них другой выбор? Каков он? Хорошо это или плохо, но сейчас от их действий зависит не только благосостояние, но и сама жизнь миллионов людей, и даже существование человечества. Но чем объективно определяются сами их действия и решения?

Initiation à l'alphabet cyrillique

1. L'alphabet russe

Six lettres se prononcent comme en français :

к м т а е о

La lettre « е » se prononce généralement « yè », et se prononce toujours ainsi au début d'un mot.

(On ne doit donc pas dire « Eltsine », mais bien « Yèltsine ». La ville natale de ce dernier (Sverdlovsk) se prononce « Yèkatièrinnbourg ».)

La lettre « ё » (ou « е » quand elle est accentuée), se prononce « yo » (« o » après une chuintante).

(C'est pourquoi on doit prononcer « Gorbatchof » et non « Gorbatchève »). (Le « v » en fin de mot a le son « f »).

La lettre « о » se prononce comme dans « alors », jamais comme dans « tôt ». Avant l'accent elle se prononce « a ».

La lettre russe « с » = français « ç », « ss » ou « s » dur (jamais « k » comme cela se produit en français).

Cinq autres lettres existent en français mais se prononcent autrement :

	в	н	р	х	у
Prononciation :	v	n	r	kh	ou

La lettre « х » (que nous transcrivons par « kh ») correspond au « ch » guttural allemand dans *« Achtung ! » (akhtoung)* ou au « j » espagnol dans *« mujer » (moukhèr)*.

Vous pouvez déjà lire des mots tels que :

ресторан автократ автомат оркестр
ou encore : автор (auteur) et ура ! (hourrah !).

Neuf lettres ont une forme différente mais correspondent à une lettre du français :

	Б	г	д	ж	з	л	п	ф	э
Prononciation :	b	g	d	j	z	l	p	f	è

Nous avons présenté la lettre Б en majuscule ; la forme minuscule est : б

La lettre л (« l » vélaire) se prononce « ll » comme dans l'anglais « well ».

La lettre э se prononce toujours « è » (jamais « yè »).

Vous pouvez déjà lire :

абордаж	абажур	агент	аграф	адвокат
адрес	акт	акробат	балкон	базар
бронза	Европа *(yèvropa)*	журнал	корреспондент	протокол
студент	трансформатор	указ	футбол	экскаватор

Six lettres correspondent en français à des groupes de lettres :

	ч	ш	щ	ц	ю	я
Prononciation :	tch	ch	chtch	ts	you	ya

La lettre ш est la copie de la lettre hébraïque « ש » (chin).

La lettre ц est la copie de la lettre hébraïque « צ » (tsadé).

La lettre щ = ш + ч (ch + tche)

Restent quatre voyelles :

	и	й	ь	ы
Prononciation	i	y, ï	i	ou/i

et une lettre aujourd'hui très rarement utilisée, et qui, de plus, ne se prononce pas. C'est le « signe dur » : « ъ ». Vous pouvez provisoirement l'oublier.

Le й correspond au français « ill » (anglais « y », allemand « j »). Il est parfois à peine perceptible, surtout en fin de mot.

Le ь est un demi « i ». Il se fond avec la consonne qui précède.

Exemple : н + ь = français : « gn », espagnol : « ñ », polonais : « ń », tchèque : « ň », hongrois : « ny ».

л + ь = un « l » français, ou l + un léger son « ill » ou « y ».

La voyelle ы est un son entre « ou » et « i ». On prononce « ou » en écartant un peu les lèvres comme pour prononcer « i ». En polonais, ce son s'écrit « y ».

C'est tout ! La mémorisation de ces lettres est affaire de pratique.

Voici quelques mots d'usage courant : (il en existe des milliers et des milliers de la même origine, que vous pouvez comprendre immédiatement).

агитатор	авантюрист	аккумулятор	академия
акушёр	акцент	ботаника	бактерия
баритон	батальон	визави	вираж
водевиль	гермафродит	гигиена	гидролиз
гомосексуалист	гидротерапия	дипломат	зодиак
иммунизация	календарь	комбинезон	конференция
лимонад	магазин	маникюр	нормализация
парламентаризм	портфель	револьвер	революция
реформист	секретарият	тираж	турист
фабрика	фураж	хорист	хореография
цензура	цивилизация	циркуляр	шемпион
шанс	шик	шантаж	экспедитор
энциклопедия	юрист	ягуар	шарлатан

Si vous pouvez lire ces quelques mots, vous maîtrisez l'alphabet russe. Vous pouvez déjà lire et comprendre 40 % des mots du dictionnaire. Si vous relisez ces mots une fois par jour pendant un mois - cela prendra quelques minutes tout au plus - vous n'oublierez plus jamais l'alphabet russe.

2. L'alphabet bulgare

C'est le même que l'alphabet russe, avec une infime différence : Le Щ ne se prononce pas « chtch » comme en russe, mais « cht ».

Il y a cinquante et quelques années, le bulgare avait une jolie lettre de plus : le « Ѫ » prononcé comme un « eu » bref (dans « fleur ») (= « ă » roumain, « a » hongrois, « ë » albanais). Cette lettre a été remplacée par le « signe dur » du russe : le « ъ ».

On n'écrit donc plus « БѪлгария » mais « България ».

On utilisait aussi une ancienne lettre russe « Ѣ », aujourd'hui remplacée par « e ».

3. L'alphabet ukrainien

Comme le russe, l'ukrainien a deux formes de « i » :

и et й. Mais il a en plus « i » et « ï » (le ï se prononce « yi »).

En ukrainien le « Г » se prononce comme « h » aspiré. Pour transcrire le son « g » dur, c'est à dire le « Г » russe, on utilise la lettre « Ґ » qui n'existe qu'en ukrainien.

Il existe une autre lettre typiquement ukrainienne : c'est le « Є » qui se prononce « yè » (La lettre « е » étant réservée au son « è »).

4. L'alphabet biélorusse

Seule différence notable : le « й » du russe s'écrit « ï », et dans certains cas, le « и » s'écrit « i ».

Très souvent, au « и » du russe, correspond le signe « ы » (= ou/i).

Une lettre typiquement biélorusse est le « ў », un « ou » bref qui correspond souvent à un « в » du russe ou de l'ukrainien.

5. L'alphabet serbe

Huit lettres russes n'existent pas en serbe, ce sont :

й щ ъ ы ь э ю я

En revanche, le serbe a six lettres qui n'existent pas en russe :

serbe :	ђ	ћ	џ	љ	њ	Ј
croate :	đ	ć	dž	lj	nj	j
Prononciation :	d^i	ts^i	dj	l^i	gn (ñ)	« ill » (y)

6. L'alphabet macédonien

Il comprend les lettres de l'alphabet serbe moins les deux lettres « ђ » et « ћ ».

Ces lettres sont remplacées par les suivantes :

ѓ et ќ

Prononciation : d^i ts^i

En outre, la lettre « З » en début de mot, devant une consonne, s'écrit parfois : « S ».

Initiation à l'alphabet grec

Ceux qui peuvent lire à l'aide de l'alphabet cyrillique et qui ne connaissent pas l'alphabet grec n'ont presque rien à apprendre. En effet l'alphabet grec ne comprend que 24 lettres, presque toutes déjà connues du lecteur :

Dix lettres se prononcent comme en français et ont presque toutes la même forme que les lettres latines :

Majuscules :	K	M	T	N	A	E	O	I	Y	Z
Minuscules :	κ	μ	τ	ν	α	ε	ο	ι	υ	ζ
Prononciation :	k	m	t	n	a	e	o	i	y, i, v	z

Quatre lettres existent en français mais se prononcent autrement :

Majuscules :	B	H	P	X
Minuscules :	β	η	ρ	χ
Prononciation :	v	i	r	kh

La lettre « η » est généralement rendue en français par « ê » dans la transcription des mots du grec classique. Les Grecs prononcent toujours « i ». (Nous ne considérons ici que la prononciation du grec moderne, la seule convenable.)

Huit lettres très fréquentes ont une forme différente :

Majuscules :	Γ	Δ	Λ	Π	Σ	Φ	Θ	Ω
Minuscules :	γ	δ	λ	π	σ / ς	φ	ϑ	ω
Prononciation :	g	dh	l	p	s	f	th	ô

La lettre « s » s'écrit « σ » au début ou au milieu du mot, et « ς » à la fin du mot.
Le « g » se prononce entre « g » et « h ».
Le son « th » se prononce comme le « th » anglais dans « thick ».
Le son « dh » se prononce comme le « th » anglais dans « the » ou « then ».
Le « ô » (omega - ω) se prononce comme l'autre « o » (o mikron), c'est à dire comme dans le français « bord ».

Il existe deux autres lettres peu fréquentes :

Majuscules :	Ψ	Ξ
Minuscules :	ψ	ξ
Prononciation :	ps	x

Comme dans : τὸ ψσευδώνυμο - *to psevdhónimo* = le pseudonyme
τὸ ξυλόφωνο - *to xilófono* = le xylophone

On trouvera dans le présent ouvrage de nombreux mots grecs accompagnés de leur transcription et de leur traduction. L'étudiant peut s'en servir pour vérifier ses capacités de lecture.

En grec moderne, on se trouve souvent dans l'obligation de transcrire des noms étrangers comprenant des sons tels que « b », « d » et « g » qui n'existent pas en grec. En pareil cas, on a recours aux combinaisons de lettres suivantes :

Pour « b » :	μπ	(mp)	Ex. : μπόμπα - *bomba* = bombe
Pour « d » :	ντ	(nt)	Ex. : ντουζίνα - *douzina* = douzaine
Pour « g » :	γκ	(gk)	Ex. : τὸ γκαρσόνι - *to garçóni* = le garçon de café.

On marque encore le début des mots commençant par une voyelle avec le signe « ʽ » dit « esprit rude », (notant anciennement une aspiration), qui ne modifie plus la prononciation mais que nous transcrivons en français par un « h ».

De même « l'esprit doux » : « ʼ » indique qu'il n'y avait pas autrefois d'aspiration, et n'est pas transcrit en français.

C'est pourquoi nous écrivons « horloge », « harmonie », « hebdomadaire », « hectare », « héliogravure », « hélicoptère », « hétéro », « homo », « hexagone », « hypothèse », etc. à cause de l'esprit rude ; et nous omettons de placer un « h » devant « agronomie », « aéroplane », « athlète », « allégorie », « amnistie », « amphithéâtre », « analogie », etc. à cause de l'esprit doux.

Il conviendrait de mettre ici le doigt sur un inconvénient majeur de la langue française : elle n'est vraiment pas démocratique. Dans les domaines de la culture, des sciences et de la technique, elle néglige délibérément le vocabulaire français, pour employer des mots grecs. Nos proches ancêtres, il faut bien le dire, étaient à cet égard d'horribles snobs, qui puisaient sans raison leurs termes dans le grec, tout comme nos snobs contemporains puisent les leurs dans l'anglais.

Le médecin qui décèle une blépharite en cas d'inflammation des paupières ne nous apprend rien de neuf ; l'agnosie n'est rien d'autre que la non-perception ; une pternalgie n'est jamais qu'une douleur au talon ; l'hémoptysie n'est qu'un euphémisme pour le crachement de sang, et la façade arrière d'un bâtiment est moins imposante que l'opisthodome.

Mais cet inconvénient peut se retourner et devenir un énorme avantage : nous parlons tous grec sans le savoir ; nous disposons dans notre langue de milliers de mots grecs et de racines grecques qui ne demandent qu'à servir. Le francophone qui apprend le grec moderne découvre avec joie qu'il connaît déjà une grande partie du vocabulaire ; il arrive même qu'il connaisse des centaines de mots grecs que bon nombre de Grecs ne connaissent pas, ce qui peut lui donner parfois l'impression fausse, mais rassurante, d'en savoir plus qu'eux.

façade arrière *opisthodome*

16. Autres écritures de l'Europe

Si les Européens du XXIe siècle ne pourront se passer de déchiffrer en cas de besoin l'alphabet cyrillique et l'alphabet grec, il est probable que certains d'entre eux risquent d'ignorer encore longtemps l'existence des autres graphies actuellement utilisées sur notre continent , ou encore utilisées à une époque récente, c'est à dire il y a quelque cinquante ans.

Ceux qui ont un peu de curiosité d'esprit ne manqueront pas de se pencher avec intérêt sur ces écritures particulières de notre continent. Ceux que la question n'intéresse pas devraient au moins connaître l'existence de ces autres alphabets ; il conviendrait peut-être de les avoir vus au moins une fois dans sa vie, pour savoir à quoi ils ressemblent ; c'est là un premier pas vers la connaissance du patrimoine culturel de l'Europe.

Outre les alphabets latin, grec et cyrillique, on utilise en Europe quatre autres genres d'écriture (« gothique », irlandais, arménien et géorgien), dont deux sont en net déclin depuis une cinquantaine d'années, et sont aujourd'hui remplacés le plus souvent par l'écriture latine ; il s'agit de l'écriture allemande dite « gothique », et de l'écriture irlandaise ou celtique.

L'écriture dite «gothique»

Ce nom impropre de «gothique» a longtemps prêté à confusion, et même les Encyclopédistes s'imaginèrent au XVIIIe siècle que cette belle écriture représentait une forme évoluée dérivée de l'écriture des Goths. Il aurait suffi pourtant de jeter un bref coup d'oeil sur le *Codex argenteus* de l'Evêque Ulfila, la Bible gotique du IVe siècle, pour constater que l'écriture gotique proprement dite était une adaptation de l'alphabet grec avec adjonction des lettres latines R, S, V, F (cette dernière lettre étant aussi l'ancien *digamma* des Grecs) et G (= j). Cette écriture vraiment gotique, employée uniquement pour la traduction du nouveau testament, a complètement disparu au début du VIIe siècle, avec le gotique et les derniers Goths eux-mêmes.

Ce que nous appelons « l'écriture gothique », avec un « h », (en allemand : *die Frakturschrift, die Fraktur* ou *die deutsche Schrift*) est la calligraphie utilisée dans toute l'Europe par les scribes et les moines depuis le XIIIe siècle seulement, et fidèlement copiée depuis le XVe siècle par Gutenberg et par de nombreux imprimeurs d'Europe. Dans plusieurs pays d'Europe occidentale, cette écriture a été partiellement abandonnée à l'époque de la Renaissance, pour céder la place à l'écriture latine classique retrouvée, que nous utilisons aujourd'hui (en allemand : *Antiqua*).

L'écriture « gothique », qui se distingue par de belles fioritures et une forme particulièrement élégante, peut être facilement lue, après quelques minutes d'attention, par quiconque connaît déjà les caractères de l'écriture latine classique. Les derniers Européens à s'en servir couramment ont été les Allemands et les Autrichiens, qui en ont en grande partie abandonné l'usage après 1945, peut-être dans un souci d'unification européenne, mais aussi par réaction contre la tendance du troisième Reich à favoriser cette forme d'écriture, considérée officiellement comme « allemande », « germanique » et, contre toute vraisemblance, comme réellement « gothique ». Il est toutefois intéressant d'observer que les publications officielles du parti nazi (NSDAP) semblent avoir employé de préférence l'écriture latine (Antiqua), rappelant sans doute la Rome impériale.

Quoi qu'il en soit, toute personne lisant l'allemand se doit de connaître cette écriture traditionnelle, sous peine de ne pouvoir lire la plupart des ouvrages et des écrits copiés ou imprimés en allemand entre le XIIIe siècle et l'an 1945. Ce style d'écriture avait déjà été en grande partie abandonné dans les pays scandinaves et dans les pays baltes peu après la première guerre mondiale. Là encore, le lecteur qui ne lirait pas couramment dans cet alphabet serait incapable de prendre connaissance de la plupart des grands classiques imprimés dans ces langues.

Il y a un peu plus d'un demi-siècle, on enseignait en outre dans toutes les écoles d'Allemagne, d'Autriche et de Suisse, et à l'étranger dans toutes les classes d'allemand, une forme particulière d'écriture manuscrite dite *allemande* ou *Eckenschrift*. Il semble bien que la plupart des Allemands, Autrichiens et Suisses nés après la deuxième guerre mondiale soient aujourd'hui incapables de déchiffrer cette écriture, c'est-à-dire de lire des lettres écrites par leurs parents ou leurs grands-parents. Il nous est arrivé assez souvent de devoir transcrire de tels textes pour des germanophones, qui ne pouvaient déchiffrer un testament écrit dans leur propre langue, et dont ils étaient les bénéficiaires !

L'étranger qui lit en allemand peut néanmoins aujourd'hui se passer de lire la *Eckenschrift*, mais s'il renonce à lire la *Frakturschrift*, l'écriture d'imprimerie dite *gothique*, il limite, dans une mesure très importante, ses possibilités de lecture, et doit renoncer à lire la plupart des ouvrages imprimés avant 1945.

Nous indiquons au tableau 7 la correspondance des alphabets latin et « gothique » en donnant la reproduction d'un texte allemand en *Frakturschrift* et, à titre documentaire, du même texte en écriture manuscrite allemande *(Eckenschrift)*.

Nous montrons au tableau 8 le véritable alphabet gotique (sans « h ») avec la reproduction d'un extrait du célèbre *Codex argenteus*, le texte du *Pater Noster* traduit en gotique par l'Évêque Ulfila (petit loup) vers l'an 350.

Ceux qui auront lu attentivement ce texte pourront le comparer à l'allemand du texte des *Serments de Strasbourg*, datant du 14 février 842 (tableau 9), et à la formule du baptême en francique (tableau 10) écrite à la fin du VIIIe siècle.

Tableau 7

Alphabet allemand dit « gothique » (Fraktur)

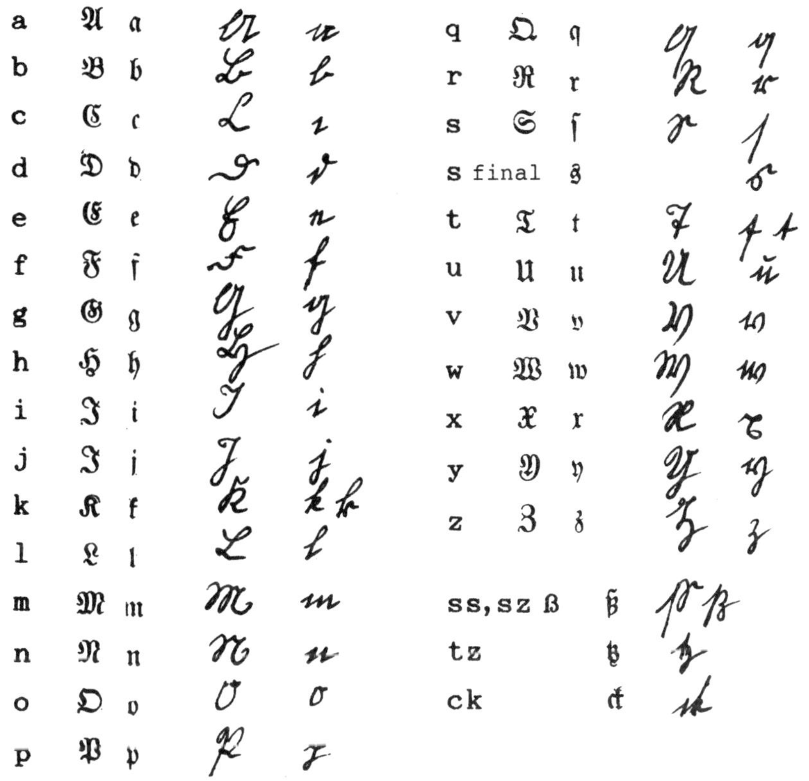

Texte en Frakturschrift

Alle älteste Dichtung einer Nation ist volkstümlich; erst viel später tritt die Kunstdichtung auf. Dennoch wenden wir den Ausdruck „Volkslied" im allgemeinen erst für gewisse Dichtungen etwa seit dem Ende des 12. Jahrhunderts an. Nicht als ob es nicht schon früher Volkslieder gegeben hätte!

Texte en Eckenschrift

Alle ältesten Dichtung einer Nation ist volkstümlich; erst viel später tritt die Kunstdichtung auf. Dennoch wenden wir den Ausdruck "Volkslied" im allgemeinen erst für gewisse Dichtungen etwa seit dem Ende des 12. Jahrhunderts an. Nicht als ob es nicht schon früher Volkslieder gegeben hätte!

Tableau 8

Alphabet gotique

𐌰	a	𐌵	q	𐌺	k	𐌿	u	𐍅	w
𐌱	b	𐌶	z	𐌻	l	𐍀	p	𐍆	f
𐌲	g	𐌷	h	𐌼	m	𐍂	r	𐍇	ch
𐌳	d	𐌸	þ	𐌽	n	𐍃	s	𐍈	hw
𐌴	e	𐌹, 𐌹̈	i	𐌾	j	𐍄	t	𐍉	o

Texte gotique extrait du codex argenteus (Pater noster). Wulfila (An 350 env.)

𐌰𐍄𐍄𐌰 𐌿𐌽𐍃𐌰𐍂 𐌸𐌿𐌹̈𐌽 𐌷𐌹𐌼𐌹𐌽𐌰𐌼·
𐍅𐌴𐌹𐌷𐌽𐌰𐌹 𐌽𐌰𐌼𐍉 𐌸𐌴𐌹𐌽· 𐌵𐌹𐌼𐌰𐌹 𐌸𐌹𐌿𐌳𐌹
𐌽𐌰𐍃𐍃𐌿𐍃 𐌸𐌴𐌹𐌽𐍃· 𐍅𐌰𐌹𐍂𐌸𐌰𐌹 𐍅𐌹𐌻𐌾𐌰
𐌸𐌴𐌹𐌽𐍃· 𐍃𐍅𐌴𐌹̈𐌽𐌷𐌹𐌼𐌹𐌽𐌰 𐌾𐌰𐌷 𐌰𐌽𐌰
𐌰𐌹𐍂𐌸𐌰𐌹· 𐌷𐌻𐌰𐌹𐍆 𐌿𐌽𐍃𐌰𐍂𐌰𐌽𐌰 𐌸𐌰𐌽𐌰 𐍃𐌹𐌽
𐍄𐌴𐌹𐌽𐌰𐌽 𐌲𐌹𐍆 𐌿𐌽𐍃 𐌷𐌹𐌼𐌼𐌰 𐌳𐌰𐌲𐌰 ·𐌾𐌰𐌷
𐌰𐍆𐌻𐌴𐍄 𐌿𐌽𐍃 𐌸𐌰𐍄𐌴𐌹 𐍃𐌺𐌿𐌻𐌰𐌽𐍃 𐍃𐌹𐌾𐌰𐌹
𐌼𐌰· 𐍃𐍅𐌰𐍃𐍅𐌴 𐌾𐌰𐌷 𐍅𐌴𐌹𐍃 𐌰𐍆𐌻𐌴𐍄𐌰𐌼 𐌸𐌰𐌹̄
𐍃𐌺𐌿𐌻𐌰𐌼 𐌿𐌽𐍃𐌰𐍂𐌰𐌹𐌼· 𐌾𐌰𐌷 𐌽𐌹 𐌱𐍂𐌹𐌲
𐌲𐌰𐌹𐍃 𐌿𐌽𐍃𐌹̈𐌽 𐍆𐍂𐌰𐌹𐍃𐍄𐌿𐌱𐌽𐌾𐌰𐌹·𐌰𐌺 𐌻𐌰𐌿
𐍃𐌴𐌹 𐌿𐌽𐍃 𐌰𐍆 𐌸𐌰𐌼𐌼𐌰 𐌿𐌱𐌹𐌻𐌹𐌽· 𐌿𐌽𐍄𐌴
𐌸𐌴𐌹𐌽𐌰𐌹̈𐍃𐍄 𐌸𐌹𐌿𐌳𐌰𐌽𐌲𐌰𐍂𐌳𐌰𐌹· 𐌾𐌰𐌷 𐌼𐌰𐌷̄𐍃
𐌾𐌰𐌷 𐍅𐌿𐌻𐌸𐌿𐍃𐌹̈𐌽 𐌰𐌹𐍅𐌹𐌽𐍃 - 𐌰𐌼𐌴𐌽·

Transcription

atta unsar thu in himinam
veihnai namo theins.
qimai thiudinassus theins.
vairtha vilja theins,
sve in himina jah ana airthai.
Hlaif unsarana thana sinteinan
gif uns himma daga.
Jah aflet uns, thatei skulans sijaima,
svasve jah veis afletam thaim skulam unsaraim.
Jah ni briggais uns in fraistubnjai.
ak lausei uns af thamma ubilin.
unte theina ist thiudangardi jah mahts
jah vulthus in aivins. amen.

Traduction allemande mot à mot

Vater unser du in Himmeln,
geheiligt werde Name dein.
Es komme Königreich dein.
Es werde Wille dein
wie in Himmel auch auf Erden.
Brot unser dieses tägliche
gib uns diesen Tag.
Und erlaß uns, daß Schuldige wir seien,
sowie auch wir erlassen diesen Schuldigen unseren.
Auch nicht bringe uns in Versuchung,
sondern löse uns von diesem Übel.
Denn dein ist Herrschaft und Macht
und Herrlichkeit in Ewigkeit. Amen.

Tableau 9

Textes des serments de Strasbourg (14 février 842)

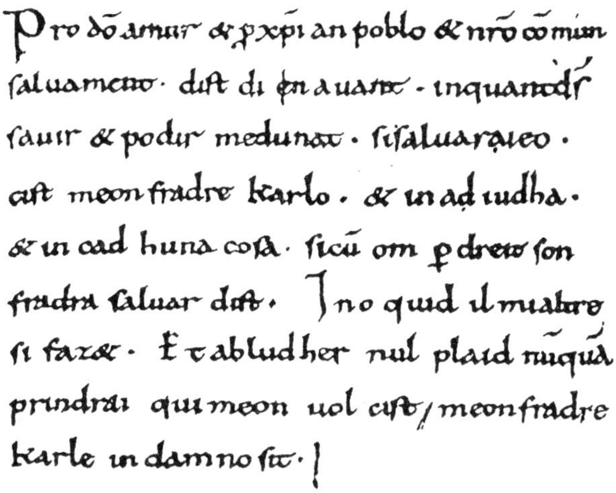
Pro do amur & xpian poblo & nro comun
saluament. dist di en auant. inquant ds
sauir & podir me dunat. si saluarai eo.
cist meon fradre Karlo. & in ad iudha.
& in cad huna cosa. sicu om p dreit son
fradra saluar dist. In o quid il mi altre
si fazet. Et ab ludher nul plaid nunqua
prindrai qui meon uol cist meon fradre
Karle in damno sit.

Texte français

Pro deo amur et pro christian poblo et nostro
commun saluament, d'ist di in auant,
in quant deus savir et podir me dunat,
si saluarai eo cist meon fradre Karlo,
et in adiudha et in cadhuna cosa,
si cum om per dreit son fradra saluar dist.
In o quid il mi altresi fazet.
Et ab ludher nul plaid nunquam prindrai,
qui meon uol cist meon fradre Karle in damno sit.

Texte allemand

In godes minna ind in thes christianes folches ind unser bedhero ge(h)altnissi, fon thesemo dage frammordes so fram so mir got geuuizci indi madh (mahd) furgibit, so haldih tesan (thesan) minan bruodher, soso man rehtu sinan bruher scal,

in thiu thaz er mig so soma (sama) duo.
indi mit lu(d)heren in nohheiniu thing ne geganga,
the minan uuillon imce scadhen wer(d)hen.

Traduction littérale du texte français

Pour l'amour de Dieu et pour le chrétien peuple et notre
commun salut, de ce jour en avant,
en tant que Dieu savoir et pouvoir me donne,
ainsi sauverai-je ce mien frère Karle,
et en aide et en chacune chose,
ainsi comme homme par droit son frère sauver doit,
en ce qu'il me autant fasse ;
et de Lothaire nul accord jamais ne prendrai,
qui par ma volonté, à ce mien frère Karle à dam soit.

Traduction littérale en allemand moderne

Aus Liebe zu Gott und zu des christlichen Volkes
und unser beider Erhaltung, von diesem Tage fortan,
so weit als mir Gott
Wissen und Macht gibt, so halte ich diesen
meinen Bruder sowie man mit Recht
seinen Bruder soll,
in dem daß er mir ebenso tue; und mit Lothar in kein
Ding nicht gehe ich, das meines Willens ihm
zu Schaden werde.

Tableau 10

Formule du baptême en francique

(notée par écrit à la fin du VIIIe siècle)

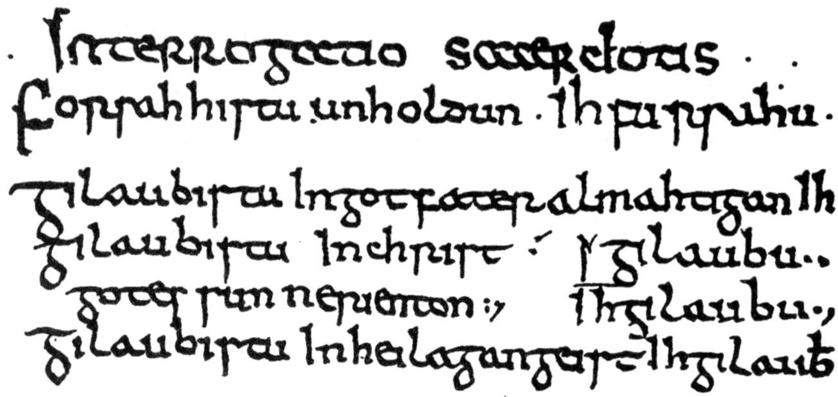

Transcription

interrogatio sacerdotis . .
Forsahhistu unholdun. Ih fursahhu
gilaubistu In got fater almahtigan
gilaubistu In christ : Ih gilaubu . .
gotes sun nerienton : ; Ih gilaubu. ,
gilaubistu In heilagan geist. Ih gilaubu

Traduction en allemand moderne

Entsagst du dem Teufel ? Ich entsage.
Glaubst du an Gott Vater allmächtingen ?
Glaubst du an Christus, Ich glaube.
Gottes Sohn den Heiland ? Ich glaube.
Glaubst du an den heiligen Geist ? Ich glaube.

Traduction littérale en français

Renonces-tu au diable ? J'y renonce.
Crois-tu en Dieu le Père tout-puissant ?
Crois-tu au Christ, Je crois.
fils de Dieu, le Sauveur ? Je crois.
Crois-tu au Saint-Esprit ? Je crois.

NB 1 : Ces paroles ont probablement été prononcées par Clovis et par Saint Rémi le 25 décembre 498.

NB 2 : La connaissance de l'alphabet irlandais classique permet de lire aisément l'écriture onciale du texte francique.

L'écriture irlandaise

Tout comme l'écriture dite «gothique», cette écriture n'est qu'une forme de l'alphabet latin. Il s'agit de l'onciale, utilisée dans les manuscrits du Moyen Âge, dont les caractères, au lieu de devenir anguleux et pointus comme dans la « gothique », ont conservé en les accentuant les formes courbes de l'écriture latine classique.

Pour bien illustrer l'origine de cette écriture, nous avons reproduit sur la page précédente un texte du VIIIe siècle écrit en onciale. Il s'agit de la formule de baptême en francique, qui était lue, selon la tradition, lors des cérémonies de baptême des Francs.

Comme on peut aisément le constater, l'écriture irlandaise a conservé fidèlement, depuis le VIIIe siècle, le style d'écriture utilisé à cette époque. Elle a été officiellement remplacée, depuis une cinquantaine d'années, par l'alphabet latin classique ; cette modification avait pour but de faciliter la lecture et l'écriture de l'irlandais pour les étudiants et pour le grand public, et surtout de réduire les frais d'impression.

Toutefois, la lecture de l'écriture irlandaise, comme celle de la « gothique », ne nécessite aucune étude particulière ; presque toutes les lettres ont le même tracé que dans l'écriture latine classique. Les seules lettres qui présentent une différence de forme (et il s'agit d'une très légère différence) sont le « r », le « g », le « d » et le « s » (la lettre qui a la forme du « s » classique correspond à « ss » ou à l'anglais « sh »). Le point qui surmonte certaines consonnes indique qu'elles sont accompagnées d'une aspiration ou subissent une mutation ; le « g » surmonté d'un point correspond au « y » anglais).

L'alphabet comprend 18 caractères, plus deux formes particulières pour « r » et « s ». On utilise en outre trois signes jouant le rôle d'abréviations pour « et » (agus), « ou bien » (no) et « c'est-à-dire » (edón).

Tableau 11

L'alphabet irlandais

a	b	c	ꝺ	e	ꝼ	ᵹ	h	ı	l
			d		f	g			
m	n	o	p	ʀ, ꞃ	s, ꞅ	ꞇ	u		
				r	s	t			

Texte en écriture irlandaise

20aḋ Márta, 1928.

Pádraig Ó Gallċobair ⁊ a Ċom.,
Lonndain.

A Ḋaoine Córa,

Támaid go díreaċ tar éis ḃur leitir fá ḋáta an 9aḋ lá a ḟágail agus támaid fá ċumaoin agaiḃ as uċt ḃur dtairsgeana go ndéanfa siḃ gnoṫa dár gcom-luċt i Lonndain.

Tá dúil mór againn le tamall ar ngnoṫa sa gcoigcriġ a ṁéadú, agus tairsgint ar biṫ ina ṫaoḃ seo is mian liḃ leagan os ar gcoṁair beiḋ áṫas orainn é a ṁeádú go cúramaċ.

Is mian linn meaḃrú ḋaoiḃ ar faill gur gnáṫaċ le n-ar ngnoṫaċtaiġ uilig ar n-earraiḋ a ċeannaċ ar a gcostas féin agus annsin iad a ḋíol sa limistéar atá ceapṫa ḋóiḃ ar an airgead atá socruiġṫe roiṁ ré.

Beiḋ áṫas orainn sgéala a ḟágail uaiḃ faoi seo.

Sinne, le meas mór,
Donnċa Ó Caṫail ⁊ a Ċom.

20th March, 1928.

Messrs. Patrick Gallagher & Co.,
London.

Dear Sirs,

We have just received your favour of the 9th instant, and thank you for your offer to represent our firm in London.

For some time past, we have been anxious to extend our operations abroad, and we shall be glad to consider any proposal in this connection which you may care to place before us.

We avail ourselves of this opportunity in order to point out that all our Agents buy on their own account, and sell the goods in the territory of the Agency at prices fixed beforehand.

Awaiting the pleasure of hearing from you,
We are, Dear Sirs,
Yours faithfully,
Denis Cahill & Co.

Texte tiré de « Irish in 30 lessons ». The Linguaphone Institute, London 1931.

AUTRES ALPHABETS UTILISÉS EN EUROPE

Nous avons déjà parlé d'une langue qui a connu une grande diffusion en Europe jusqu'en 1939, et qui est probablement aujourd'hui en voie de disparition ; il s'agit évidemment du yiddish, langue germanique de type souabe-franconien, enrichie notamment de nombreux mots d'origine hébraïque. Il s'agissait en quelque sorte d'une langue internationale parlée surtout dans les villes de Russie, d'Ukraine, de Lituanie, de Pologne, d'Allemagne, d'Autriche, de Hongrie, de Tchécoslovaquie, de Roumanie. Langue partout minoritaire, mais langue commerciale et culturelle, elle a été illustrée par de grands romanciers, traduits dans de nombreuses langues et dont le souvenir est toujours vivant : שלום עליכם - Shalom Aleychem, יצחק לייב פרץ - Yitskhok Leib Perets, מענדעלע מוכר ספרים - Mendele Moïcher Sfurim, et le dernier grand écrivain de la langue, prix Nobel de littérature 1978, יצחק באשעוויס סינגער - Isaac Bashevis Singer.

Une autre langue moins importante et également en voie de disparition, le judéo-espagnol (judezmo), se parlait il y a près de soixante ans dans de nombreuses villes de Turquie, de Grèce, de Syrie, d'Irak, d'Égypte, de Bulgarie et de Roumanie. Elle est encore parlée aujourd'hui mais, comme le yiddish, elle vit probablement ses derniers jours.

Ces deux langues s'écrivaient en caractères hébraïques, et des journaux quotidiens et hebdomadaires ainsi que de nombreuses publications en ces langues, surtout en yiddish, paraissaient dans toutes les grandes villes d'Europe.

Après 1925 et jusqu'en 1940, on publiait en Turquie des ouvrages littéraires et des journaux en judéo-espagnol, transcrits en alphabet turc moderne, c'est-à-dire en écriture latine adaptée à la prononciation du turc.

Avant 1913, deux langues d'Europe centrale s'écrivaient également au moyen de l'alphabet arabe, sous sa forme turque : l'albanais (plus souvent écrit à l'époque en caractères latins, mais parfois aussi en caractères grecs) et le serbo-croate de Bosnie. En Bosnie Herzégovine, à partir de 1878, l'administration austro-hongroise avait organisé pour les Bosniaques musulmans un enseignement populaire primaire et primaire supérieur en serbo-croate, en conservant l'usage de l'alphabet arabe. La création de la Yougoslavie en 1919 mit fin à cet enseignement ; on n'utilisa plus désormais en Bosnie que le cyrillique et l'écriture latine.

En Azerbaïdjan, jusqu'en 1922, l'azéri était écrit uniquement en caractères arabes. On utilisa ensuite l'alphabet latin jusqu'en 1940.

Au cours des premiers siècles de notre ère, il existait aussi en Espagne une écriture celtibérienne. L'alphabet ressemblait en partie aux runes ; on n'en connaît que des inscriptions assez brèves, gravées dans la pierre, dont beaucoup n'ont pas été déchiffrées de manière certaine.

Pour compléter le tableau, nous donnerons également quelques indications sur deux anciennes écritures européennes : l'écriture runique et l'écriture ogamique.

L'écriture runique

Il a existé, principalement dans les pays germaniques du Nord, entre le IIIe siècle et le XIIe siècle, une forme particulière de l'écriture gréco-latine, dont on retrouve fréquemment la trace dans les inscriptions gravées sur des monuments de pierre dispersés à travers l'Europe, presque partout où sont passés les envahisseurs scandinaves, c'est à dire de la Normandie à la Russie de l'Ouest, de la Roumanie à l'Irlande, aux Iles de la Mer du Nord et à l'Islande, dans l'Est de la France et en Frise. De tels monuments sont très nombreux dans tous les pays scandinaves, et datent généralement de la période antérieure à l'introduction du christianisme.

Cette écriture runique a probablement été introduite en Scandinavie par les Goths au début du IIIe siècle; elle était considérée comme magique et en grande partie secrète. (islandais et anglo-saxon : *rūn* = secret; racine toujours présente dans le verbe allemand *raunen* = chuchoter, faire courir un bruit). Les runes ont été utilisées dans plusieurs pays et à diverses époques entre le IIIe siècle et le XVIIIe siècle, et il en existe six variantes, présentant d'assez nombreuses différences. L'alphabet traditionnel se retrouve néanmoins dans les diverses variantes; on lui donne parfois le nom de *futhark*, qui est celui des six premières lettres de l'alphabet. Les runes étaient tracées indifféremment de gauche à droite, de droite à gauche, en arc de cercle sur les bords d'un mégalithe, ou en boustrophédon (alternativement de droite à gauche et de gauche à droite). On écrivit aussi entre le XIe et le XIVe siècle des manuscrits en écriture runique, aujourd'hui conservés dans plusieurs grands musées d'Europe, et dont le plus célèbre est le *Codex runicus* (Manuscrit de la Loi de Scanie), écrit au Danemark vers l'an 1300.

Au cours des siècles, cet alphabet s'est répandu dans tous les pays nordiques et dans certaines parties de l'Allemagne; il existe une variante suédo-norvégienne et une variante danoise, cette dernière étant devenue la plus importante vers le Xe siècle. En Suède, les runes ont été utilisées jusqu'au XVIe siècle et ont même survécu en Dalécarlie jusqu'au XVIIIe siècle. C'est au XIIe siècle qu'ont été créées les runes pointées qui permettaient de reproduire fidèlement les sons transcrits par l'alphabet latin. Une autre variante a servi à noter les textes anglo-saxons. On a également fait usage à diverses époques de ligatures réunissant deux ou trois lettres en un seul signe.

L'alphabet runique se composait à l'origine de 24 caractères, traditionnellement classés en trois groupes de huit lettres.

On trouvera au tableau 12 les deux alphabets traditionnels et une table de concordance des six variantes principales de l'alphabet runique.

Tableau 12

Les alphabets runiques

Alphabet ancien (runes traditionnelles)

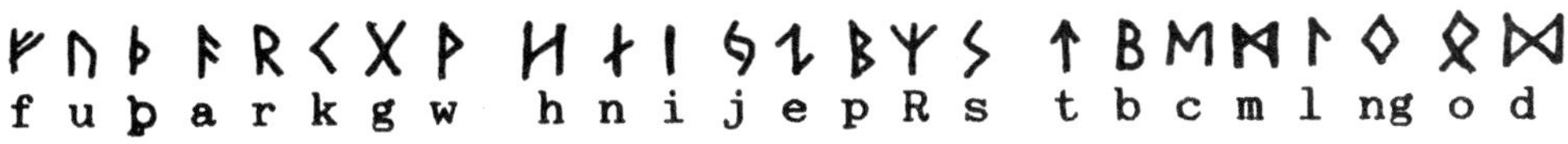

Alphabet nouveau (danois et suédo-norvégien)

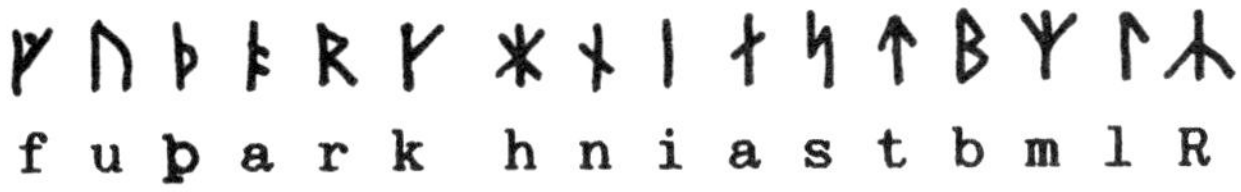

Tableau de correspondance des alphabets runiques

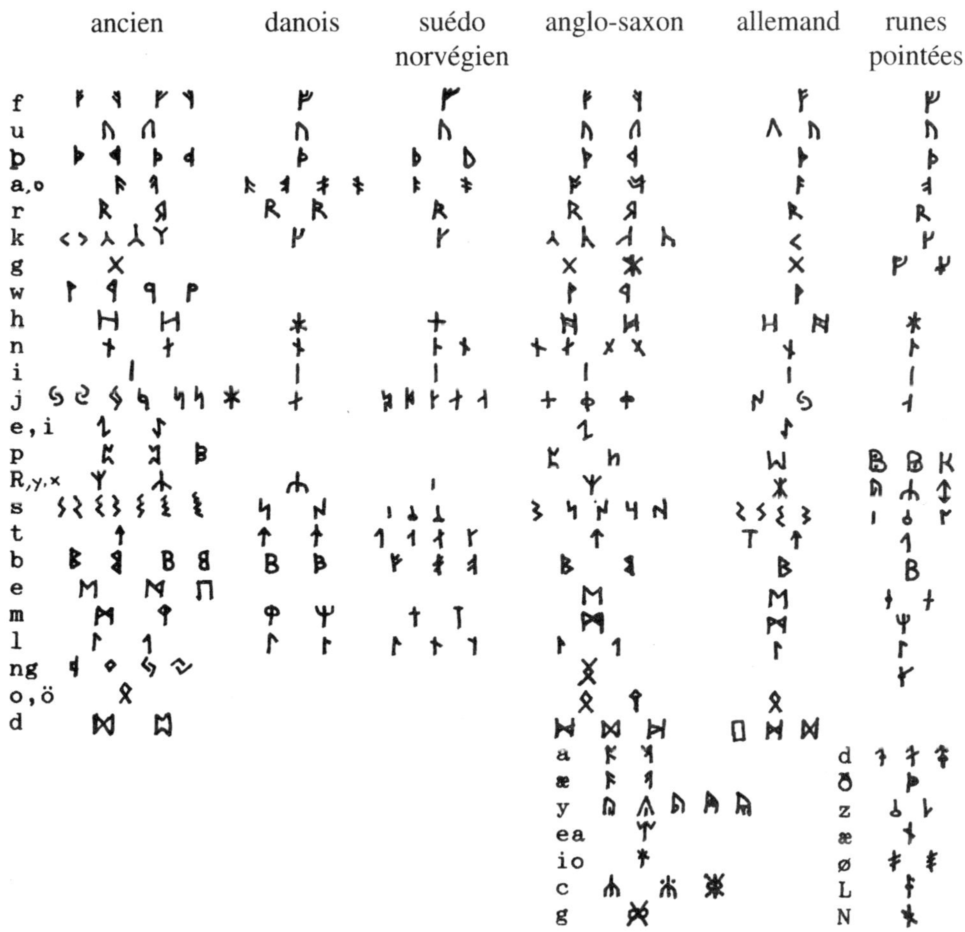

Tableau 13

Inscriptions en runique

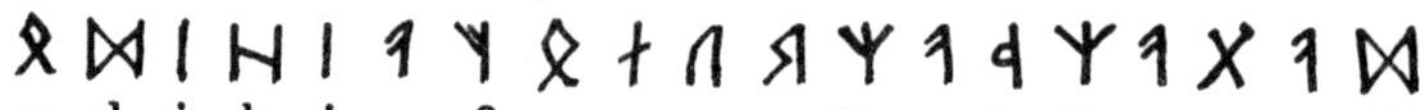

o d i h i a f o n u r R a þ R a g a d

Texte de droite à gauche :

> DagaR þar runo faihido
> Moi, Dag, ces runes j'ai gravé.

(Pierre d'Einang, Norvège, IVe siècle)

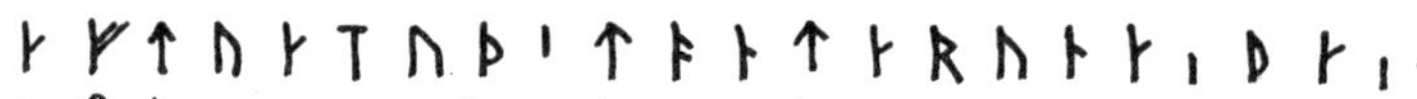

a f t u a m u þ s t ạ n t a r u n a R þ a R

i n u a r i n f a þ i f a þ i R a f t f a i k i ạ n s u n u

Texte de gauche à droite :

> Aft Wāmōþ stạnda rūnaR þaR,
> en Warin fāþi faþiR aft fœighiạn sunu.
>
> En mémoire de Wamoth sont là ces runes,
> et Warin, son père, les grava en mémoire de son fils qui doit mourir.

(Pierre de Rök, Suède, IXe siècle)

k u r m R   k u n u k R   k a r þ i   k u b l   þ u s i

a f t   þ u r u i   k u n u   s i n a   t a n m a r k a R   b u t

Texte de gauche à droite :

> GormR konungR gœrði kumbl þåusi
> œft þórwé kunu sina, DanmarkaR bót.
>
> Le roi Gorm a élevé ce monument
> en mémoire de Thorwe ; son épouse, salut du Danemark

(Pierre de Jællinge, Danemark, 935-940)

Textes tirés de : Charles Fossey, Notices sur les caractères étrangers. (Maurice Cahen), Paris, Imprimerie nationale, 1927.

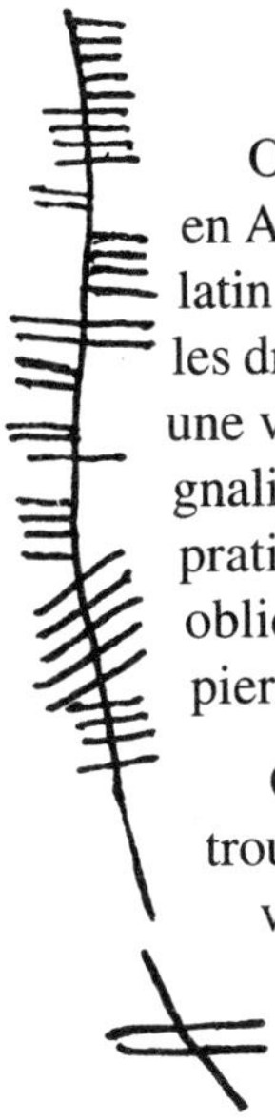

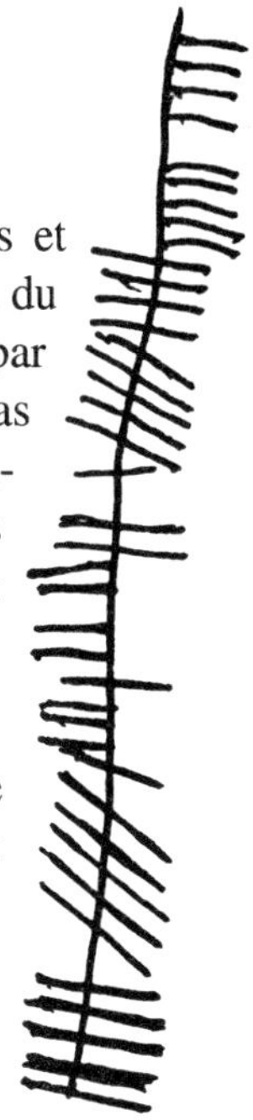

L'écriture ogamique

Du rocher de granit à l'imprimante laser

On trouve en Irlande, en Écosse, dans les Iles Shetland, au pays de Galles et en Angleterre, de nombreuses inscriptions tracées pour reproduire les sons du latin et des langues celtiques. Cette écriture secrète et magique était utilisée par les druides depuis le IVe siècle. C'est le seul alphabet d'Europe qui ne soit pas une variante du système d'écriture grec ou latin ; il fait penser au code de signalisation d'un sémaphore. Il s'agissait sans doute à l'origine d'encoches pratiquées sur une baguette de bois et formant des traits horizontaux et obliques. Ces traits furent par la suite gravés sur l'arête verticale d'une pierre dressée.

Considéré comme archaïque dès l'aube du Moyen Âge, l'ogamique se trouve maintenant dans les polices de caractères des ordinateurs. On peut voir là un symbole de la modernité latente des vieilles langues celtiques. En Irlande, au plus profond de la préhistoire, des millénaires avant l'arrivée de Saint Patrick, une petite flamme brillant sur cette île enchantée s'appelait déjà « lasair »…

Tableau 14

L'alphabet ogamique

h	b	n	a
d	l	g	o
t	v	ng	u
c	s	f (z)	e
q	m	r	i

Texte en ogamique

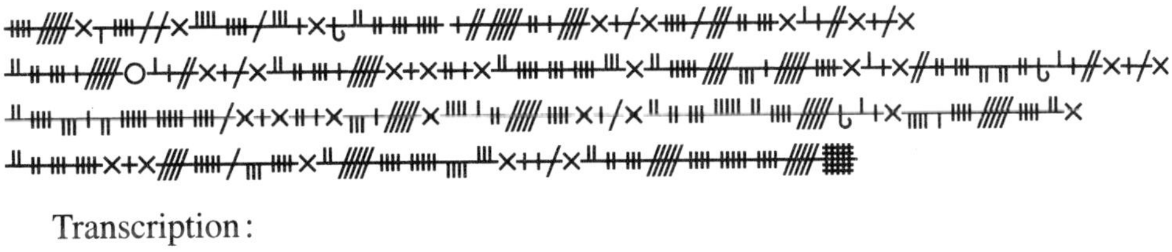

Transcription :

Er penn kenta, Doue a grouaz an envou hag an douar. Hag an douar a oa deuet dizvare ha goullo, hag an devalijen a oa var c'horre an dounder, ha Spered Doue a finve dreist an doureier.

NB : dans les textes très anciens la lettre P n'existait pas ; elle était remplacée par un B.

L'écriture arménienne

Si la «gothique» et l'écriture irlandaise sont en net déclin, il existe en Europe deux écritures particulières qui sont, depuis les origines, inséparables des langues qu'elles transcrivent. En URSS, même au cours de la période stalinienne pendant laquelle la plupart des langues de l'Union ont été transcrites en caractères cyrilliques, les seules exceptions ont été, outre les trois langues des pays baltes et le finnois de la République de Carélo-Finlande, l'arménien et le géorgien, qui surent préserver au cours des siècles leur alphabet particulier; ces deux modes d'écriture étant le reflet de deux civilisations bien distinctes.

Au début du Ve siècle, c'est-à-dire cinq siècles avant l'apparition de l'alphabet cyrillique, Mesrop Machtots (Saint Mesrop) mettait au point l'alphabet arménien, qui s'est conservé sans changements jusqu'à nos jours.

Le christianisme, introduit en Arménie au 1er siècle par les Apôtres Thaddée et Barthélémy, était déjà religion d'état en Arménie depuis un siècle, lorsque Mesrop Machtots composa cet alphabet. Il s'agissait là d'une tâche particulièrement délicate: L'Arménie était devenue vassale de l'Empire perse, dans lequel, sous la dynastie des Sassanides (Sous Yazdigerd 1er, Bahram V et Yazdigerd II) , la religion d'état était le mazdéisme. Normalement, la démarche la plus simple eût été d'adapter à la langue arménienne les caractères grecs, ce que l'évêque Ulfila avait fait pour le gotique et ce que les cinq Saints macédoniens devaient faire pour leur langue au Xe siècle. Mais l'Empire des Sassanides, qui avait fini, après des guerres sanglantes et acharnées, par tolérer le christianisme en Arménie, redoutait au plus haut point l'influence du jeune Empire byzantin, ennemi implacable de la Perse, sur les nations chrétiennes d'Orient.

Il n'était donc pas question de copier ouvertement l'alphabet grec. Mesrop s'en inspira néanmoins, car il n'existait pas d'autre modèle valable, mais il s'ingénia à donner aux caractères une forme rappelant vaguement les caractères pahlavī (inspirés par l'alphabet araméen), en usage en Perse à l'époque des Sassanides. Avec l'appui du roi Vramchapukh et du Catholicos (Chef de l'église apostolique arménienne) Sahak, qui était d'origine grecque, fut alors créée l'Ecole des « Saints traducteurs » (Sourp t'argmanitchk') qui traduisirent la Bible, à partir des textes syriaques et grecs, en *grabar* (langue liturgique ancienne), qui devait devenir l'arménien littéraire.

Malgré son isolement actuel et la situation dans laquelle elle se débat, l'Arménie, enfin libre et indépendante, est appelée à devenir un jour prochain le centre d'une nouvelle renaissance de la culture arménienne en Europe. Tant en Arménie qu'au Proche Orient, en Europe et en Amérique du Nord, on n'a jamais cessé de publier de nombreux ouvrages ainsi que des journaux et des revues en arménien. La naissance de la République arménienne indépendante donnera une nouvelle dimension aux efforts déployés dans ce domaine, et les Européens de la nouvelle génération auront la possibilité de découvrir ainsi une des plus anciennes cultures de l'Europe, miraculeusement préservée pendant près de deux millénaires…

L'alphabet comprend 36 majuscules et 36 minuscules, reproduisant tous les sons de la langue arménienne

Tableau 15

L'alphabet arménien

Ա	ա	a	Ի	ի	i	Յ	յ	y	Տ	տ	d
Բ	բ	p	Լ	լ	l	Ն	ն	n	Ր	ր	r
Գ	գ	k	Խ	խ	kh	Շ	շ	ch	Ց	ց	ts
Դ	դ	t	Ծ	ծ	dz	Ո	ո	o	Ւ	ւ	u
Ե	ե	è	Կ	կ	g	Չ	չ	tch	Փ	փ	p'
Զ	զ	z	Հ	հ	h	Պ	պ	b	Ք	ք	k'
Է	է	é	Ձ	ձ	tz	Ջ	ջ	dch	Օ	օ	ô
Ը	ը	e	Ղ	ղ	gh	Ռ	ռ	rr	Ֆ	ֆ	f
Թ	թ	t	Ճ	ճ	dj	Ս	ս	s			
Ժ	ժ	j	Մ	մ	m	Վ	վ	v			

Texte arménien

ԳԻՒՂԱՑԻՆ ԵՒ ՆԱՊԱՍՏԱԿԸ

Մի գիւղացի գնում էր գիւղից քաղաք ։ Ճանապարհին նա մի նապաստակ տեսաւ և մտածեց. այս նապաստակին կսպանեմ և մէկ հաւ կը գնեմ։ Հաւը ձագ կը հանէ. ձագե-րին կը ծախեմ և մի խոզ կառնեմ։ Խոզը տասներկու ճուտ կը բերէ. ամեն մէկ ճուտը էլի տասներկուական ճուտ կը բերէ։ Խոզերին կը մեծացնեմ և կը ծախեմ, փող կը վաստակեմ, տուն կը շինեմ, շատ կը հարստանամ... Այս րոպէին գիւղացին այն-պէս բարձր բղաւեց, որ նապաստակը վախից փախաւ ։

L'écriture géorgienne

La Géorgie, évangélisée par Sainte Nino et dont le roi Mirian fut baptisé au début du IVe siècle, est devenue au Ve siècle un état chrétien. Pour écrire dans leur langue les Evangiles, puis la Bible et les textes d'inspiration religieuse, les Géorgiens adoptèrent à cette époque deux formes d'un alphabet particulier, imité de l'alphabet arménien. Cet alphabet sacerdotal, ou *khut'suri,* utilisa d'abord exclusivement une graphie inspirée des lettres capitales de l'alphabet arménien *(asomthavruli)*; on employa ensuite une autre forme d'alphabet, conçue à l'imitation des caractères minuscules arméniens *(nuskhuri).*

Sous l'influence de la caste des guerriers, on créa bientôt, en partant du *nuskhuri*, un alphabet réservé aux usages profanes, plus cursif et plus proche de l'alphabet grec, au moins dans sa forme. Ce fut le *mkh'edruli* ou « main militaire », également appelé « alphabet civil » et parfois « alphabet chevaleresque », qui ne tarda pas à s'imposer et à détrôner les deux premiers, et qui s'est maintenu en usage jusqu'à nos jours. Alphabet pratique et d'inspiration moderne pour son époque, le *mkh'edruli* s'écrit sans lettres majuscules, et ses 38 caractères se distinguent par une remarquable élégance.

Indissolublement lié à la langue dans laquelle s'exprime aujourd'hui la vie politique et culturelle active d'un état européen de cinq millions et demi d'habitants, cet alphabet ne pourra rester totalement inconnu des Européens du XXIe siècle, qui devront être au moins conscients de son existence. Il deviendra indispensable d'avoir vu au moins une fois dans sa vie et de pouvoir identifier à première vue cet alphabet bien européen.

Ajoutons qu'au Caucase, si en Ossétie du Nord on utilise toujours à l'heure actuelle l'alphabet cyrillique, en Ossétie du Sud on écrit toujours depuis soixante ans l'ossète, langue indo-iranienne, en caractères géorgiens.

Tableau 16

L'alphabet géorgien

ა	a	ნ	n	შ	ch
ბ	b	ო	o	ჩ	tch
გ	g	პ	p	ც	ts
დ	d	ჟ	j	ძ	dz
ე	e	რ	r	წ	ts'
ვ	v	ს	s	ჭ	tch'
ზ	z	ტ	t	ხ	kh
თ	t.	უ	ou	ჯ	dj
ი	i	ფ	p'	ჰ	gkh
კ	k	ქ	gk		
ლ	l	ღ	gh		
მ	m	ყ	k'		

Texte géorgien

სახარება მარკოზისაგან.

თავი 1.

1. დასაბამი სახარებისა იესო ქრისტჱსი, ძისა ღმრთისა.

2. ვითარცა წერილ-არს წინასწარ-მეტყუელთა მიერ: აჰა ესერა, მე წარვავლინო ანგელოზი ჩემი წინაშე პირსა შენსა, რომელმან განჰმზადნეს გზანი შენნი წინაშე პირსა შენსა.

3. ჴმა მღაღადებელისა უდაბნოსა: განმზადენით გზანი უფლისანი, და წრფელ-ჰყვენით ალაგნი მისნი.

4. იყო იოანე უდაბნოსა, და ნათელ-სცემდა, და ჰქადაგებდა ნათლის-ცემასა სინანულისასა მისატევებლად ცოდვათა.

5. და განვიდოდა მისა ყოველი სოფლები ურიასტანისა და იერუსალიმელნი, და ნათელ-იღებდეს მისგან ყოველნი იორდანესა მდინარესა, და აღუარებდეს ცოდვათა მათთა.

6. ხოლო ემოსა იოანეს სამოსლად თმისაგან აქლემისა, და სარტყელი ტყავისა წელთა მისთა, და სჭამდა იგი მკალსა და თაფლსა ველურსა.

7. ჰქადაგებდა, და იტყოდა; ესერა მოვალს უძლიერესი ჩემსა შემდგომად ჩემსა, რომლისა ვერ ღირს ვარ განჰხსნად საბელსა კამლთა მისთასა.

IV. Les problèmes linguistiques de l'Europe et leurs solutions

17. La connaissance des langues étrangères en Europe

De la réforme au siècle des lumières

Jusqu'au début du XVIIe siècle, tous les Européens cultivés savaient assez de latin pour communiquer entre eux ; au cours du XVIIe, les langues nationales s'affirment ; pendant l'époque du classicisme, l'usage du français tend à remplacer celui du latin. Au niveau national, depuis la réforme, l'allemand, l'anglais et le néerlandais remplacent aussi le latin dans de nombreux domaines.

C'est à la fin du XVIIe qu'on assiste en Europe à un accroissement extraordinaire des échanges commerciaux et culturels. Au début du XVIIIe, les Européens continentaux découvrent l'Angleterre et « les pays du Nord » ; c'est l'époque où Pierre le Grand apprend le néerlandais et va s'instruire en Hollande ; dans la seconde moitié du siècle, Voltaire parle anglais, Lessing parle français ; en Russie, Lomonossov, Joukovski, Derjavine, qui parlent et écrivent le français et l'allemand comme tous les lettrés de leur temps, osent écrire en russe.

Le XIXe siècle

Le cosmopolitisme linguistique des classes aisées s'affirme et se renforce au début du XIXe, à l'époque du romantisme. En France, sous la restauration, les émigrés reviennent d'Angleterre, d'Allemagne, d'Autriche, de Russie ; l'Ambassadeur de Russie à Paris est un Corse devenu russe : Pozzo di Borgo, ennemi traditionnel de Napoléon.

De nombreux émigrés ont laissé des traces dans les pays où ils se sont réfugiés ; en Allemagne, les émigrés français ont rejoint les Huguenots victimes de l'intolérance de Louis XIV ; tous ceux qui n'avaient plus de quoi vivre donnaient des leçons de français ou devenaient précepteurs dans les familles anglaises, allemandes, autrichiennes ou russes.

Dans les années 1830, le monde littéraire français se tourne vers l'Angleterre et l'Allemagne. Le livre de Mme de Stael, « De l'Allemagne », connaît un succès énorme ; Gérard de Nerval traduit Schiller ; le Sturm und Drang rejoint le romantisme français et anglais. En France, c'est surtout l'Angleterre qui est en vogue : le chemin de fer, les rails et les wagons arrivent d'Angleterre, la « gentry » française apprend l'anglais, l'anglomanie s'installe ; la langue française acquiert ses premiers vocables anglais : redingote, spleen, snob, lad, etc.

Les relations commerciales entre les pays d'Europe prennent une ampleur sans précédent ; les gens aisés voyagent en chemin de fer et en bateau à vapeur, le tourisme fait son apparition ; l'étude des langues étrangères est devenue une nécessité.

À la fin du XIXe, de nombreux Français des classes moyennes apprennent au moins une langue étrangère, l'anglais, l'allemand, parfois l'espagnol ou l'italien. Dans tout le reste de l'Europe, les gens des classes aisées, les commerçants, les membres des professions libérales, les artistes, les écrivains etc. pratiquent trois ou quatre langues européennes et parfois plus ; c'est surtout le cas des Scandinaves, des Hollandais, des Allemands des villes hanséatiques, des Suisses, et des habitants des villes de l'Autriche-Hongrie, de l'Empire russe et des pays balkaniques.

Le XXe siècle

Après la fin de la première guerre mondiale, de nombreuses langues sont devenues langues nationales des nouvelles républiques indépendantes. Les nouvelles minorités se sont trouvées du jour au lendemain dans l'obligation de connaître la langue de leur pays ; les Allemands de Pologne, les Allemands et les Russes des pays baltes, les Sudètes et les Hongrois en Tchécoslovaquie, les Hongrois et les Allemands de Roumanie et de Yougoslavie, ont appris rapidement leur nouvelle langue nationale, quand ils ne la connaissaient pas déjà.

C'est généralement pour des raisons politiques et économiques que l'étude des langues étrangères a fait d'immenses progrès à cette époque, surtout parmi les Allemands. En dehors des nouvelles langues nationales, indispensables dans les contacts journaliers, les langues étrangères les plus étudiées étaient l'anglais et le français.

Les connaissances linguistiques actuelles en Europe occidentale

Aujourd'hui, dans toute l'Europe continentale, l'anglais est de toute évidence la langue étrangère la plus étudiée ; on rencontre même assez facilement dans tous les pays des gens capables de s'exprimer plus ou moins bien dans cette langue et de la comprendre. Le problème de la communication en Europe n'est pas résolu pour autant ; l'anglais des Européens continentaux est le plus souvent approximatif, fragmentaire, voire même rudimentaire, et descend fréquemment jusqu'au pidgin.

De nombreux Européens ont appris l'anglais à l'école pendant six ou huit ans, mais l'ont rarement pratiqué et n'ont pas vraiment réussi à le maîtriser ; beaucoup ont l'impression d'avoir ainsi perdu leur temps. De plus, cet échec leur a causé un traumatisme en leur ôtant toute envie d'apprendre un jour une autre langue étrangère. On peut dire que, dans l'immense majorité des cas, les études linguistiques ont eu un résultat contraire à celui qu'on voulait atteindre… Dans certains pays, et notamment en France, l'enseignement de l'anglais a abouti à une faillite pitoyable.

Les Esperantistes sont probablement les seuls à avoir compris que l'enseignement de l'Esperanto au commencement de la scolarité permettrait à nos écoliers de maîtriser rapidement une nouvelle langue, et constituerait le tremplin idéal pour passer rapidement avec succès à l'étude de n'importe quelle langue européenne, ancienne ou moderne.

L'acquisition rapide de la langue internationale aurait pour premier effet d'éliminer la barrière psychologique à laquelle se heurte l'étudiant. Une fois la barrière franchie, la connaissance de l'Esperanto apparaît bien vite comme la voie royale vers l'acquisition de nouvelles langues ; l'élève des classes primaires assimilerait ainsi, sans même s'en rendre compte, le maniement d'une langue et la connaissance infaillible des catégories grammaticales, tant dans sa langue maternelle que dans les autres langues d'Europe. Non seulement il disposerait d'un extraordinaire outil de communication et d'instruction, mais encore il serait à même de bénéficier de nombreux autres éléments précieux et, de surcroît, des avantages conjugués du latin, du grec et du sanskrit, dont la langue internationale est l'avatar moderne.

Comment faire comprendre cette évidence à nos pédagogues officiels ? Sans doute en leur conseillant de s'initier à l'Esperanto. Il sera probablement très difficile de les convaincre, les tabous ont la vie dure… D'autre part, de nombreux personnages officiels, qui ont fini par maîtriser plus ou moins la langue anglaise, ont l'impression d'avoir ainsi atteint le point culminant de la culture universelle, et de faire partie d'une élite intellectuelle ; c'est généralement la raison pour laquelle ils considèrent avec un certain mépris la langue internationale, qui risque, à leur avis, de les priver de cette imaginaire supériorité sur leurs concitoyens…

L'expérience de l'enseignement des langues étrangères sur la base de l'Esperanto a déjà été tentée et se poursuit dans divers milieux en Chine, au Japon et en Corée, où de nombreux enseignants ont appliqué ce système, et ont obtenu des résultats qui dépassent toutes les espérances.

À ce jour, la situation des connaissance linguistiques en Europe occidentale est la suivante.

En Suède, Norvège et Danemark, nombreux sont les étudiants qui lisent et comprennent au moins deux langues scandinaves, plus l'anglais et l'allemand.

En Finlande, le bilinguisme finnois-suédois est presque universellement répandu, et il est considéré comme normal de pratiquer en outre l'anglais et l'allemand.

Aux Pays-Bas, presque tous les étudiants connaissent bien l'anglais et l'allemand, et beaucoup ont une bonne connaissance du français.

En Belgique, on peut considérer que presque tous les étudiants néerlandophones sont capables d'utiliser le français, l'anglais et l'allemand ; les francophones, peut-être dans une moindre mesure, acquièrent de plus en plus la connaissance pratique du néerlandais, de l'anglais et de l'allemand.

En Suisse, il est normal pour toute personne un peu cultivée de manier avec aisance l'allemand, le français, l'anglais, et bien souvent l'italien.

Les étudiants allemands et autrichiens ont généralement une bonne connaissance de l'anglais, et beaucoup apprennent une deuxième langue, parfois même une troisième.

Au Royaume-Uni, bon nombre d'étudiants ont appris le français ou l'espagnol, mais assez rarement au point d'en tirer des avantages pratiques, c'est-à-dire de lire couramment ou de s'exprimer convenablement dans ces langues.

En France, en Italie, en Espagne et au Portugal, le niveau des connaissances linguistiques est probablement un des plus bas d'Europe ; c'est ainsi que le nombre des étudiants français qui peuvent lire couramment un livre, une revue ou un journal dans une langue étrangère est probablement infime. On a l'impression que le Français moyen éprouve une répulsion pour l'utilisation d'une langue étrangère ; c'est là évidemment une conséquence de la faillite de notre système d'enseignement dans ce domaine. Il y a là, il faut bien le répéter, outre un énorme gâchis de temps, d'argent et d'efforts, un blocage psychologique et une situation d'infériorité qu'il importe de réduire et d'éliminer avant l'entrée de nos étudiants dans le troisième millénaire.

18. La situation linguistique en Europe

AVANT 1914

Au début du XXe siècle, le Français pouvait concevoir de manière très simple et nette la situation linguistique du continent européen. Cette situation reflétait la puissance politique des grandes nations ; l'Europe occidentale était largement dominée par trois puissances : la Grande-Bretagne, la France et l'Allemagne. À l'Est s'étendait l'Empire Russe ; au centre, la double monarchie austro-hongroise : l'Empire d'Autriche-Hongrie.

Du point de vue linguistique, les autres pays n'avaient qu'une importance secondaire : dans les pays latins, la langue véhiculaire, la langue de communication et des échanges en Europe, était le français. Le centre de l'Europe était entièrement dominé par deux grandes puissances ayant l'allemand pour langue officielle : l'Empire d'Allemagne et l'Empire d'Autriche-Hongrie. Dans les pays scandinaves, l'allemand restait la langue étrangère la plus répandue.

Dans les Balkans, des princes allemands régnaient en Bulgarie, en Grèce et en Roumanie. Si la Roumanie, pays de langue latine, accordait une place de choix à la langue française, la Bulgarie était organisée sur le modèle allemand, et l'administration de la Grèce se trouvait entre les mains de fonctionnaires bavarois.

À l'Est, dans l'Empire des Tsars, le russe était partout la langue officielle, même dans le Royaume de Pologne et le Grand Duché de Finlande, où les peuples cultivaient avec soin leur langue nationale. Le plus souvent, comme dans les Pays baltes et dans le reste de l'Empire russe, l'usage de la langue nationale restait limité aux plus bas échelons de l'administration locale, aux petites classes de l'enseignement primaire et à l'instruction religieuse.

Le russe n'étant pratiquement jamais utilisé en dehors de l'Empire russe, on peut dire que pour l'Européen du début du XXe siècle, il existait en tout trois langues que l'homme cultivé pouvait considérer comme essentielles, à des degrés divers, dans la société européenne : le français, l'allemand et l'anglais.

Le français

Le rayonnement du français s'étendait à toutes les classes plus ou moins cultivées de la société européenne ; c'était la langue des cours, des chancelleries, universellement pratiquée dans les relations diplomatiques et même dans la haute administration des grandes puissances.

La haute administration russe, suivant en cela l'exemple de la cour et de la noblesse, pratiquait couramment le français.

Dans l'Empire ottoman, il en allait de même. Depuis le début du XIXe siècle, les gouverneurs des provinces non turques rédigeaient en un français impeccable les rapports qu'ils adressaient à la Sublime Porte, c'est à dire à l'Administration centrale.

Dans de nombreux pays du Sud de l'Europe et dans les pays du Levant, les classes moyennes utilisaient couramment le français. Les commerçants grecs, syriens, libanais, arméniens et autres le pratiquaient traditionnellement depuis l'établissement de la domination franque au Levant à l'époque des croisades.

En résumé, le français, langue diplomatique, s'imposait en Europe et au Proche Orient comme langue des échanges internationaux dans tous les domaines.

L'anglais

L'influence de l'anglais en Europe continentale n'était certes pas négligeable, mais elle restait confinée à certains domaines du commerce et de la navigation. Dans la haute société de la plupart des pays d'Europe, l'anglais se pratiquait dans les cercles très restreints et très fermés de l'aristocratie, qu'on appelait localement, avec une certaine nuance d'ironie, la *« gentry »*.

On peut dire sans craindre d'exagérer que pour l'Européen continental, surtout dans la sphère d'influence de l'allemand, la pratique du français constituait un signe de raffinement, alors que celle de l'anglais s'accompagnait d'une connotation de snobisme et d'affectation.

Chaque Européen n'en était pas moins conscient de l'importance universelle de la langue anglaise. Dès qu'il sortait de l'Europe et du Proche Orient – ce qui lui arrivait très rarement il est vrai – la langue anglaise s'imposait à lui dans tous les domaines comme la langue universelle d'intercompréhension.

Il en était ainsi non seulement dans les pays de langue anglaise, États-Unis, Canada, Australie, Nouvelle Zélande, et dans toutes les colonies britanniques à travers le monde : Inde, Malaisie, Afrique du Sud, Nigéria, etc. mais encore dans toute l'Asie. Dès cette époque, un Européen ne pouvait décemment voyager en Chine, au Japon, dans l'Inde, ou en Thaïlande, sans connaître l'anglais.

Dans tous ces pays, l'administration se modernisait sur le modèle anglais, et depuis cette époque, toutes les populations d'Asie considèrent l'anglais comme la langue des étrangers, Européens, Américains ou autres. Nous avons été personnellement témoin à de nombreuses reprises, dans divers pays d'Asie, de l'ébahissement et de l'incrédulité d'un autochtone devant un Européen qui ne parlait pas l'anglais.

L'allemand

Cette situation privilégiée de l'anglais dans le monde offrait, et offre toujours, un contraste saisissant avec celle de l'allemand.

Si l'influence de l'allemand restait à peu près nulle hors d'Europe, en revanche, elle était prépondérante dans la plus grande partie du continent. Langue officielle des

« Empires centraux » comme on les appelait alors, (Empire d'Allemagne et Empire d'Autriche-Hongrie) l'allemand était la langue d'un immense territoire « de la Meuse à la Memel, de l'Adriatique à la Mer du Nord », comme le proclamait fièrement l'hymne national de l'Empire d'Allemagne.

Mais l'aire de la langue allemande s'étendait bien au-delà du territoire des deux Empires. Dans les Balkans par exemple, la connaissance de l'allemand était chose courante, tout comme en Scandinavie et dans les provinces occidentales de l'Empire russe. En effet, dans toutes les villes russes d'Occident, en Pologne, dans les provinces baltes, en Finlande, à Saint-Pétersbourg, à Moscou et ailleurs, l'allemand s'imposait comme langue des industriels et des commerçants. En outre, toutes les grandes villes comprenaient une forte proportion de sujets russes de langue allemande, auxquels s'ajoutait la population juive qui pratiquait couramment le yiddish (langue constituée au cours des âges à partir d'un dialecte allemand de souche souabe-franconienne), et les Juifs des classes moyennes possédaient le plus souvent une connaissance très approfondie de la langue littéraire allemande.

Les ambitions de l'Européen moyen en matière de connaissances linguistiques pouvaient donc légitimement se limiter à ces trois langues dominantes de l'Europe : le français, l'allemand, l'anglais.

L'espagnol était bien considéré comme deuxième langue mondiale après l'anglais, surtout à cause des relations avec l'Amérique du Sud, mais son influence en Europe, au-delà des frontières de l'Espagne, restait nulle.

Le portugais se trouvait dans la même situation, en retrait par rapport à l'espagnol.

Restait l'italien, langue de civilisation hautement prisée depuis la Renaissance dans tous les pays d'Europe, traditionnellement cultivée dans les milieux artistiques et littéraires, mais dont l'influence en tant que langue véhiculaire se trouvait limitée à quelques points d'appui en Méditerranée, souvenirs de l'époque glorieuse de la domination vénitienne.

Le néerlandais, autre grande langue de civilisation, longtemps concurrente de l'Anglais dans le commerce maritime, dans de nombreux pays d'Asie et en Afrique, très en vogue en Europe également aux XVIIe et XVIIIe siècles, restait confiné depuis le début du XIXe siècle au territoire des Pays-Bas. Dans les relations internationales et commerciales, les Hollandais utilisaient fréquemment l'allemand, l'anglais et le français. Le néerlandais restait la langue officielle des Indes néerlandaises, l'Indonésie d'aujourd'hui, mais toute l'Asie, nous l'avons vu, utilisait l'anglais comme langue véhiculaire.

Dans la partie néerlandophone de la Belgique, en Flandre, le français était langue officielle, et le néerlandais ou flamand se trouvait plus ou moins relégué au rang de langue locale d'importance secondaire.

C'est ainsi que pour l'Européen moyen, du point de vue purement pratique des échanges et des relations commerciales, le problème de la communication se trouvait résolu par la connaissance des trois langues principales : allemand, français et anglais. Dans chaque pays d'Europe ou presque, l'élite, les classes moyennes et les gens cultivés jugeaient indispensable la connaissance de ces trois langues. Mais à l'issue de la première guerre mondiale, l'effondrement de l'Empire d'Autriche-Hongrie et de l'Empire russe allaient bouleverser toutes les notions dans ce domaine.

L'Empire d'Allemagne

Un seul des trois grands Empires du continent européen englobait une population linguistiquement homogène, c'était l'Empire d'Allemagne. L'Allemand, langue officielle, était aussi celle de l'immense majorité de la population, et les quelques populations allogènes ne pouvaient qu'accepter, de gré ou force, la suprématie de l'allemand en tant que langue véhiculaire, langue de civilisation et langue de l'Administration impériale.

Les sujets allemands de langue française, en Lorraine et en Alsace, utilisaient l'allemand dans la vie de tous les jours et dans leurs rapports avec l'Administration, à l'école et dans l'armée ; ils pouvaient parler leur langue chez eux.

Les Polonais de Prusse orientale et les Danois du Schleswig-Hostein se trouvaient dans la même situation.

Les Kachoubes de Poméranie et les Sorabes de Saxe assistaient impuissants et résignés à l'élimination systématique de leur langue maternelle ; la germanisation était déjà un fait acquis.

On peut dire en conclusion que nulle part dans l'Empire d'Allemagne, la prédominance de la langue allemande n'était contestée ; la question linguistique ne se posait pas.

L'Empire d'Autriche-Hongrie

Dans la Double monarchie, l'Empire d'Autriche-Hongrie, il en allait tout autrement : l'allemand était bien la première langue officielle de l'Empire, que tout fonctionnaire et presque tout citadin n'avait pas le droit d'ignorer ; mais ce n'était la langue maternelle que pour une partie seulement de la population (probablement 20 à 25 % tout au plus). Ce chiffre est difficile à préciser, vu la complexité de la situation linguistique et les nombreux cas de bilinguisme ou de trilinguisme. Seule l'Autriche proprement dite et quelques villes disséminées dans l'Empire étaient de langue allemande. D'autre part, dans la capitale même, la grande métropole de Vienne, plus de la moitié des habitants étaient d'origine tchèque, et conservaient l'usage de leur langue.

Il existait en Autriche-Hongrie dix langues officiellement reconnues par l'Administration : allemand, hongrois, tchèque, polonais, croate, italien, slovène, slovaque, ruthène (ukrainien) et roumain. Toutes ces langues étaient couramment utilisées par l'administration locale, et enseignées à l'école primaire. Les langues prédominantes dans l'enseignement secondaire étant, selon les régions, l'allemand ou le hongrois ; c'est ainsi qu'au niveau de l'enseignement secondaire, un Slovène, un Croate, un Tchèque ou un Polonais devaient avoir une maîtrise parfaite de l'allemand. En revanche, un Slovaque, un Ruthène ou un Roumain de Transylvanie devaient obligatoirement suivre les cours en hongrois et connaître aussi l'allemand. Pour les Roumains de Bukovine, qui relevaient de l'Administration autrichienne, seul l'allemand était obligatoire.

L'influence du hongrois, deuxième langue officielle, se limitait aux provinces orientales et méridionales de l'Empire. Toutefois, il n'existait pas une égalité parfaite entre les deux langues : le fonctionnaire autrichien de langue allemande n'était pas tenu de connaître une autre langue que la sienne, mais tous les fonctionnaires, quelle que fût leur langue, devaient obligatoirement savoir l'allemand.

Dans l'ensemble, les populations acceptaient facilement l'allemand comme langue d'intercompréhension, mais dans les provinces soumises à l'administration hongroise, l'obligation d'apprendre et d'utiliser le hongrois en plus de la langue maternelle était très mal ressentie.

Ceci étant, contrairement à ce qui se passait ailleurs, il existait malgré tout dans l'Empire d'Autriche-Hongrie une très large liberté dans le domaine culturel et linguistique, ce qui avait permis, surtout depuis les années 1880, un remarquable épanouissement des diverses langues et littératures dans toutes les provinces de l'Empire.

C'est en effet à la fin du XIXe siècle que se sont développées partout dans l'Empire des pléiades de sociétés et d'associations culturelles nationales, des coopératives d'édition et d'imprimerie en langue nationale et des institutions d'enseignement de toutes sortes visant au développement de la langue locale. On assistait vraiment dans l'Empire, à l'aube du XXe siècle, à un essor prodigieux de l'éducation publique et de l'activité culturelle et littéraire dans la langue nationale, en Bohême, en Galicie, en Slovénie, en Croatie, en Slovaquie, en Ruthénie, en Transylvanie, et, bien entendu, en Hongrie. On peut dire que dans toutes ces régions, la littérature classique en langue nationale s'est formée et épanouie pendant la seconde moitié du XIXe siècle. On peut affirmer par exemple que Cracovie était à l'époque le centre incontesté de la vie culturelle polonaise.

L'Empire russe

Dans l'Empire russe, où coexistaient des langues nationales infiniment plus nombreuses qu'en Autriche-Hongrie, la situation linguistique présentait une image à la fois plus complexe et plus nuancée.

Du point de vue administratif, l'Empire russe englobait à l'Ouest deux entités distinctes ayant leur système administratif particulier, tout en relevant dans chaque « gouvernement » d'un Gouverneur représentant le pouvoir impérial : le Grand-Duché de Finlande et le Royaume de Pologne. Les pays baltes, l'Ukraine, la Crimée, les pays du Caucase, constituaient des provinces de l'Empire.

Dans tous ces pays (provinces, Grand-Duché ou Royaume), il existait donc des Gouverneurs russes dépendant directement du pouvoir central et, du point de vue linguistique, la situation variait beaucoup d'une région à l'autre. Dans le Grand-Duché de Finlande, les sujets russes de langue suédoise ou finnoise jouissaient au siècle dernier d'une autonomie culturelle et linguistique unique dans l'Empire. Assez curieusement, c'est à partir du rattachement à l'Empire russe en 1809 qu'a pris naissance le mouvement national finlandais. À cette époque, les littératures de langue suédoise et de langue finnoise ont connu un essor extraordinaire, et ont produit leurs plus grands chefs-d'œuvre ; les grands auteurs classiques, Runeberg, Lönnrot, Topelius, Alexis Kivi, Juhani Aho, Linnankoski, pour ne citer que les plus connus à l'étranger, étaient des sujets de l'Empire russe.

La situation se présentait tout autrement dans les pays baltes. L'enseignement du russe y était obligatoire à tous les niveaux ; il fut même longtemps interdit d'imprimer et de publier des ouvrages en estonien, en letton ou en lituanien. Une permission spéciale était toutefois accordée pour les ouvrages d'édification religieuse et les catéchismes sous certaines conditions : on pouvait les imprimer dans la langue locale, mais seulement en caractères cyrilliques, ce qui consternait la population.

Là comme ailleurs, la littérature dans les langues nationales s'affirmait de plus en plus et produisait ses plus grands chefs-d'œuvre, mais la situation était particulièrement difficile ; officiellement, on s'acheminait systématiquement vers la russification totale.

En Pologne, la russification marquait le pas. L'administration ne s'exprimait qu'en russe, et dans l'enseignement supérieur l'usage du polonais était interdit. L'enseignement secondaire était presque entièrement russifié. Mais la culture polonaise se développait malgré tout, et les contacts se renforçaient avec les Polonais d'Autriche-Hongrie, qui jouissaient d'une totale liberté culturelle. Dans les campagnes, la langue polonaise restait vivace. Dans les villes, le russe était langue officielle, mais les populations utilisaient normalement le polonais, le yiddish et l'allemand.

En Ukraine, l'enseignement était dispensé en russe à tous les niveaux, l'ukrainien se trouvant nettement relégué au rang de langue locale sans importance. Les écrivains ukrainiens faisaient figure non seulement d'originaux folkloriques, mais même de rebelles ; la littérature ukrainienne s'affirmait dans des conditions extrêmement difficiles. Néanmoins, le grand poète Tarass Chevtchenko était lu dans tout le pays et traduit à l'étranger, et son œuvre dominait déjà la littérature classique ukrainienne.

À Minsk, la langue biélorusse restait officiellement ignorée ; les fonctionnaires russes ne se donnaient même pas la peine de l'interdire tant elle paraissait insignifiante ; les Polonais, de leur côté, considéraient le biélorusse comme un dialecte de paysans, indigne d'intérêt.

Au Caucase, la russification avait un caractère beaucoup plus superficiel. Les élites et la classe moyenne adoptaient volontiers le russe, considéré comme un signe de promotion sociale, mais l'arménien et le géorgien pouvaient se développer librement, forts de leurs traditions culturelles séculaires. L'épanouissement culturel du XIXe siècle produisait ses plus beaux chefs-d'œuvre, en géorgien comme en arménien.

Les Azéris et les autres peuples du Caucase restaient en dehors de ce grand mouvement culturel. Confondus par les Russes, les Arméniens et les Géorgiens sous le vocable assez vague de « Tatars », qui désignait dans l'Empire les allogènes musulmans, ils étaient nettement marginalisés, leurs élites étant pour la plupart russifiées. Dans les villes, la population était pour une large part arménienne, même en Géorgie où Tiflis, la capitale, était peuplée en majorité d'Arméniens. À Bakou, les Arméniens constituaient la partie la plus importante de la population. Les « Tatars » ou les « indigènes », comme on les appelait, formaient une minorité nettement marginale, et leur langue n'intéressait personne.

Les langues principales dans les villes du Caucase étaient donc, dans cet ordre, le russe, l'arménien, le géorgien, et dans les petites villes de l'Est seulement, l'azéri.

Telle était la situation linguistique dans l'Europe d'avant 1914. L'effondrement des trois Empires, les révolutions, les soulèvements nationaux et les traités de Versailles, de Trianon et de Sèvres vont tout bouleverser. L'Europe de Versailles va se constituer plus ou moins sur la base des particularités linguistiques des peuples ; ce sera l'Europe de Wilson.

De 1918 à 1939

Après la première guerre mondiale, la situation linguistique de l'Europe occidentale restait à peu près la même qu'avant le conflit. Les changements de frontières avaient eu dans l'ensemble peu d'incidences sur cette situation. Le français était devenu langue officielle en Alsace et en Lorraine sans entamer les parlers locaux ; les cantons d'Eupen et de Malmédy étaient devenus belges tout en gardant l'usage de la langue allemande, troisième langue officielle du Royaume ; les territoires autrichiens devenus italiens étaient de toute manière en grande partie peuplés d'Italiens. L'application du principe des nationalités sur la base des limites linguistiques ne soulevait pas de grandes difficultés, et ne modifiait pas sensiblement les frontières linguistiques de l'avant-guerre.

L'Europe centrale et orientale

Il en allait tout autrement dans l'Europe centrale et orientale ; l'écroulement des trois Empires et l'apparition de nouveaux états indépendants dont les frontières tenaient largement compte des limites linguistiques, entraînaient une modification radicale de la carte de l'Europe.

La connaissance de l'allemand, du français et de l'anglais ne permettait plus d'entrer en contact direct avec les populations des nouveaux états ; à cette époque, de nouvelles langues nationales s'affirmaient dans tous les domaines, le polonais, le tchèque, le slovaque, l'ukrainien, le biélorusse, le lituanien, le letton, l'estonien, le finnois.

Deux nouveaux états multilingues s'étaient constitués : au centre de l'Europe, la Tchécoslovaquie, englobant les Tchèques, les Slovaques et les Ukrainiens de la Russie subcarpathique ainsi que d'importantes minorités allemandes et hongroises ; au Sud, le Royaume des Serbes, Croates et Slovènes, qui allait devenir la Yougoslavie, c'est à dire « le pays des Slaves du Sud ». Les Albanais du Kosovo et les Macédoniens n'avaient pas d'existence officielle ; en outre, les Kosovars n'étaient pas des Slaves, et les Macédoniens étaient des Slaves du Sud au même titre que les Bulgares.

La Roumanie agrandissait largement son territoire, englobant des populations roumaines et de nombreux allogènes. La Hongrie s'est trouvée réduite de plus de la moitié, avec un territoire comprenant presque exclusivement des habitants de langue hongroise, alors que tout les pays voisins recevaient des provinces et des villes en grande partie peuplées de Hongrois.

Dans toutes les grandes villes de ces états, il restait une importante population de langue allemande et de nombreuses communautés dont les membres parlaient le yiddish et possédaient une connaissance approfondie de l'allemand. On pouvait dire que l'allemand restait la langue la plus largement utilisée et comprise dans toute l'Europe orientale et centrale et dans les Balkans, à l'exception de la Serbie, d'une partie de la Roumanie et de la Grèce ; c'était la langue du commerce, de l'industrie, des transports, du tourisme, indispensable dans toutes les relations internationales.

Le français, langue des élites et de la bourgeoisie, se parlait surtout en Roumanie, en Serbie et en Grèce ; l'anglais n'était généralement pas compris dans toute cette partie de l'Europe.

On peut considérer que pendant cette période de vingt ans, l'Europe orientale et centrale a connu une véritable renaissance des langues nationales, particulièrement sensible dans les domaines de l'enseignement public et dans celui de la production littéraire et de l'édition. Le sentiment national s'est trouvé ainsi considérablement renforcé au moment où allaient se déchaîner les efforts de germanisation et de russification qui ont marqué les années de la guerre et de l'après-guerre. Après 1945, malgré les défauts évidents de l'Europe de Versailles, dans les pays situés derrière le rideau de fer, on parlait toujours avec nostalgie de la « République dorée ».

Dans les états à fortes minorités linguistiques, même si l'Administration manquait souvent de compréhension, les mouvements en faveur de la langue locale pouvaient s'exprimer avec une grande liberté. En Pologne et en Tchécoslovaquie, les mouvements nationalistes ukrainiens étaient très actifs, et leur action culturelle était d'autant plus remarquable qu'à cette époque, la culture ukrainienne en Union soviétique était figée dans le cadre étroit du conformisme stalinien et de l'élimination impitoyable du « nationalisme petit-bourgeois ».

L'Europe d'entre les deux guerres avait à l'Est des limites bien tranchées ; au-delà des frontières de la Finlande, des pays baltes, de la Pologne et de la Roumanie, c'était la grisaille soviétique, d'où ne parvenaient que des échos de la propagande officielle. On ne parlait pas encore de rideau de fer, mais la chose existait. L'Européen moyen s'en souciait assez peu ; l'URSS, qui était alors pour certains « la patrie du socialisme », était toujours pour la grande masse « la Russie », un domaine isolé et mystérieux très loin vers l'Est, et très éloigné des préocupations de l'Européen occidental...

En Pologne, à la veille de la guerre et des événements de Danzig, on manifestait sur les places publiques en faveur de la marche sur Kowno (Kaunas) pour reconquérir les terres historiquement polonaises. On se félicitait dans certains milieux de l'occupation par l'Allemagne du Sudetenland, qui allait enfin permettre à la Pologne d'annexer la totalité du territoire de Teschen (en polonais *Cieszyn*, en tchèque Těšín). On estimait généralement que l'Europe de Versailles était une construction solide et durable, et que les éventuelles rectifications territoriales porteraient tout au plus sur quelques kilomètres carrés.

De 1945 à nos jours

Dès les premières années de la guerre, la situation linguistique a rapidement évolué. Les Ukrainiens de Pologne ont été d'abord rattachés à l'URSS, avant l'occupation de l'Ukraine par l'Allemagne et la conquête de tout l'Est de l'Europe par l'URSS ; ceux de la Russie subcarpathique sont passés de la domination tchèque à la domination hongroise, avant d'être engloutis dans la marée soviétique. Les Baltes, les Bessarabiens, puis tous les peuples de l'Est ont subi le même sort; les Slovaques, les Hongrois, les Roumains et les Bulgares ont choisi de s'allier à l'Allemagne pour acquérir ou conserver leur indépendance, avant de basculer dans l'orbite soviétique avec les victimes de l'agression allemande.

En 1945, une nouvelle Europe linguistique se dessinait : des populations entières avaient disparu. En URSS elles avaient été décimées ou déportées; ce fut le cas des Tatars de Crimée, des Kalmyks, des Tchétchènes-Ingouches, des Allemands de la Volga. Le nombre des sujets parlants estoniens et lettons avait fortement diminué et bon nombre d'entre eux étaient emmenés en Sibérie. Des 15 millions de personnes parlant le yiddish, les unes avaient été exterminées, les autres étaient à tout jamais dispersées; celles qui parlaient le judéo-espagnol avaient connu le même sort. Les Polonais devaient accepter sans protestation la perte des grandes villes polonaises en territoire ukrainien et biélorusse et se consoler en récupérant à l'Ouest des territoires anciennement polonais germanisés depuis longtemps. La Prusse orientale se trouvait sectionnée en deux parties, le Sud étant rattaché à la Pologne et le Nord formant le territoire russe de Kaliningrad, rapidement repeuplé avec des Russes et des Ukrainiens, ce qui modifiait de manière inattendue la situation linguistique de cette région. Les Hongrois rendaient avec empressement les territoires reconquis à la faveur de la guerre sur la Roumanie, la Tchécoslovaquie et la Yougoslavie.

En Allemagne, les occupants soviétiques entreprenaient de ressusciter le serbe de Lusace et proposaient à leurs alliés de l'Ouest de reconnaître une République libre des Serbes de Lusace, qui aurait son centre à Bautzen (Budišin). Le projet échoua, mais les Serbes de Lusace profitèrent de la protection soviétique pour sauver, provisoirement au moins, leur langue menacée d'extinction.

Les pays de l'Est

Désormais, pour l'Européen moyen, l'Europe vivante s'arrêtait au rideau de fer et au mur de Berlin; au-delà s'étendaient « les pays de l'Est », pudiquement dénommés « les pays du camp socialiste » par la presse bien pensante. Dans les rapports internationaux et les rapports commerciaux avec « les pays à économie dirigée », on utilisait le russe ou l'anglais.

L'anglais devenait d'un seul coup, à partir de 1945, la langue auxiliaire de l'Europe; à l'Ouest, la langue anglaise était enseignée et avidement apprise dans tous les pays libérés; dans les pays scandinaves et aux Pays-Bas, presque tous les habitants de moins de 25 ans avaient une bonne connaissance pratique de l'anglais. En France, en Allemagne, en Belgique, en Suisse, en Autriche, l'anglais devenait rapidement la première langue étrangère à tous les niveaux de l'enseignement. Par la force des choses, dans leurs déplacements hors de leur pays, les Européens utilisaient presque toujours l'anglais.

À l'Est, l'enseignement obligatoire du russe provoquait, par réaction, un même enthousiasme pour l'étude de l'anglais; ce caractère obligatoire de l'enseignement du russe avait pour effet d'en détourner les populations. De toute manière, pour les Européens de l'Est, l'acquisition de la langue russe permettait, au mieux, de lire dans le texte original la propagande déjà traduite dans la langue nationale. Les productions littéraires de l'Union soviétique n'exerçaient pas non plus un attrait irrésistible ; les Hongrois et les Roumains estimaient bien souvent que la connaissance d'une langue slave ne pouvait rien leur apporter ; quant aux Slaves, qui auraient pu apprendre facilement le russe, ils le considèrent généralement depuis toujours comme une caricature de leur propre langue. En outre, ils n'ignoraient pas que les Russes nourrissaient le même sentiment à l'égard de toutes les autres langues slaves. Seuls, ceux qui ambitionnaient de devenir membres du Parti et fonctionnaires étaient conscients de la nécessité d'apprendre le russe ; les autres l'étudiaient sans enthousiasme et, chaque fois qu'ils le pouvaient, apprenaient l'anglais comme deuxième langue. La connaissance de l'anglais représentait, pour beaucoup d'étudiants, la possibilité d'une ouverture vers l'extérieur, d'une échappée vers une autre culture, hors du « camp socialiste ». En URSS même, c'était d'ailleurs l'état d'esprit de la grande majorité des étudiants...

L'Union Européenne

C'est donc de cette époque que date le grand essor mondial de la langue anglaise. Aux Nations Unies, les deux langues de travail étaient, dans cet ordre, l'anglais et le français. C'est encore largement le cas aujourd'hui. Sur les cinq langues officielles, l'anglais et le français – et dans une moindre mesure l'espagnol – étaient seuls couramment utilisés. L'usage du russe était imposé par le respect de l'égalité des langues officielles plus que par des raisons d'utilité pratique. Et pendant de nombreuses années, le chinois n'était utilisé que pour la traduction des textes officiels, les traductions en langue russe étant presque uniquement destinées aux archives de l'Organisation. Cette situation était encore plus nette dans toutes les institutions des Nations Unies à travers le monde, UNESCO, FAO, OMS, ECAFE, AIEA, OACI, etc.

L'anné 1957 a vu naître une grande organisation supranationale dans laquelle l'anglais n'était pas langue officielle. La Communauté Européenne (l'Europe des Six) avait en effet à l'origine quatre langues officielles : le français, l'allemand, l'italien et le néerlandais. C'est seulement lors du premier élargissement, en 1973, avec l'adhésion de la Grande-Bretagne, de l'Irlande et du Danemark, que l'anglais est devenu, avec le danois, l'une des six langues officielles de la Communauté européenne ; ce fut ensuite l'Europe des douze avec neuf langues officielles, dont le grec, l'espagnol et le portugais, puis l'Union Européenne, l'Europe des quinze, avec onze langues officielles, dont le suédois et le finnois.

Aux grands déplacements suscités par la guerre et l'après-guerre ont succédé les brassages de populations dûs aux immigrations massives de travailleurs du Sud et du Sud-Est de l'Europe vers les pays du Nord et de l'Ouest. En sens inverse, les courants touristiques saisonniers ont multiplié les rapports internationaux ; jamais les Européens n'avaient tant voyagé pour leur seul plaisir.

D'autres phénomènes importants sont venus modifier substantiellement, depuis la fin de la deuxième guerre mondiale, la situation linguistique de l'Europe. L'un des plus sensibles et des plus regrettables est le déclin toujours plus accentué de la plupart des langues locales et des parlers régionaux ; cette tendance avait déjà été notée entre les deux guerres ; on l'attribuait alors au nivellement opéré par l'action conjointe de l'enseignement public et du service militaire. Les années de guerre ont encore accéléré le mouvement. La période d'après-guerre a eu dans ce domaine une influence beaucoup plus radicale, due en partie aux grands mouvements d'immigration intra-européenne vers les régions industrialisées, mais surtout à l'énorme extension des réseaux de télévision en Europe. La télévision pénètre aujourd'hui dans tous les foyers, où elle impose en même temps la langue nationale officielle et une pseudo-culture populaire, sous des formes souvent incorrectes, mais avec une force telle que les langues locales, si elles ne sont pas admises dans les émissions, semblent irrémédiablement condamnées à disparaître. Ce que des siècles d'oppression et d'intimidation n'ont pu obtenir, la télévision l'accomplit sans douleur ; devant le petit écran, les parlers locaux s'effacent d'eux-mêmes, le plus souvent avec la bénédiction des autorités administratives.

Nous assistons aujourd'hui à la renaissance d'une Europe aux dimensions nouvelles. Depuis les événements de 1989 à 1991, l'Europe redevient elle-même ; il n'y a plus « d'Europe de l'Est », plus de mur de Berlin, plus de rideau de fer. On entrevoit maintenant la possibilité d'une Union Européenne englobant tous les états d'Europe, avec monnaie unique et libre circulation des personnes et des biens.

Certains estimeront peut-être que ce processsus s'accomplit dans le désordre et la précipitation, mais il est inévitable que des difficultés, des obstacles, des erreurs, des conflits d'intérêts et des dysfonctionnements apparaissent et provoquent des critiques et des réactions plus ou moins spontanées. On peut néanmoins imaginer dès à présent la naissance d'une Fédération Européenne, qui aboutira peut-être un jour aux États-Unis d'Europe...

On peut aussi imaginer une Europe de quarante nations souveraines avec armées nationales, revendications territoriales, conflits ethniques et intérêts économiques divergents, s'affrontant en de glorieuses conflagrations et recourant en fin de compte aux armes nucléaires ou bactériologiques...

L'Europe est actuellement en cours de reconstitution dans toute sa diversité et, si nous le voulons vraiment, dans le respect des particularités et des langues de chaque nation. Plus que jamais, chaque Européen devra faire des efforts pour comprendre ses voisins et oeuvrer, en harmonie avec eux, à la prospérité de notre continent ; l'Europe des quarante est au coin de la rue.

19. Les langues dominantes et leurs champs d'influence en Europe

Cinquante peuples en quête d'une langue

Il existe dans l'Europe d'aujourd'hui une cinquantaine de langues officielles d'importance très inégale, dont la plus répandue sur le continent est parlée par 130 millions de personnes et dont les moins répandues sont parlées par plus ou moins un million de locuteurs. Compte tenu de ce fait et de la situation géographique de chaque pays, il en résulte que le problème de la langue de communication internationale se pose de manière très différente dans chaque pays d'Europe.

Au Royaume-Uni, il est généralement admis que l'anglais est compris dans toute l'Europe, ce qui simplifie de beaucoup les relations avec tous les pays du continent. Inversement, les Européens continentaux utilisent généralement l'anglais dans leurs rapports avec le Royaume-Uni et l'Irlande. Il n'en va pas de même dans les relations à l'intérieur du continent européen où, par la force des choses, la situation est largement anarchique.

Prenons par exemple le cas des pays francophones: Les Français utilisent le plus souvent le français et l'anglais dans leurs rapports avec les pays immédiatement voisins, beaucoup plus rarement l'allemand et l'espagnol, même dans leurs relations avec les pays où ces langues sont parlées. Il va de soi que des entreprises ou des institutions belges n'ont aucune raison d'employer le français dans leurs relations avec les Pays-Bas, puisque le néerlandais est langue officielle dans les deux pays. Il est tout aussi évident qu'en Belgique, les relations avec la France ont lieu exclusivement en français et qu'un néerlandophone ou un germanophone belge ne penserait pas à correspondre avec la France dans une autre langue que le français. Les Suisses, qui ont quatre langues officielles, utilisent normalement l'allemand dans leurs relations avec l'Allemagne et l'Autriche, le français pour communiquer avec la France, et l'italien pour communiquer avec l'Italie. Dans leurs relations avec les divers autres pays d'Europe, les Français sont de plus en plus obligés de recourir à l'anglais, faute de pouvoir s'exprimer facilement en allemand ou dans une autre langue connue de leur interlocuteur.

L'Espagne et le Portugal sont dans une situation à peu près semblable à l'égard de presque tous les autres pays du continent. Les communications se font de préférence en anglais ou en français, parfois en allemand, mais beaucoup plus rarement. Il est assez curieux de constater que les Portugais n'ont que rarement une connaissance pratique de l'espagnol, et que les Espagnols ne connaissent jamais le portugais, à l'exception, peut-être, des Galiciens. La communication entre les deux pays s'effectue le plus souvent en anglais ou en français !

L'italien, langue nationale de l'Italie, n'est généralement compris à l'étranger que dans une partie de la Suisse et dans une partie de la Slovénie ; en Italie, les relations avec le reste de l'Europe se font souvent en français ou en anglais et très rarement en allemand, c'est-à-dire dans les seules langues de communication dont on dispose.

Lorsqu'on parle en Europe occidentale des langues de l'Europe, on a généralement tendance à ne considérer que les cinq langues les plus répandues dans cette région limitée de notre continent, à savoir: l'anglais, le français, l'allemand, l'espagnol et l'italien. Il arrive fréquemment qu'on omette de mentionner le néerlandais, langue parlée dans trois pays par plus de 20 millions d'Européens ; on ne tient pas compte non plus du portugais, parlé par 10 millions d'Européens, et sur quatre continents par 180 millions de personnes.

Il ne conviendrait pas de négliger l'importance que prennent en Europe dans les domaines des communications maritimes, du commerce, de l'industrie et des services, les langues des pays nordiques: Suède, Norvège, Danemark, Finlande et Islande. Il est bien évident que les ressortissants de ces cinq pays utilisent couramment l'anglais dans les relations internationales, mais ils se rendent parfaitement compte du fait que dans les relations inter-nordiques, l'usage d'une langue scandinave permet généralement de mieux se comprendre et facilite grandement les relations ; un agent commercial finlandais de langue finnoise qui, le plus souvent, connaît très bien l'anglais, connaît beaucoup mieux le suédois, et préférera toujours s'exprimer en cette langue, non seulement en Suède, mais encore en Norvège et en Islande, et parfois même au Danemark. Un Danois ne penserait pas à employer une autre langue que la sienne au Groenland, en Norvège, en Islande, ou dans les Iles Feroé. Même si son accent fait sourire les Norvégiens et si les mots qu'il emploie peuvent, de temps à autre, prêter à confusion, il n'est pas considéré comme un étranger dans ces pays, ce qui serait le cas s'il s'exprimait en anglais.

L'allemand, langue de communication en Europe centrale

Dans le centre de l'Europe, l'allemand occupe une situation privilégiée. Langue de 100 millions d'Européens, parlée en RFA, en Autriche et en Suisse, il est très souvent connu et utilisé dans les pays de langue néerlandaise, dans les pays scandinaves, en République tchèque, en Slovénie, en Croatie, dans plusieurs régions de la Roumanie et, depuis quelques décennies, en Serbie et en Grèce.

La situation de la langue allemande dans tous ces pays se trouve en grande partie renforcée par le poids économique de l'Allemagne, troisième puissance économique du monde, première puissance économique de l'Europe, avec un PIB de 2 trillions de dollars, des exportations de 500 milliards de dollars et des investissements à l'étranger de 30 milliards de dollars dès l'année 1955. L'influence de la langue allemande s'établira automatiquement dans ce qu'il est encore convenu d'appeler « la zone du D.M. » La mise en circulation de l'Euro ne fera que renforcer cette situation.

Un autre élément déterminant est constitué par l'importance des communautés immigrées en RFA, qui représentent près de 10 % de la population, soit plus de 9 millions de personnes. Les *« Gastarbeiter »* originaires de Turquie, d'Italie, de Grèce, de Slovénie, de Croatie et de Serbie, conservent des liens étroits avec leurs pays d'origine et contribuent à répandre l'influence de la langue allemande dans tous les pays du Sud-Est de l'Europe.

Les premiers contacts internationaux dans l'économie de marché

S'il est bien évident que chaque pays d'Europe, si petit soit-il, tient à conserver et à cultiver soigneusement le trésor de la langue nationale, le besoin d'une langue de communication se fait impérieusement sentir dans les relations avec les autres pays. Dans les Etats d'Europe orientale et centrale, le retour à l'économie de marché après un hiatus de 45 ans (de 74 ans pour certains d'entre eux), a brutalement placé les nouveaux opérateurs économiques devant le problème des langues de communication.

Dans ce domaine, on a généralement tendance à parer au plus pressé, et les besoins immédiats déterminent l'attitude qui sera prise dans l'avenir ; cette dernière dépendra beaucoup plus des premières habitudes acquises que d'un choix mûrement réfléchi.

En Hongrie, où la majorité des capitaux étrangers indispensables à l'instauration d'une économie de marché vient surtout des États-Unis, c'est l'anglais qui a la préférence ; en raison de la proximité de l'Autriche et de l'importance des échanges avec ce pays et avec l'Allemagne, c'est évidemment l'allemand qui occupe la deuxième place.

Dans la République tchèque, ce sont surtout des capitaux allemands qui permettent le relèvement de l'industrie. Les Tchèques doivent surtout compter sur les flux de capitaux allemands, et les liens avec l'Allemagne et l'Autriche se renforcent tout naturellement. Dans le cadre de la future Union Européenne élargie, on peut prévoir que les relations entre la République tchèque et l'Allemagne deviendront aussi franches et actives que le sont de nos jours les relations franco-allemandes, et elles seront probablement plus étroites ; il semble bien qu'il n'y ait pas d'autre issue.

En Pologne, on a l'impression que l'anglais a la faveur de la majorité des étudiants, ce qui s'explique en partie par le rôle que pourra jouer ce pays dans les relations commerciales et maritimes avec les autres continents ; mais les avantages pratiques d'une connaissance de l'allemand sont évidents pour tout le monde. Dans de telles conditions, les perspectives de la diffusion du français ne semblent pas très brillantes.

Le « Groupe de Vyšehrad » réunit dans une nouvelle zone de libre échange (la CEFTA) les quatre pays d'Europe orientale dont l'économie évolue le plus favorablement (du moins à ce jour pour les trois premiers d'entre eux) : Pologne, Hongrie, République tchèque et Slovaquie. Dans quelques années, les pays de ce groupe, qui est lié par des accords avec l'Union Européenne et l'EEE, seront parmi les premiers qui adhéreront à l'Union Européenne.

Bien qu'un grand nombre d'Européens de l'Est aient dû apprendre le russe et le comprennent plus ou moins, un voyageur qui essaie de converser dans cette langue se heurte le plus souvent, dans la plupart des pays de l'Europe orientale, à un refus de communiquer. Il semble donc à première vue qu'en dehors de la République tchèque, où l'allemand semble appelé à prendre la première place, l'anglais soit dans l'ensemble la langue étrangère préférée de toute cette partie de l'Europe, au moins dans les jeunes couches de la population.

Quoi qu'il en soit, il convient de ne pas perdre de vue que la Russie restera longtemps, selon toute vraisemblance, le principal partenaire potentiel de tous les Etats d'Europe orientale et centrale dans le domaine des échanges commerciaux, leur premier fournisseur de matières premières et d'énergie, et le marché le plus important et le plus facilement accessible pour l'écoulement de leur production.

Si l'on prend pour exemple la situation économique actuelle en Lituanie, on observe qu'au cours des huit années de la période 1986-1994, il a été créé 4 362 entreprises à capitaux étrangers (sociétés mixtes ou entièrement étrangères), qui se répartissent ainsi : Fédération de Russie : 1 020, Allemagne : 755, Pologne : 644, États-Unis : 279. En 1995, les échanges commerciaux de la Lituanie avec la Fédération de Russie se sont élevés à 45 %, et ce chiffre a été de 18 % pour la Lettonie et de 20 % pour l'Estonie.

On peut imaginer sans peine que dans les relations de la Fédération de Russie avec les autres États d'Europe orientale et centrale, et surtout avec les États anciennement membres de l'Union soviétique, l'usage du russe s'imposera tout naturellement. On imagine difficilement, par exemple, des Ukrainiens traitant en anglais ou en allemand avec des clients russes, biélorusses ou même polonais ; les langues des quatre pays en cause sont tellement proches que l'impression ainsi produite aurait un côté nettement caricatural.

Dans les Balkans, la situation est encore plus compliquée, du fait qu'il existe à la fois des influences régionales et des influences internationales contradictoires. À l'extrémité de la péninsule balkanique, le grec n'est plus parlé aujourd'hui qu'en Grèce. Les minorités grecques d'Albanie, de Macédoine et de Turquie ne peuvent plus exercer une influence quelconque au niveau régional, en raison du climat politique qui prévaut dans ces territoires. La langue grecque a aujourd'hui entièrement perdu son influence qui était encore bien sensible au XIXe Siècle à Constantinople et dans toute la Turquie, en Thrace, en Bulgarie, en Roumanie, en Macédoine et en Albanie.

Bon nombre d'habitants de la péninsule parlent des langues slaves (Bulgare, macédonien, serbe, croate et slovène), mais ils se trouvent géographiquement séparés par deux grandes langues d'une origine différente : le roumain, langue néo-latine, et le hongrois, langue du groupe finno-ougrien, c'est à dire non indo-européenne. En outre, les territoires slaves peuplés de Serbes, Macédoniens et Monténégrins se trouvent en partie séparés les uns des autres par la région de Kosovo et Metohija (Kosmet) et par l'Albanie, pays dans lesquels vivent aujourd'hui cinq millions d'albanophones, dont la langue est d'origine thraco-illyrienne.

La région des Balkans comprend donc un grand nombre de langues, pour la plupart très différentes, avec de larges zones de chevauchement dans lesquelles les populations utilisent couramment deux, trois ou quatre langues. C'est par exemple, en Roumanie, le cas de la Transylvanie, où vivent plus de deux millions de Hongrois et des groupes compacts de germanophones ; c'est aussi en Serbie le cas de la Voïvodine (600 000 Hongrois) et de la frange méridionale de la Slovaquie (500 000 Hongrois). En République de Macédoine, les statistiques officielles indiquent que 22 % de la population est albanophone, mais les Albanais de Macédoine avancent le chiffre de 40 %.

Il existe en outre dans chaque pays des Balkans de nombreuses minorités linguistiques largement éparpillées dans toute la région, notamment les Allemands du Banat et de Transylvanie, les Aroumains du Pinde, souvent connus dans les villes sous le nom de

« Tsintsari » et les Mégléno-Roumains, les Tsiganes, largement répandus dans tous les pays de la péninsule, les Pomaques (Bulgarophones musulmans de Grèce), les Turcs de Grèce et de Macédoine, les Gagaouzes ou Găgăuz (Turco-tatars) de Roumanie, les Roussines (ou Ruthènes de Voïvodine), les slovaques de Voïvodine, et de nombreuses populations allogènes de moindre importance répandues un peu partout.

Dans de telles conditions, il serait bien difficile aux habitants de cette région de choisir une langue commune de communication, tant les situations linguistiques de chaque pays sont différentes et variées à l'extrême. En Grèce, la langue de communication la plus connue, qui était autrefois le français, est aujourd'hui l'anglais, et la connaissance de l'allemand fait de nets progrès, sous les effets conjugués de l'émigration et du tourisme. Dans les pays de l'ex-Yougoslavie, l'anglais et l'allemand se disputent la première place. En Slovénie seulement, l'allemand et l'italien dominent nettement. En Bulgarie et en Roumanie, les communications avec le reste de l'Europe sont loin d'être assez développées pour qu'on puisse discerner nettement une tendance quelconque. Il semble que l'on donne la préférence à l'allemand en Bulgarie et qu'en Roumanie le français se soit plus ou moins maintenu dans les villes ; toutefois, dans ces deux pays, rien ne sera encore joué tant que la situation économique restera au niveau actuel.

Entre les trois pays baltes, Lituanie, Lettonie et Estonie, qui ont conclu en 1995 un accord d'association avec l'Union Européenne, il n'existe plus aujourd'hui aucune langue commune de communication, en dehors du russe. De même qu'il n'existe pas non plus d'autre langue de communication pratique avec les pays voisins, Fédération de Russie, Pologne, Biélorussie, Finlande et Suède.

Le lituanien et le letton, les deux dernières langues balto-slaves existantes, forment en Europe un groupe linguistique à part, mais en règle générale, aucun Lituanien ne connaît le letton et vice-versa. L'estonien est une langue finno-ougrienne assez proche du finnois, mais pas assez pour que les Estoniens et les Finlandais puissent se comprendre. Or, fort peu d'Estoniens connaissent le finnois, et les Finlandais n'apprennent pratiquement jamais l'estonien. Par ailleurs, aucun Estonien n'aurait l'idée d'apprendre le letton ou le lituanien, et inversement. Les trois pays baltes se trouvent donc à la fois linguistiquement isolés l'un par rapport à l'autre, et chacun d'entre eux par rapport aux pays voisins... Dans le domaine économique, les rapports de ces pays avec les pays voisins de l'Ouest accusent des tendances nettement différentes : il semble qu'il existe aujourd'hui des échanges économiques privilégiés entre la Lituanie et le Danemark, entre la Lettonie et la Suède et entre l'Estonie et la Finlande.

Ce qui est paradoxal, c'est que ces trois pays disposent d'une langue commune largement comprise et parlée dans chacune des trois populations et au moins dans deux pays voisins ; il s'agit évidemment du russe, qui est en outre la langue maternelle d'un très grand nombre de citoyens lituaniens, lettons et estoniens d'origine russe vivant dans ces pays. Mais presque tous les citoyens non-Russes des trois pays se refusent catégoriquement à employer cette langue. Ce phénomène de rejet est la conséquence de deux siècles de russification forcée dans tous les domaines, sous divers régimes.

Beaucoup de Baltes apprennent aujourd'hui l'anglais, mais cette langue est bien sentie comme étrangère dans la Baltique, et les pays anglo-saxons sont très éloignés. Il convient de faire observer toutefois qu'une certaine forme d'anglais technique rudimentaire s'impose rapidement dans les relations interbaltiques et avec le monde extérieur, surtout par le canal de l'Internet ; ceci est d'autant plus important que le réseau Internet se développe avec une vigueur particulière dans la région, surtout en Estonie. À l'heure actuelle (an 2000) un Estonien sur 10 est relié à l'Internet, et il existe dans les écoles estoniennes un ordinateur pour 20 élèves.

Dans les rencontres inter-baltiques au plus haut niveau, on se cache probablement pour parler russe, faute de mieux, et non sans regret. Il y a à peu près deux cents ans que les Estoniens ne connaissent plus le suédois et que les Lituaniens n'apprennent plus le polonais et le latin. Un assez grand nombre de citoyens lituaniens sont de langue polonaise, ce qui est plutôt mal vu par le reste de la population. Quant à la période au cours de laquelle presque tout le monde parlait ou comprenait l'allemand, elle n'a pas laissé de meilleurs souvenirs que la période soviétique…

Au cours du XIXe siècle et jusqu'en 1940, l'Allemand a occupé dans les trois pays une situation privilégiée. L'Université de Dorpat (Tartu) fondée par Gustav Adolf en 1632, a été jusqu'en 1889 un centre de culture allemande, non seulement pour les Baltes, mais encore pour de nombreux étudiants russes ; cette influence, encore sensible avant la deuxième guerre mondiale, a été entièrement effacée au cours de la période soviétique.

Tout le monde dans les pays baltes sent bien aujourd'hui la nécessité d'une langue auxiliaire commune utilisée pour toutes les relations internationales, mais c'est un choix difficile à faire. Une solution est actuellement à l'étude : il existe depuis très longtemps dans les trois pays un grand nombre d'Espérantistes, qui proposent que leur langue (également appelée internacia lingvo ou ILO) soit officiellement adoptée pour les relations inter-baltiques ; ce serait là le début d'une véritable révolution linguistique attendue depuis un siècle en Europe. Et ce, d'autant plus que la langue en question est également pratiquée par de nombreuses personnes en Finlande, en Suède, en Pologne et en Biélorussie, pays où naquit le créateur de la langue, le Dr Zamenhof, en 1859.

Ce choix présenterait entre autres l'avantage de ne privilégier la langue d'aucune nation européenne au détriment des autres ; de nombreux Baltes estiment que ce serait la solution la plus rationnelle et la plus impartiale. Les Espérantistes du monde entier se prennent à rêver une fois de plus au triomphe du bon sens et de la langue qu'ils pratiquent toujours avec ferveur depuis plus d'un siècle ; c'est peut-être sur les bords de la Baltique que se lèvera, pour l'Europe multilingue, l'aube d'un nouvel âge de l'humanité…

Le rôle futur de la langue russe et les quatre grandes langues d'Europe

Dans les autres pays de l'ex-Union soviétique, il semble bien qu'aucun problème ne se pose ; la langue russe, imposée par la force depuis deux siècles, est aujourd'hui acceptée par tout le monde comme langue de communication entre la Fédération de Russie et les autres pays de l'ex-URSS. Les étudiants ukrainiens apprennent aujourd'hui l'anglais avec ardeur, mais il est bien clair que le russe sera toujours la langue choisie dans les relations avec les autres anciens pays de l'Union ; c'est bien cette langue qui continuera à être utilisée longtemps encore dans les relations entre la Fédération de Russie, l'Ukraine, la Biélorussie, les républiques du Caucase (Géorgie, Arménie, Azerbaïdjan), la République de Moldavie, le Kazakhstan, l'Ouzbekistan, le Turkmenistan, le Tadjikistan, la Mongolie, etc. Tous ces pays, fortement liés par des intérêts économiques communs, regroupent près de 300 millions de futurs consommateurs et producteurs, dont près de 200 millions d'Européens, qui ont tous une bonne connaissance pratique du russe.

A l'aube du XXIe Siècle, la Fédération de Russie doit inévitablement reprendre son rôle de grande puissance économique européenne. Dans dix ou quinze ans, on parlera probablement du « miracle économique russe », aussi incroyable que cela puisse paraître dans les circonstances actuelles où la Russie semble vraiment toucher le fond de l'abîme. L'Europe redécouvrira une culture russe originale qui a été malgré tout préservée, et dont l'influence ne manquera pas de se faire sentir dans l'Europe nouvelle. On ne pourra pas ignorer longtemps l'activité de 130 millions de Russes, avides de modernisation et de progrès matériel. Dans quelques dizaines d'années, le russe finira probablement par prendre en Europe la place qui aurait dû être normalement la sienne au cours du XXe Siècle, à côté de l'allemand, du français et de l'anglais.

Les Européens de langue germanique ou slave s'adapteront probablement sans grandes difficultés à ce nouvel état de choses ; les latins et les anglophones devront faire un petit effort supplémentaire. Le citoyen européen capable de comprendre quatre à cinq langues ou plus devra nécessairement faire son apparition dans les pays de langue latine ou anglo-saxonne ; faute de quoi, ces pays devront se contenter d'une place de deuxième ou même de troisième plan dans les activités économiques du grand continent européen du troisième millénaire.

Il n'en reste pas moins que la solution idéale est toujours le recours à la langue auxiliaire neutre qu'est l'Esperanto, dont les avantages sont évidents pour tous les Européens conscients des problèmes que pose le choix d'une langue universelle de communication. C'est aux Européens du troisième millénaire qu'il appartiendra de rompre une fois pour toutes avec la routine et les préjugés, en choisissant la voie la plus simple, la plus rationnelle et la plus pratique…

20. Organisation et fonctionnement des services linguistiques dans les institutions européennes

Les coulisses de Babel

Onze langues pour les Quinze

Les vingt-six mille fonctionnaires qui travaillent dans les institutions européennes sont des citoyens des quinze Etats membres ; presque tous sont obligés d'utiliser, dans leur travail et dans leur vie quotidienne, deux ou plusieurs langues.

Les institutions de l'Europe des Quinze fonctionnent actuellement dans les onze langues officielles de l'Union Européenne (français, allemand, anglais, italien, néerlandais, danois, grec, espagnol, portugais, suédois et finnois). Celà signifie que dans les diverses réunions, chaque représentant d'un pays membre doit pouvoir s'exprimer dans sa propre langue, et qu'au cours d'un certain nombre de réunions et de conférences, il est fait usage de onze langues, tant au cours des débats que pour la rédaction des nombreux documents de séance. Celà signifie également que tous les textes législatifs élaborés et de nombreux documents de toutes sortes doivent obligatoirement être mis au point dans les onze langues (plus l'irlandais pour certaines catégories de documents).

Le problème posé par la multiplicité des langues dans l'Union Européenne a fait couler beaucoup d'encre, et fourni à de nombreux commentateurs et journalistes mal informés l'occasion d'écrire à ce sujet un abondant florilège d'affirmations fantaisistes. Il est de toute manière indispensable que tous les textes importants de l'Union et toutes les directives qui en émanent puissent être compris par les citoyens de tous les pays membres ; il faut donc bien traduire ces textes dans toutes les langues de l'Union. On fait état fréquemment dans la presse des coûts « astronomiques » des services linguistiques ; en effet, ces coûts peuvent, à première vue, paraître considérables, mais ils ne représentent en réalité qu'une infime partie des dépenses de l'Union, lesquelles, à leur tour, ne constituent qu'une quantité négligeable au regard des avantages qu'en retirent les pays membres.

En ce qui concerne l'utilisation des langues à la Commission européenne, nous reproduisons ici l'énoncé de la position officielle, maintes fois réaffirmée.

« Dans le cadre des dispositions du règlement n°1 du Conseil et en vertu des règles fixées par la Commission concernant le régime linguistique pour les actes juridiques :

- les textes d'actes normatifs de la Commission ne peuvent être approuvés par elle qu'en présence de toutes les versions linguistiques faisant foi ;
- les propositions d'actes normatifs que la Commission transmet au Conseil et au Parlement sont à présenter à l'adoption de la Commission dans toutes les versions officielles.
- La Commission laisse à ses membres le libre choix de leur langue de travail. »

Chaque institution de l'Union Européenne (Conseil de Ministres, Commission, Parlement, Comité Economique et Social) a son propre service de traduction, comprenant onze divisions (une par langue). Une division française de traduction, par exemple, traduit des documents de dix langues différentes vers le français, la division allemande traduit de dix langues vers l'allemand, et ainsi de suite pour chacune des onze divisions.

Il en résulte un groupe de services de traduction unique au monde[1]. La multiplicité des langues dans l'Union Européenne explique pourquoi les traducteurs constituent une partie aussi importante des effectifs.

Traduction et interprétation

Si chaque institution a son service de traduction, il existe en revanche un service commun d'interprétation, géré par la Commission, qui fournit sur demande à chaque institution les interprètes dont elle a besoin. C'est le SCIC, (Service commun interprétation-conférences), installé au Centre de conférences Albert Borschette à Bruxelles. Il emploie environ 550 interprètes permanents, et dispose d'une réserve d'environ 1 700 interprètes indépendants.

Avant d'examiner en quoi consiste le travail des services de traduction et du Service commun interprétation-conférences, il est nécessaire de bien expliquer la nature de ces deux activités très différentes que sont la traduction et l'interprétation.

Le traducteur travaille sur des documents écrits et, partant d'un texte rédigé dans une langue de départ A, établit par écrit une traduction de ce texte dans une langue d'arrivée B. Il peut s'agir par exemple de textes législatifs pour la traduction desquels il est possible de travailler posément, en prenant tout le temps nécessaire à la rédaction d'une version fidèle dans un style acceptable, ou de documents de séance souvent modifiés au cours de négociations parfois animées, et dont la traduction est attendue en séance dans les minutes qui suivent. Dans tous les cas, la fidélité au texte original est la première condition à laquelle cette traduction doit satisfaire.

Note 1

En effet, dans les services de traduction des Nations Unies et de leurs institutions spécialisées, on traduit habituellement à partir de deux, trois ou quatre langues, rarement plus. (Les six langues officielles des Nations Unies sont l'anglais, le français, l'espagnol, le russe, le chinois et l'arabe.)

Ainsi, même lorsqu'il participe aux travaux d'une conférence ou d'une réunion quelconque, le traducteur travaille toujours par écrit, rédigeant ou dictant son texte avec le plus grand soin, le révisant ou le corrigeant au besoin, pour s'assurer qu'il a bien rendu toutes les nuances de l'original. Dans ce genre de travail, il vaut toujours mieux faire attendre un peu l'utilisateur que risquer de lui remettre un texte ambigu ou légèrement inexact.

L'interprétation est un exercice très différent, qui exige de tout autres qualités et un tout autre éventail de connaissances. Le métier d'interprète tel qu'il se pratique de nos jours a pris naissance dans les années de la dernière après-guerre, avec le développement des grandes réunions internationales. Dans les débuts, on recourait au système traditionnel de l'interprétation consécutive ; l'interprète écoutait le discours ou l'intervention, prenait des notes rapides et concises, et lorsque l'orateur avait terminé, reproduisait de son mieux du début jusqu'à la fin, dans la langue d'arrivée, le discours qu'il venait d'entendre.

Ce système présentait de nombreux inconvénients, dont le principal était une énorme perte de temps. En effet, les participants devaient attendre la fin du discours, parfois pendant une heure ou deux, et écouter ensuite la version dans leur propre langue. Dans les conférences réunissant de nombreux participants, et avec cinq langues officielles par exemple, les débats risquaient de s'éterniser.

Aujourd'hui, on a uniquement recours à l'interprétation simultanée ; l'interprète est placé dans une cabine vitrée qui l'isole des bruits de la salle, il entend dans ses écouteurs le discours ou l'intervention à interpréter, tout en parlant dans un microphone. Son travail consiste à « faire passer le message », c'est-à-dire à le reproduire le plus fidèlement possible et presque instantanément dans la langue d'arrivée. Il doit donc saisir immédiatement toutes les nuances de ce qu'il entend dans une langue, et les transmettre dans l'autre langue sous une forme claire, aux auditeurs branchés sur sa cabine. Si l'élocution de l'orateur n'est pas très nette, si ce dernier bafouille ou s'empêtre dans son texte, l'interprète doit quand même faire passer le message sans hésitation, sous une forme immédiatement compréhensible : il est donc parfois obligé, dans une certaine mesure, d'expliquer ce que l'orateur a voulu dire.

On raconte qu'en 1945, un des premiers interprètes de conférence nommé Kaminker, célèbre dans la profession, auquel un orateur faisait observer après la séance : « mais ce n'est pas ce que j'ai dit... », répondit avec superbe : « non, mais c'est ce que vous auriez dû dire ! ».

Il est probable qu'on ne saura jamais ce qu'il y a de vrai dans cette histoire, mais elle jette un jour assez révélateur sur les problèmes quotidiens de l'interprétation et sur son caractère plus ou moins aléatoire. Il va sans dire que les interprètes qui ont réussi à faire carrière dans cette profession arrivent avec le temps à acquérir une agilité et une présence d'esprit qui leur permettent de se tirer en quelques fractions de seconde des situations les plus embarrassantes...

On peut donner une idée de la complexité d'un service d'interprétation en indiquant qu'une réunion avec interprétation simultanée en onze langues - ce qui représente 110 couples possibles d'interprétation ou combinaisons de langues - peut exiger la présence de 32 interprètes ; avec 16 langues, il y aura 240 couples possibles et le nombre des interprètes indispensables augmentera dans une proportion correspondante. On voit d'ici les incidences inévitables d'un élargissement de l'Union Européenne, dans le seul domaine de l'interprétation.

Revenons maintenant à la traduction. Comme nous l'avons déjà indiqué, chaque institution de l'Union Européenne a son propre service de traduction comprenant onze divisions, correspondant à chacune des langues officielles. Chaque division doit comprendre, selon les institutions, entre 30 et 100 traducteurs et reviseurs travaillant à partir des diverses langues officielles, dites langues communautaires, vers une seule et même langue d'arrivée, qui est le plus souvent la langue maternelle du traducteur et du reviseur. Les diverses institutions de l'Union Européenne emploient actuellement quelque 2 800 traducteurs et reviseurs.

À la différence de l'interprète, le traducteur dispose de nombreux documents de référence, de dictionnaires, de glossaires, de lexiques, et peut faire des recherches ou demander des renseignements s'il a le moindre doute sur le sens précis qu'il convient de donner à une phrase ou à un mot. Il peut écrire son texte à la main ou sur ordinateur, le dicter à une dactylo ou dans un appareil enregistreur ; le texte soigneusement traduit et relu est ensuite vérifié par un reviseur, qui le compare avec le texte original, et apporte en cas de besoin les corrections qu'il juge nécessaires. Même une traduction parfaite - si tant est que la chose existe - doit être revisée, ne serait-ce que pour assurer une certaine concordance avec d'autres documents de même nature ou d'autres parties du même texte.

Les travaux de traduction dont le caractère d'urgence n'est pas exceptionnel (ils sont tous plus ou moins urgents) sont effectués dans les bureaux de la division et dans une atmosphère de calme relatif. Lors de conférences, de réunions ou de négociations importantes, les traducteurs et reviseurs travaillent près de la salle des séances; ils rédigent sur place dans la langue d'arrivée les textes qui leur sont transmis par les participants, et qui doivent servir de base aux discussions en cours. Tout celà s'effectue rapidement et sans heurts, le système ayant été bien rodé au cours des ans ; c'est tout juste si les participants à la réunion soupçonnent l'existence des mécanismes qui doivent fonctionner pour assurer le déroulement harmonieux de ces opérations.

Il va de soi que la principale qualification exigée d'un traducteur est la connaissance approfondie de la langue traduite et de celle dans laquelle il traduit ; cette dernière, comme nous l'avons dit, est généralement sa langue maternelle, mais il peut y avoir des exceptions. Toutefois, cette qualification de base est loin d'être suffisante ; le texte à traduire peut porter sur des points de droit, sur des problèmes techniques relevant de domaines très divers (agriculture, transports, énergie atomique, génie civil, informatique, métallurgie, textiles, télécommunications, commerce, finances, etc.). Le traducteur doit avoir des lumières de tout, même s'il n'est spécialiste en rien, mais surtout, il doit être capable de s'adapter et d'assimiler en un temps réduit les connaissances de base nécessaires à la compréhension de n'importe quel genre de texte. Il ne peut tout savoir, mais il doit savoir où cela se trouve, c'est-à-dire qu'il doit être capable de dénicher en un temps très court la source d'où il pourra tirer les connaissances qui lui manquent.

On exige à juste titre du traducteur une certaine capacité « d'empathie » ; ce nom assez pompeux désigne la faculté de se mettre à la place de l'auteur du texte à traduire, et parfois même à la place des lecteurs auxquels le texte est destiné. C'est ce que la plupart des traducteurs font d'instinct dès le début de leur carrière, sans toutefois être certains d'être toujours compris.

Dans de nombreux cas, une connaissance très étendue du vocabulaire de diverses langues constitue un atout considérable. On a longtemps considéré - et on considère toujours dans certains milieux professionnels - que la seule connaissance approfondie de la langue d'arrivée et de la langue de départ garantit la qualité du travail de traduction; on pensait même que la connaissance d'un grand nombre de langues était plutôt un handicap qu'un avantage, les soi-disant experts en la matière estimant que ce genre de connaissances ne pouvait s'acquérir qu'au détriment de la maîtrise de la langue maternelle ou de la langue de départ. Cette attitude était dûe à une méconnaissance totale des rapports mutuels et de l'interpénétration des vocables des langues européennes; l'étude du vocabulaire comparé apparaissait à beaucoup comme un simple jeu de l'esprit sans valeur pratique appréciable, un peu comme le scrabble ou les mots croisés.

Depuis la création des Communautés européennes, l'expérience a montré que l'acquisition d'un plus grand nombre de nouvelles langues européennes permet d'élargir la connaissance du vocabulaire dans les langues déjà connues. Ainsi qu'on a pu le voir au chapitre concernant la parenté des langues indo-européennes, le vocabulaire des langues d'Europe ne s'est pas formé en vase clos, et ne saurait être étudié isolément; les traducteurs des institutions européennes en ont eu la démonstration éclatante lorsqu'ils se sont trouvés obligés d'apprendre rapidement le grec, devenu subitement langue officielle lors de l'adhésion de la Grèce à la Communauté européenne en 1981. Cette acquisition a donné une nouvelle dimension à leur connaissance des vocabulaires français, anglais et autres; même ceux qui avaient étudié autrefois le grec classique ont eu ainsi l'occasion de mieux connaître leur langue maternelle, surtout lorsqu'il s'agissait du français.

Nous avons eu presque quotidiennement l'occasion de constater à quel point la connaissance d'une langue européenne peut éclairer la compréhension d'une autre. Nous n'en citerons qu'un exemple entre mille : un traducteur rencontre dans un texte grec le mot λαχανόσπορο - lakhanósporo, qui ne figure pas dans la plupart des dictionnaires grecs, car il s'agit d'un mot dont la composition est bien claire : graine de chou. (σπορο - sporo = français : «spore»). Peut-être s'agit-il de semences de choux? Mais dans le texte, il est question de milliers de tonnes de ce produit, et les semences de choux ne s'exportent pas par milliers de tonnes. S'il essaie de se renseigner auprès d'un Grec, le traducteur n'a pas de grandes chances d'obtenir une réponse précise; mais s'il connaît le néerlandais, il a certainement remarqué depuis longtemps que le mot *koolzaat*, mot composé signifiant exactement «graine de chou» est à l'origine du mot français «colza». Instantanément, son problème se trouve résolu. En pareil cas, le mot allemand correspondant *(Raps)* ou l'anglais (*rape, rapeseed, colza* ou même *coleseed*, qui est pourtant l'équivalent parfait du mot grec et du mot néerlandais) ne lui sont d'aucun secours. Seule la connaissance du néerlandais peut lui apporter la solution. Bien entendu, nous n'en déduirons pas que la connaissance du néerlandais est nécessaire pour traduire du grec en français, mais on voit qu'elle n'est pas inutile…

On pourrait ainsi illustrer par d'innombrables exemples le fait que la connaissance de plusieurs langues permet de faire instantanément et presque inconsciemment d'utiles rapprochements lors de l'étude du vocabulaire d'une nouvelle langue ; c'est ainsi que l'étudiant qui découvre pour la première fois en polonais le mot *kieliszek* (petit verre, verre à liqueur), ne connaît sans doute pas encore le mot *kielich* (du latin *calix, calicis* = calice, parent de καλύπτω - *kalýptô* et du français « celer »), dont ce petit verre est le diminutif. À première vue, ce *kieliszek*, de même que l'équivalent tchèque *kalíšek*, qui signifie « coupe », ne lui dira rien ; mais s'il connaît le portugais, il a bien observé qu'on ne dit jamais dans cette langue *um copo de porto*, un verre de porto, mais *um cálice de porto*, et il fait tout de suite le rapprochement. S'il connaît l'allemand, il pensera peut-être au mot *Kelch* = calice, ciboire (en néerlandais *kelk*), dont les composés *Kelchglas* et *Sektkelch* signifient « coupe à champagne ». Dans ce cas, il ne s'agit pas d'apprendre un mot nouveau, mais de reconnaître un mot familier.

Même si l'exploration des vocabulaires européens risque d'entraîner l'amateur dans des recherches qui empiètent un peu sur les domaines de la philologie et de la linguistique comparée, il n'en devient pas pour autant un linguiste au sens français du mot. Il lui est toujours possible de concentrer et d'orienter ses recherches dans des domaines profitables pour sa connaissance pratique des langues. On peut faire de timides incursions dans les sciences sans cesser pour autant de rechercher des avantages d'ordre pratique ; l'agriculteur qui s'intéresse à la sélection des variétés de céréales ne devient pas pour autant un généticien et n'est nullement perdu pour l'agriculture.

On a pris l'habitude, dans les institutions européennes, de désigner les services de traduction et d'interprétation sous le nom de « services linguistiques », ce qui est tout à fait correct. Mais par voie de conséquence, les divers membres de ces services sont souvent qualifiés de « linguistes », ce qui tend à créer une certaine confusion quant à la nature de leurs occupations. Ce terme est sans doute acceptable en anglais, le mot *linguist* étant couramment utilisé pour désigner un polyglotte, un interprète ou un traducteur aussi bien qu'un spécialiste des sciences du langage. Il y a là une regrettable source de confusion dont les Anglo-saxons s'accommodent fort bien, et que les francophones ne pourront probablement pas éviter.

En matière de confusion, il y a beaucoup plus grave ; c'est l'incompréhension totale dont font preuve dans ces domaines les utilisateurs des services linguistiques. On chercherait vainement un Chef d'État ou de gouvernement, un ministre, un chef de délégation à une conférence, un chef de cabinet, un ambassadeur, un journaliste, etc. capable d'établir dans la conversation courante une distinction entre interprétation et traduction, et de ne pas prendre régulièrement l'une pour l'autre.

Il n'est que de lire les mémoires d'anciens Ministres des Affaires Étrangères ou d'anciens diplomates pour rencontrer partout cette regrettable confusion ; combien de fois n'avons-nous pas entendu des chefs de délégation demander « un traducteur », alors qu'ils voulaient obtenir les services d'un interprète et inversement.

On entend souvent dans une conférence des phrases de ce genre: « Il nous faut un traducteur simultané ! ». Celui qui s'exprime ainsi n'indique même pas de quelle langue ni vers quelle langue doit s'effectuer l'opération en question ; pour lui, n'importe quel

« traducteur » doit interpréter de n'importe quelle langue vers n'importe quelle autre. Ces personnages sont si importants qu'ils ne condescendent jamais à entrer dans ce genre de détails…

Nous reproduisons ici un fragment de conversation entre un haut fonctionnaire national chargé de l'organisation d'une conférence et un interprète :

– Je vous prie de bien vouloir rester dans la salle après la fin de la séance, le délégué russe doit faire une déclaration...

– Je suis désolé, je ne connais pas le russe...

– Cela ne fait rien, ce sera une courte déclaration, dix minutes seulement...

Même si l'intéressé a daigné faire la distinction qui s'impose entre les deux services bien distincts que sont la traduction et l'interprétation, il arrive assez fréquemment qu'une grande confusion persiste dans son esprit quant à la nature des opérations en question. Nous pouvons citer un exemple entre mille du comportement typique d'un membre d'une délégation au cours d'une grande conférence internationale : un quidam arpente les couloirs, un document à la main, cherchant désespérément « les traducteurs italiens ». Comme on s'enquiert de ses désirs, il finit par montrer son document, qui est rédigé en italien ! On lui demande alors dans quelle langue il veut le faire traduire ; s'il s'agit de le faire traduire en anglais, on le dirige vers les traducteurs de langue anglaise ; mais même après cela, ses réactions quelque peu affolées semblent bien indiquer qu'il n'a pas vraiment saisi les raisons de sa méprise…

Ce genre d'incident est assez fréquent, et trahit chez les utilisateurs de toutes nationalités une ignorance totale des processus pourtant bien simples de la traduction et de l'interprétation. Il est hors de doute que, la routine et l'expérience aidant, ces notions élémentaires finiront par s'imposer d'elles-mêmes dans tous les milieux intéressés, mais il y faudra encore un certain temps. On trouvera sans doute encore longtemps dans la presse écrite et parlée de nombreux exemples de ce genre de confusion.

Seize langues pour les Vingt et un, vingt-deux langues pour les Vingt-sept ?

Il est bien évident qu'on ne peut faire autrement que de traduire de onze langues vers dix langues tous les textes législatifs et autres qui intéressent les citoyens des quinze pays membres ; cela représente déjà 110 combinaisons de langues. Il est difficile de donner le chiffre exact des dépenses entraînées par cette seule opération, mais il est certainement impressionnant. L' Europe des Vingt et un, que l'on espère proche, aura 16 langues officielles, soit 240 combinaisons de langues. On peut dès à présent envisager l'Europe des 27, qui aura 22 langues officielles soit, pour la traduction et l'interprétation 462 combinaisons de langues. Quelle que soit la solution adoptée, c'est là, dès à présent, un fait certain ; on ne saurait en effet donner à une seule langue nationale de l'Union un statut inférieur à celui des autres.

Un simple exemple peut donner une idée des incidences de nouvelles adhésions sur les tâches de traduction : à la suite de l'adhésion de la Suède et de la Finlande en 1995, la totalité du droit dérivé (décisions, directives et règlements en vigueur) est devenue applicable aux nouveaux États membres. Ces textes, qui ont dû être rapidement traduits en suédois et en finnois, représentent un ensemble de 186 volumes d'environ 250 pages...

Il serait sans doute judicieux de prévoir dès maintenant l'extension inévitable des services linguistiques de l'Union Européenne, mais il faudra certainement trouver des moyens d'alléger la tâche et de faciliter les échanges dans certains cas bien précis. Dans un grand nombre de cas, le recours à une langue auxiliaire pourrait apporter une solution élégante à une partie des problèmes qui se posent, surtout s'il s'agit d'une langue auxiliaire neutre, qui ne favoriserait ni ne défavoriserait particulièrement aucun des pays membres de l'Union. Par la force des choses, on se trouvera finalement dans l'obligation de recourir à une solution de ce genre ; il y a quelques années, une soixantaine de députés européens ont signé une motion en faveur de l'utilisation de l' Esperanto comme langue de travail en sus des langues officielles de l'Union. Le moment est peut-être venu d'examiner de près cette question.

21. L'apprentissage des langues : un ridicule épouvantail

Non quia difficilia sunt non audemus,
sed quia non audemus difficilia sunt.

Ce ne sont pas les difficultés qui nous retiennent d'oser,
mais les difficultés existent parce que nous n'osons pas
(Sénèque)

Apprendre plusieurs langues, vite, bien et sans effort

Ceux qui ont eu la chance de tomber du premier coup sur les bonnes méthodes et d'accéder rapidement à la pratique d'une langue étrangère (ou mieux encore, de la langue internationale), sont souvent tellement surpris de la rapidité des résultats qu'ils ne tardent pas à se demander pourquoi ils n'ont pas appris un plus grand nombre de langues. La réponse est simple : par une étrange aberration, nos concitoyens ont toujours imaginé que l'apprentissage d'une langue étrangère constituait une tâche monumentale ; chaque génération s'est acharnée à expliquer aux suivantes que cela présentait des difficultés énormes, voire insurmontables.

N'écoutez pas ces prophètes de malheur qui voudraient vous dissuader d'apprendre de nouvelles langues : ils ne savent pas de quoi ils parlent ! Ils n'ont jamais vraiment essayé d'apprendre une langue… Ils me font penser bien souvent à l'auditoire incrédule du Docteur Alain Bombard : lorsque ce dernier déclare qu'un naufragé peut boire de l'eau de mer, il n'arrive pas à convaincre les soi-disant connaisseurs ; on leur a toujours dit le contraire, et les meilleures démonstrations n'y feront rien ; ils sont prêts à récuser l'évidence.

Cette attitude explique pourquoi le Français moyen trouve normal qu'un Hollandais, un Belge, un Suisse, un Scandinave, un Européen de l'Est, un Balte ou un Balkanique utilise couramment quatre ou cinq langues étrangères, et qu'un Français n'en pratique qu'une ou deux dans le meilleur des cas. C'est qu'on lui a bien fait entrer dans la tête que les Français et les Anglais ne sont pas doués pour les langues étrangères…

Il semblerait en effet qu'une étrange malédiction pèse sur ces deux peuples. On a réussi à créer de cette manière un véritable blocage psychologique ; le sujet est tellement persuadé de la difficulté de l'entreprise qu'il n'essaie même pas d'entreprendre… Et s'il ne se jette pas à l'eau, il ne saura jamais nager !

On nous a souvent demandé combien de temps il faut pour apprendre et « connaître » une langue étrangère. Mais à partir de quel degré de connaissance peut-on prétendre « connaître » une langue ? Il n'y a pas de réponse possible à une question ainsi mal posée. La solution de facilité consiste donc à ne pas apprendre ; il est plus simple de renoncer.

Essayons d'être précis.

Si votre premier objectif est de pouvoir lire sans trop de peine un texte de difficulté moyenne, par exemple un article de journal ou de revue technique ou scientifique dans un domaine qui vous intéresse, ou même un contrat ou un texte juridique, vous pouvez y parvenir en 100 heures de lecture attentive. Je n'ai pas dit 100 heures d'étude, loin de là, mais bien 100 heures de lecture attentive.

Cela peut vous sembler présomptueux, mais il existe des moyens d'augmenter l'efficacité de cet effort, surtout s'il est déployé sur une période très courte. Si vous consacrez à ce passe-temps (je ne dis pas « étude », je dis bien « passe-temps ») les 100 heures d'attention requises, sur une période d'une année, le résultat sera moyen, voire médiocre.

Sur une période de six mois, il sera déjà meilleur.

Sur une période de trois mois de lecture intensive, à raison de trois ou quatre heures par jour, ou plus si possible, par exemple pendant les vacances d'été, vous arriverez à maîtriser la langue écrite au point d'en faire un outil de travail. Il ne vous restera ensuite qu'à utiliser l'outil, soit pour votre travail, soit en lisant des textes accompagnés de la traduction, des journaux et des revues, pendant vos moments de loisir. Si vous ne vous en servez pas, l'outil se rouillera et deviendra rapidement hors d'usage ; vous aurez perdu votre temps.

Mais si vous utilisez l'outil le plus souvent possible, vous passerez assez vite à des textes plus relevés, et vous finirez même un jour par acquérir, insensiblement, une connaissance approfondie de la langue littéraire.

Il n'y a pas d'autre secret. On maîtrise une langue plus facilement et plus vite que le bridge ou les échecs ; et il y faut moins de réflexion et d'intelligence. Il s'agit seulement d'une routine qui s'acquiert progressivement , sans intervention active des cellules grises. L'apprentissage des langues ne fatigue pas le cerveau ; il suffit que le cerveau fonctionne passivement, comme une pauvre mémoire d'ordinateur. Le processus est à peu près le même que celui de la culture physique ou de la musculation ; les réflexes viennent d'eux-mêmes, sans que vous en ayez conscience.

Un enfant normalement doué apprend l'essentiel des mécanismes de sa langue maternelle, par l'observation et la répétition mécanique, en l'espace de deux ans au plus, souvent moins. Son cerveau est encore peu développé, il ne réfléchit presque pas, et il ne possède aucun moyen de comparaison avec une autre langue. Ce qu'il acquiert en deux ans sans le vouloir, vous pouvez, avec votre volonté, vos moyens et vos connaissances, l'acquérir en quelques semaines…

L'enseignement officiel essaye de vous faire apprendre une langue étrangère en huit ans ou plus : c'est une énorme perte de temps, et l'enseignement n'est pas adapté à vos besoins. Plus vous étalez dans le temps l'étude d'une langue, plus vous multipliez les efforts, plus vous vous acheminez vers la lassitude, le découragement et même le dégoût. Ce qui aurait dû être le plaisir de la découverte, un voyage enchanteur dans un monde nouveau, devient une corvée fastidieuse qui ne vous laisse que le souvenir de manuels scolaires indigents, de phrases insipides et dénuées de sens, d'exercices ardus, de versions bourrées d'énigmes et de thèmes composés par des sadiques... Tout cela pour aboutir le plus souvent à un échec pitoyable.

Une langue doit s'apprendre vite et bien, en choisissant judicieusement les méthodes les mieux adaptées aux besoins et au tempérament de chacun, et aux diverses étapes de la connaissance. La période d'apprentissage proprement dite doit être aussi courte que possible, et elle doit permettre de passer rapidement à la phase d'acquisition par la pratique ; c'est seulement par la pratique quotidienne que vous arriverez à acquérir sans le moindre effort un vocabulaire de plus en plus important et varié, et la connaissance des tournures et des termes précis dont vous avez fréquemment besoin dans vos activités professionnelles.

La grammaire

Le lecteur aura sans doute remarqué que si la question de l'acquisition du vocabulaire a été abondamment traitée dans cet ouvrage, il y est rarement question de la grammaire, qui constitue pourtant un élément fondamental de la structure du langage.

Il convient tout d'abord de faire observer que le mécanisme grammatical d'une langue s'acquiert plus facilement et automatiquement par la pratique, l'enregistrement inconscient des faits de langue et l'imitation, que par l'étude systématique et raisonnée des lois grammaticales, avec toutes les considérations théoriques et les subtiles distinctions qu'elles comportent. Au Moyen Âge et pendant la Renaissance, on parvenait assez vite à parler et à écrire couramment le latin grâce à la pratique de la lecture des auteurs classiques, et la grammaire était généralement inconnue.

Plusieurs pédagogues du XIXe siècle ont redécouvert le fameux principe selon lequel « il faut apprendre la grammaire par la langue et non la langue par la grammaire ». Ce principe est aujourd'hui largement reconnu et mis en pratique par tous les auteurs de méthodes à l'usage des autodidactes ; il semble toutefois qu'il ne soit pas encore suffisamment appliqué dans l'enseignement.

Néanmoins, il ne serait pas sage de se priver délibérément des avantages certains offerts par la connaissance des principales règles de la grammaire. Mais leur acquisition doit intervenir graduellement et au moment opportun pendant l'apprentissage de la langue. Par exemple, dans le cas du système d'apprentissage que nous venons de décrire, l'étudiant aura intérêt à parcourir dans les premiers temps (au cours de la troisième semaine, par exemple) une grammaire succincte exposant clairement et sous une forme simple les principales règles grammaticales. Dans la mesure où, au cours de ses premières lectures, il aura déjà pu observer dans la pratique le fonctionnement de ces règles, elles lui sembleront aussi naturelles que celles de sa langue maternelle.

Ce n'est qu'à la fin de la période d'apprentissage de trois mois qu'il pourra vraiment consulter avec profit une grammaire plus complète et plus sérieuse, en prenant bien garde, toutefois, de ne pas s'obstiner à résoudre immédiatement et à tout prix les difficultés qui peuvent se présenter. On ne gagne rien à attaquer de front une difficulté grammaticale ; si elle ne peut être facilement et rapidement surmontée, il suffira généralement de la contourner et d'attendre que la pratique de la lecture l'aplanisse un jour ou l'autre. Le temps, la routine et le subconscient viennent à bout de tous les obstacles, même lorsqu'ils sont réels, ce qui est rarement le cas.

Certaines grammaires ne font qu'intimider, effrayer et décourager le débutant en expliquant de manière très compliquée les faits de langue les plus simples et les plus naturels. C'est pourquoi il convient de considérer la grammaire avec respect, certes, mais aussi avec la plus grande circonspection ; il en est de bonnes et même d'excellentes, mais certaines sont épouvantables.

D'autre part, si l'étudiant connaît ou pratique déjà une langue du même groupe que celle qu'il étudie, il constatera très vite, en passant insensiblement de l'une à l'autre, que dans les langues d'un même groupe, les grammaires sont remarquablement proches. Les règles de la grammaire française ne sont pas vraiment différentes de celles de la grammaire italienne, catalane, espagnole ou portugaise. Pour qui comprend l'allemand, les règles grammaticales des autres langues germaniques paraissent extrêmement simples, voire inexistantes. Celles des langues slaves se ressemblent et se complètent admirablement. On peut intimider l'étudiant en lui faisant observer que le slovène a une forme de duel (pluriel limité à deux objets) ; c'est en effet un archaïsme vénérable, mais on peut en retrouver des vestiges dans toutes les autres langues slaves, ce qui échappe généralement à l'attention des sujets parlants. Il n'y a là rien d'extraordinaire.

De même, la distinction entre verbes imperfectifs et perfectifs fait l'objet de savantes digressions dans les grammaires de toutes les langues slaves, et elle risque de donner des cauchemars aux débutants étrangers. Quant à ceux qui ont une langue slave pour langue maternelle, ils découvrent avec étonnement dans les grammaires un phénomène dont ils ne soupçonnaient pas l'importance, tellement il leur semble naturel. C'est l'attitude que l'étudiant devra finalement adopter ; il peut alors oublier toutes les explications.

La grammaire enseignée dans les écoles (si elle l'est encore) nous a toujours paru trop théorique et abstraite. Combien d'élèves ont-ils vraiment compris la signification première des mots « adjectif », « épithète », « subjonctif », etc. ? Et que dire des coordinations copulatives, disjonctives, adversatives, causales ou comparatives... ? Elles ont l'air de sortir d'un théâtre d'ombres vaguement obscène...

Un jour viendra peut-être où, dans toutes les écoles d'Europe, l'enseignement de la langue internationale dans les classes primaires rendra inutile l'étude de la grammaire et où, dans les classes secondaires, l'enseignement des langues dites « étrangères » sera dispensé dans la langue internationale, dans certains cas par des maîtres étrangers enseignant leur langue maternelle, probablement au moyen d'enregistrements sur vidéocassettes, CD-Rom ou DVD, faisant apparaître sur l'écran les phrases écrites au moment même où elles sont prononcées. Nous n'avons pas fini de voir naître des milliers et des milliers de nouveaux dictionnaires, de glossaires bilingues et multilingues, et de méthodes audio-visuelles à l'usage des autodidactes, en attendant les cours de langues vivantes dispensés sur Internet par les universités du monde entier. Dans les domaines de l'enseignement des langues et des sciences, les professeurs seront probablement obligés de passer sans transition des méthodes du XIXe siècle à celles du troisième millénaire.

Libéré des tâches répétitives de l'enseignement classique, le professeur aura plutôt un rôle de guide et de conseiller, tenant compte des capacités et des besoins de l'étudiant. Il interviendra dans la vérification des connaissances (acquises au moyen des supports audio-visuels) et des progrès réalisés, et il procèdera à leur évaluation. Mettant à profit son expérience dans ces domaines, il pourra aussi contribuer au perfectionnement des innombrables méthodes dont disposeront des étudiants réellement motivés et largement autodidactes.

L'utilisation universelle de l'Esperanto en tant que langue internationale auxiliaire neutre permettra un jour de parvenir, dans une Europe résolument et consciemment multilingue, à l'unité dans la diversité ; l'Esperanto est le ciment de l'Europe de demain.

Par la pratique de la langue internationale et par un réflexe inconscient de constante comparaison avec sa langue maternelle, l'élève aura déjà acquis, sans même s'en rendre compte, une notion bien précise des catégories grammaticales, ainsi que de la structure de sa langue maternelle et de la plupart des langues de l'Europe. Ce sera à la fois l'apothéose de la grammaire et son enterrement...

Par tous les moyens

Naturellement, chaque fois que cela est possible, il est préférable d'utiliser dès le début de l'apprentissage les moyens audio-visuels. Dans ce domaine, c'est en France qu'a été conçue et mise au point la meilleure méthode pour l'apprentissage des langues ; nous voulons parler de la méthode Assimil, qui est toujours aujourd'hui l'outil indispensable pour l'acquisition de la langue parlée. Il existe maintenant des méthodes Assimil pour 25 langues d'Europe.

Verba lexicum illuminat

En traitant au chapitre 12 des mots internationaux, nous avons montré à quel point les dictionnaires de nos langues indo-européennes sont truffés de vocables immédiatement identifiables et compréhensibles pour un francophone ou un anglophone. Il convient donc de ne pas négliger la lecture fréquente du dictionnaire, qui peut devenir passionnante pour peu qu'on se contente de « survoler » le vocabulaire en identifiant au passage les mots qui « rappellent quelque chose » ; et ils sont légion.

Ayant ainsi pris conscience du fait qu'il est capable de reconnaître à première vue 40 ou 50 % des mots du dictionnaire, le débutant n'aura plus jamais peur d'échouer dans l'acquisition du vocabulaire de sa nouvelle langue ; il aura franchi l'obstacle imaginaire qui intimide généralement le débutant, envahi par le découragement à la vue d'un gros dictionnaire bilingue à l'aspect rébarbatif. Qu'il n'hésite donc pas à l'ouvrir et à le parcourir au hasard chaque fois qu'il aura quelques minutes de temps libre, et il ne tardera pas à y prendre goût, au point de ne plus pouvoir s'en passer.

De fréquentes incursions et explorations dans le dictionnaire ne tarderont pas à devenir d'agréables promenades dans un jardin secret (« derrière le mur » = *paradehī, paradaiza, ferdous*, פרדס - *pardès*, պարտեզ - *bardez*, παράδεισος, *paradīsus…*), où l'on peut cueillir à tout moment des racines, des herbes, des fruits, des fleurs, même des feuilles... ou ramasser des cailloux, des fossiles, des gemmes, des pépites, des diamants... C'est le θυσαυρὸς, le *thesaurus, thesar, tesoro, trésor, treasure, trysor, teñzor…* Cette fréquentation peut même rapidement devenir un vice comme la cigarette, l'alcool ou la drogue, sans présenter les mêmes inconvénients…

Au cours de la phase de perfectionnement pratique, l'étudiant doit évidemment tirer parti de tous les moyens auxiliaires dont il peut disposer : radio, télévision, magnétophone, walkman, magnétoscope etc. On peut se procurer à bas prix des ouvrages littéraires accompagnés de l'enregistrement sonore du texte sur cassettes (Collection « Les langues pour tous ») ; on trouve aussi en vidéocassettes des films en version originale sous-titrés ; le *BBC World Service* diffuse des informations dans un grand nombre de langues d'Europe ; il existe aussi des journaux télévisés destinés aux « mal-entendants », dans lesquels le texte lu par le présentateur apparaît en même temps sur l'écran.

En ce début du XXIe siècle, les retransmissions par câble ou par satellites nous offrent d'immenses possibilités ; les antennes paraboliques orientables permettent déjà de recevoir les nombreuses émissions d'Eutelsat. Dans quelques années au plus tard, on captera normalement dans tous les foyers d'Europe des émissions de télévision en 80 langues… On pourra ainsi acquérir la pratique d'une langue sans sortir de chez soi.

Il n'en reste pas moins que pour l'acquisition de la pratique, le principal exercice consiste à lire des textes bilingues ou des textes pour lesquels on dispose de la traduction dans sa langue maternelle, ou dans une autre langue bien connue[1]. Ce système permet de ne pas interrompre trop souvent sa lecture pour chercher un mot dans le dictionnaire.

Toutefois, une application récente de l'informatique pourra bientôt remplacer la consultation furtive du dictionnaire : c'est le dictionnaire électronique, utilisant les disques numériques CD-Rom. Il permet d'avoir presque instantanément au bout des doigts le mot recherché. Jusqu'à présent, les dictionnaires électroniques ont été plutôt décevants, parce qu'ils n'offrent pas un assez grand choix de mots, mais il est hors de doute que leur contenu deviendra de plus en plus riche, et qu'ils cesseront de n'être que des gadgets (un dictionnaire tronqué est un assistant infirme et demeuré). Certains affichent le mot recherché et le prononcent en même temps. Le CD-Rom deviendra probablement, un jour prochain, un auxiliaire précieux pour l'acquisition du vocabulaire.

Lors de cette phase de perfectionnement ou de consolidation, il n'y a presque rien à apprendre ; il suffit de « rencontrer les mots » le plus souvent possible, de les fréquenter, de les voir tels qu'ils sont employés dans des contextes divers ; votre subconscient fera le reste. Un jour, vous les utiliserez vous-même sans avoir à les chercher, cela viendra tout naturellement, sans l'intervention de votre volonté. C'est ce que nous enseigne en quatre mots le dicton basque : *« zer ikusi, hura ikasi »* (« qui voit, il apprend » ou « voir c'est apprendre »).

Si vous vous en tenez à cette règle, vous pouvez en quelques mois acquérir une connaissance utilisable de n'importe quelle langue d'Europe. Ce qu'on vous a décrit comme un roc imposant, le Pic des Grandes Jorasses ou le Gaurisankar, n'est qu'un modeste tas de sable que vous pouvez aplatir sous vos pieds, en l'espace d'un été, au bord de la mer ou à la campagne. Il suffit d'essayer vraiment une fois pour que le blocage psychologique disparaisse à tout jamais, et pour que la prétendue difficulté vous apparaisse sous son vrai jour : un ridicule épouvantail.

Le jour où les Français l'auront compris, ils ne parleront plus de la barrière linguistique comme d'un obstacle insurmontable, de « langues difficiles », du « don des langues » et autres fariboles qui ne sont que l'excuse de l'immobilisme, de la routine aveugle et du laisser-aller...

Note 1

Avant de passer à la lecture des textes bilingues, qui constitueront le principal outil lors de la phase de perfectionnement, il convient d'abord de tirer parti de toutes les méthodes de lecture présentant des textes avec traduction, accompagnés de notes explicatives. Lorsque tous les ouvrages disponibles de ce genre ont été utilisés, on peut passer à la lecture des textes en éditions bilingues du genre « Les langues pour tous » ou « Collection des deux textes » de Payot. Si l'étudiant a une bonne connaissance pratique d'une autre langue étrangère, il aura également intérêt à utiliser des textes bilingues comprenant cette langue ; il pourra ainsi faire d'intéressantes comparaisons, et tirer un double profit de ses lectures.

Vient ensuite la lecture simultanée d'ouvrages traduits, avec confrontation et comparaison de l'original et de la traduction ; c'est là un exercice particulièrement enrichissant. L'étudiant peut choisir selon ses goûts des textes littéraires faciles ou des textes techniques dans les domaines auxquels il s'intéresse le plus. Il peut tout aussi bien, et avec le plus grand profit, choisir des textes rédigés dans sa langue maternelle et les comparer avec la traduction dans sa nouvelle langue. Les deux genres d'exercice sont complémentaires.

Bien entendu, l'agrément de cet exercice se trouvera renforcé si l'étudiant choisit des textes qui l'intéressent ou qui l'amusent particulièrement ; il peut tirer autant de profit des bandes dessinées ou des romans policiers que de traités de philosophie ou de manuels de chimie organique. Les amateurs de romans policiers pourront assez facilement se procurer des œuvres traduites dans leur nouvelle langue, et ils n'auront pas trop de peine à trouver l'original ou une autre traduction dans leur langue maternelle ou dans une langue déjà connue. À ce stade, la qualité de la traduction importe peu ; nous pouvons même affirmer tranquillement qu'une mauvaise traduction est aussi intéressante et instructive qu'une traduction impeccable, et surtout qu'elle est souvent plus réjouissante. Il arrive parfois, surtout dans certains pays d'Europe orientale et du Proche-Orient, que les traducteurs de romans policiers soient chichement payés par des éditeurs peu scrupuleux et n'hésitent pas à bâcler sans vergogne ce travail peu rémunérateur ; il leur arrive même de sauter une phrase, un paragraphe ou une page et d'arranger le texte à leur manière, pour arriver plus vite à la fin du récit ou éviter des problèmes de traduction. Le lecteur attentif peut parfois s'émerveiller de l'ingéniosité et de la débrouillardise du tâcheron, et s'amuser des résultats et des effets comiques inattendus d'innombrables contre-sens, faux-sens, quiproquos et autres coq-à-l'âne.

Il arrive parfois que le titre même de l'ouvrage soit le résultat d'une méprise. Prenons par exemple le cas d'un roman policier de James Hadley Chase intitulé *« Night out »* : dans la version française, le titre est astucieusement traduit par « Partie fine ». Dans la version turque, la traductrice du texte anglais s'est inspirée du titre français, et celà donne en turc *« Son parti »*, c'est à dire « Partie finale » ou « La dernière partie », le sens de l'expression française ayant été visiblement mal compris. On décèle fréquemment dans ce genre d'ouvrage une tendance à répéter dans toutes les langues les mêmes erreurs. Par exemple, si l'original est en français, les traducteurs confondent le plus souvent « Provence » et « province », ce qui n'est pas tout à fait la même chose, mais passe toujours inaperçu...

Il est vrai que le style de certains auteurs peut poser des problèmes de traduction presque insolubles. C'est le cas, par exemple, de la prose à la fois percutante et luxuriante de Frédéric Dard. Et pourtant, certaines traductions des aventures de San Antonio sont parfois, elles aussi, de véritables chefs-d'œuvre. Certains traducteurs (notamment ceux de langue espagnole), arrivent à produire des calembours presque aussi savoureux que ceux de l'auteur, tout en respectant l'esprit de l'œuvre et son style. D'autres, moins doués, pataugent dans le texte comme des éléphants dans un champ de mines, déclenchant de grandioses feux d'artifice, qui viennent éclairer crûment d'un jour nouveau et insolite les énormes astuces de l'original ! Rien n'empêche pour autant le lecteur de s'amuser de tout ce qu'il peut y trouver, et de faire son profit en toutes circonstances de la rencontre des mots de sa nouvelle langue.

C'est également au cours de cette période des premiers contacts avec la langue écrite qu'intervient la lecture intelligente et décontractée du dictionnaire, exploration superficielle mais attentive du trésor lexical de la langue. Ce n'est qu'après cette courte période d'assimilation intensive que l'étudiant pourra passer hardiment à la lecture des textes sans l'aide de la traduction ; et si, dès lors, il lit un peu chaque jour dans sa nouvelle langue, il ne risquera plus de l'oublier ; elle finira par devenir une partie intégrante de sa matière grise.

Orbis Pictus

22. Les méthodes de langues européennes et leur évolution : l'embarras du choix

Les bonnes vieilles méthodes

Dans l'Europe polyglotte de la Renaissance, les gens cultivés parvenaient à apprendre rapidement, outre le latin et le grec, une ou plusieurs langues étrangères. Leur mérite était considérable, si l'on pense qu'il n'existait à l'époque ni grammaires, ni méthodes pour l'enseignement des langues. On apprenait les rudiments de la langue avec un précepteur ou un professeur ; la pratique par la lecture assidue des textes faisait le reste. Les premières grammaires des langues classiques et des principales langues d'Europe n'ont été imprimées que vers la fin du XVe siècle et au cours du XVIe siècle.

C'est en 1658 que fut imprimé pour la première fois à Nuremberg un ouvrage intitulé *Orbis Pictus*, la première méthode de langues étrangères. Il était destiné à l'éducation des très jeunes enfants qui devaient - selon les conceptions de l'auteur - apprendre l'essentiel du vocabulaire de leur langue maternelle, du latin et d'une ou deux langues vivantes, avant d'entrer à l'école, ce que tout le monde à l'époque trouvait parfaitement normal.

L'auteur de cette extraordinaire méthode était Comenius (Jan Amos Komenský), également mentionné aux chapitres 6 et 23. Depuis 1658, *Orbis Pictus* a connu de nombreuses rééditions dans la plupart des langues d'Europe. À notre connaissance, la dernière date de novembre 1913. Il s'agit d'une édition quadrilingue remise à jour (en français, allemand, tchèque et serbe), publiée à Česky Brod par Ladislav Beneš.

De nos jours encore, on ne peut qu'admirer cet ouvrage d'enseignement élémentaire, digne d'un Encyclopédiste et composé cent ans avant l'Encyclopédie. On y désigne par leur nom en 132 brefs chapitres, (345 pages), tous les objets et tous les concepts imaginables à l'époque. Les mots sont présentés dans des phrases courtes et simples, sur un ton de conversation puérile et honnête, et certains d'entre eux correspondent à des détails indiqués par un chiffre sur le petit tableau qui précède le chapitre. Chaque chapitre constitue, en un raccourci saisissant, une véritable leçon de choses. La leçon d'introduction nous présente un ecclésiastique à longue barbe, assis dans son fauteuil sur le balcon d'une noble demeure, devant un paysage de montagnes où se dresse un imposant château à tourelles, recevant un garçonnet âgé de six à sept ans. En voici le texte.

Le Maître — Approchez, mon enfant, et, apprenez à devenir sage.
L'Enfant — Qu'est-ce que d'être sage ?
Le Maître — C'est savoir tout ce qui est nécessaire pour bien entendre, bien agir, bien parler.
L'Enfant — Qui est-ce qui me l'apprendra ?
Le Maître — Moi, avec l'aide de Dieu.
L'Enfant — De quelle manière ?
Le Maître — Je vous mènerai partout, je vous montrerai tout, je vous nommerai tout.
L'Enfant — Eh bien ! me voici ! conduisez-moi au nom de Dieu.

Après cette bénissante entrée en matière, on présente à l'élève, dans les langues enseignées, une description de la totalité des connaissances humaines en 132 leçons[1]. La dernière est intitulée « Le Jugement dernier »; elle est ornée d'une belle image où l'on voit le Seigneur devant son arc-en-ciel, le Paradis, l'Enfer, le Purgatoire et les nouveaux élus, les Anges sonnant de la trompe et les Archanges brandissant leur glaive. La leçon se termine par ces mots : «.... mais les impies et les damnés seront rejetés avec les diables aux enfers pour y souffrir éternellement.»

Note 1

Dieu, Le Ciel, Le Monde, Le Feu, L'Air, L'Eau, Le Nuage, La Terre, Les produits de la terre, Les Pierres, Les Métaux, L'Arbre, Les Fleurs, ... Les Animaux, ... L'Homme, Les Sens, La Maison, Le Jardinage, L'Agriculture, L'Élève du Bétail (sic), L'Écurie, La Chasse, La Pêche, La Meunerie, La Boulangerie, La Tissure, La Blanchisserie, Le Tailleur, ... (suivent tous les corps de métiers). L'Escrime. Les Jeux, ... Le Piéton, Le Cavalier, Les Voitures, Le Charriage, ... Les Vaisseaux, ... La Ville,.... L'Empire, Le Soldat, Le Camp, La Bataille, La Bataille navale, Le Siège, ... La Justice, Les Mesures et les poids, ... L'Imprimerie, le Relieur, le Libraire .... L'École, ... Les Instruments de Musique, La Peinture, Le Théâtre, La Médecine, Les Inventions, La Géométrie, La Lune, Le Système solaire, L'Univers, L'Éthique. La Tempérance, L'Assiduité, La Vaillance, La Patience. La Justice, La Libéralité, L'Humanité, La Religion, La Providence, etc.

Voici enfin la « conclusion », en tête de laquelle on retrouve le tableau de la première leçon, avec le même ecclésiastique barbu, assis dans son fauteuil sur le même balcon, mais le garçonnet semble avoir cette fois un an de plus, il a grandi et se tient plus droit. Le noble vieillard lui adresse cet ultime adieu :

> « Ainsi vous avez vu toutes choses qu'on peut montrer, et appris les mots principaux de la langue X. À vous à présent d'avancer et de lire soigneusement de bons livres qui peuvent vous rendre sage et pieux. Souvenez-vous : craignez l'Éternel et l'invoquez, afin qu'il vous donne l'esprit de la sagesse. Dieu vous aide ! »

Si l'on fait abstraction du prêchi-prêcha du bon frère morave, l'ouvrage peut être considéré comme le digne précurseur des *Bilder Duden*, les précieux dictionnaires illustrés classés par le sens, dont d'innombrables versions monolingues ou bilingues ont été publiées depuis une soixantaine d'années. Tel qu'il est, il constitue encore de nos jours une intéressante source d'enseignements pour les polyglottes contemporains.

Pendant plus de deux siècles, les Européens qui n'ont pas eu la chance de connaître *Orbis Pictus* n'ont disposé d'aucune méthode sérieuse leur permettant d'entreprendre l'étude d' une langue étrangère ; les grammaires leur étaient bien de quelque secours, mais c'est seulement beaucoup plus tard que devaient paraître les premiers ouvrages destinés à l'étude systématique des langues de l'Europe. C'est en effet au tournant du XVIIIe et du XIXe siècle que, sous l'influence des Encyclopédistes et des grands bouleversements politiques de l'Europe, on vit naître toute une nouvelle génération de polyglottes, dont les premiers représentants furent en France Champollion, Sylvestre de Sacy, Quatremère et de nombreux autres. En Allemagne, Goethe fut l'un des premiers grands auteurs polyglottes de l'Europe moderne ; la génération suivante comptait dans ses rangs Byron, Mérimée, Gérard de Nerval, ...

À cette époque, le principal outil pour l'étude des langues était constitué par les traductions juxtalinéaires ou interlinéaires. La traduction littérale, parfois accompagnée d'une traduction libre, figurait sous chaque ligne de texte et permettait au débutant de suivre sans effort le texte original. D'abord utilisé au cours du siècle précédent pour l'étude des langues classiques, ce système fut appliqué de plus en plus aux langues modernes de l'Europe. Nous citerons comme exemple, parmi d'innombrables autres ouvrages de cette époque, une fort belle méthode publiée à Paris chez Fuchs, libraire rue des Mathurins, hôtel de Clugny, et portant la date du 8 Germinal, an dix - Mars 1802 ; elle est intitulée : « Essai de traduction interlinéaire des cinq langues, hollandaise, allemande, danoise, suédoise, et hébraïque ; savoir :

1o D'une Traduction en vers hollandais, des Distiques de Caton ;

2o D'une Traduction en vers allemands, du poème de l'Homme des champs, par l'abbé Delille ;

3o D'une Traduction danoise des Fables de Lessing ;

4o D'une Traduction suédoise de quelques Odes d'Anacréon ;

5o De la Traduction allemande de quelques-uns des Conseils moraux de Muret ;

6o Et de plusieurs Pseaumes (sic) et Cantiques hébreux. »

La page de titre était ornée d'un extrait d'une ode de La Motte, qui résumait en quelques mots l'esprit du siècle naissant et son aspiration à l'universalisme :

> « *C'est par l'étude que nous sommes,*
> *Contemporains de tous les hommes,*
> *Et citoyens de tous les lieux.* »

Les méthodes du XIXe siècle

Il fallut attendre la deuxième moitié du XIXe siècle pour voir paraître une méthode de langues rationnelle destinée aux autodidactes, la méthode Sanderson, dont l'auteur proclamait fièrement cette évidence : « Il faut apprendre la grammaire par la langue et non pas la langue par la grammaire ». Même si leurs méthodes ont bien vieilli, les auteurs de la fin du siècle dernier ont rendu d'inestimables services à plusieurs générations, et les vieux polyglottes parlent encore avec émotion des pionniers qui avaient nom Sanderson, Ollendorf, Sobrino, Xavier de Bouge, Marc de Valette, Seidel, Dirr, Manassewitsch, Kainz etc. Ceux qui ont appris des langues étrangères au début de ce siècle ont largement puisé leurs premières notions dans les trésors que leur offraient les méthodes *Toussaint-Langenscheidt*, de Berlin-Schöneberg ; *Gaspey-Otto-Sauer*, de Heidelberg ; *Hartleben*, de Vienne et Leipzig ; ainsi que plusieurs autres maisons d'édition spécialisées dans ce domaine.

La plupart de ces méthodes sont encore de nos jours des outils précieux que l'on aurait tort de négliger, même si elles paraissent un peu dépassées. Elles sont toutes construites selon un même plan : chaque lecon comprend généralement cinq parties.

1 Un exposé grammatical en deux ou trois pages au plus, avec exemples à l'appui.
2 Une liste de mots d'usage courant avec leur traduction (environ 20 à 30 mots)
3 Un exercice de version avec corrigé, composé de phrases simples, utilisant les notions apprises et les mots de la liste.
4 Un thème d'imitation avec corrigé.
5 Un dialogue simple (avec ou sans traduction), puis, dans les leçons avancées, des textes littéraires bien choisis et de difficulté graduée.

Les premières méthodes de ce type se distinguaient par des modèles de phrases qui n'étaient pas toujours adaptés aux besoins des utilisateurs ; on ne manquait pas d'ironiser dans les vaudevilles sur des phrases de ce genre : *« la plume de ma tante est sur la commode de ma belle-mère »*. À partir des années 1880, ce défaut était de moins en moins fréquent, et les exercices comprenaient des phrases qui pouvaient présenter un intérêt pratique.

Pour ceux qui possèdent une bonne connaissance de la langue allemande, qui aiment aller au fond des choses et ne craignent pas de se lancer d'emblée dans l'étude approfondie d'une langue, certaines méthodes *Toussaint-Langenscheidt*, déjà presque centenaires, représentent une véritable mine. La méthode type, dite *Original Methode Toussaint-Langenscheidt,* est un énorme pavé de grand format, comprenant habituellement 36 cahiers ; chaque cahier contient deux leçons extraordinairement détaillées et de nombreux exercices, le tout imprimé sur deux colonnes, chaque leçon étant divisée en

30 ou 40 sections assez substantielles. À l'époque, l'étudiant devait être suffisamment motivé pour étudier régulièrement et systématiquement jusqu'au bout cet ouvrage considérable ; une telle éventualité nous semble aujourd'hui assez improbable. Cette monumentale *Original Methode* existe pour les langues suivantes : anglais, français, italien, espagnol, néerlandais, russe, polonais, roumain, suédois, hébreu et hongrois. Naturellement, on trouve aussi des méthodes *Toussaint-Langenscheidt* beaucoup moins volumineuses et plus adaptées aux conditions et aux besoins de la vie moderne.

Les méthodes *Gaspey-Otto-Sauer*, publiées par *Julius Groos* à Heidelberg, ont offert tout au long de ce siècle un choix beaucoup plus vaste ; il en existe pour presque toutes les langues d'Europe, et également pour de nombreuses langues d'Orient et d'Extrême-Orient.

Du point de vue de la diversité des langues enseignées, la palme revient aux petits livres de la collection *« Die Kunst der Polyglottie »* publiée jusqu'à la fin de la première guerre mondiale par les Editions *Hartleben*, de Vienne et Leipzig. Ces ouvrages font encore de nos jours l'admiration des amateurs. Il existe des manuels *Hartleben* non seulement pour toutes les langues d'Europe, y compris le finnois, le slovène, le géorgien, l'arménien occidental et l'arménien oriental, mais encore pour les langues d'Orient et d'Extrême-Orient, pour plusieurs langues africaines, et même pour le samoan ; il en existe aussi pour l'hébreu, le samaritain, le syriaque, le phénicien et l'assyrien…

Les auteurs de ces ouvrages étaient parfois extraordinairement polyvalents : l'un d'entre eux, A. Seidel, est l'auteur des méthodes suivantes : japonais, persan moderne, malais, swahili, langues du Sud-Ouest africain allemand, turc, hindustani, anglais, français, arabe littéral, grec moderne, lituanien. Un autre, A. Dirr, est non seulement l'auteur des méthodes d'annamite, de géorgien, d'arménien oriental et de russe, mais encore de la *« Panstenographie »*, une méthode de sténographie applicable à toutes les langues, dans laquelle on trouve des exercices pratiques en allemand, français, italien, espagnol, roumain, anglais, néerlandais, suédois, russe, polonais, tchèque, serbe, slovène, bulgare, hongrois, finnois, grec, latin, arabe, persan, arménien, géorgien, turc, hindustani, swahili, hausa, herero, douala, malais, samoan et japonais.

Depuis près d'un siècle, c'est dans ces méthodes que des milliers d'autodidactes de toute l'Europe ont puisé leurs premières notions des langues de notre continent. Ceux qui, à tort ou à raison, préféraient apprendre avec l'aide d'un professeur, disposaient, depuis la fin du XIXe siècle des facilités offertes par les écoles Berlitz dans le monde entier. L'enseignement de Berlitz, la « méhode directe », reposait au début sur quelques principes très simples :

a) les leçons utilisaient surtout l'association entre l'objet et le mot prononcé par le professeur (Ex. : « Ceci est un crayon »)

b) presque toutes les leçons consistaient en conversations par questions et réponses dans la langue parlée, entre le professeur et l'étudiant.

c) l'étudiant devait d'abord s'en tenir à la pratique de la conversation, sans trop s'inquiéter des règles de grammaire, et ne devait pas faire usage de sa langue maternelle.

d) les règles étaient expliquées au moyen d'exemples frappants.

Grâce à des recueils de textes soigneusement choisis et de difficulté croissante, l'étudiant arrivait à acquérir, plus ou moins rapidement, une base assez solide dans le domaine de la conversation courante. Servi par une publicité de premier ordre, Berlitz devait devenir dans les principaux pays du monde la première institution consacrée à l'enseignement des langues. Toutefois, les étudiants qui s'intéressaient particulièrement à l'étude des langues étaient généralement des autodidactes, qui considéraient bien souvent que le professeur pouvait devenir une gêne s'il ne comprenait pas vraiment leurs besoins particuliers. L'autodidacte est en effet un étudiant très motivé, qui sait où il va et qui choisit lui-même les moyens d'y parvenir.

Les méthodes du XXe siècle : évaluation critique

C'est en 1906 que fut publiée à Paris, par les soins de l'*Œuvre des études grecques et latines*, la méthode de Charles Pagot intitulée : *« Sept langues enseignées en même temps par la grammaire comparée et l'étymologie »* (grec, latin, français, espagnol, italien, allemand, anglais). La mention suivante figurait sur la page de titre :

> *« Il est plus facile et plus intéressant d'apprendre en même temps sept langues de la même famille que d'en étudier une seule séparément, parce qu'elles s'expliquent les unes les autres. »*

La méthode pédagogique de Charles Pagot reposait en grande partie sur la pratique du thème, ce qui semblait naturel à son époque pour l'enseignement des langues classiques, mais serait à juste titre considéré de nos jours comme trop décourageant pour les élèves débutants.

Bien entendu, cette méthode n'eut aucun succès et sombra immédiatement dans l'oubli. Il est regrettable que personne n'ait essayé de l'adapter de nos jours aux systèmes pédagogiques modernes ; une méthode Assimil conçue sur la même base constituerait un outil extraordinairement efficace. Encore faudrait-il faire pénétrer dans l'esprit du grand public la lumineuse déclaration figurant en tête de l'ouvrage de Charles Pagot. Peut-être l'idée sera-t-elle un jour reprise dans un cours interactif utilisant le CD-Rom ; il ne faut jamais désespérer.

Au début des années 20, la méthode Linguaphone fit son apparition, d'abord en Grande Bretagne, puis très rapidement dans le monde entier. Elle ne ressemblait pas aux méthodes classiques décrites ci-dessus - tout en s'inspirant quelque peu de la méthode Berlitz - mais pour chaque leçon, l'élève disposait d'un enregistrement sur disque. La méthode audiovisuelle était née ; elle connut immédiatement un grand succès, malgré le prix élevé de la méthode et des disques qui l'accompagnaient. Son point faible était le niveau de connaissances assez limité qu'elle permettait d'acquérir. En revanche, son point fort était la grande diversité des langues enseignées dès le début des années 20. La pratique a montré que bon nombre de ceux qui ont acheté la méthode n'ont généralement écouté que les premiers disques ; on a parfois l'impression que dans ce domaine, les gens fortunés sont assez peu motivés, sollicités sans doute par d'autres distractions.

En 1929 paraissait en France la méthode Assimil, dont le premier volume, « L'Anglais sans peine », connut un succès immédiat. Les dialogues n'étaient plus des textes stéréotypés, sentencieusement articulés par des professeurs de langues ou par des phonéticiens, mais bien des conversations vivantes et spontanées interprétées par des comédiens ; pour la première fois, on y recommandait de ne pas considérer l'étude de la langue comme un travail, d'éviter toute tension d'esprit et tout effort exagéré de nature à paralyser les « moyens naturels d'assimilation ». Au cours de la première phase « d'assimilation passive », l'étudiant faisait naturellement connaissance avec sa nouvelle langue, et les notions ainsi acquises se précisaient au cours de la deuxième phase, dite « phase active ». Les textes avaient un ton naturel qui ne trompait pas, les leçons abondaient en explications simples et directes, chaque mot faisait mouche, chaque phrase était plausible.

Les volumes suivants, pour l'étude de l'allemand, de l'espagnol, de l'italien et du néerlandais, connurent le même succès et suscitèrent en peu de temps de nombreuses vocations de polyglottes. Malheureusement, le nombre des langues enseignées resta longtemps limité à cinq langues d'Europe occidentale, et c'est seulement bien après la deuxième guerre mondiale qu'on vit paraître des méthodes Assimil pour de nouvelles langues ; il en existe actuellement pour 25 langues d'Europe et pour les principales langues d'Asie et d'Extrême-Orient.

En Grande-Bretagne, c'est surtout pendant et immédiatement après la Seconde Guerre mondiale que sont parues des méthodes modernes pour l'étude des langues d'Europe. La série la plus remarquable est constituée par les méthodes *« Teach Yourself »*, qui comptent actuellement un très grand nombre de titres. (The English Universities Press Ltd). On peut aussi se fier aux séries *« Colloquial x »*, publiées à Londres par *Kegan Paul, Trench, Trubner & Co Ltd.* Pour les premières lectures avec explications, la série des *« Modern Language Readers »* publiée par *Lund Humphries & Co* peut également rendre de grands services.

C'est aussi pendant la guerre, au début de 1942, – quelques mois seulement après Pearl Harbor – que les États-Unis comprirent l'importance des connaissances linguistiques dans les forces armées ; on créa un comité mixte de l'Armée et de la Marine des États-Unis, chargé de rechercher les moyens d'enseigner rapidement à un grand nombre de recrues les diverses langues parlées dans les régions où des troupes pourraient être envoyées. Le *« Programme de formation linguistique intensive »* fut promptement constitué et toutes les méthodes nécessaires mises au point avec une extraordinaire célérité, sous la pression des événements. Ces méthodes étaient destinées à des recrues qui, la plupart du temps, n'avaient jamais tenté d'apprendre une langue étrangère ; les résultats obtenus furent une surprise pour tout le monde, même pour les organisateurs de cette remarquable entreprise.

Le système appliqué apportait une nouveauté dans le domaine de l'enseignement des langues: il reposait surtout sur la mémoire auditive et sur la faculté naturelle de reproduction instinctive des sons : il s'agissait avant tout d'enseigner au plus vite la langue parlée. Un *« native speaker »* lisait inlassablement les phrases-types du manuel à un groupe de recrues dirigé par un *« group leader »* ; les exercices devaient permettre à l'étudiant de reproduire immédiatement, dans une situation donnée, la phrase dont il aurait besoin.

Entre 1942 et 1945, l'Institut des Forces armées des États-Unis a ainsi publié des manuels pour plus de trente langues, dont le japonais, le chinois, le malais, le thaï, le birman, le coréen, l'hindustani et de nombreuses langues d'Europe, à commencer par celles des pays qui pouvaient devenir un théâtre d'opérations : français, albanais, grec, norvégien, etc. Dès la fin de la guerre, les manuels furent publiés à l'usage du public par « Henry Holt and Company », les leçons étant enregistrées sur disques vendus séparément. De nombreux Américains travaillant à l'étranger ont utilisé la Méthode Holt pour se familiariser avec la langue de leur nouveau pays de résidence.

Parmi les méthodes de langues publiées à l'étranger, les méthodes russes forment une classe à part. Les éditions d'État soviétiques, qui n'étaient pas soumises à des critères de rentabilité, ont publié entre 1925 et 1990 des dizaines de milliers de méthodes de langues, dictionnaires et ouvrages divers à l'usage des autodidactes, des linguistes et des chercheurs, pour les quelque 150 langues de l'Union et pour de nombreuses langues du monde entier; c'est ainsi qu'elles ont publié en 1936 un dictionnaire avec esquisse de grammaire de la langue oudé, parlée à l'époque par 1 357 personnes...

En raison de leur infinie variété, ces méthodes constituent une véritable aubaine pour tous ceux qui s'intéressent aux langues ; leur qualité est en général assez satisfaisante, et le plan d'ensemble est assez proche de celui des méthodes classiques du début du siècle, qui ont fait leurs preuves. Le choix des textes est évidemment très marqué par la propagande officielle, mais ce serait plutôt là un avantage pour l'étudiant, qui retrouve d'une langue à l'autre les mêmes expressions figées de la langue de bois ; il y a là un soutien précieux pour la compréhension des textes dans une nouvelle langue. L'étudiant peut en outre utiliser avec profit les innombrables traductions de la Vie de Lénine, de l'Histoire du Parti Communiste (bolchevik) de l'URSS, de la Biographie de Staline, et les œuvres impérissables de Staline telles que « Les questions du Léninisme » ou le « Le Marxisme et les questions de la linguistique ». L'intérêt de ces textes est certes discutable, mais ils nous offrent une traduction fidèle et soigneusement revisée de l'original russe...

Les nouvelles méthodes actuellement publiées n'apportent généralement pas d'éléments nouveaux dans le domaine de l'enseignement des langues. Nous avons déjà attiré l'attention du lecteur sur les textes littéraires de la collection *« Les langues pour tous »*, qui peuvent rendre de grands services au cours de la phase de perfectionnement.

Nous ne saurions passer sous silence une assez curieuse innovation dans ce domaine : on a actuellement tendance à tirer parti des découvertes de la linguistique structurelle, ce qui risque de plonger le non initié dans un abîme de perplexité. La mise en évidence des liaisons binaires et des syntagmes au moyen de structures arborescentes (Arbre de « Tesnière-Hays » et « Arbre de Chomsky ») nous paraît être un chef-d'œuvre de l'art de compliquer les choses les plus simples. Nous sommes vraiment loin de l'époque où l'on enseignait trois ou quatre langues aux enfants avant leur entrée à l'école...

Les mauvaises et les pires

On trouve sur le marché des quantités de méthodes de langues plus ou moins bâclées, qui sont souvent de simples manuels de conversation. Beaucoup sont inutilisables et ne donnent que des modèles de phrases, parfois assez saugrenues, du genre : « Au secours !

Je gis au fond d'un sérac ! » ou bien « La marche est un exercice salutaire, une excellente gymnastique, elle donne des jambes et fortifie les poumons », ou encore : « Donnez-moi le tire-botte, je vais me débotter. » Il convient de se méfier particulièrement des méthodes publiées au Proche Orient ou en Asie du Sud-Est ; il est vrai qu'un premier coup d'oeil sur ces ouvrages suffit le plus souvent pour prendre la mesure de leur valeur. Certains d'entre eux peuvent rendre quelques services, mais on ne saurait les prendre au sérieux. Nous avons beaucoup aimé par exemple une méthode d'anglais publiée à Shanghaï à la fin des années 30 et encore vendue de nos jours à Hong Kong et dans toute l'Asie du Sud-Est sous le titre : *« Short English Essays for Beginners »* par *H.L. Ting (World Book Co Ltd.).* La leçon 4, intitulée *« A drive in a motor »* est particulièrement touchante…

Certains de ces ouvrages atteignent des sommets difficilement imaginables. Dans ce domaine, nous n'hésiterons pas à décerner la palme au remarquable *Manuel de conversation anglais-français-thaï* d'un certain Frank Dixson, publié à Bangkok par *« l'American Language Center »*, et encore actuellement en vente dans toutes les bonnes librairies de Thaïlande. Nous ne résisterons pas au plaisir d'en citer quelques extraits significatifs et, pour une meilleure compréhension du texte français, nous reproduisons en regard le texte anglais correspondant :

(Page 201) : *I like swimming very much.*
J'aime joubé conagace nager l'allé morteré s'il lerze me moii ne.

(Page 223) : *My ears hurt a great deal.*
J'ai très mes aux quest ce qui chéssé (Je moi où et sattre muidre)

(Page 229) : *My throat hurts.*
J'ai neze malé quelle les croite et à la gôrgeré.

(Page 229) : *I have a running nose and I am sneezing.*
J'ai voudrais est ce que nous savez et le savonte moi est de qui nez faire jôurdé.

(Page 248) : *Where do I have to come to see you again?*
Quand fau-dra-t-i-l quest ce que de ourager matente ?

(Page 303) : *I'd like an enlargement of this negative.*
Je voudrais en moi làire côu'era arconté aller vex ce quest vi à me sülemal teraé voice.

(Page 255) : *I want them (need them) as soon as possible.*
J'ai aiselles be-qu'onte arette cessâire jourd assitôt sur que ne du se possible.

(Page 179) : *Whom do you wish to speak to?*
A qui quelle me cére rârée mareconces du caureau minte cherche des sur ma de parler ?

(Page 165) : *Please register this letter.*
Je voudrais est mereonze cône prenmère que quest quelle leze sonite.

Si par hasard une de ces phrases en « français » ne vous satisfait pas entièrement, vous pouvez toujours trouver à une autre page une variante qui vous permettra peut-être de mieux vous faire comprendre. Ainsi :

(Page 154): *How much is the admission?*
Quelles le ce quest que erré prix de la moi sent d'entrée ?

(Page 184) : *What is the admission?*
Quelle le est ce que de més le prix cotêe lonque masse pressezée.

Il est bien évident que tous les manuels de conversation ne sont pas aussi stupéfiants et que, normalement, il y a toujours pour le débutant quelque chose à glaner, même dans les pires méthodes. Mais pour éviter le découragement, il est plus sage d'écarter, au moins dans les débuts, les prétendues méthodes qui ne donnent pas une explication détaillée des textes en langue étrangère et vous présentent seulement une traduction plus ou moins fidèle de phrases plus ou moins utiles. La mauvaise méthode est celle qui vous donne une phrase en langue étrangère sans indiquer nettement le sens de chaque mot ; mais si l'étudiant a déjà une bonne notion des rudiments de la langue, il peut faire son profit de tous les ouvrages qui lui tombent sous la main, les pires ou les meilleurs.

23. La solution de la langue internationale

L'utopie, c'est la vérité de demain
(Victor Hugo)

Dès le XVIe siècle, le philosophe catalan Juan Luis Vives s'inquiétait de la disparition prochaine du latin comme langue de communication internationale. Au XVIIe, Descartes et Comenius (Jan Amos Komenský) insistaient sur la nécessité d'une langue auxiliaire commune qui serait plus facile à apprendre que toutes les langues connues jusqu'alors. (Comenius, qui écrivit et enseigna successivement en tchèque, en latin, en allemand, en anglais, en néerlandais, en polonais, en français et en suédois, est l'auteur des premières méthodes de conception moderne pour l'enseignement des langues ; ces vénérables méthodes pourraient être encore de nos jours utilisées avec profit).

Au XVIIIe siècle, Voltaire et Montesquieu constatent que le monde a besoin d'une langue internationale.

En 1843, Fourier, dans sa « Théorie de l'unité universelle », annonçait l'apparition inévitable d'une nouvelle langue « digne d'une humanité unie et dans laquelle se trouverait incorporé le génie de toutes les nations ».

L'Esperanto

Depuis cette époque, des centaines de projets de langue artificielle ont vu le jour, et certains ont connu un succès éphémère. L'Esperanto, présenté en 1887 par le Dr Zamenhof, s'est imposé dès son apparition et n'a jamais cessé d'être utilisé depuis lors par des adeptes dont l'enthousiasme et la conviction n'ont fait que se renforcer, malgré les réticences et parfois l'hostilité des pouvoirs publics de divers pays, qui croyaient naïvement discerner dans la langue internationale un danger pour leur langue nationale. On peut affirmer sans craindre d'exagérer que tous ceux qui ont appris l'Esperanto, (bien souvent en quelques heures, comme ce fut le cas pour Tolstoï) ont immédiatement reconnu en lui « le latin moderne », un formidable outil de communication !

Ce nom d'Esperanto n'a pas été délibérément choisi; il s'est imposé par hasard. Les premiers articles consacrés à la *« internacia lingvo »* par le Dr Zamenhof étaient signés d'un pseudonyme: Esperanto (celui qui espère). La presse de l'époque s'est emparée de ce nom et s'en est servie pour désigner la nouvelle langue ; le nom a rapidement fait le tour du monde, et l'habitude a fait le reste. De nos jours, certains Espérantistes ont tendance à revenir à l'appellation première, et on parle couramment de l'ILO (abréviation de *Internacia Lingvo*, qui signifie en même temps « outil »).

Pour ceux qui le connaissent et le pratiquent, l'ILO représente la synthèse parfaite des langues de l'Europe moderne ; mais comme on pouvait le prévoir, l'Esperanto n'a pas que des partisans et, parmi ceux qui ne le connaissent pas, il s'en est trouvé un certain nombre pour avancer à son égard diverses critiques.

On constatera avec intérêt qu'il n'est nullement nécessaire de réfuter ces critiques : Il suffit de les confronter et de les comparer pour qu'elles s'annulent mutuellement : pour certains, la langue internationale diffère trop du latin; pour d'autres le nombre des racines latines y est trop élevé ; elle ne ressemble pas assez à l'anglais; ou encore elle ressemble trop aux langues latines, etc. Même les linguistes, qui, dans l'ensemble ont bien compris l'intérêt de l'Esperanto, n'ont pas manqué de lui faire des reproches assez inattendus, et notamment celui d'être trop facile ! On est allé jusqu'à critiquer le fait que les règles de grammaire ne sont pas soumises à des exceptions ; et certains souhaitent qu'on y introduise des irrégularités, pour rendre la langue plus proche des langues nationales européennes !

Pour ceux qui pratiquent couramment la langue internationale, son écrasante supériorité ne saurait être mise en doute ; on peut dire que l'Esperanto réunit toutes les qualités des langues d'Europe, et qu'il est en quelque sorte l'héritier de l'ensemble de la civilisation européenne. En effet, l'Esperanto n'est rien d'autre qu'un compromis entre les principales langues de l'Europe ; Zamenhof a pris pour base les mots « internationaux » communs aux grandes langues européennes de civilisation ; il en a tiré des racines déjà connues de tous les Européens, ou du plus grand nombre d'entre eux, et les a ensuite incorporées dans un système de reconstruction simple et logique. Quant à la grammaire, c'est un chef-d'oeuvre de logique et de simplicité.

Avantages sur les autres langues

À ce jour, environ dix millions de personnes dans le monde entier ont appris l'Esperanto. La langue fonctionne et est depuis longtemps prête à servir dans les relations internationales ; elle possède une abondante littérature originale, et de plus, le nombre des ouvrages traduits en Esperanto atteint des dizaines de milliers de titres ; on trouve aujourd'hui des Espérantistes actifs dans 119 pays du globe, et il existe des associations espérantistes dans 99 pays. Des émissions de radio en Esperanto sont diffusées à partir de Pékin, du Vatican, de Rome (RAI), de Varsovie, de Vienne, de Tallinn, de Séoul…

Depuis plus d'une centaine d'années, les Espérantistes n'ont jamais cessé de cultiver « leur » langue, en dépit de l'incompréhension – et parfois de l'hostilité – des autorités officielles des divers pays d'Europe ; on en était même arrivé, dans certains milieux, à les considérer comme une sorte de secte ou, dans le meilleur des cas, comme de doux maniaques.

Chaque année, depuis plus de cent ans, les congrès d'Espérantistes proclament à la face du monde l'existence bien réelle de la langue internationale, et refont inlassablement la démonstration de sa vigueur et de son efficacité ; on y fait le point des progrès accomplis dans tous les domaines, on y présente des publications de plus en plus nombreuses et variées rédigées dans la langue internationale. On peut même y rencontrer des centaines de personnes, des enfants et des adultes, dont l'Esperanto est la langue maternelle ; ce qui ne les empêche pas, bien au contraire, de parler de nombreuses autres langues. Il est en effet prouvé depuis longtemps déjà que celui qui a appris la langue internationale est à même d'apprendre beaucoup plus rapidement et facilement n'importe quelle langue européenne. De nombreux Chinois, Japonais et Coréens en ont fait l'expérience ; et on ne compte plus les Espérantistes européens qui se sont servis de « leur » langue pour apprendre en un temps record un grand nombre de langues étrangères, européennes ou autres. Même les débutants dans la langue internationale constatent très vite qu'un texte traduit en Esperanto à partir d'une langue étrangère a pour eux la valeur d'une explication de texte, tant il permet de reproduire fidèlement le texte original dans ses moindres nuances.

En dehors des milieux espérantistes, tout cela passait généralement inaperçu jusqu'à ces derniers temps ; les pouvoirs publics de la plupart des grands pays d'Europe restaient étrangement sourds et aveugles devant un phénomène qui doit inévitablement apporter un jour la solution de leurs problèmes linguistiques. C'est seulement maintenant, à la 23e heure, qu'on commence à prendre conscience de cette réalité...

La valeur de l'Esperanto en tant qu'outil de communication internationale a été reconnue par l'Unesco, qui a décidé en 1984 de s'en servir dans le domaine des échanges scientifiques. Inévitablement, la langue internationale finira par s'imposer dans les institutions européennes ; les procédures de travail dans tous les domaines de l'organisation interne s'en trouveront énormément simplifiées. Chaque fonctionnaire aura la possibilité de rédiger dans sa langue nationale ou directement en langue internationale. L'Esperanto (l'ILO) s'imposera un jour comme unique langue de travail et permettra de résoudre une infinité de problèmes ; on peut prévoir dès maintenant que la traduction des documents définitifs vers toutes les langues officielles se fera à partir d'un texte de référence unique, rédigé en langue internationale. Dans tous les cas, l'usage de la langue internationale constituera le plus sûr garant de l'égalité parfaite entre les langues officielles.

Nous avons souvent entendu des professionnels de la traduction et de l'interprétation exprimer des craintes à l'égard de l'intrusion inévitable de l'ILO dans les relations internationales ; c'est un peu comme si les médecins s'inquiétaient des progrès de la virologie : même l'apparition d'un anti-virus universel ne les réduirait pas pour autant au chômage...

La langue internationale aura un effet multiplicateur sur les relations entre tous les pays du monde. D'ici quelques années, des dizaines de millions d'ordinateurs européens vont converser entre eux dans une cinquantaine de langues ; il est dès à présent certain que la langue internationale viendra mettre un peu d'ordre dans cette extraordinaire cacophonie, mais il y aura encore de beaux jours pour les traducteurs et les interprètes, et leur nombre ne fera que croître dans des proportions actuellement insoupçonnées, pendant quelques décennies au moins...

24. L'Esperanto en une heure

Tout ce qu'on a écrit jusqu'à présent pour ou contre l'Esperanto tiendrait difficilement en mille gros volumes. La controverse oppose le plus souvent des Espérantistes (personnes connaissant et pratiquant la langue internationale) et des adversaires qui ignorent tout de la langue en question ; il en résulte des dialogues incohérents, rappelant le conte de Tolstoï dans lequel un voyant tente d'expliquer à un aveugle de naissance ce que sont les couleurs.

Plutôt que d'exposer en une dizaine de pages ce qu'est la langue internationale, il nous paraît plus judicieux de la présenter d'emblée au lecteur, qui pourra ainsi juger par lui-même. Comme le dit le proverbe chinois, cent oreilles ne valent pas un œil. Le lecteur qui aura consacré une heure de son temps à ce chapitre pourra ensuite porter un jugement, en toute connaissance de cause, sur la langue internationale.

Voici donc à peu près tout ce qu'il faut en savoir :

L'accent tonique est toujours sur l'avant-dernière syllabe.

Chaque lettre n'a qu'un seul son, et chaque son est représenté par une seule lettre.

		exemple	prononciation	
ŝ	= ch français	la ŝipo	*(chipo)*	= *le bateau*
ĉ	= tch français	la ĉevalo	*(tchévalo)*	= *le cheval*
ĵ	= j français	ĵaŭdo	*(ja^{ou}do)*	= *jeudi*
ĝ	= dj français	la ĝardeno	*(djardéno)*	= *le jardin*
ĥ	= kh (j espagnol)	la ĥemio	*(khémi-o)*	= *la chimie*
c	= ts français	la nacio	*(natsi-o)*	= *la nation*
j	= y français, j allemand	kaj	*(caille)*	= *et*
u	= ou français	la punkto	*(pounkto)*	= *le point*
ŭ	= ou bref (semi-voyelle)	hodiaŭ	*(hodi-a^{ou})*	= *aujourd'hui*
g	= g dur (comme dans « gant »)	la generalo	*(guénéralo)*	= *le général*

Les autres lettres se prononcent comme en français.

Et voici la grammaire :

Substantif	= racine + o :	**la patro** = *le père*	**la patrino** = *la mère*
Adjectif	= racine + a :	**patra** = *paternel*	**patrina** = *maternel*
Adverbe	= racine + e :	**patre** = *paternellement*	
Pluriel	= + j :	**la domo** = *la maison*	**la domoj** = *les maisons*
Accusatif	= + n :	**mi vidas la domon** = *je vois la maison* **mi vidas la domojn** = *je vois les maisons*	

N.B. Les Européens de langue latine et les anglophones ne comprennent pas toujours au premier abord l'utilité de cet accusatif. (+ n). Les autres Européens, les non-Européens et tous les Esperantistes l'apprécient beaucoup ; et ils n'ont pas tort : cet accusatif permet une grande souplesse de la syntaxe et évite toute confusion entre le cas sujet et le cas régime (complément direct). En traduisant d'une langue quelconque en Esperanto, on peut, si on le désire, reproduire fidèlement l'ordre des mots de l'original tout en étant sûr d'être bien compris.

Toutes les conjugaisons

Infinitif	= racine + i :	skribi	= *écrire*
Présent	= racine + as :	mi skribas	= *j'écris*
		vi skribas	= *vous écrivez*
		li skribas	= *il écrit*
		ŝi skribas	= *elle écrit*
		ni skribas	= *nous écrivons*
		ili skribas	= *ils (elles) écrivent*
Passé	= racine + is :	mi skribis, etc.	= *j'écrivais, j'ai écrit*
Futur	= racine + os :	mi skribos, etc.	= *j'écrirai*
Conditionnel	= racine + us :	mi skribus, etc.	= *j'écrirais*
Impératif	= racine + u :	skribu !	= *écrivez !*
		ni skribu !	= *écrivons !*

	Participes actifs	Participes passifs
présent :	**skribanta** = *écrivant*	**skribata** = *étant écrit*
passé :	**skribinta** = *ayant écrit*	**skribita** = *ayant été écrit*
futur :	**skribonta** = *devant écrire*	**skribota** = *devant être écrit*

On peut former sur ces participes des substantifs, des adjectifs ou des adverbes :

la leganto = *le lecteur* **la pasinta nokto** = *la nuit dernière*

instruante ni lernas = *nous apprenons en enseignant*

la kaptito = *le prisonnier* (**kapti** = *capturer*)

la kuiritaj terpomoj = *les pommes de terre cuites*

Les participes conjugués avec **esti** (être) forment des temps composés :

ŝi estus laboranta : *elle serait en train de travailler*

ni estos skribintaj : *nous aurons écrit*

li estis dormonta : *il était sur le point de dormir*

Forme interrogative

Il suffit de mettre devant la phrase affirmative le mot : ĉu = est-ce-que ?

ĉu vi parolas esperante ? = *parlez-vous en esperanto ?*

Comparatifs

avec le mot « **pli** » pli granda = *plus grand*

Superlatifs

avec « **plej** » la plej malgranda = *le plus petit*

La formation des mots

Nous avons vu le mot **kaptito** = prisonnier

milito	= *guerre*	militkaptito	= *prisonnier de guerre*		
vaporo	= *vapeur*	vaporŝipo	= *bateau à vapeur*		
akvo	= *eau*	fali	= *tomber*	akvofalo	= *cascade*

Vous pouvez ainsi former des centaines de milliers de mots composés.

Avec 1 800 racines, dont les neuf dixièmes sont déjà connues du lecteur, on peut encore former à volonté une énorme quantité de mots bien précis ; avec les combinaisons rendues possibles par 6 préfixes et 23 suffixes, cette quantité se trouve multipliée par plus de cent ! Vous disposez d'un vocabulaire infiniment plus étendu que celui du français !

Préfixes

mal- sert à former tous les contraires :

malriĉa	= *pauvre*	malgranda	= *petit*	malbela	= *laid*
malbona	= *mauvais*	maljuna	= *vieux*	malnova	= *ancien*

ge- = « des deux sexes »

la gepatroj = *les parents* la geamikoj = *les amis et amies*

la gestudentoj = *les étudiants et étudiantes*

bo- = parenté résultant du mariage :

bopatro = *beau-père* bofrato = *beau-frère*, bofratino, etc.

ek- = début de l'action :

kanti = *chanter* ekkanti = *se mettre à chanter*

dis- = *désunion :*			
ĵeti	= *jeter*	disĵeti	= *éparpiller*
semi	= *semer*	dissemi	= *disséminer*
re- = *de nouveau :*			
veni	= *venir*	reveni	= *revenir*

Suffixes

-ad	= *durée :*	pafo = *coup de fusil*	pafado : *fusillade*
-aĵ	= *idée concrète, chose :*	skribaĵo = *un écrit*	
-an	= *habitant, membre, partisan :*	Parizo, Parizano	
-ar	= *collection de :*	vorto = *mot*	vortaro = *dictionnaire*
-aĉ	= *péjoratif :*	ĉevalaĉo = *rosse*	patrinaĉo = *marâtre*
-ebl	= *qui se peut :*	vidi = *voir*	videbla = *visible*
-ec	= *idée abstraite :*	amiko = *ami*	amikeco = *amitié*
-eg	= *augmentatif :*	varma = *chaud*	varmega = *brûlant*
-ej	= *lieu affecté à :*	lerni = *apprendre*	lernejo = *école*
-em	= *disposition à :*	kredi = *croire*	kredema = *crédule*
-er	= *unité, partie :*	mono = *argent*	monero = *pièce de monnaie*
-estr	= *chef :*	ŝipestro = *capitaine de navire*	
-et	= *diminutif :*	ridi = *rire*	rideti = *sourire*
-id	= *descendant :*	bovo = *bœuf*	bovido = *veau*
-ig	= *factitif :*	morta = *mort*	mortigi = *tuer*
-iĝ	= *devenir :*	fluida = *fluide*	fluidiĝi = *se liquéfier*
-il	= *instrument :*	tranĉi = *couper* ilo = *outil*	tranĉilo = *couteau*
-in	= *féminin :*	bovino = *vache* ĉevalino = *jument*	amikino = *amie*
-ind	= *digne de :*	admiri = *admirer*	admirinda = *admirable*
-ist	= *profession :*	maro = *mer*	maristo = *marin*
-uj	= *contenant :*	inko = *encre*	inkujo = *encrier*
-ul	= *individu :*	naciulo = *un national*	belulino = *une beauté*
-um	= *suffixe indéterminé :*	kruco = *croix*	krucumi = *crucifier*

Exemple de construction de mots

forta = *fort* **malforta** = *faible* **malforteco** = *faiblesse*

sama = *pareil, même* **ideo** = *idée*

samideano = *celui qui a la même idée, le même idéal*

samlingvano = *celui qui a la même langue*

samreligiano = *coreligionnaire*

samnaciano = *compatriote, etc.*

Les corrélatifs

Les corrélatifs sont des noms, pronoms et adverbes dont l'étude exige beaucoup de temps dans toutes les langues. En Esperanto, ils ont été créés comme en sanskrit, selon un système logique et facile à retenir ; on ne peut jamais les confondre entre eux. Ils s'articulent tous autour de la lettre « i ».

	interrogatif relatif	démonstratif	universel (tout)	négatif	indéfini
base	**ki-**	**ti-**	**ĉi-**	**neni-**	**i-**
personne	kiu *qui*	tiu *celui*	ĉiu *chacun*	neniu *personne*	iu *qq'un*
chose	kio *quoi*	tio *ceci*	ĉio *tout*	nenio *rien*	io *qq chose*
lieu	kie *où*	tie *ici*	ĉie *partout*	nenie *nulle part*	ie *qq part*
manière	kiel *comment*	tiel *ainsi*	ĉiel *de toute manière*	neniel *en aucune manière*	iel *somehow*
qualité adjectif	kia *lequel*	tia *tel*	ĉia *de toute sorte*	nenia *d'aucune sorte*	ia *de quelque sorte*
motif	kial *pourquoi*	tial *parce*	ĉial *for all reasons*	nenial *for no reason*	ial *for some reason*
temps	kiam *quand*	tiam *alors*	ĉiam *toujours*	neniam *jamais*	iam *ever*
quantité	kiom *combien*	tiom *tant*	ĉiom *en toute quantité*	neniom *en aucune quantité*	iom *un peu*
possessif	kies *de qui ?*	ties *duquel*	ĉies *de tous*	nenies *de personne*	ies *de qq'un*

NB. Pour éviter d'introduire de trop longues périphrases dans le tableau, nous avons par endroits donné le sens en anglais. Par exemple *« somehow »* au lieu de « d'une manière ou d'une autre, de façon ou d'autre », et *« ever »* au lieu de « à un moment quelconque ».

Les numéraux

1	unu	11	dek unu	21	dudek unu	100	cent
2	du	12	dek du	22	dudek du	200	ducent
3	tri	13	dek tri	23	dudek tri, *etc.*	300	tricent, *etc.*
4	kvar	14	dek kvar	30	tridek	1000	mil
5	kvin	15	dek kvin	40	kvardek	2000	dumil
6	ses	16	dek ses	50	kvindek	2001	dumil unu
7	sep	17	dek sep	60	sesdek	3000	trimil, *etc.*
8	ok	18	dek ok	70	sepdek		
9	naŭ	19	dek naŭ	80	okdek		
10	dek	20	dudek	90	naŭdek		

Les ordinaux

unua, dua, tria, kvara, kvina, sesa, etc. (premier, deuxième, troisième...)
dek unua, dek dua, dek tria, dek kvara, dek kvina, dek sesa, etc.

Quelques mots très fréquents :

jes	= *oui*	ankaŭ	= *aussi*
ne	= *non*	hodiaŭ	= *aujourd'hui*
kaj	= *et*	hieraŭ	= *hier*
ĉar	= *car, parce-que*	morgaŭ	= *demain*
pli	= *plus*	baldaŭ	= *bientôt*
malpli	= *moins*	malgraŭ	= *malgré*
nun	= *maintenant*	laŭ	= *selon*
dum	= *pendant*	sur	= *sur*
eble	= *peut-être*	sub	= *sous*
inter	= *entre*	super	= *au-dessus de*
ĝis	= *jusqu'à*	kun	= *avec*
sen	= *sans*	por	= *pour*

dankon !	= *merci*
bonan tagon !	= *bonjour*
bonan vesperon !	= *bonsoir*
ĝis revido !	= *au revoir*

Le lecteur qui a assimilé ces notions est à même de comprendre un texte facile en Esperanto ; en voici un échantillon :

> Simpla, fleksebla, vere internacia en siaj elementoj, la lingvo Esperanto prezentas al la mondo civilizita la sole veran solvon de lingvo internacia ; ĉar, tre facila por homoj nemulte instruitaj, Esperanto estas komprenata sen peno de la personoj bone edukitaj. Mil faktoj atestas la meriton praktikan de la nomita lingvo.

V. Spécimens de textes multilingues

25. Langues de l'UE et esperanto

Paragraphes 1 et 5 des
« Conclusions du Conseil de l'Union Européenne sur la diversité et le pluralisme linguistiques dans l'Union Européenne ».

Versions en Esperanto et dans les onze langues officielles de l'Union.

Esperanto

1. La Konsilio konfirmas la gravecon por la Unio de ĝia lingva diverseco, kiu estas esenca elemento de la eŭropaj dimensio kaj identeco kaj de la komuna kultura heredaĵo.

5. La Konsilio emfazas ke necesas konservi la lingvan diversecon kaj antaŭenigi plurlingvecon en la Unio, kun egala respekto al la lingvoj de la Unio kaj konforme al la principo de subsidiareco. (Tradukis Brian Moon)

Français

1. Le Conseil affirme l'importance pour l'Union de sa diversité linguistique, élément essentiel de la dimension et de l'identité européennes ainsi que de l'héritage culturel commun.

5. Le Conseil souligne qu'il convient de préserver la diversité linguistique et de promouvoir le plurilinguisme dans l'Union, dans l'égal respect des langues de l'Union et à la lumière du principe de la subsidiarité.

Allemand

1. Der Rat bekräftigt, daß die sprachliche Vielfalt als wesentliches Element der europäischen Dimension und Identität sowie des gemeinsamen kulturellen Erbes für die Union von großer Bedeutung ist.

5. Nach Auffassung des Rates sollte die Vielfalt der Sprachen erhalten und die Mehrsprachigkeit in der Union bei unterschiedsloser Respektierung der Sprachen der Union im Sinne des Subsidiaritätsprinzips gefördert werden.

Italien

1. Il Consiglio afferma l'importanza per l'Unione della sua diversità linguistica, elemento essenziale della dimensione e dell'identità europee nonché del retaggio culturale comune.

5. Il Consiglio sottolinea la necessità di preservare la diversità linguistica e di promuovere il plurilinguismo nell'Unione, nel pari rispetto di tutte le lingue dell'Unione e alla luce del principio della sussidiarietà.

Néerlandais

1. De Raad acht taalverscheidenheid, een essentieel element van de Europese dimensie en de Europese identiteit alsook van het gemeenschappelijk cultureel erfgoed, van groot belang voor de Unie.

5. De Raad acht het zaak dat in de Unie taalverscheidenheid behouden en meertaligheid bevorderd wordt, waarbij alle talen van de Unie gelijkelijk respect verdienen, in het licht van het subsidiariteitsbeginsel.

Anglais

1. The Council affirms the importance for the Union of its linguistic diversity, which is an essential aspect of the European dimension and identity and of the common cultural heritage.

5. The Council emphasizes that linguistic diversity must be preserved and multilingualism promoted in the Union, with equal respect for the languages of the Union and with due regard to the principle of subsidiarity.

Danois

1. Rådet bekræfter, at sproglig mangfoldighed, der er et grundlæggende element i den europæiske dimension og identitet og i den fælles kulturarv, er af stor vigtighed for Unionen.

5. Rådet understreger, at den sproglige mangfoldighed skal bevares, og at flersprogetheden skal fremmes i Unionen med lige respekt for alle Unionens sprog samt under hensyn til nærhedsprincippet.

Grec

1. *Το Συμβούλιο επιβεβαιώνει τη σπουδαιότητα που έχει για την Ένωση η γλωσσική ποικιλία της, η οποία αποτελεί βασικό στοιχείο της ευρωπαϊκής διάστασης και ταυτότητας καθώς και της κοινής πολιτιστικής κληρονομιάς.*

5. *Το Συμβούλιο υπογραμμίζει ότι είναι σκόπιμο να διαφυλαχθεί η γλωσσική ποικιλία και να προωθηθεί η πολυγλωσσία στην Ένωση, στα πλαίσια πάντοτε της ισοτιμίας των γλωσσών της Ένωσης και σύμφωνα με την αρχή της επικουρικότητας.*

Espagnol

1. El Consejo corrobora la importancia que para la Unión tiene su propia diversidad lingüística, factor esencial de la dimensión y de la identidad europeas, así como del patrimonio cultural común.

5. El Consejo destaca la conveniencia de preservar la diversidad lingüística y de fomentar el pluralismo lingüístico de la Unión, respetando por igual las lenguas de la Unión, y a la luz del principio de subsidiariedad.

Portugais

1. O Conselho afirma a importância para a União da sua diversidade linguística, elemento essencial da dimensão e identidade europeias e da herança cultural comum.

5. O Conselho salienta que convém preservar a diversidade linguística e promover o plurilinguísmo na União, respeitando por igual as línguas da União e à luz do princípio da subsidiariedade.

Suédois

1. Rådet bekräftar att den språkliga mångfalden är av stor betydelse för unionen, eftersom den är en väsentlig beståndsdel såväl i den europeiska dimensionen och identiteten som i det gemensamma kulturarvet.

5. Rådet betonar att den språkliga mångfalden bör bevaras, att flerspråkigheten i unionen bör främjas och att alla unionens språk skall behandlas med samma respekt, mot bakgrund av subsidiaritetsprincipen.

Finnois

1. Neuvosto vahvistaa unionin kielellisen monimuotoisuuden tärkeyden unionille eurooppalaisen ulottuvuuden ja identiteetin sekä yhteisen kulttuuriperinnön olennaisena osana.

5. Neuvosto korostaa, että on aiheellista säilyttää kielellinen monimuotoisuus ja edistää monikielisyyttä unionissa, kunnioittaen unionin kieliä tasa-arvoisina ja läheisyysperiaatteen valossa.

26. Autres langues d'Europe

Texte extrait des œuvres de J.V. Djougachvili (Staline) : versions en français, russe, ukrainien, polonais, tchèque, slovaque, serbe, slovène, bulgare, macédonien, lituanien, letton, hongrois, estonien, arménien, géorgien, turc, azéri, yiddish.

Texte Français

La mythologie des grecs de l'antiquité comptait un héros célèbre, Antée, qui était, selon la mythologie, le fils de Poséidon, dieu de la mer, et de Gê, déesse de la terre. Il était particulièrement attaché à sa mère, qui lui avait donné le jour, qui l'avait nourri et élevé. Il n'y avait point de héros qu'Antée ne pût vaincre. Il passait pour un héros invicible. Qu'est-ce qui faisait sa force ? C'était que chaque fois qu'en combattant un adversaire il était en difficulté, il touchait la terre, sa mère, qui lui avait donné le jour et l'avait nourri, et il reprenait des forces. Mais il avait pourtant un point faible : c'était le danger d'être d'une façon ou d'une autre détaché de la terre. Ses ennemis tenaient compte de cette faiblesse et guettaient Antée. Et il se trouva un ennemi qui profita de cette faiblesse et vainguit Antée. Ce fut Hercule. Mais comment réussit-il à le vaincre ? Il l'arracha de terre, le souleva en l'air, et l'empêchant de prendre contact avec le sol, il l'étouffa.

Note :

Il est pratiquement impossible de trouver des textes modernes assez soigneusement traduits dans une vingtaine de langues d'Europe orientale et centrale. Nous avons dû choisir un texte de propagande marxiste publié en de nombreuses langues à Moscou entre 1946 et 1963, et rédigé par J.V. Djougachvili, plus connu sous le nom de Staline. Nous en donnons ici un passage tout à fait atypique, qui s'écarte nettement de la « langue de bois » habituelle. (Extrait de l'ouvrage intitulé « Des insuffisances du travail du Parti. »)

RUSSE

У древних греков в системе их мифологии был один знаменитый герой — Антей, который был, как повествует мифология, сыном Посейдона — бога морей, и Геи — богини земли. Он питал особую привязанность к матери своей, которая его родила, вскормила и воспитала. Не было такого героя, которого бы он не победил — этот Антей. Он считался непобедимым героем. В чем состояла его сила? Она состояла в том, что каждый раз, когда ему в борьбе с противником приходилось туго, он прикасался к земле, к своей матери, которая родила и вскормила его, и получал новую силу. Но у него было все-таки свое слабое место — это опасность быть каким-либо образом оторванным от земли. Враги учитывали эту его слабость и подкарауливали его. И вот нашелся враг, который использовал эту его слабость и победил его. Это был Геркулес. Но как он его победил? Он оторвал его от земли, поднял на воздух, отнял у него возможность прикоснуться к земле и задушил его, таким образом, в воздухе.

UKRAINIEN

У стародавніх греків в системі їх міфології був один знаменитий герой — Антей, який був, як повідає міфологія, сином Посейдона — бога морів, і Геї — богині землі. Він відчував особливу прив'язаність до матері своєї, яка його родила, вигодувала і виховала. Не було такого героя, якого б він не переміг — цей Антей. Він вважався непереможним героєм. В чому полягала його сила? Вона полягала в тому, що кожного разу, коли йому в боротьбі з противником доводилось туго, він доторкувався до землі, до своєї матері, яка родила й вигодувала його, і діставав нову силу. Але у нього було все таки своє слабе місце—це небезпека бути якимнебудь чином відірваним від землі. Вороги враховували цю його слабість і підстерігали його. І от знайшовся ворог, який використав цю його слабість і переміг його. Це був Геркулес. Але як він його переміг? Він відірвав його від землі; підняв у повітря, відняв у нього можливість доторкнутися до землі і задушив його, таким чином, у повітрі.

POLONAIS

Starożytni grecy mieli w systemie swej mitologii pewnego słynnego bohatera — Anteusza, który był, jak głosi mitologia, synem Posejdona — boga mórz, i Gei — bogini ziemi. Żywił on szczególne przywiązanie do matki swej, która go zrodziła, wykarmiła i wychowała. Nie było takiego bohatera, którego by on — ów Anteusz nie pokonał. Uważano go za bohatera niezwyciężonego. Na czym polegała jego siła? Polegała ona na tym, że ilekroć nie tęgo mu się wiodło w walce z przeciwnikiem, dotykał ziemi, swej matki, która go zrodziła i wykarmiła, i nabierał nowych sił. Miał on jednakże swoją słabą stronę — było nią niebezpieczeństwo, by nie zostać w jakikolwiek sposób oderwanym od ziemi. Wrogowie pamiętali o tej jego słabości i czyhali na niego. I oto znalazł się wróg, który wyzyskał tę jego słabość i pokonał go. Był to Herkules. Ale w jaki sposób go pokonał? Oderwał go od ziemi, uniósł w powietrze, pozbawił go możności dotknięcia ziemi i zadusił go w ten sposób w powietrzu.

TCHÈQUE

V mythologii starých Řeků se vypráví o slavném hrdinovi, Antheovi, který byl, jak hlásá báje, synem Poseidona, boha moře, a Gaji, bohyně země. Lnul nesmírně k své matce, která jej zplodila, odkojila a vychovala. Nebylo hrdiny, kterého by Antheos nepřemohl. Slynul nepřemožitelným. V čem byla jeho síla? V tom, že vždy, když se v boji s nepřítelem dostával do úzkých, dotkl se země, své matky, která mu dala život a odkojila jej, a nabyl nových sil. Ale přece jen měl svou slabinu: nesměl být odtržen od země. Nepřátelé znali tuto jeho slabinu a stopovali jej. A našel se nepřítel, který využil této jeho slabiny a přemohl jej. Byl to Herkules. Ale jak to udělal? Odtrhl jej od země, vyzdvihl do výše a znemožniv mu dotknout se země, tak jej zardousil.

V mytológii starých Grékov je postava slávneho hrdinu Antea, ktorý ako zvestuje báj, bol synom Poseidona, boha morí a Gaje, bohyne zeme. Lnul prítulnou láskou k svojej materi, ktorá ho splodila, odkojila a vychovala. Nebolo takého hrdinu, ktorého by nebol Anteus premohol. Mal povesť neporaziteľného hrdinu. V čom bola jeho sila? V tom, že vždy, keď sa v boji s nepriateľom dostával do úzkych, dotkol sa zeme, svojej materi, ktorá ho splodila a odkojila a načerpal z nej novú silu. Ale predsa len mal i svoju slabinu — nebezpečenstvo byť nejako odtrhnutý od zeme. Nepriatelia poznali túto jeho slabosť a číhali na neho. A ozaj, našiel sa nepriateľ, ktorý túto jeho slabosť využil a zvíťazil nad ním. Bol to Herkules. Avšak ako ho premohol? Odtrhol ho od zeme, vyzdvihol do vzduchu, zbavil ho možnosti dotknúť sa zeme a takto ho vo vzduchu zadusil.

SLOVAQUE

Код старих Грка у систему њихове митологије био је један чувени херој — Антеј, који је, како прича митологија, био син Посејдона — бога мора, и Геје — богиње земље. Био је јако привржен својој мајци која га је родила, отхранила и васпитала. Није било хероја кога он не би победио — тај Антеј. Сматрали су га непобедивим херојем. У чему је била његова снага? Његова снага била је у томе што се сваки пут, кад год би се у борби с противником нашао у невољи, дотицао земље, своје мајке која га је родила и отхранила, и добијао нову снагу. Али и он је имао своје слабо место — опасност да на неки начи буде одвојен од земље. Непријатељи су знали његову слабост и вребали су на њ. И нашао се непријатељ који је искористио ту његову слабост и победио га. То је био Херкул. А како га је победио? Одвојио га је од земље, дигао у ваздух, одузео му могућност да се дотакне земље и онда га у ваздуху удавио.

Serbe

Stari Grki so v sistemu svoje mitologije poznali nekega znamenitega junaka — Anteja, ki je bil, kakor pripoveduje mitologija, sin Pozejdona — boga morij, in Geje — boginje zemlje. Zlasti je bil vdan materi svoji, ki ga je rodila, vzredila in vzgojila. Ni ga bilo takega junaka, da bi ga on — ta Antej — ne premagal. Imeli so ga za nepremagljivega junaka. V čem je bila njegova moč? Bila je v tem, da se je vsakokrat, kadar mu je v borbi z nasprotnikom trda predla, dotaknil zemlje, svoje matere, ki ga je rodila in vzredila, in prejel je novo moč. Toda kljub vsemu je imel svoje slabo mesto — to je: nevarnost, da ga na kakršen koli način odtrgaš od zemlje. Sovražniki so vedeli za to njegovo slabost in so ga zalezovali. In glej, našel se je sovražnik, ki je izkoristil to njegovo slabost in ga je premagal. To je bil Herkules. Kako pa ga je ta premagal? Odtrgal ga je od zemlje, ga dvignil v zrak, mu onemogočil, da bi se dotaknil zemlje, in ga na ta način zadavil v zraku.

Slovène

Според гръцката митология, древните гърци имали един знаменит герой — Антей, който, както разказва митологията — бил син на Посейдона — бога на морето и на Гея — богиня на земята. Той чувствал особена привързност към своята майка, която го родила, откърмила и възпитала. Немало такъв герой, когото той, Антей, не би победил. Той се сметал за непобедим герой. В какво се състояла неговата сила? Тя се състояла в това, че всеки път, когато в борбата с противника изпадал в трудно положение, той се допирал до земята, до своята майка, която го родила и отхранила —и получавал нова сила. Но той имал и свое слабо место — а именно, опасноста да бъде по некакъв начин отделен от земята. Враговете държели сметка за тази негова слабост и го дебнели. И ето, че се намерил враг, който се възползвал от тази негова слабост и го победил. Това бил Херкулес. Но как го победил той? Той го отделил от земята, дигнал го в въздуха, отнел му възможноста да се допре до земята и по този начин го задушил въ въздуха.

Bulgare

Кај старите Грци во системот на нивната митологија имаше еден прочут херој — Антеј, кој што, како што расправа митологијата, му бил син на Посејдона — богот на морето, и на Геја — богињата на земјата. Тој бил особено приврзан кон мајка си што го родила, одгледала и воспитала. Немало херој што не би го победил — тој Антеј. Го сметале за непобедлив херој. Во што била силата негова? Силата негова била во тоа што секојпат кога во борбата со противникот ќе се најдел во невола, тој се допирал до земјата, до својата мајка што го родила и одгледала и добивал нова сила. Но и тој имал свое слабо место — опасноста да биде по некој начин одделен од земјата. Непријателите ја знаеле таа негова слабост и го демнеле. И еве се нашол непријател што ја искористил таа негова слабост и го победил. Тој бил Херкулес. А како го победил? Тој го одделил од земјата, го кренал во воздух, не му давал да се допре до земјата и така го удавил во воздух.

Macédonien

Senovės graikų mitologijos sistemoje buvo vienas garsus didvyris — Antėjas, kuris, kaip pasakoja mitologija, buvęs Poseidono, jūrų dievo, ir Gėjos, žemės deivės, sūnus. Jis buvęs ypatingai prisirišęs prie savo motinos, kuri jį pagimdžiusi, išpenėjusi ir išauklėjusi. Nebuvę tokio didvyrio, kurio jis — tas Antėjas — nebūtų nugalėjęs. Jis buvęs laikomas nenugalimu didvyriu. Kuo reiškusis jo jėga? Ji reiškusis tuo, kad kiekvieną kartą, kada jam kovojant su priešu pasidarydavę riesta, jis paliesdavęs žemę, savo motiną, kuri pagimdžiusi ir išpenėjusi jį, ir gaudavęs naujų jėgų. Bet jis vis dėlto turėjęs savo silpną vietą — tai pavojų būti kuriuo nors būdu atplėštam nuo žemės. Priešai turėję galvoje tą jo silpnybę ir tykoję jo. Ir štai, atsiradęs priešas, kuris pasinaudojęs ta jo silpnybe ir nugalėjęs jį. Tai buvęs Herkulesas. Bet kaip jis jį nugalėjęs? Jis atplėšęs jį nuo žemės, pakėlęs į orą, atėmęs iš jo galimumą paliesti žemę ir tuo būdu pasmaugęs jį ore.

LITUANIEN

Seniem grieķiem viņu mitoloģijas sistēmā bija kāds ievērojams varonis — Antejs, kas bija, kā stāsta mitoloģija, Poseidona — jūras dieva un Gejas — zemes dievietes — dēls. Viņu saistīja ciešas saites ar savu māti, kas viņu bija dzemdējusi, ēdinājusi un audzinājusi. Nebija tāda varoņa, ko viņš, šis Antejs, nebūtu uzvarējis. Viņu turēja par neuzvaramu. Kur slēpās viņa spēks? Tas slēpās tajā apstāklī, ka katrreiz, kad viņam cīņā ar pretinieku gāja grūti, viņš pieskārās zemei, savai mātei, kas viņu bija dzemdējusi un ēdinājusi, un guva jaunu spēku. Bet viņam tomēr bija sava vājā vieta, — tās bija briesmas tikt kaut kādā veidā atrautam no zemes. Ienaidnieki ievēroja šo viņa vājību un viņam uzglūnēja. Un, lūk, atradās ienaidnieks, kas izmantoja šo viņa vājību un viņu uzvarēja. Tas bija Herkuless. Bet kā viņš to uzvarēja? Viņš to atrāva no zemes, pacēla gaisā, atņēma tam iespēju pieskārties zemei un tādā kārtā viņu nožņaudza gaisā.

LETTON

A régi görög mitológiában volt egy hős — Anteusz, aki, a mitológia szerint, Pozeidonnak, a tengerek istenének és Géának, a föld istennőjének, volt a fia. Ez az Anteusz különösen ragaszkodott az édesanyjához, aki szülte, táplálta és felnevelte. Nem volt olyan hős, akit ez az Anteusz le ne győzött volna. Őt magát mindenki legyőzhetetlennek tartotta. S miben állt az ereje? Abban, hogy valahányszor az ellenfelével való küzdelem során helyzete rosszra fordult, megérintette a földet, szülő és tápláló édesanyját, s mindig új erőt kapott tőle. De neki is meg volt a maga gyöngéje: az a veszedelem, hogy valamiképpen elszakítják a földtől. Ellenségei számontartották ezt a gyöngéjét és leselkedtek rá. És akadt egy ellensége, aki kihasználta ezt a gyöngéjét és legyőzte Anteuszt. Ez Herkulesz volt. De hogyan győzte le? Ugy, hogy elszakította a földtől, fölkapta a levegőbe, elvette tőle annak lehetőségét, hogy megérintse a földet és így, fönt a levegőben, megfojtotta.

HONGROIS

Vanadel kreeklastel nende mütoloogia süsteemis oli kuulus kangelane Antaios, kes, nagu jutustab mütoloogia, oli merejumal Poseidoni ja maajumalanna Gaia poeg. Ta oli eriliselt kiindunud oma emasse, kes tema oli sünnitanud, toitnud ja üles kasvatanud. Polnud ühtegi kangelast, keda see Antaios poleks võitnud. Teda peeti võitmatuks kangelaseks. Milles peitus tema jõud? See jõud peitus selles, et alati, kui heitluses oma vastasega temal läks asi täbaraks, puudutas ta maad — oma ema, kes ta oli sünnitanud ja teda toitnud, ja ta sai uut jõudu. Kuid temal oli siiski üks nõrk koht, — nimelt oht, et teda mingil kombel maa küljest lahti rebitakse. Vaenlased arvestasid seda nõrkust ja valvasid kangelast. Ja leiduski vaenlane, kes kasutas selle nõrkuse ja võitis Antaiose. See oli Herkules. Kuidas aga võitis teda Herkules? Ta rebis Antaiose maa küljest lahti, tõstis ta õhku, võttis temalt võimaluse puudutada maad ja kägistas ta sel kombel õhus.

ESTONIEN

Հին հույներն իրենց առասպելաբանության սիստեմում ունեին մի հռչակավոր հերոս—Անթեյը, որը, ինչպես ասում է առասպելաբանությունը, եղել է ծովերի աստված Պոսեյդոնի և հողի աստվածուհի Գեյայի որդին։ Նա իրեն հատկապես կապված էր զգում իր մոր հետ, որը ծնել, կերակրել և դաստիարակել է նրան։ Չկար այնպիսի հերոս, որին նա, այդ Անթեյը, չհաղթեր։ Նա համարվում էր անպարտելի հերոս։ Ինչո՞ւմն էր նրա ուժը։ Այդ ուժն այն բանի մեջ էր, որ ամեն անգամ, երբ հակառակորդի դեմ կռվելիս նա նեղն էր ընկնում, նա հպվում էր հողին, իր մորը, որը ծնել ու կերակրել էր նրան, և նոր ուժ էր ստանում։ Բայց նա, այնուամենայնիվ, ուներ իր թույլ տեղը — այդ որևէ կերպ հողից կտրվելու վտանգն էր։ Թշնամիները հաշվի էին առնում նրա այդ թուլությունը և դարանակալում էին նրան։ Եվ ահա գտնվեց մի թշնամի, որն օգտագործեց նրա այդ թուլությունը և հաղթեց նրան։ Այդ Հերքուլեսն էր։ Բայց Հերքուլեսն ի՞նչպես հաղթեց նրան։ Նա Անթեյին կտրեց հողից, բարձրացրեց օդի մեջ, խլեց նրանից հողին հպվելու հնարավորությունը և այդպիսով խեղդեց նրան օդի մեջ։

ARMÉNIEN

ძველ ბერძნებს თავიანთი მითოლოგიის სისტემაში ჰყავდათ ერთი სახელგანთქმული გმირი — ანთეოსი, რომელიც, როგორც მითოლოგია გადმოგვცემს, იყო პოსეიდონის — ზღვათა ღმერთისა, და გეის — მიწის ქალღმერთის შვილი. იგი განსაკუთრებულ სიყვარულს განიცდიდა თავისი დედის მიმართ, რომელმაც იგი ჰშობა, გამოჰკვება და გამოზარდა. არ იყო ისეთი გმირი, რომელიც არ დაემარცხებინოს მას — ამ ანთეოსს. იგი უძლეველ გმირად ითვლებოდა. რაში მდგომარეობდა მისი ძალა? იგი მდგომარეობდა იმაში, რომ ყოველთვის, როდესაც მას მოწინააღმდეგესთან ბრძოლაში გაუჭირდებოდა, იგი ეხებოდა მიწას, თავის დედას, რომელმაც ჰშობა და გამოჰკვება იგი, და ახალ ძალას ღებულობდა. მაგრამ მას მაინც ჰქონდა თავისი სუსტი ადგილი — ეს იყო მიწისაგან რამენაირად მოწყვეტის საშიშროება. მტრები ითვალისწინებდნენ მის ამ სისუსტეს და უდარაჯებდნენ მას. და აი გამოჩნდა მტერი, რომელმაც გამოიყენა ეს მისი სისუსტე და დაამარცხა იგი. ეს იყო ჰერკულესი. მაგრამ როგორ დაამარცხა მან იგი? მან მოსწყვიტა იგი მიწას, აიყვანა ჰაერში, დაუკარგა მას მიწის შეხების საშუალება და ამრიგად დაახრჩო იგი ჰაერში.

GÉORGIEN

Eski Yunanlıların mitolojisinde meşhur bir kahramandan, Ante'den bahsedilir. Mitolojinin naklettiğine göre, Ante, denizlerin ilâhı Poseydon'la karaların ilâhesi Ge'nin oğlu imiş. Bu kahramanın, kendisini doğuran, besliyen ve yetiştiren annesine fevkalâde bir bağlılığı varmış. Ante'nin yenmediği kahraman ortada kalmamış. Ante, yenilmez bir kahraman sayılırmış. Ante'nin kuvveti nede imiş? Bu kahramanın kuvveti, düşmanile yapmakta olduğu savaşta her sıkıştığı zaman, kendisini doğurup besliyen annesine, toprağa dayanarak yeniden kuvvet almasında imiş. Böyle olmakla beraber, Ante'nin bir zayıf noktası, yani her hangi bir surette ayağının yerden ayrılması tehlikesi varmış. Düşmanlar onun bu zayıf tarafını göz önünde tutarak fırsat kollıyorlarmış. Ve nihayet, Ante'nin bu zayıf tarafından istifade edip onu yenen bir düşman ortaya çıkmış. Bu, Herkül imiş. Fakat Herkül Ante'yi nasıl yenmiş? Herkül Ante'nin ayağını yerden kesmiş, Ante'yi havaya kaldırmış ve onun toprağa dayanmasına imkân vermiyerek böylece havada boğmuş.

TURC

Гәдим юнанларын әсатириндә Антей адлы мәшһур бир гәһрәман вармыш; бу гәһрәман, әсатирдә дейилдийинә көрә, дәнизләр аллаһы Посейдон илә торпаг илаһәси Кеянын оғлу имиш. О, өзүнү доған, бәсләйән вә тәрбийә эдән анасына чох меһрибанмыш. Элә бир гәһрәман йохмуш ки, һәмин Антей она галиб кәлмәсин. Антей басылмаз бир гәһрәман сайылырмыш. Онун күчү нәдә имиш? Онун күчү онда имиш ки, һәр дәфә дүшмәнлә мүбаризәдә чәтинлийә дүшәндә, ону доған вә бәсләйән анасына, йә'ни торпаға тохунараг ени гүввә алармыш. Лакин буна бахмаяраг онун енә дә зәиф бир чәһәти вармыш—бу да һәр һансы бир шәкилдә аяғынын ердән айрылмаг тәһлүкәси имиш. Дүшмәнләр онун бу зәифлийини нәзәрә алараг ону күдүрмүшләр. Нәһайәт, Антейин бу зәифлийиндән истифадә эдән вә она галиб кәлән бир дүшмән тапылыр. Бу дүшмән Һеркулес иди. Һеркулес Антейә нечә галиб кәлир? Һеркулес Антейин аяғыны ердән үзүр, һавая галдырыр, торпаға тохунмаға имкан вермир вә беләликлә ону һавада боғур.

AZÉRI

בײַ די פּאַרצײַטיקע גריכן איז אין דער סיסטעם פֿון זייער מיטאָלאָגיע געווען אײנער א באַרימטער העלד — אַנטעאוס, וועלכער איז געווען, ווי די מיטאָלאָגיע דערציילט, א זון פֿון פּאָסײדאָן — דעם גאָט פֿון די ימים, און פֿון געא — דער געטין פֿון דער ערד. ער האָט געפֿילט א באַזונדערע צוגעבונדנקייט צו דער מוטער זײַנער, וואָס האָט אים געבוירן, אויפֿגעהאָדעוועט און דערצויגן. ס'איז ניט געווען אזא העלד, וואָס ער זאָל אים ניט באַזיגן — דער דאָזיקער אַנטעאוס. ער האָט זיך גערעכנט פֿאַר אַן אומבאַזיגבאַרן העלד. אין וואָס איז באַשטאַנען זײַן קראַפֿט? זי איז באַשטאַנען דערין, וואָס יעדעס מאָל, ווען ער פֿלעגט האַלטן שמאָל אין קאַמף קעגן דעם קעגנער, פֿלעגט ער זיך צורירן צו דער ערד, צו דער מוטער זײַנער, וואָס האָט אים געבוירן און אויפֿגעהאָדעוועט, און פֿלעגט באַקומען נײַע קראַפֿט. ווער האָט אָבער פֿונדעסטוועגן געהאַט אויך זײַן שוואַך אָרט — דאָס איז די געפֿאַר אָפּגעריסן צו ווערן אויף וועלכן־עס־איז אופֿן פֿון דער ערד. די שונאים האָבן גענומען אין אכט די דאָזיקע שוואַכקייט זײַנע און האָבן אויף אים געלויערט. און אָט האָט זיך געפֿונען א שונא, וואָס האָט אויסגענוצט די דאָזיקע שוואַכקייט זײַנע און האָט אים באַזיגט. דאָס איז געווען הערקולעס. ווי אַזוי אָבער האָט ער אים באַזיגט? ער האָט אים אָפּגעריסן פֿון דער ערד, אויפֿגעהויבן אינדערלופֿטן, אָפּגענומען בײַ אים די מעגלעכקייט צוצורירן זיך צו דער ערד און האָט אים, אויף אזא אופֿן, דערשטיקט אינדערלופֿטן.

VI. Vocabulaires parallèles de 39 langues d'Europe

Nos listes de vocables n'ont nullement pour but de remplacer un guide de conversation à l'usage des voyageurs. Il s'agit seulement d'un échantillonnage de mots permettant de donner au lecteur curieux une connaissance du vocabulaire de base de quelques unes de nos langues, de lui démontrer à quel point ce vocabulaire se ramène à quelques variantes et, bien souvent, est en grande partie le sien.

Ce vocabulaire de base ne comprend qu'un nombre minimum de mots indispensables pour celui qui envisage d'apprendre une nouvelle langue ou qui désire seulement se faire une idée d'une langue européenne (ou de plusieurs), au point de ne pas l'ignorer complètement. Le sujet qui connaît déjà une langue romane, une langue germanique ou une langue slave, a généralement bien conscience du fait qu'il a la possibilité d'apprendre rapidement, en cas de besoin, une ou plusieurs autres langues du même groupe, mais il manque le plus souvent des moyens de comparaison lui permettant de savoir, pour chacune de ces langues, dans quelle mesure cela lui est possible.

Celui qui aura ressenti au moins une fois une telle curiosité d'esprit, découvrira probablement en un éclair qu'il était polyglotte sans le savoir et qu'il ne tient qu'à lui de parvenir, si le besoin s'en fait sentir, à comprendre sans effort une partie importante des langues de l'Europe.

Vocabulaire parallèle de sept langues latines et de l'Esperanto

latin

italien

français

catalan

espagnol

portugais

roumain

esperanto

VOCABULAIRE PARALLÈLE DE SEPT LANGUES LATINES ET DE L'ESPERANTO

latin	italien	français	catalan	espagnol	portugais	roumain	esperanto
corpus	corpo	**corps**	cos	cuerpo	corpo	corp	korpo
caput	testa	tête, chef	testa, cap	cabeza	cabeça	cap	kapo
capilli	capelli	cheveux	cabells	cabellos	cabelo	păr	haroj
frons	fronte	front	front	frente	fronte	frunte	frunto
oculus	occhio	oeil	ull	ojo	olho	ochiu	okulo
auris	orecchio	oreille	orella	oreja	orelha	ureche	orelo
nasus	naso	nez	nas	nariz	nariz	nas	nazo
os, (oris)	bocca	bouche	boca	boca	boca	gură	buŝo
labrum	labbro	lèvre	llavi	labio	labio	buză	lipo
dens	dente	dent	dent	diente	dente	dinte	dento
lingua	lingua	langue	llengua	lengua	lingua	limbă	lango
mentum	mento	menton	mentó	mentón	mento	bărbie	mentono
collum	collo	cou	coll	cuello	colo	gât	kolo
humerus	spalla	épaule	espatlla	hombro	ombro	umăr	ŝultro
pectus	petto	poitrine	pit	pecho	peito	piept	brusto
dorsum	dorso	dos	dors	espalda	dorso	spată	dorso
cor	cuore	coeur	cor	corazón	coração	inimă	koro
stomachus	stomaco	estomac	estomac	estómago	estômago	stomac	stomako
pulmo	polmone	poumon	pulmó	pulmón	pulmão	plămân	pulmo
venter	ventre	ventre	ventre	vientre	ventre	pântece	ventro
brachium	braccio	bras	braç	brazo	braço	braţ	brako
manus	mano	main	mà	mano	mão	mână	mano
digitus	dito	doigt	dit	dedo	dedo	deget	fingro
genu	ginocchio	genou	genoll	rodilla	joelho	genunchiu	genuo
crus	gamba	jambe	garra	pierna	perna	gambă	kruro
pes	piede	pied	peu	pie	pé	picior	piedo
calx, talus	tallone	talon	taló	talón	calcanhar	călcâiu	kalkano
os, (ossis)	osso	os	os	hueso	osso	os	osto
pellis	pelle	peau	pell	piel	pele	piele	haŭto
unguis	unghia	ongle	ungla	uña	unha	unghie	ungo
sanguis	sangue	sang	sang	sangre	sangue	sânge	sango
caecus	cieco	aveugle	cec	ciego	cego	orb	blinda
aeger	malato	malade	malalt	enfermo	doente	bolnav	malsana
surdus	sordo	sourd	sord	sordo	surdo	surd	surda
mutus	muto	muet	mut	mudo	mudo	mut	muta
fessus	stanco	fatigué	cansat	cansado	cansado	obosit	laca
cibus	cibo	**nourriture**	nodriment	alimentos	comida	mâncăre	nutraĵo
panis	pane	pain	pa	pan	pão	pâine	pano
vinum	vino	vin	vi	vino	vinho	vin	vino
aqua	acqua	eau	aigua	agua	água	apă	akvo
caro	carne	viande	carn	carne	carne	carne	viando
farina	farina	farine	farina	harina	farinha	făină	faruno
lac	latte	lait	llet	leche	leite	lapte	lakto
flos lactis	panna	crème	crema	crema	nata	smântână	kremo
butyrum	burro	beurre	mantega	manteca	manteiga	unt	butero
caseus	formaggio	fromage	formatge	queso	queijo	brânză	fromaĝo

2 latin	italien	français	catalan	espagnol	portugais	roumain	esperanto
sal	sale	sel	sal	sal	sal	sare	salo
saccharon	zucchero	sucre	sucre	azúcar	assúcar	zahăr	sukero
mel	miele	miel	mel	miel	mel	miere	mielo
oleum	olio	huile	oli	aceite	oleo	ulei	oleo
acetum	aceto	vinaigre	vinagre	vinagre	vinagre	oţet	vinagro
thea	tè	thé	tè	té	chá	ceai	teo
jantaculum	colazione	petit déjeuner	desdejuni	desayuno	pequeno almoço	dejun	matenmanĝo
prandium	pranzo	déjeuner	dinar	almuerzo	almoço	prânz	tagmanĝo
cena	cena	dîner	sopar	cena	jantar	cină	vespermanĝo
culina	cucina	cuisine	cuyna	cocina	cozinha	bucătărie	kuirejo
fames	fame	faim	fam	hambre	fome	foame	malsato
sitis	sete	soif	set	sed	seda	seta	soifo
nutrire	nutrire	nourrir	nodrir	nutrir	nutrir	a nutri	nutri
edere	mangiare	manger	menjar	comer	comer	a mânca	manĝi
bibere	bere	boire	beber	beber	beber	a bea	trinki
coquere	cuocere	cuire	coure	cocer	cozer	a coace	kuiri
vestimentum	abito	**vêtement**	vestit	ropa	roupa	haină	vesto
vestitus	costume	costume	vestit	traje	fato	costum	kostumo
pileus	cappello	chapeau	barret	sombrero	chapéu	pălărie	ĉapelo
pallium	soprabito	manteau	mantell	abrigo	sobretudo	mantou	mantelo
reno	giacca	veste	gec	chaqueta	jaqueta	vestă	jako
bracæ	calzoni	pantalon	calça	pantalón	calças	pantalon	pantalono
stola	vestito	robe	falda	vestido	vestido	rochie	robo
castula	gonnella	jupe	gipó	falda	saia	fustă	jupo
subucula	camicia	chemise	camisa	camisa	camisa	cămaşă	ĉemizo
fascia	calze	bas	mitjó	media	meia	ciorap	ŝtrumpo
calceus	scarpa	soulier	calçat	zapato	sapato	pantof	ŝuo
sinus	tasca	poche	butxaca	bolsillo	bolso	buzunar	poŝo
manica	guanto	gant	guant	guante	luva	mănuşă	ganto
sudarium	fazzoletto	mouchoir	mocador	pañuelo	lenço	batistă	naztuko
cingulum	cintura	ceinture	cinyell	cintura	cinto	centură	zono
fibula	bottone	bouton	brotó	botón	botão	buton	butono
filum	filo	fil	fil	hilo	fio	fir	fadeno
lavare	lavare	laver	rentar	lavar	lavar	a spăla	lavi
suere	cucire	coudre	cosir	coser	coser	a coase	kudri

latin	italien	français	catalan	espagnol	portugais	roumain	esperanto
familia	famiglia	**famille**	familia	familia	família	familie	familio
parentes	parenti	parents	pares	padres	pais	părinţi	gepatroj
pater	padre	père	pare	padre	pai	tată	patro
mater	madre	mère	mare	madre	mãe	mamă	patrino
filius	figlio	fils	fill	hijo	filho	fiu	filo
filia	figlia	fille	filla	hija	filha	fiică	filino
frater	fratello	frère	germà	hermano	irmão	frate	frato
soror	sorella	soeur	germana	hermana	irmã	soră	fratino
avus	nonno	grand-père	avi	abuelo	avô	bunic	avo
avia	nonna	grand'mère	avia	abuela	avó	bunică	avino
nepos	nipotino	petit-fils	nét	nieto	neto	nepot	nepo
neptis	nipotina	petite-fille	néta	nieta	neta	nepoată	nepino
avunculus	zio	oncle	oncle	tío	tio	unchiu	onklo
matertera	zia	tante	tía	tía	tia	mătuşă	onklino
nepos	nipote	neveu	nebot	sobrino	sobrinho	nepot	nevo
fratris filia	nipotina	nièce	neboda	sobrina	sobrinha	nepoată	nevino
consobrinus	cugino	cousin	cosí	primo	primo	văr	kuzo
consobrina	cugina	cousine	cosina	prima	prima	vară	kuzino
maritus	marito	mari	marit	marido	marido	soţu	edzo
uxor	moglie	épouse	muller	mujer	mulher	soţie	edzino
viduus	vedovo	veuf	viduu	viudo	viúvo	văduv	vidvo
vidua	vedova	veuve	viuda	viuda	viúva	văduvă	vidvino
socer	suocero	beau-père	sogre	suegro	sogro	socru	bopatro
socrus	suocera	belle-mère	sogra	suegra	sogra	soacră	bopatrino
gener	genero	gendre	gendre	yerno	genro	ginere	bofilo
nurus	nuora	belle-fille	nora	nuera	nora	noră	bofilino
levir	cognato	beau-frère	cunyat	cuñado	cunhado	cumnat	bofrato
glos	cognata	belle-soeur	cunyada	cuñada	cunhada	cumnată	bofratino
matrimonium	matrimonio	mariage	casament	matrimonio	casamento	căsătorie	edziĝo
nubere	sposarsi	se marier	emmeridarse	casarse	casarse	a se căsători	edziĝi

4 latin	italien	français	catalan	espagnol	portugais	roumain	esperanto
domus	casa	**maison**	casa	casa	casa	casă	domo
castellum	castello	château	castell	castillo	castelo	castel	kastelo
murus	muro	mur	mur	pared	muro	zid	muro
tectum	tetto	toit	teulada	tejado	telhado	acoperiş	tegmento
cella	cantina	cave	cova	cueva	cave	pivniţă	kelo
granarium	granaio	grenier	graner	granero	celeiro	hambar	grenejo
scalæ	scala	escalier	escala	escalera	escada	scară	ŝtuparo
gradus	scalino	marche	esglahó	escalón	degrau	treaptă	ŝtupo
cubiculum	camera	chambre	cambra	cuarto	quarto	cameră	ĉambro
coquina	cucina	cuisine	cuyna	cocina	cozinha	bucătărie	kuirejo
contabulatio	palco	plancher	empostiçat	piso	sobrado	pardoseală	planko
camera	soffitto	plafond	trespol	techo	tecto	plafon	plafono
janua	porta	porte	porta	puerta	porta	uşă	pordo
fenestra	finestra	fenêtre	finestra	ventana	janella	fereastră	fenestro
palus	palo	poteau	pal	poste	poste	stâlp	fosto
area	corte	cour	cort	corte	côrte	curte	korto
hortus	giardino	jardin	jardí	jardín	jardim	grădină	ĝardeno
puteus	pozzo	puits	pou	pozo	poço	puţ	puto
supellex	mobile	**meuble**	moble	mueble	móvel	mobilă	meblo
lectus	letto	lit	llit	cama	cama	pat	lito
armarium	armadio	armoire	armari	armario	armario	dulap	ŝranko
mensa	tavola	table	taula	mesa	mesa	masă	tablo
sella	sedia	chaise	cadira	silla	cadeira	scaun	seĝo
horologium	orologio	horloge	rallotge	reloj	relogio	orologiu	horloĝo
speculum	specchio	miroir	espill	espejo	espelho	oglindă	spegulo
vas	vaso	**vase**	tést	fango	vaso	vas	vazo
capsula	scatola	boîte	capsa	caja	caixa	cutie	skatolo
sporta	cesta	panier	cistell	cesta	cesto	coş, paner	korbo
saccus	sacco	sac	sac	saco	saco	sac	sako
vas	vaso	pot	pot	puchero	pote	vas, vală	poto
patina	piatto	plat	plata	plato	prato	farfurie	plado
situla	secchia	seau	galleda	cubo	balde	găleată	sitelo
lagoena	bottiglia	bouteille	botella	botella	garrafa	sticlă	botelo
cochlear	cucchiao	cuiller	cullera	cuchara	colher	lingură	kulero
fuscinula	forchetta	fourchette	forquilla	tenedor	garfo	furculiţă	forko
catillus	piatto	assiette	plat	plato	prato	farfurie	telero
poculum	bicchiere	verre	bol	vaso, copa	copo	pahar	glaso

latin	italien	français	catalan	espagnol	portugais	roumain	esperanto
instrumentum	arnese	**outil**	eynes, arreus	herramienta	utensilio	unealtă	ilo
clavis	chiave	clef	clau	llave	chave	cheie	ŝlosilo
scalæ	scala	échelle	escala	escala	escala	scară	ŝtupetaro
vehiculum	vettura	voiture	cotxe	coche	carro	vehicul	veturilo
rota	ruota	roue	roda	rueda	roda	roată	rado
clavus	chiodo	clou	clau	clavo	cravo	cui	najlo
acus	ago	aiguille	agulla	aguja	agulha	ac	kudrilo
fibula	spillo	épingle	agulla de cap	alfiler	alfinate	ac de gămălie	pinglo
culter	coltello	couteau	coltell	cuchillo	faca	cuţit	tranĉilo
serra	sega	scie	serra	sierra	serra	ferăstrău	segilo
forfex	forbici	ciseaux	estisores	tijeras	tesoura	foarfece	tondilo
furca	forca	fourche	forca	horca	forcado	furcă	forkego
pala	pala	pelle	pala	pala	pá	lopată	ŝovelilo
pala	vanga	bêche	fanga	azada	enxada	cazma	fosilo
malleus	martello	marteau	martell	martillo	martelo	ciocan	martelo
securis	ascia	hache	destral	hacha	machado	secure, topor	hakilo
forceps	pinza	pince	pinces	tenazas	alicate	cleşte	prenilo
pecten	pettine	peigne	pinta	peine	pente	pieptene	kombilo
peniculus	spazzola	brosse	respall	cepillo	escova	perie	broso
baculus	bastone	bâton	bastó	palo	pau	băţ	bastono
flagellum	frusta	fouet	fuhet	fusta	chicote	bici	vipo
catena	catena	chaîne	cadena	cadena	cadeia	lanţ	kateno
anulus	anello	anneau	anell	anillo	anel	inel	ringo
funis	corda	corde	corda	cuerda	corda	funie	ŝnuro
aratrum	aratro	charrue	arada	arado	arado	plug	plugilo
lucerna	lampada	lampe	llantia	lampara	lâmpada	lampă	lampo
perspicilia	occhiali	lunettes	ulleres	anteojos	óculos	ochelari	okulvitroj
mola	molino	moulin	molí	molino	moinho	moară	muelilo
horologium	orologio	montre	rellotge	reloj	relógio	ceasornic	horloĝo
sclopetum	fucile	fusil	fusell	fusil	fusil	puşcă	pafilo
tintinnabulum	campanello	sonnette	campaneta	campanilla	campainha	clopoţel	sonorileto
fistula	fischio	sifflet	xiulet	silbato	assobio	fluier	fajfilo

6 latin	italien	français	catalan	espagnol	portugais	roumain	esperanto
terra	terra	**terre**	terra	tierra	terra	pământ	tero
mundus	mondo	monde	món	mundo	mundo	lume	mondo
campus	campagna	campagne	camp	campo	campo	ţară	kamparo
mons	montagna	montagne	muntanya	montaña	montanha	munte	monto
collis	collina	colline	turó, pujol	colina	colina	colină	monteto
vallis	valle	vallée	vall	valle	valle	vale	valo
pagensis	paese	pays	país	país	país	ţară	lando
via	strada	route	via	camino	estrada	drum	vojo
semita	sentiero	sentier	viarany	sendero	senda, carreiro	cărare	vojeto
flumen	fiume	rivière	riu	rio	rio	râu	rivero
pons	ponte	pont	pont	puente	ponte	pod	ponto
lacuna	pozza	mare	fotja	charco	poça, charco	mlaştină	marĉeto
lacus	lago	lac	llac	lago	lago	lac	lago
silva	bosco, selva	bois	bosc	bosque	bosque	pădure	arbaro
rubus	rovo, cespuglio	buisson	boscatge	zarzal	silvado	tufiş	arbustaro
fossa	fosso	fossé	clot	cuneta	fossa	şanţ	vojfosaĵo
sæpes	siepe	haie	cleda	seto	sebe	gard	heĝo
sæptum	barriera	barrière	barrera	barrera	barreira	barieră	barilo
ager	campo	champ	camp	campo	campo	câmp	kampo
pratum	prato	prairie	prat	prado	prado	fâneaţă	herbejo
semen	semenza	semence	sementi	simiente	sementa	sământă	semo
messis	messe	moisson	messa	mies, cosecha	messe	seceriş	grenrikolto
colere	coltivare	cultiver	cultivar	cultivar	cultivar	a cultiva	kulturi
arare	arare	labourer	llaurar	arar, labrar	arar,lavrar	a ara	plugi
serere	seminare	semer	sembrar	sembrar	semear	a semăna	semi
ponere	piantare	planter	plantar	plantar	plantar	a planta	planti
planta	pianta	**plante**	planta	planta	planta	plantă	kreskaĵo
arbor	albero	arbre	arbre	árbol	árvore	copac	arbo
radix	radice	racine	rel,arrel	raíz	raiz	rădăcină	radiko
truncus	tronco	tronc	tronc	tronco	tronco	trunchiu	trunko
ramus	ramo	branche, rameau	ram, rama	rama	ramo	ramură	branĉo
folium	foglia	feuille	fulla	hoja	folha	frunză	folio
flos	fiore	fleur	flor	flor	flor	floare	floro
fructus	frutta	fruit	fruyt	fruta	fruta	fructe	frukto
granum	grano	graine	grans	grano	grão	grăunte	greno
malum	mela	pomme	póma	manzana	maçã	măr	pomo
pirum	pera	poire	pera	pera	pêra	pară	pero
nux	noce	noix	nou	nuez	noz	nucă	nukso
caulis	cavolo	chou	col	col	couve	varză	brasiko
solan.tub.	patata	pomme de terre	trumfa	patata	batata	cartof	terpomo
pisum	pisello	pois	pèsol	guisante	ervilha	mazăre	pizo
triticum	frumento	blé	grans	trigo	trigo	grâu	tritiko
secale	segale	seigle	sègol	centeno	centeio	secară	sekalo
avena	avena	avoine	civada	avena	aveia	ovăz	aveno
herba	erba	herbe	hérba	yerba	erva	iarbă	herbo
fenum	fieno	foin	fenc	heno	feno	fân	fojno
florere	fiorire	fleurir	florir	florecer	florir	a înflori	flori
maturare	maturare	mûrir	madurar	madurar	amadurecer	a coace	maturiĝi
maturus	maturo	mûr	madur	maduro	maduro	copt	matura

latin	italien	français	catalan	espagnol	portugais	roumain	esperanto
materia	materia	**matière**	materia	materia	materia	materie	materio
lana	lana	laine	llana	lana	lã	lână	lano
pannus	panno	drap	drap, pana	paño	pano	postav	drapo
sericum	seta	soie	seda	seda	seda	mătase	silko
velutum	velluto	velours	vellut	velludo	veludo	velur	veluro
lignum	legno	bois	llenya	leña	lenha	lemn	ligno
corium	cuoio	cuir	cuyr	cuero	couro	piele	ledo
vitrum	vetro	verre	vidre	vidrio	vidro	sticlă	vitro
lutum	fango	boue	fanc,llot	lodo	lodo	noroi	koto
calx	calce	chaux	cals	cal	cal	piatră de calcar	kalko
charta	carta	papier	paper	papel	papel	hârtie	papero
sapo	sapone	savon	sabó	jabón	sabão	săpun	sapo
cera	cera	cire	cera	cera	cera	ceară	vakso
palea	paglia	paille	palla	paja	palha	paie	pajlo
metallum	metallo	**métal**	metall	metal	metal	metal	metalo
aurum	oro	or	or	oro	ouro	aur	oro
argentum	argento	argent	argent	plata	prata	argint	arĝento
ferrum	ferro	fer	ferre	hierro	ferro	fier	fero
acies	acciaio	acier	acer, cer	acero	aceiro	oţel	ŝtalo
aes	rame	cuivre	coure	cobre	cobre	cupru, arame	kupro
plumbum	piombo	plomb	plóm	plomo	chumbo	plumb	plumbo
petra	pietra	pierre	pédra	piedra	pedra	piatră	ŝtono
carbo	carbone	charbon	carbó	carbón	carvão	cărbune	karbono
focus	fuoco	feu	foc	fuego	fogo	foc	fajro
flamma	fiamma	flamme	flama	llama	chama, flama	flacără	flamo
fumus	fumo	fumée	fum	humo	fumo	fum	fumo
cinis	cenere	cendre	cendra	ceniza	cinza	cenuşă	cindro
pulvis	polvere	poussière	póls	polvo	poeira	praf, pulvere	polvo
color	colore	**couleur**	color	color	côr	culoare	koloro
albus	bianco	blanc	blanc	blanco	branco	alb	blanka
niger	nero	noir	negre	negro	negro, preto	negru	nigra
pullus	grigio	gris	gris, cendrós	gris	cinzento	gri, cenuşiu	griza
cæruleus	blù	bleu	blau	azul	azul	bleu, albastru	blua
viridis	verde	vert	vert	verde	verde	verde	verda
galbinus	giallo	jaune	groc	amarillo	amarelo	galben	flava
rubeus	rosso	rouge	roig, vermell	rojo	vermelho	roşu	ruĝa
clarus	chiaro	clair	clar	claro	claro	luminos	hela
fuscus	oscuro	sombre	fósc	sombrio	sombrio	sumbru	malhela
beryllus	brillante	brillant	brillar	brillante	brilhante	strălucitor	brila

8

latin	italien	français	catalan	espagnol	portugais	roumain	esperanto
animal	animale	**animal**	animal	animal	animal	animal	animalo
canis	cane	chien	cà, gós	perro	cão	câine	hundo
feles	gatto	chat	gat	gato	gato	pisică	kato
caballus	cavallo	cheval	cavall	caballo	cavalo	cal	ĉevalo
equa	giumenta	jument	rossa, fallanca	yegua	égua	iapă	ĉevalino
pullinus	puledro	poulain	poltre	potro	potro	mânz	ĉevalido
asinus	asino	âne	ase,ruc	burro	burro	măgar	azeno
taurus	toro	taureau	brau	toro	touro	taur	virbovo
bos	bue,bove	boeuf	bou	buey	boi	bou	bovo
vacca	vacca	vache	vaca	vaca	vacca	vacă	bovino
vitellus	vitello	veau	vedell	becerro	vitelo, bezerro	viţel	bovido
porcus	porco	porc	porc	puerco	porco	porc	porko
vervex	montone	mouton	ovella,bè	carnero	carneiro	oaie	ŝafo
agnellus	agnello	agneau	anyell	cordero,	cordeiro, anho	miel	ŝafido
capra	capra	chèvre	cabra	cabra	cabra	capră	kaprino
leo	leone	lion	lleó	león	leão	leu	leono
tigris	tigre	tigre	tigre	tigre	tigre	tigru	tigro
vulpes	volpe	renard	guineu	zorro	raposo	vulpe	vulpo
lupus	lupo	loup	llóp	lobo	lobo	lup	lupo
ursus	orso	ours	ós,órs	oso,urso	urso	urs	urso
lepus	lepre	lièvre	llebre	liebre	lebre	iepure	leporo
cuniculus	coniglio	lapin	conill	conejo	coelho	iepure de casă	kuniklo
sorex	sorcio, topo	souris	rata	ratón	rato	şoarece	muso
mus	topo	rat	rat	rata	rato	şobolan	rato
serpens	serpente	serpent	serp	serpiente	serpe	şarpe	serpento
avis	uccello	**oiseau**	ancell	ave	ave	pasăre	birdo
gallus	gallo	coq	gall	gallo	gallo	cocoş	koko
gallina	gallina	poule	gallina	gallina	galinha	găină	kokino
anser	oca	oie	auca, oca	ansar, oca	ganso ganso	gâscă	ansero
anas	anitra	canard	ánec	pato, anade	adem, anas	răţoi	anaso
columba	colombo,	pigeon	colóm	paloma	pombo	porumbel	kolombo
hirundo	rondine	hirondelle	oreneta	golondrina	andorinha	rândunea	hirundo
piscis	pesce	**poisson**	peixo	pez, pescado	peixe	peşte	fiŝo
aringus	aringa	hareng	areng	arenque	arenque	hering	haringo
salmo	salmone	saumon	salmó	salmón	salmão	somon	salmo
tructa	trota	truite	truite	trucha	truta	păstrăv	truto
gadus	merluzzo	morue	bacallà	bacalao	bacalhau	morun	moruo
testudo	tartaruga	tortue	tortuga	tortuga	tartaruga	ţeştoasă	testudo
lacerta	lucerta	lézard	llangardaix	lagarto	lagarto	şopârlă	lacerto
rana	rana	grenouille	renoc, granota	rana	rã	broască	rano
cochlea	chiocciola	escargot	cargol	caracol	caracol	melc	heliko
insectum	insetto	**insecte**	insécte	insecto	insecto	insectă	insekto
apis	ape	abeille	abèlla	abeja	abelha	albină	abelo
vespa	vespa	guêpe	(a)véspa	avispa	vespa	viespe	vespo
musca	mosca	mouche	mósca	mosca	mosca	muscă	muŝo
culex	zanzara	moustique	mosquit	mosquito	mosquito	ţânţar	kulo
papilio	farfalla	papillon	papalló	mariposa	borboleta	fluture	papilio

latin	italien	français	catalan	espagnol	portugais	roumain	esperanto
urbs	città	**ville**	ciutat	ciudad	cidade	oraş	urbo
vicus	borgo	bourg	burg	burgo	burgo	orăşel	urbeto
suburbium	suburbio	banlieue	suburbi	suburbio	arrabaldes	suburbie	ĉirkaŭurbo
caupona	albergo	hôtel	hotel	hotel	hotel	hotel	hotelo
popina	ristorante	restaurant	restaurante	restaurant	restaurant	restaurant	restoracio
posta	posta	poste	correu	correos	correio	poştă	poŝto
statio	stazione	gare	estació	estación	estação	gară	stacidomo
via	strada	rue	ruda	calle	rua	stradă	strato
platea	piazza	place	plaça	plaza	praça	piaţă	placo
sæptum	parco	parc	parc	parque	parque	parc	parko
argentaria	banca	banque	banca	banco	banco	bancă	banko
emporium	magazzino	magasin	magatzem	almacén	armazem	magazin	magazeno
taberna	bottega	boutique	botiga	tienda	loja	prăvălie	butiko
libraria	libreria	librairie	llibreria	libreria	livraria	librărie	librovendejo
liber	libro	livre	llibre	libro	livro	carte	libro
schola	scuola	école	escola	escuela	escola	şcoală	ŝkolo
theatrum	teatro	théâtre	teatre	teatro	teatro	teatru	teatro
ecclesia	chiesa	église	església	iglesia	igreja	biserică	preĝejo
telonium	dogana	douane	duana	aduana	alfandega	vamă	dogano
hospitalis	ospedale	hôpital	hospital	hospital	hospital	spital	hospitalo
ædes	palazzo	palais	paladar	palacio	palacio	palat	palaco
coemeterium	cimitero	cimetière	cementiri	cementerio	cemiterio	cimitir	tombejo
carcer	prigione	prison	presó	cárcel	prisão	închisoare	malliberejo
tempus	tempo	**temps**	temps	tiempo	tempo	vreme	vetero
aer	aria	air	aire	aire	ar	aer	aero
cælum	cielo	ciel	cel	cielo	céu	cer	ĉielo
sol	sole	soleil	sol	sol	sol	soare	suno
luna	luna	lune	lluna	luna	lua	lună	luno
stella	stella	étoile	estrella	estrella	estrella	stea	ŝtelo
pluvia	pioggia	pluie	pluja	lluvia	chuva	ploaie	pluvo
nix	neve	neige	neu	nieve	neve	zăpadă	neĝo
glacies	ghiaccio	glace	gel	hielo	gelo	ghiaţă	glacio
calidus	caldo	chaud	calent	caliente	quente	cald	varma
frigus	freddo	froid	fred	frío	frio	rece	malvarma
ventus	vento	vent	vent	viento	vento	vânt	vento
nubes	nube	nuage	nuvol	nube	nuvem	nor	nubo
nebula	nebbia	brouillard	boira	niebla	nevoeiro	ceaţă	nebulo
tempestas	temporale	orage	oratge	tormenta	temporal	furtună	fulmotondro
fulgur	lampo	éclair	llampe	relámpago	relâmpago	fulger	fulmo
tonitrus	tuono	tonnerre	tro	trueno	trovão	trăsnet	tondro
mare	mare	**mer**	mar	mar	mar	mare	maro
litus	costa	côte	costa	costa	costa	coastă	marbordo
unda	onda	vague	ona	ola	onda, vaga	val, talaz	ondo
insula	isola	île	illa	isla	ilha	insulă	insulo
portus	porto	port	port	puerto	porto	port	haveno
navicula	barca	barque	barca	barco	bote	barcă	barko
navis	nave	navire	navili, naer	buque	navio	nave	ŝipo

latin	italien	français	catalan	espagnol	portugais	roumain	esperanto
sæculum	secolo	**siècle**	segle	siglo	século	secol	jarcento
annus	anno	an	any	año	ano	an	jaro
mensis	mese	mois	mes	mes	mês	lună	monato
hebdomas	settimana	semaine	setmana	semana	semana	săptămână	semajno
dies	giorno	jour	dia	día	dia	zi	tago
mane	mattina	matin	matí	mañana	manhã	dimineaţă	mateno
meridies	mezzogiorno	midi	migdia	mediodía	meio dia	amiază	tagmezo
post mer.	pomerigio	après-midi	tarda	tarde	tarde	după amiază	posttagmezo
vesper	sera	soir	tarda	tarde	tarde	seară	vespero
nox	notte	nuit	nit	noche	noite	noaptă	nokto
media nox	mezzanotte	minuit	mitja nit	medianoche	meia noite	miezul nopţii	noktomezo
hora	ora	heure	hora	hora	hora	ceas	horo
—	minuto	minute	minut	minuto	minuto	minută	minuto
—	secondo	seconde	segona	segunda	segundo	secundă	sekundo
hodie	oggi	aujourd'hui	avui	hoy	hoje	azi	hodiaŭ
cras	domani	demain	demà	mañana	amanhã	mâine	morgaŭ
heri	ieri	hier	ahir	ayer	ontem	ieri	hieraŭ
tempus	stagione	**saison**	estació	estación	estação	anotimp	sezono
ver	primavera	printemps	primavera	primavera	primavera	primăvară	printempo
æstas	estate	été	estiu	verano	verão	vară	somero
autumnus	autunno	automne	tardor	otoño	outono	toamnă	aŭtuno
hiems	inverno	hiver	hivern	invierno	inverno	iarnă	vintro
Lunæ dies	lunedì	**lundi**	dilluns	lunes	segunda feira	luni	lundo
Martis dies	martedì	mardi	dimarts	martes	terça feira	marţi	mardo
Mercurii d.	mercoledì	mercredi	dimecres	miércoles	quarta feira	mercuri	merkredo
Jovis dies.	giovedì	jeudi	dijous	jueves	quinta feira	joi	ĵaŭdo
Veneris dies	venerdì	vendredi	divendres	viernes	sexta feira	vineri	vendredo
Saturni dies	sabato	samedi	dissabte	sábado	sabado	sâmbătă	sabato
Dominica	domenica	dimanche	diumenge	domingo	domingo	duminecă	dimanĉo
januarius	gennaio	**janvier**	gener	enero	janeiro	ianuarie	januaro
februarius	febbraio	février	febrer	febrero	fevereiro	februarie	februaro
martius	marzo	mars	març	marzo	março	martie	marto
aprilis	aprile	avril	abril	abril	abril	aprilie	aprilo
majus	maggio	mai	maig	mayo	maio	mai	majo
junius	giugno	juin	juny	junio	junho	iunie	junio
julius	luglio	juillet	juliol	julio	julho	iulie	julio
augustus	agosto	août	agost	agosto	agosto	august	aŭgusto
september	settembre	septembre	setembre	septiembre	setembro	septembrie	septembro
october	ottobre	octobre	octubre	octubre	outubro	octombrie	oktobro
november	novembre	novembre	novembre	noviembre	novembro	noiembrie	novembro
december	dicembre	décembre	desembre	diciembre	dezembro	decembrie	decembro
Nativitas	Natale	**Noël**	Nadal	Navidad	Natal	Crăciun	Kristnasko
Pascha	Pasqua	Pâques	Pascua	Pascua	Páscoa	Paşti	Pasko
septentriones	nord	**nord**	nord	norte	norte	nord	nordo
auster	sud	sud	sud	sur	sul	sud	sudo
oriens	est	est	est	este	este	est, răsărit	oriento
occidens	ovest	ouest	oest	oeste	oeste	apus, vest	okcidento

latin	italien	français	catalan	espagnol	portugais	roumain	esperanto
magnus	grande	grand	gran	grande	grande	mare	granda
parvus	piccolo	petit	petit	pequeño	pequenho	mic	malgranda
altus	alto	haut	alt	alto	alto	înalt	alta
humilis	basso	bas	baix	bajo	baixo	jos	malalta
longus	lungo	long	llarg	largo	longo	lung	longa
brevis	corto	court	curt	corto	curto	scurt	mallonga
latus	largo	large	ample	ancho	largo	lat	larĝa
angustus	stretto	étroit	estret	estrecho	estreito	strâmt	mallarĝa
spissus	spesso	épais	espès	espeso	espesso	gros	dika
tenuis	sottile	mince	prim	delgado	delgado	subţire	maldika
profundus	profondo	profond	fondo	profundo	profundo	profund	profunda
plenus	pieno	plein	ple	lleno	cheio	plin	plena
vacuus	vuoto	vide	buit	vacío	vazio	gol	malplena
gravis	pesante	lourd	pesant	pesado	pesado	greu	peza
levis	leggero	léger	lleuger	ligero	ligeiro	uşor	malpeza
apertus	aperto	ouvert	obert	abierto	aberto	deschis	malfermita
occlusus	chiuso	fermé	tancat	cerrado	fechado	închis	fermita
novus	nuovo	neuf	nou	nuevo	novo	nou	nova
vetus	vecchio	vieux	vell	viejo	velho	vechiu	malnova
mundus	pulito	propre	net	limpio	limpo	curat	pura
immundus	sporco	sale	brut	sucio	sujo	murdar	malpura
siccus	secco	sec	sec	seco	seco	uscat	seka
madidus	molle	mouillé	mullat	mojado	molhado	muiat	malseka
solidus	solido	solide	sòlid	sólido	sólido	solid	solida
fragilis	fragile	fragile	fràgil	frágil	fragil	fragil	rompiĝema
rotundus	rotondo	rond	rodó	redondo	redondo	rotund	ronda
quadratus	quadrato	carré	carrat	cuadrado	quadrado	pătrat	kvadrata
fractus	rotto	cassé	trencat	roto	quebrado	spart	rompita
bonus	buono	bon	bo	bueno	bom	bun	bona
malus	cattivo	mauvais	mal	malo	mau	rău	malbona
longe	lontano	loin	lluny	lejos	longe	departe	malproksima
proximus	presso	près	vora	cerca	perto	aproape	proksima
ante	avanti	avant	avant	antes	antes	dinainte	antaŭ
post	dopo	après	aprés	después	depois	după	malantaŭ
ante	davanti	devant	davant	delante	em frente	în faţă	antaŭa
post	dietro	derrière	darrera	detrás	detrás	în spate	maltantaŭa
dexter	destra	droite	dreta	derecha	direita	dreaptă	dekstra
sinister	sinistra	gauche	esquerra	izquierda	esquerda	stângă	maldekstra
intra	dentro	dedans	dins, dintre	dentro	dentro	înăuntru	interne
foris	fuori	dehors	fora	fuera	fora	afară	ekstere

latin	italien	français	catalan	espagnol	portugais	roumain	esperanto
videre	vedere	voir	veure	ver	ver	a vedea	vidi
mirare	guardare	regarder	mirar	mirar	olhar	a se uita	rigardi
audire	udire	entendre	sentir	oir	ouvir	a auzi	aŭdi
auscultare	ascoltare	écouter	escoltar	escuchar	escutar	a asculta	aŭskulti
dicere	dire	dire	dir	decir	dizer	a zice	diri
parabolare	parlare	parler	parlar	hablar	falar	a vorbi	paroli
petere	domandare	demander	preguntar	preguntar	perguntar	a întreba	peti
respondere	rispondere	répondre	respondre	responder	responder	a răspunde	respondi
acceptare	accettare	accepter	acceptar	aceptar	aceitar	a accepta	akcepti
recusare	rifiutare	refuser	refusar	rehusar	recusar	a refuza	rifuzi
scribere	scrivere	écrire	escriure	escribir	escrever	a scrie	skribi
legere	leggere	lire	llegir	leer	ler	a citi	legi
traducere	tradurre	traduire	traduir	traducir	traduzir	a traduce	traduki
facere	fare	faire	fer	hacer	fazer	a face	fari
ire	andare	aller	anar	andar, ir	ir	a merge	iri
venire	venire	venir	venir	venir	vir	a veni	veni
ingredi	camminare	marcher	marxar	andar	passear	a se plimba	marŝi
currere	correre	courir	córrer	correr	correr	a alarga	kuri
ascendere	salire	monter	muntar, pujar	subir	subir	a se urca	supreniri
descendere	scendere	descendre	descendir	descender	descer	a descinde	malsupreniri
salire	saltare	sauter	saltar	saltar	saltar	a sări	salti
natare	nuotare	nager	nedar	nadar	nadar	a înota	naĝi
cadere	cadere	tomber	caure	caer	cair	a cădea	fali
scire	conoscere	savoir	saber	saber	saber	a şti	scii
oblivisci	dimenticare	oublier	oblidar	olvidar	esquecer	a uita	forgesi
apprehendere	imparare	apprendre	aprendre	aprender	aprender	a învăţa	lerni
docere	insegnare	enseigner	ensenyar	enseñar	ensinar	a instrui	instrui
velle	volere	vouloir	voler	querer	querer	a vrea, a voi	voli
amare	amare	aimer	estimar	amar	amar	a iubi	ami
appellare	chiamare	appeler	cridar	llamar	chamar	a chema	voki
grates agere	ringraziare	remercier	agrair	agradecer	agradecer	a mulţumi	danki
laborare	lavorare	travailler	treballar	trabajar	trabalhar	a lucra	labori
comparare	comprare	acheter	comprar	comprar	comprar	a cumpăra	aĉeti
vender	vendere	vendre	vendre	vender	vender	a vinde	vendi
pagare	pagare	payer	pagar	pagar	pagar	a plăti	pagi
aperire	aprire	ouvrir	obrir	abrir	abrir	a deschide	malfermi
occludere	chiudere	fermer	tancar	cerrar	fechar	a închide	fermi
perdere	perdere	perdre	perdre	perder	perde	a pierde	perdi
invenire	trovare	trouver	trobar	hallar	achar	a găsi	trovi
abscondere	nascondere	cacher	escondir	esconder	esconder	a ascunde	kaŝi
prehendere	prendere	prendre	prendre	tomar	tomar	a lua	preni
recipere	ricevere	recevoir	rebre	recibir	receber	a primi	ricevi
inviare	inviare	envoyer	enviar	enviar	enviar	a trimite	sendi
apportare	portare	apporter	portar, dur	llevar	trazer	a aduce	alporti
ferre	portare	porter	portar	llevar	levar	a trage	porti
tenere	tenere	tenir	tenir	tener	ter	a ţine	teni
trahere	tirare	tirer	estireu	tirar, sacar	atirar	a trage	tiri
impingere	spingere	pousser	empenyeu	empujar	empurrar	a împinge	puŝi
exspectare	aspettare	attendre	esperar	esperar	esperar	a aştepta	atendi
finire	finire	finir	acabar	acabar	acabar	a sfârşi	fini
incipere	incominciare	commencer	començar	empezar	começar	a începe	komenci
advenire	arrivare	arriver	arribar	llegar	chegar	a sosi	alveni
exire	partire	partir	eixir	salir	partir	a părăsi	foriri

latin	italien	français	catalan	espagnol	portugais	roumain	esperanto
etiam	si	oui	sí	sí	sim	da	jes
non	no	non	non	no	no	nu	ne
et	e	et	y	y	e	şi	kaj
aut,vel	o	ou	o	o	o	sau	aŭ
hic	qui	ici	ací	aquí	aqui	aici	tie ĉi
ibi	là	là	lla, allá	allí	alí	acolo	tie
cum	con	avec	amb	con	com	cu	kun
sine	senza	sans	sense	sin	sem	fără	sen
ubi?	dove?	où?	ou?	donde?	onde?	unde?	kie?
qui?	chi?	qui?	qui?	quién?	quem?	cine?	kiu?
quid?	che?	quoi?	què?	qué?	que?	ce?	kio?
quæ?	quale?	lequel?	quin?	cual?	o qual?	care?	kia?
quantum?	quanto?	combien?	quant?	cuánto?	quanto?	cât?	kiom?
quando?	quando?	quand?	quan?	cuando?	quando?	când?	kiam?
quomodo?	come?	comment?	com?	como?	como?	cum?	kiel?
cur? quare?	perchè?	pourquoi?	perquè?	porqué?	porque?	pentru ce?	kial?
fortasse	forse	peut-être	potser	tal vez	talvez	poate	eble
ubique	dappertutto	partout	pertot	donde quiera	onde quer	peste tot	ĉie
semper	sempre	toujours	sempre	siempre	sempre	totdeauna	ĉiam
nunquam	mai	jamais	mai	nunca	nunca	niciodată	neniam
satis	abbastanza	assez	bastant, prou	bastante	bastante	destul	sufiĉe
solum	soltanto	seulement	sol	solamente	só	numai	nur
plus	più	plus	més	más	mais	mai	pli
minus	meno	moins	menys	menos	menos	mai puţin	malpli
multum	molto	beaucoup	molt	mucho	muito	mult	multe
paulum	poco	peu	poc	poco	pouco	puţin	malmulte
nullus	nessuno	aucun	cap, algú	ninguno	nenhum	nici un	nenia
omnis	ogni cosa	tout	tot	todo	tudo	tot	ĉio
nihil	niente	rien	res	nada	nada	nimic	nenio
alius	altro	autre	altre	otro	outro	alt	alia
super	su	sur	sobre	sobre	sôbre	pe	sur
sub	sotto	sous	sota	bajo	debaixo	sub	sub
inter	fra	entre	entre	entre	entre	între	inter
ad, contra	contro	contre	contra	contra	contra	contra	kontraŭ
per	per	pour	per	para	para	pentru	por
in	in	dans	dins,en	en	em	în	en
apud	vicino	à côté	devora	cerca	perto	aproape	apud
ut,sicut	come	comme	com	como	como	cum	kiel
bene	bene	bien	bé	bien	bem	bine	bone
male	male	mal	mal	mal	mal	rău	malbone
tantum	tanto	autant	tant	tanto	tanto	atât	tiom
sæpe	sovente	souvent	adesiara	a menudo	muitas vezes	adeseori	ofte
iterum	di nuovo	encore	encara, àdhuc	otra vez	outra vez	iarăş	ankoraŭ
jam	già	déjà	ja	ya	jà	deja	jam
cito	presto	tôt	dejorn	temprano	cedo	devreme	frue
tardus	tardi	tard	tard	tarde	tarde	târziu	malfrue
celeriter	pronto	vite	de pressa	de prisa	celere	repede	rapide
tarde	adagio	lentement	pausat	despacio	lentamente	încet	malrapide
nunc	adesso	maintenant	ara	ahora	agora	acum	nun
subito	subito	aussitôt	tot seguit	en seguida	logo	de îndată	tuj

Vocabulaire parallèle de sept langues germaniques

anglais

allemand

néerlandais

suédois

danois

norvégien

islandais

VOCABULAIRE PARALLÈLE DE SEPT LANGUES GERMANIQUES

1

	anglais	allemand	néerlandais	suédois	danois	norvégien	islandais
corps	body	Körper	lichaam	kropp	legeme	legeme	líkami
tête	head	Kopf, Haupt	hoofd	huvud	hoved	hode	höfuð
cheveux	hair	Haar	haar	hår	hår	hår	hár
front	forehead	Stirn	voorhoofd	panna	pande	panne	enni
oeil	eye	Auge	oog	ög	öie	øye	auga
oreille	ear	Ohr	oor	öra	öre	øre	eyra
nez	nose	Nase	neus	näsa	næse	nese	nef
bouche	mouth	Mund	mond	mun	mund	mun	munnur
lèvre	lip	Lippe	lip	läpp	læbe	leppe	vör
dent	tooth	Zahn	tand	tand	tand	tann	tann
langue	tongue	Zunge	tong	tunga	tunge	tunge	tunga
menton	chin	Kinn	kin	haka	hage	hake	haka
cou	neck	Hals	hals	hals	hals	hals	háls
épaule	shoulder	Schulter	schouder	skyllra	skuldre	skulder	öxl
poitrine	chest	Brust	borst	bröst	bryst	bryst	brjóst
dos	back	Rücken	rug	rygg	ryg	rygg	hryggur
coeur	heart	Herz	hart	hjärta	hjerte	hjerte	hjarta
estomac	stomach	Magen	maag	mage	mave	mage	magi
poumon	lung	Lunge	long	lunga	lunge	lunge	lunga
ventre	belly	Bauch	buik	buk	bug	buk	búkur
bras	arm	Arm	arm	arm	arm	arm	armur
main	hand	Hand	hand	hand	hånd	hånd	hand
doigt	finger	Finger	vinger	finger	finger	finger	fingur
genou	knee	Knie	knie	knä	knæ	kne	hné
jambe	leg	Bein	been	ben	ben	ben	fótleggur
pied	foot	Fuss	voet	fot	fod	fot	fótur
talon	heel	Ferse	hiel	häl	hæl	hæl	hæl
os	bone	Knochen	knok	ben	knokkel	knokkel	bein
peau	skin	Haut	huid	hud	hud	hud	húð
ongle	nail	Nagel	nagel	nagel	nagl	nagel	nagli
sang	blood	Blut	bloed	blod	blod	blod	blóð
aveugle	blind	blind	blind	blind	blind	blind	blind
malade	sick	krank	ziek	sjuk	syg	syk	sjúk
sourd	deaf	taub	doof	döf	döv	døv	deyf
muet	dumb	stumm	stom	stum	stum	stum	dumbur
fatigué	tired	müde	vermoeid	trött	træt	trett	þreyttur
nourriture	food	Essen	spijs	mat	mad	mat	mat
pain	bread	Brot	brood	bröd	bröd	brød	brauð
vin	wine	Wein	wijn	vin	vin	vin	vín
eau	water	Wasser	water	vatten	vand	vann	vatn
viande	meat	Fleisch	vlees	kött	köd	kjøtt	kjöt
farine	meal	Mehl	meel	mjöl	mel	mel	mél
lait	milk	Milch	melk	mjölk	mælk	melk	mjólk
crème	cream	Rahm	room	grädd	flöde	fløte	rjómi
beurre	butter	Butter	boter	smör	smör	smør	smjör
fromage	cheese	Käse	kaas	ost	ost	ost	ostur

	anglais	allemand	néerlandais	suédois	danois	norvégien	islandais
sel	salt	Salz	zout	salt	salt	salt	salt
sucre	sugar	Zucker	suiker	socker	sukker	sukker	sykur
miel	honey	Honig	honig	honning	honning	honning	hunang
huile	oil	Öl	olie	olja	olie	olje	olía
vinaigre	vinegar	Essig	azijn	ättika	eddike	eddikk	edik
thé	tea	Tee	thee	te	te	te	te
petit déj.	breakfast	Frühstück	ontbijt	frukost	morgenmad	frokost	morgunverður
déjeuner	lunch	Mittagessen	diner	middag	middag	middagsmad	miðlegisverður
dîner	supper	Abendessen	avondeten	aftonmåltid	aftensmad	aftensmat	kvöldverður
cuisine	kitchen	Küche	keuken	kök	Køkken	kjøkken	eldhús
faim	hunger	Hunger	honger	hunger	hunger	sult	hungur, sultur
soif	thirst	Durst	dorst	törst	tørst	tørst	þorsti
nourrir	to feed	nähren	voeden	fadern	faderen	faren	fæða
manger	to eat	essen	eten	äta	spise	spise	eta
boire	to drink	trinken	drinken	dricka	drikke	drikke	drekka
cuire	to cook	kochen	koken	koka	koge	koke	matreiða
vêtement	clothe	Kleid	kleed	kläd	tøi	klær	klæði
costume	suit	Anzug	kleding	kostym	habit	dress	litur
chapeau	hat	Hut	hoed	hatt	hatt	hatt	hattur
manteau	overcoat	Mantel	overjas	överrock	overfrakk	frakk	yfirfrakki
veste	coat	Jacke	jas	jacka	jakke	jakke	frakki
pantalon	trousers	Hosen	broek	byxor	bukser	bukser	buxur
robe	dress	Kleid	japon, kleed	klänning	kjole	kjole	kjóll
jupe	skirt	Rock	rok	kjole	nederdel	skjørt	laf
chemise	shirt	Hemd	hemd	skjort	skjort	skjorte	skyrta
bas	stockings	Strümpfe	kousen	strumpor	strømper	strømpe	sokkur
soulier	shoe	Schuh	schoen	sko	sko	sko	skór
poche	pocket	Tasche	zak	ficka	lomme	lomme	vasi
gant	glove	Handschuh	handschoen	handska	handske	hanske	hanzki
mouchoir	handkerchief	Taschentuch	zakdoek	näsduk	lommetørkleed	lommetørklee	vasaklútur
ceinture	belt	Gürtel	gordel	bälte	bælte	belte	belti
bouton	button	Knopf	knoop	knapp	knapp	knapp	hnappur
fil	thread	Faden	draad	tråd	tråd	tråd	þráður
coudre	to sew	nähen	naaien	sy	sy	sy	sauma
laver	to wash	waschen	wasschen	tvätta	vaske	vaske	þvo

	anglais	allemand	néerlandais	suédois	danois	norvégien	islandais
famille	family	Familie	familie, gezin	familje	familie	familie	heimilisfólk
parents	parents	Eltern	ouders	föräldrar	forældre	foreldre	foreldrar
père	father	Vater	vader	far	fader	far	faðir
mère	mother	Mutter	moeder	mor	moder	mor	móðir
fils	son	Sohn	zoon	son	søn	sønn	sonur
fille	daughter	Tochter	dochter	dotter	datter	datter	dóttir
frère	brother	Bruder	broer	bror	broder	bror	bróðir
sœur	sister	Schwester	zuster	syster	søster	søster	systir
grand-père	gr. father	Grossvater	grootvader	farfar	bedstefader	bestefar	föðurfaðir
grand-mère	gr. mother	Grossmutter	grootmoeder	farmor	bedstemoder	bestemor	amma
petit-fils	grandson	Enkel	enkel	sonson	sønnesøn	sønnesønn	sonarsonur
petite-fille	g. daughter	Enkelin	kleindochter	sondotter	sønnedatter	sønnedatter	sonardóttir
oncle	uncle	Onkel	oom	farbror	onkel	onkel	föðurbróðir
tante	aunt	Tante	tante	faster, moster	tante	tante	föðursystir
neveu	nephew	Neffe	neef	kusin	fætter	fetter	bróðursonur
nièce	niece	Nichte	nicht	brorsdotter	niece	niese	bróðurdóttir
cousin	cousin	Vetter	neef	kusin	kusine	kusine	frændi
cousine	cousin	Kusine	nicht	kusin	kusine	kusine	frædkona
mari	husband	Mann	man	make	mand	mann	eiginmaður
épouse	wife	Frau	vrouw	hustru	kone	hustru	eiginkona
veuf	widower	Witwer	veduwnaar	änkeman	enkemand	enkemann	ekkja
veuve	widow	Witwe	veduwe	änka	enke	enke	ekkja
beau-père	f. in-law	Schwiegervater	schoonvader	svärfader	svigerfader	svigerfar	tengdafaðir
belle-mère	m.in-law	Schwiegermutter	schoonmoeder	svärmor	svigermod.	svigermor	tengdamóðir
gendre	son-in-law	Schwiegersohn	schoonzoon	måg	svigersøn	svigersønn	tengdasonur
belle fille	dau.in-law	Schwiegertochter	schoondochter	svärdotter	svigerdatter	svigerdatter	tengdadóttir
belle sœur	sis.in-law	Schwägerin	schoonzuster	svägerska	svigerinde	svigerinne	mágkona
mariage	marriage	Heirat	huwelijk	giftermål	giftermaal	ekteskap	gifting
se marier	to marry	heiraten	trouwen	gifta sig	gifte sig	gifte	gifta

4	anglais	allemand	néerlandais	suédois	danois	norvégien	islandais
maison	house	Haus	huis	hus	hus	hus	hús
château	castle	Schloß	kasteel	slott	slott	slott	kastali
mur	wall	Mauer	muur	vägg	mur	vegg	veggur
toit	roof	Dach	dak	dak	tak	tag	þak
cave	cellar	Keller	kelder	källare	kælder	kjeller	kjallari
grenier	attic	Speicher	opslagplaats	vind	loft	loft	loftherbergi
escalier	staircase	Treppe	trap	trappa	trappe	trapp	stigi
marche	step	Stufe	trede	steg	trin	trinn	sig
chambre	room	Stube	kamer	kammare	stue	kammers	rúm, stofa
cuisine	kitchen	Küche	keuken	kök	køkken	kjøkken	eldhús
plancher	floor	Fußboden	vloer	golf	gulv	gulv	gólf
plafond	ceiling	Decke	zoldering	tak	tag	himling	loft
porte	door	Tür	deur	dörr	dør	dør	dyr
fenêtre	window	Fenster	venster	fönster	vindue	vindu	gluggi
poteau	pole	Pfahl	paal	påle	pæl	påle	stöng
cour	courtyard	Hof	hof	gård	gård	gårdsplass	garður
jardin	garden	Garten	tuin	trädgård	have	hage	garður
puits	well	Brunnen	put	brunn	brønd	brøn	brunnur
meuble(s)	furniture	Möbel	meubel	möbel	møbel	møbel	húsgögn
lit	bed	Bett	bed	säng	seng	seng	rúm
armoire	wardrobe	Schrank	kast	skåp	skab	skap	skápur
table	table	Tisch	tafel	bord	bord	bord	borð
chaise	chair	Stuhl	stoel	stol	stol	stol	stóll
horloge	clock	Wanduhr	uurwerk	väggur	vægur	veggur	klukka
miroir	mirror	Spiegel	spiegel	spegel	speil	speil	spegill
vase	vase	Vase	vaas	vas	vase	vase	ker
boîte	box	Schachtel	doos	skrin	æsk	eske	kassi
panier	basket	Korb	korf	korg	kurv	kurv	karfa
sac	bag	Sack	zak	säck	sæk	sekk	poki
pot	pot	Topf	pot	gryta	gryde	gryte	pottur
plat	dish	Schüssel	schotel	fat	fad	fat	fat
seau	pail	Eimer	emmer	ämbar	spand	bøtte	fata
bouteille	bottle	Flasche	fles	flaska	flaske	flaske	flaska
cuiller	spoon	Löffel	lepel	sked	ske	skje	skeið
fourchette	fork	Gabel	vork	gaffel	gaffel	gaffel	gaffal
assiette	plate	Teller	bord	tallrik	tallerken	plate	diskur
verre	glass	Glas	glas	glas	glas	glas	glas

5

	anglais	allemand	néerlandais	suédois	danois	norvégien	islandais
outil	tool	Werkzeug	werktuig	verktyg	værktøj	verktøy	tól, verkfæri
clef	key	Schlüssel	sleutel	nyckel	nøgle	nøkkel	lykill
échelle	ladder	Leiter	ladder	stege	stige	stige	laus stigi
voiture	vehicle	Wagen	voertuig	vagn	vogn	vogn	vagn
roue	wheel	Rad	wiel	hjul	hlul	hjul	hjól
clou	nail	Nagel	nagel	nagel	søm	nagle	nagli
aiguille	needle	Nadel	naald	nål	nål	nål	nál
épingle	pin	Stecknadel	speld	knappnål	knappenål	knappenål	prjónn
couteau	knife	Messer	mes	kniv	kniv	kniv	hnífur
scie	saw	Säge	zaag	såg	sag	sag	sög
ciseaux	scissors	Schere	schaar	sax	saks	saks	skæri
fourche	fork	Gabel	vork	gaffel	fork	fork	forkur
pelle	shovel	Schaufel	schep	skyffel	skovle	skufle	skófla
bêche	spade	Spaten	spade	spade	spade	spade	spaði
marteau	hammer	Hammer	hamer	hammare	hammer	hammer	hamar
hache	axe	Axt, Beil	bijl	yxa	økse	øks	öxi
pince	pliers	Zange	tang	tång	tang	tang	töng
peigne	comb	Kamm	kam	kam	kam	kam	kambur
brosse	brush	Bürste	borstel	borste	børste	børste	bursti
bâton	stick	Stock	stok	käpp, staf	stok,stav	stokk,stav	stafur
fouet	whip	Peitsche	gesel	piska	pisk	pisk	svipa
chaîne	chain	Kette	ketting	kedja	kæde	kjede	keðja
anneau	ring	Ring	ring	ring	ring	ring	hringing
corde	rope	Schnur	touw, reep	tåg, rep	reb	tau, rep	taug, strengur
charrue	plough	Pflug	ploeg	plog	plov	plog	plógur
lampe	lamp	Lampe	lamp	lampa	lampe	lampe	lampi
lunettes	glasses	Brille	bril	glasögon	briller	briller	gleraugu
moulin	mill	Mühle	molen, kvarn	kværn, mølle	mølle,	kvern, mølle	kvörn, mylna
montre	watch	Uhr	horloge	klocka	ur	ur	úr
fusil	rifle	Gewehr	geweer	gevär	gevær	gevær	kúlubyssa
sonnette	bell	Glocke	bel	klocka	klokke	klokk	bjalla
sifflet	whistle	Pfeife	fluitje	pipa	pibe	pipe	hljóðpipa

6

	anglais	allemand	néerlandais	suédois	danois	norvégien	islandais
terre	earth	Erde	aarde	jord	jord	jord	jörð
monde	world	Welt	vereld	värld	verden	verden	veröld
campagne	country	Land	land	land	land	land	land
montagne	mountain	Berg	berg	berg, fjäll	bjerg	fjell	fjall
colline	hill	Hügel	heuvel	kull	bakk	høid	hæð
vallée	valley	Tal	dal	dal	dal	dal	dalur
pays	land	Land	land	land	land	land	land
route	road	Landstrasse	weg	väg	vej	vei	vegur
sentier	path	Pfad	pad	bana	sti	sti	stigur
rivière	river	Fluß	rivier	flod	flos	elv	fljót
pont	bridge	Brücke	brug	bro	bro	bro	brú
mare	pool, pond	Pfuhl	poel	pöl, puss	pøl, pyt	pytt	tjörn
lac	lake	See	meer	sjö	indsø	innsjø	lakelet
bois	forest	Wald	bosch	skog	skov	skog	skógur
buisson	bush	Busch	struik, bosje	buske	busk	busk	runnur
fossé	ditch	Graben	greppel	graf, dike	grøft	grøft	skurður
haie	hedge	Hecke	haag, heg	häck	hæk	hakk	limagarður
barrière	barrier	Schlagbaum	slagboom, hek	slagbom	bom	bom, grind	varnargrindur
champ	field	Feld	veld	åker	mark	åker	akur, völlur
prairie	meadow	Wiese	weide	äng	eng	grasbakke	engi
semence	seed	Samen	zaat	frö	sæd, frø	såkorn, sæd	fræ, sáð
moisson	harvest	Ernte	oogst	skörd	høst	høst	uppskera
cultiver	to till	bebauen	bebouwen	bruka, odla	dyrke	dyrke	yrkja
labourer	to plough	pflügen	ploegen	plöja	pløje	pløye	plægja
semer	to sow	säen	zaaien	beså	så	så	sá
planter	to plant	pflanzen	planten	plantera	plante	plante	planta
plante	plant	Pflanze	plant, gevas	planta, växt	plante	plante	planta
arbre	tree	Baum	boom	träd	træ	tre	trje
racine	root	Wurzel	wortel	rot	rod	rot	rót
tronc	trunk	Stamm	stam	stam	stamme	stamme	stofn
branche	branch	Ast	tak	gren	gren	grein	grein
feuille	leaf	Blatt	blad	löf, blad	blad	blad	blað
fleur	flower	Blume	bloem	blom	blomst	blomst	blóm
fruit	fruit	Frucht	vrucht	frukt	frugt	frukt	aldin
graine	seed, grain	Samenkorn	zad	frö	frø	korn	sæði, korn
pomme	apple	Apfel	appel	äpple	æble	eple	epli
poire	pear	Birne	peer	päron	pære	pære	pera
noix	nut	Nuß	noot	nöt	nød	nøtt	hnot
chou	cabbage	Kohl	kool	kål	kål	kål	kál
p.de terre	potato	Kartoffel	aardappel	potatis	kartoffel	potet	kartafla
pois	pea	Erbse	erwt	ärt	ært	ert	erta
blé	corn	Korn	koren	hvete, korn	korn	korn	korn
seigle	rye	Roggen	rogge	råg	rug	rug	rúgur
avoine	oat	Hafer	haver	havre	havre	havre	hafrar
herbe	grass	Gras	gras	gräs	græss	gress	gras
foin	hay	Heu	hooi	hö	hø	høy	hey
fleurir	to blossom	blühen	bloeien	blomma	blomstre	blomstre	blómgast
mûrir	to ripen	reifen	rijp worden	mogna	modnes	modne	skera upp
mûr	ripe	reif	rijp	mogen	moden	moden	skera

	anglais	allemand	néerlandais	suédois	danois	norvégien	islandais
matière	material	Material	materiaal	material	materiale	materiale	efni
laine	wool	Wolle	wol	ylle	uld	ull	ull
drap	cloth	Tuch	laken	lakan, kläde	klæd	klede	klæði, dúkur
soie	silk	Seide	zijde	silke	silke	silke	silki
velours	velvet	Samt	fluweel	sammet	fløjl	fløyel	flos, flauel
bois	wood	Holz	hout	trä	træ	tre	trje
cuir	leather	Leder	leer	läder	læder	lær	leður
verre	glass	Glas	glas	glas	glas	glass	gler, glas
boue	mud	Kot, Schlamm	slijk	smuts	søle, slam	søle, slam	leðja
chaux	lime	Kalk	kalk	kalk	kalk	kalk	kalk
papier	paper	Papier	papier	papper	papir	papir	pappír
savon	soap	Seife	zeep	tvål, såpa	sæbe	såpe	sápa
cire	wax	Wachs	was	vax	voks	voks	vax
paille	straw	Stroh	stro	halm, strå	strå	strå	strá, halmur
métal	metal	Metall	metaal	metall	metall	metall	málmur
or	gold	Gold	goud	guld	guld	gull	gull
argent	silver	Silber	zilver	silver	sølv	sølv	silfur
fer	iron	Eisen	ijzer	järn	jern	jern	járn
acier	steel	Stahl	staal	stål	stål	stål	stál
cuivre	copper	Kupfer	koper	koppar	kobber	kobber	kopar
plomb	lead	Blei	lood	bly	bly	bly	blý
pierre	stone	Stein	steen	sten	sten	sten	steinn
charbon	coal	Kohle	kool	kol	kul	kul	kol
feu	fire	Feuer	vuur	eld	ild	ild	eldur
flamme	flame	Flamme	vlam	flamma	flamme	flamme	logi
fumée	smoke	Rauch	rook	rök	røg	røk	reykur
cendre	ash	Asche	as	aska	aske	aske	askur
poussière	dust	Staub	stof	damm, stof	støv	støv	ryk, dust
couleur	colour	Farbe	kleur	färg	farv	farg	litur
blanc	white	weiss	wit	vitt	hvidt	hvitt	hvítur
noir	black	schwartz	zwart	svart	sort	sort	svartur
gris	grey	grau	grijs	grått	gråt	grått	grár
bleu	blue	blau	blauw	blått	blåt	blått	blár
jaune	yellow	gelb	geel	gult	gult	gult	gulur
rouge	red	rot	rood	rött	rødt	rødt	rauður
clair	clear, light	hell	licht	ljus	lys	lys	ljós
sombre	dark	dunkel	donker	mörk	mørk	mørk	myrkur
brillant	bright	glänzend	blinkend	glänsande	skinnende	skinnende	bjartur

8

	anglais	allemand	néerlandais	suédois	danois	norvégien	islandais
animal	animal	Tier	dier	djur	dyr	dyr	dýr
chien	dog	Hund	hond	hund	hund	hund	hundur
chat	cat	Katze	kat	katt	kat	katt	köttur
cheval	horse	Pferd	paard	häst	hest	hest	hestur
jument	mare	Stute	merrie	sto	hoppe	hoppe	meri, hryssa
poulain	colt	Fohlen	veulen	fölunge	føl	føll	foli
âne	ass	Esel	ezel	åsna	æsel	esel	asni
taureau	bull	Stier	stier	tjur	tyr	tyr	naut, boli
boeuf	ox	Ochse	os	oxe	okse	okse	uxi
vache	cow	Kuh	koe	ko	ko	ku	kýr
veau	calf	Kalb	kall	kalv	kalv	kalv	kálfur
porc	pig	Schwein	varken	svin	svin	gris	gris
mouton	sheep	Schaf	schaap	får	får	får	kind
agneau	lamb	Lamm	lam	lamm	lam	lam	lamb
chèvre	goat	Ziege	geit	get	ged	geit	geit
lion	lion	Löwe	leeuw	lejon	løve	løve	ljón
tigre	tiger	Tiger	tijger	tiger	tiger	tiger	tigrisdýr
renard	fox	Fuchs	vos	räv	ræve	rev	refur, tóa
loup	wolf	Wolf	wolf	varg	ulv	ulv, varg	úlfur
ours	bear	Bär	beer	björn	bjørn	bjørn	björn
lièvre	hare	Hase	haas	hare	hare	hare	hjeri
lapin	rabbit	Kaninchen	konijn	kanin	kanin	kanin	kanína
souris	mouse	Maus	muis	råtta	mus	mus	mús
rat	rat	Ratte	rat	råtta	rotte	rotte	rotta
serpent	snake	Schlange	slang	orm	slange	slange, orm	snákur, ormur
oiseau	bird	Vogel	vogel	fågel	fugl	fugl	fugl
coq	cock	Hahn	haan	tupp	hane	hane	hani
poule	hen	Henne, Huhn	hen	höna	høne	høne	hæna
oie	goose	Gans	gans	gås	gås	gås	gæs
canard	duck	Ente	eend	and, anka	and	and	önd
pigcon	dove	Taube	duif	duv	due	due	dúfa
hirondelle	swallow	Schwalbe	zwaluw	svala	svale	svale	svala
poisson	fish	Fisch	vis	fisk	fisk	fisk	fiskur
hareng	herring	Hering	haring	sill	sild	sild	síld
saumon	salmon	Lachs	zalm	lax	laks	laks	lax
truite	trout	Forelle	forel	forell	forel	örret	silingur
morue	cod	Kabeljau	kabeljauw	torsk	torsk	torsk	þorskur
tortue	tortoise	Schildkröte	schilpad	sköldpadda	skilpadde	skilpadde	skjaldbaka
lézard	lizard	Eidechse	hagedis	ödla	firben	firfisle	eðla
grenouille	frog	Frosch	kikvors	groda	frø	frosk	froskur
escargot	snail	Schnecke	slak	snigel	snegl	snegl	snígill
insecte	insect	Insekt	insect	insekt	insekt	insekt	skordýr
abeille	bee	Biene	bij	bi	bie	bie	býfluga
guêpe	wasp	Wespe	wesp	geting	hveps	veps	vespa
mouche	fly	Fliege	vlieg	fluga	flu	flue	fluga
moustique	mosquito	Mücke	mug	mygga	mygge	mygg	múfluga
papillon	butterfly	Schmetterling	vlinder	fjäril	sommerfugl	sommerfugl	fiðrildi

	anglais	allemand	néerlandais	suédois	danois	norvégien	islandais
ville	city	Stadt	stad	stad	by	by	bær
bourg	borough	Dorf	dorp	köping	landsby	landsby	borg
banlieue	suburbs	Vorstadt	voorsteden	förstad	forstad	forstad	undirborg
hôtel	hotel	Hotel	hotel	hotel	hotel	hotel	hótel
restaurant	restaurant	Restaurant	restaurant	restaurant	restaurant	restaurant	veitingastofa
poste	post office	Post	post	post	post	post	posthús
gare	station	Bahnhof	station	station	station	stasjon	stöð
rue	street	Straße	straat	gata	gade	gate	gata
place	square	Platz	plein	torg	plads	plass	staður
parc	park	Park	park	park	have	park	skemtigarður
banque	bank	Bank	bank	bank	bank	bank	banki
magasin	store	Warenhaus	warenhuis	varuhus	varehus	varehus	sölubúð
boutique	shop	Laden	winkel	butik	forretning	butikk	búð, verzlun
librairie	bookshop	Buchhandlung	boekwinkel	bokhandlare	boghandel	bokhandel	bókabúð
livre	book	Buch	boek	bok	bog	bok	bók
école	school	Schule	school	skola	skole	skole	skóli
théâtre	theater	Theater	schouwburg	teater	teater	teater	leikhús
église	church	Kirche	kerk	kyrka	kirke	kirke	kirkja
douane	customs	Zoll	tolkantor	tull	told	toll	told
hôpital	hospital	Spital	ziekenhuis	sjukhus	sygehus	sykehus	sjúkrahús
palais	palace	Palast	paleis	slott	palæ	slott	höll
cimetière	churchyard	Kirchhof	kerkhof	kyrkogård	kirkegård	kirkegård	kirkjugarður
prison	jail	Gefängnis	gevangenis	fängelse	fængsel	fengsel	fangelsi
temps	weather	Wetter	weder	väder	vejr	vær	veður
air	air	Luft	lucht	luft	luft	luft	loft
ciel	sky	Himmel	hemel	himmel	himmel	himmel	himinn
soleil	sun	Sonne	zonne	sol	sol	sol	sól
lune	moon	Mond	maan	mån	måne	måne	tungl, máni
étoile	star	Stern	ster	stjärna	stjerne	stjerne	stjarna
pluie	rain	Regen	regen	regn	regn	regn	regn
neige	snow	Schnee	sneeuw	snö	sne	sne	snjór
glace	ice	Eis	ijs	is	is	is	ís
chaud	warm	warm	warm	varm	varm	varm	varmur
froid	cold	kalt	koud	kallt	koldt	koldt	kaldur
vent	wind	Wind	wind	vind	vind	vind	vindur
nuage	cloud	Wolke	wolk	moln	sky	sky	ský
brouillard	fog	Nebel	nevel	dimma	tåg	tåke	þoka
orage	storm	Sturm	onweder	oväder	uvejr, storm	uvær, storm	oveður, stormur
éclair	lightning	Blitz	bliksem	blixt	lyn	lyn	elding
tonnerre	thunder	Donner	donder	åska	torden	tordenbrak	þruma
mer	sea	Meer	zee	hav	sø	hav, sjø	sjór, haf
côte	coast	Küste	kust	kust	kyst	kyst	strönð
vague	wave	Woge, Welle	golf	våg, bölja	bølge	bølge	bylgja
île	island	Insel	eiland	ö	ø	øy	ey
port	harbour	Hafen	haven	hamn	havn	havn	höfn
barque	boat	Boot	boot	båt	båd	båt	bátur
navire	ship	Schif	schip	skepp	skib	skib	skip

10	anglais	allemand	néerlandais	suédois	danois	norvégien	islandais
siècle	century	Jahrhundert	eeuw	århundrade	århundrede	århundre	öld
an	year	Jahr	jaar	år	år	år	ár
mois	month	Monat	maand	mån	måned	måned	mánaður
semaine	week	Woche	week	vecka	uge	uke	vika
jour	day	Tag	dag	dag	dag	dag	dagur
matin	morning	Morgen	morgen	morgon	morgen	morgen	morgun
midi	midday	Mittag	middag	middag	middag	middag	hádegi
après midi	afternoon	Nachmittag	namiddag	eftermiddag	eftermiddag	eftermiddag	eftirmiðdagur
soir	evening	Abend	avond	afton, kväll	aften	aften, kveld	kvöld
nuit	night	Nacht	nacht	natt	nat	natt	nótt
minuit	midnight	Mitternacht	middernacht	midnatt	midnat	midnatt	miðnætti
heure	hour	Stunde	uur	timma	time	time	klukkustund
minute	minute	Minute	minuut	minut	minut	minutt	mínúta
seconde	second	Sekunde	seconde	sekund	sekund	sekund	sekúnda
aujourd'hui	today	heute	heden,vandaag	idag	i dag	i dag	í dag
demain	tomorrow	morgen	morgen	imorgon	i morgen	i morgen	á morgun
hier	yesterday	gestern	gisteren	igår	i går	i går	í gær
saison	season	Jahreszeit	seizoen	årstid	årstid	årstid	árstíð
printemps	spring	Frühling	lente	vår	forår	vår	vor
été	summer	Sommer	zomer	sommar	sommer	sommer	sumar
automne	autumn	Herbst	herfst	höst	efterår	høst	haust
hiver	winter	Winter	winter	vinter	vinter	vinter	vetur
lundi	monday	Montag	maandag	måndag	mandag	mandag	mánudagur
mardi	tuesday	Dienstag	dinsdag	tisdag	tirsdag	tirsdag	þriðjudagur
mercredi	wednesday	Mittwoch	woensdag	onsdag	onsdag	onsdag	miðvikudagur
jeudi	thursday	Donnerstag	donderdag	torsdag	torsdag	torsdag	fimmtudagur
vendredi	friday	Freitag	vrijdag	fredag	fredag	fredag	föstudagur
samedi	saturday	Sonnabend	zaterdag	lördag	lørdag	lørdag	laugardagur
dimanche	sunday	Sonntag	zondag	söndag	søndag	søndag	sunnudagur
janvier	january	Januar	januari	januari	januar	januar	janúar
février	February	Februar	februari	februari	februar	februar	febrúar
mars	march	März	maart	mars	marts	mars	marz
avril	april	April	april	april	april	april	apríl
mai	may	Mai	mei	maj	maj	mai	maí
juin	june	Juni	juni	juni	juni	juni	júní
juillet	july	Juli	juli	juli	juli	juli	júlí
août	august	August	augustus	augusti	august	august	ágúst
septembre	september	September	september	september	september	september	september
octobre	october	Oktober	oktober	oktober	oktober	oktober	október
novembre	november	November	november	november	november	november	nóvember
décembre	december	Dezember	december	december	december	desember	desember
Noël	Christmas	Weihnacht	Kerstmis	Jul	Jul	Jul	Jól
Pâques	Easter	Ostern	Paschen	Oster	Øst	Øst	Páskar
nord	north	Nord	noord	nord	nord	nord	norður
sud	south	Süd	zuiden	söder	syd	syd	suður
est	east	Ost	oost	öster	øst	øst	austur
ouest	west	West	west	väster	vest	vest	vestur

	anglais	allemand	néerlandais	suédois	danois	norvégien	islandais
grand	large	groß	groot	stor	stor	stor	stór
petit	small	klein	klein	liten	lille	liten	lítill, smár
haut	high	hoch	hoog	hög	høj	høi	hár
bas	low	niedrig	laag	låg	lav	lav	lágur
long	long	lang	lang	lång	lang	lang	langur
court	short	kurz	kort	skjortan	skjorten	skjorten	stuttur
large	wide	breit	breed	bred, vid	bred, vid	bred, vid	breiður, viður
étroit	narrow	eng	eng	trång	smal	trang	þröngur
épais	thick	dick	dik	tjock	tyk	tykk	þykkur
mince	thin	dünn	dun	tunn	tynd	tynn	þunnur
profond	deep	tief	diep	djup	dyb	dyp	djúpur
plein	full	voll	vol	full	fuld	full	fullur
vide	empty	leer	leeg	tom	tom	tom	tómur
lourd	heavy	schwer	zwaar	tung	tung	tung	þungur
léger	light	leicht	licht	lätt	let	lett	ljettur
ouvert	open	offen	open	öppen	åben	åpen	opinn
fermé	shut	geschlossen	dicht	stägt	lukket	lukket	lokaður
neuf	new	neu	nieuw	ny	ny	ny	nýr
vieux	old	alt	oud	gammal	gammel	gammel	gamall
propre	clean	rein	schoon, rein	ren	ren	ren	hreinn
sale	dirty	schmutzig	vuil	smutsig	snavset	skitten	forugur
sec	dry	trocken	droog	torr	tør	tørr	þurr
mouillé	wet	naß	nat	våt	våd	våt	votur
solide	solid	fest	vast	fast, stark	fast	fast, sterk	fastur
fragile	fragile	zerbrecherlich	breekbar	bräcklig, skör	skør	skjør, svak	brothættur
rond	round	rund	rond	rund	rund	rund	kringlóttur
carré	square	viereckig	vierkantig	fyrkantig	firkantig	firkantet	fyrhyrndur
cassé	broken	gebrochen	gebroken	bruten	brudt	knekket	brotinn
bon	good	gut	goed	god	god	god	gódur
mauvais	bad	schlecht	slecht	dålig	dårlig	dårlig	illur
loin	far	weit	ver	långt	fjern	langt	langt, víða
près	near	nahe	nabij	nära	nær	nær	nálægur
avant	before	vor	voor	innan	før	før	fyrir
après	after	nach	na	efter	efter	etter	eftir
devant	before	vor	voor	framför	foran	foran	fram fyrir
derrière	behind	hinter	achter	bakom	bag efter	bakefter	bakvið
droite	right	rechts	rechts	höger	højre	høire	hægri
gauche	left	links	links	vänster	venstre	venstre	vinstri
dedans	inside	innen	binnen	innanför	indre	innenfor	innanverður
dehors	outside	draussen	buiten	utanför	udvendig	utenfor	utanverður

	anglais	allemand	néerlandais	suédois	danois	norvégien	islandais
voir	to see	sehen	zien	se	se	se	sjá
regarder	to look at	ansehen	kijken	titta	se på	se på	lítá horfa
entendre	to hear	hören	hooren	höra	høre	høre	heyra
écouter	to listen	zuhören	luisteren	lyssna	lytte	lytte	hlusta
dire	to say	sagen	zeggen	säga	sige	si	segja
parler	to speak	sprechen	spreken	tala	tale	snakke	tala
demander	to ask	fragen	vragen	fråga	spørge	spørre	spyrja
répondre	to answer	antworten	antwoorden	svara	svare	svare	svara
accepter	to accept	annehmen	aannemen	antaga	anta	anta, godta	taka við
refuser	to refuse	abnehmen	weigeren	vägre	vægre sig	avslå	neita
écrire	to write	schreiben	schrijven	skriva	skrive	skrive	skrifa, rita
lire	to read	lesen	lezen	läsa	læse	lese	lesa
traduire	translate	übersetzen	vertalen	översätta	oversætte	oversette	þýda
faire	to do	tun	doen	göra	gøre	gjøre	gjöra
aller	to go	gehen	gaan	gå	gå	gå	fara
venir	to come	kommen	komen	komma	kom	komme	koma
marcher	to walk	gehen	gaan	gå	gå	gå	ganga, fara
courir	to run	laufen	loopen	löpa	løbe	løpe	hlaupa
monter	to go up	aufgehen	opgaan	stiga upp	stige op	stige, gå opp	ganga upp
descendre	go down	abgehen	avdalen	stiga av	gå ned	gå ned	ganga undir
sauter	to jump	springen	springen	hoppa	springe	springe	stökkva
nager	to swim	schwimmen	zwemmen	simma	svømme	svømme	svima
tomber	to fall	fallen	vallen	falla	falde	falle	falla
savoir	to know	wissen	weten	veta	vide	vite	vita
oublier	to forget	vergessen	vergeten	glömma	forglemme	glemme	gleyma
apprendre	to learn	lernen	leeren	lära	lære	lære	læra
enseigner	to teach	lehren	onderwijzen	undervisa	lære	lære	kenna
vouloir	to want	wollen	willen	önska	ønske	ønske	vanta
aimer	to love	lieben	beminnen	älska	elske	elske	elska
appeler	to call	rufen	roepen	kalla	kalde	kalle	kalla
remercier	to thank	danken	danken	tacka	takke	takke	þakka
travailler	to work	arbeiten	arbeiden	arbeda	arbejde	arbeide	vinna
acheter	to buy	kaufen	koopen	köpa	købe	kjøpe	kaupa
vendre	to sell	verkaufen	verkoopen	sälja	sælge	selge	selja
payer	to pay	bezahlen	betalen	betala	betale	betale	borga
ouvrir	to open	öffnen	openen	öppna	åbne	åpne	opinn
fermer	to shut	schliessen	sluiten	stänga	lukke	lukke	loka
perdre	to lose	verlieren	verliezen	förlosa	tab	tape	missa, tapa
trouver	to find	finden	vinden	finna	finde	finne	finna
cacher	to hide	verstecken	verbergen	gömma	gemme	gjemme	hýða
prendre	to take	nehmen	nemen	taga	tage	ta	taka
recevoir	to receive	erhalten	ontvangen	mottaga	modtage	motta	meðtaka, fá
envoyer	to send	senden	zenden	sända	sende	sende	senda
apporter	to bring	bringen	brengen	hämta	bringe	bringe	færa
porter	to carry	tragen	dragen	bära	bære	bære	bera
tenir	to hold	halten	houden	hålla	holde	holde	halda
tirer	to draw	ziehen	trekken	draga	trække, drage	trekke	draga
pousser	to push	drücken	duwen	stöta	skyve	skyve	ýta, hrinda
attendre	to wait	warten	wachten	vänta	vente	vente	bíða
finir	to finish	beenden	eindigen	sluta	slutte	slutte	enda
commencer	to begin	anfangen	aanvangen	börja	begynde	begynne	byrja
arriver	to arrive	ankommen	aankomen	ankomma	ankomme	ankomme	koma
partir	to leave	verlassen	vertrekken	avgå	efterlade	efterlate	fara frá

	anglais	allemand	néerlandais	suédois	danois	norvégien	islandais
oui	yes	ja	ja	ja	ja	ja	ja
non	no	nein	neen	nej	nej	nei	nei
et	and	und	en	och	og	og	og
ou	or	oder	of	eller	eller	eller	eða
ici	here	hier	hier	här	her	her	hjer
là	there	dort	daar	där	der	der	þar
avec	with	mit	met	med	med	med	með
sans	without	ohne	zonder	utan	uden	uden	úti
où ?	where?	wo?	waar?	var?	hvor?	hvor?	hvar?
qui ?	who?	wer?	wie?	vem?	hvem?	hvem?	hver?
quoi ?	what?	was?	wat?	vad?	hvad?	hvad?	hvað?
lequel ?	which?	welcher?	welk?	vilken?	hvilken?	hvilken	hvaða?
combien ?	how much?	wieviel?	hoeveel?	hur mycket?	hvor meget?	hvor mange?	hve mikið?
quand ?	when?	wann?	wanneer?	när?	når?	når?	hvenær?
comment ?	how?	wie?	hoe?	hur?	hvordan?	hvordan?	hversu?
pourquoi ?	why?	warum?	waarom?	varför?	hvorfor?	hvorfor?	hvers vegna?
peut-être	perhaps	vielleicht	misschien	kanske	måske	kanskje	ef til vill
partout	everywhere	überall	overal	överallt	overalt	overalt	alstaðar
toujours	always	immer	altijd	alltid	altid	alltid	ávalt
jamais	never	niemals	nooit	aldrig	aldrig	aldri	aldrai
assez	enough	genug	genoeg	nog	nok	nok	nógu
seulement	only	nur	pas	bara	kun	bare	bara, aðeins
plus	more	mehr	meer	mera	mere	mere	meiri, færri
moins	less	weniger	minder	mindra	mindre	mindre	minni
beaucoup	much	viel	veel	mycket	meget	meget	mikill
un peu	a little	ein wenig	een weinig	litet	lidt,en smule	litt	dálítið
aucun	none	kein	geen	ingen	ingen	ingen	enginn
tout	everything	alles	alles	allting	alting	allting	allt
rien	nothing	nichts	niet	ingenting	intet	ingenting	ekkert
autre	other	andere	ander	andra	anden	annen	annar
sur	on	auf	op	på	på	på	a, í
sous	under	unter	onder	under	under	under	undir
entre	between	zwischen	tussen	mellan	imellem	mellom	milli
contre	against	gegen	tegen	emot	mod	mot, imot	móti, i gegn
pour	for	für	voor	för	for	for	fyrir
dans	in	in	in	i	ind	inn	í
à côté	near	nahe	nabij	nära	nær	nær, ved	nær
comme	like	wie	zoals	som	som	som	líkur
bien	well	wohl	goed	bra	godt	bra	vel
mal	badly	schlecht	slecht	dålig	dårlig	dårlig	illa
autant	as much	soviel	evenveel	lika mycket	ligeså	ligeså mye	svo mikið
souvent	often	oft	dikwijls	ofta	ofte	ofte	oft
encore	again	wieder	weder	igen	igen	igjen,ennå	aftur
déjà	already	schon	reeds, al	redan	allerede	allerede	þegar, nú
tôt	early	früh	vroeg	tidig	tidlig	tidlig	árla, snemma
tard	late	spät	laat	sen	sent	sent	seinn
vite	quickly	schnell	snel	fort, kvickt	hurtig	fort, hurtig	skjótt
lentement	slowly	langsam	langzaam	långsamt	langsomt	langsomt	seint
maintenant	now	jetzt	nu	nu	nu	nu	nú, núna
aussitôt	at once	sofort	onmiddelijk	strax, genast	straks	straks	strax

Vocabulaire parallèle de dix langues slaves

russe

ukrainien

biélorusse

polonais

tchèque

slovaque

bulgare

macédonien

serbo-croate

slovène

1 VOCABULAIRE PARALLÈLE DE DIX LANGUES SLAVES

	russe	ukrainien	biélorusse	polonais	tchèque	slovaque
corps	тело	тило	цела	ciało	tělo	telo
tête	голова	голова	галова	głowa	hlava	hlava
cheveux	волосы	волосся	валасы	włosy	vlasy	vlasy
front	лоб	лоб, чоло	лоб, чало	czoło	čelo	čelo
oeil	глаз	око	вока	oko	oko	oko
oreille	ухо	вухо	вуха	ucho	ucho	ucho
nez	нос	ніс	нос	nos	nos	nos
bouche	рот	рот	рот	usta	ústa	ústa
lèvre	губа	губа	губа	warga	ret	ret, pera
dent	зуб	зуб	зуб	ząb	zub	zub
langue	язык	язык	язык	język	jazyk	jazyk
menton	подбородок	підборіддя	падбародак	podbródek	brada	brada
cou	шея	шия	шыя	szyja	krk	krk
épaule	плечо	плече	плячо	barki	rameno	plece, rámä
poitrine	грудь	груди	грудзі	pierś	prsa	prsia
dos	спина	спина	сьпіна	plecy	záda	záda
coeur	сердце	серце	сэрца	serce	srdce	srdce
estomac	желудок	жолудек	жалудок	żołądek	žaludek	žalúdok
poumon	лёгкое	легеня	лёгкае	płuco	plíce	pl'úca
ventre	живот	живіт	бруха	brzuch, żywot	břicho	brucho
bras	рука	рука	рука	ramię	paže	paže, rameno
main	рука	рука	рука	ręka	ruka	ruka
doigt	палец	палець	палец	palec	prst	prst
genou	колено	коліно	калена	kolano	koleno	koleno
jambe	нога	нога	нага	noga	noha	noha
pied	нога	нога	нага	stopa	noha	noha
talon	пятка	п'ята	пята	pięta	pata	päta
os	кость	кістка	костка	kość	kost	kost'
peau	кожа	шкіра	скура	skóra	kůže	koža
ongle	ноготь	кіготь	ногаць	paznokieć	nehet	neht
sang	кровь	кров	кроу	krew	krev	krv
aveugle	слепой	сліпий	сьляпы	ślepy	slepý	slepý
malade	больной	хворий	хворы	chory	nemocný	chory
sourd	глухой	глухий	глухі	głuchy	hluchý	hluchý
muet	немой	німий	нямы	niemy	němý	nemý
fatigué	усталый	зморений	зморaны	zmęczony	unavený	unavený
nourriture	пища	харчування	зморaны	jadło	potrava	potrava
pain	хлеб	хліб	хлеб	chleb	chléb	chlieb
vin	вино	вино	біно	wino	víno	víno
eau	вода	вода	вада	woda	voda	voda
viande	мясо	м'ясо	мяса	mięso	maso	mäso
farine	мука	мука	мука	mąka	mouka	múka
lait	молоко	молоко	малако	mleko	mléko	mlieko
crème	сливки	сметана	сьметанка	śmietana	smetana	smotana
beurre	масло	масло	масло	masło	máslo	maslo
fromage	сыр	сир	сыр	ser	sýr	syr

Vocabulaire parallèle de dix langues slaves

1

	russe	bulgare	macédonien	serbo-croate	slovène
corps	тело	тяло	тело	tijelo	telo
tête	голова	глава	глава	glava	glava
cheveux	волосы	коса	коса	kosa	lasje
front	лоб	чело	чело	čelo	čelo
oeil	глаз	око	око	oko	oko
oreille	ухо	ухо	уво	uho, uvo	uho, uhelj
nez	нос	нос	нос	nos	nos
bouche	рот	уста	уста	usta	usta
lèvre	губа	устна	усна	usna	ustnica
dent	зуб	зъб	заб	zub	zob
langue	язык	език	јазик	jezik	jezik
menton	подбородок	брада	брада	brada	brada
cou	шея	врат	брат	vrat	vrat
épaule	плечо	рамо	рамо	rama	rama
poitrine	грудь	гърди	гради	grudi	prsi
dos	спина	гръб	грб	leđa	hrbet
coeur	сердце	сърце	срце	srce	srce
estomac	желудок	стомах	желудник	želudac	želodec
poumon	лёгкое	бял дроб	бели дроб	pluća	pljuča
ventre	живот	корем	корем	trbuch	trebuch
bras	рука	ръка	рака	ruka	roka
main	рука	ръка	рака	ruka	roka
doigt	палец	пръст	прст	prst	prst
genou	колено	коляно	коленица	koleno	koleno
jambe	нога	крак	крак	noga	noga
pied	нога	стъпало	стапало	stopalo	noga, stopalo
talon	пятка	пета	пета	peta	peta
os	кость	кост	кост	kost	kost
peau	кожа	кожа	кожа	koža	koža
ongle	ноготь	нокът	нокот	nokat	noht
sang	кровь	кръв	крв	krv	kri
aveugle	слепой	сляп	слеп	slijep	slep
malade	больной	болен	болен	bolestan	bolan
sourd	глухой	глух	глув	gluh	gluh
muet	немой	ням	нем	nijem	nem
fatigué	усталый	уморен	уморен	umoran	utrujen
nourriture	пища	храна	јасје	jelo	jedilo
pain	хлеб	хляб	леб	hleb	kruh
vin	вино	вино	вино	vino	vino
eau	вода	вода	вада	voda	voda
viande	мясо	месо	меса	meso	meso
farine	мука	брашно	брашно	brašno	moka
lait	молоко	мляко	млеко	mleko	mleko
crème	сливки	каймак	повлака	povlaka	smetana
beurre	масло	масло	масло	maslac	maslo
fromage	сыр	сирене	сирење	sir	sir

2

	russe	ukrainien	biélorusse	polonais	tchèque	slovaque
sel	соль	соль	соль	sól	sůl	sol
sucre	сахар	сахар	цукер	cukier	cukr	cukor
miel	мёд	мед	мядз	miod	med	med
huile	масло	масло	масла	oliwa	olej	olej
vinaigre	уксус	оцет	ввцат	ocet	ocet	ocot
thé	чай	чай	гарбата	herbata	čaj	čaj
petit déjeuner	завтрак	сніданок	сьнеданьне	śniadanie	snídaně	raňajky
déjeuner	обед	снідания	абед	obiad	oběd	obed
dîner	ужин	обід	вячэра	wieczerza	večeře	večera
cuisine	кухня	кухня	кухня	kuchnia	kuchyně	kuchyňa
faim	голод	голод	голад	głodzenie	hlad	hlad
soif	жажда	спрага	смага	spraga	žízen	smäd
nourrir	кормить	годувати	гадаваць	karmić	krmiti	krmiť
manger	кушать	їсти	есьці	jeść	jísti	jesť
boire	пить	пити	піць	pić	píti	piť
cuire	готовить	готувати	гатаваць	gotować	vařiti	variť
vêtement	одежда	одяг, вбрння	адзеньне	ubranie	šaty, oděv	oblek
costume	костюм	костюм	гарнітур	ubranie	kostým, kroj	kroj
chapeau	шляпа	капелюх	капялюш	kapelusz	klobouk	klobúk
manteau	пальто	пальто	паліто	płaszcz	svrchník	plášť
veste	пиджак	піджак	куртка	marynarka	kabát	kabát
pantalon	брюки	штани	штаны	spodnie	spodky	nohavice
robe	платье	сукня	сукня	suknia	šat	šaty
jupe	юбка	спідниця	спадніца	spódnica	sukně	sukňa
chemise	рубашка	сорочка	кашуля	koszula	košile	košela
bas	чулок	панчоха	панчоха	pończocha	punčocha	punčocha
soulier	башмак	черевик	чаравік	trzewik	střevíce	črievica
poche	карман	кішеня	кишэня	kieszeń	kapsa	vrecko
gant	перчатка	рукавичка	рукавічка	rękawiczka	rukavica	rukavica
mouchoir	платок	хустка	хустка	chustka	kapesník	vreckovska
ceinture	пояс	пояс	пояс	pasek	pás	opasok
bouton	пуговица	гудзик	гузік	guzik	knoflík	gombík
fil	нитка	нитка	нітка	nić	nit, vlákno	niť
coudre	шить	шити	шыць	szyć	šíti	šiť
laver	мыть	мити	мыць	myć	mýti	myť

	russe	bulgare	macédonien	serbo-croate	slovène
sel	соль	сол	сол	so	sol
sucre	сахар	сахар	шеќер	šećer	sladkor
miel	мёд	мед	мед	med	med
huile	масло	масло	зејтин	zejtin	olje
vinaigre	уксус	оцет	оцет	sirće	jesih, ocet
thé	чай	чай	чај	čaj	čaj
petit déjeuner	завтрак	закуска	доручек	doručak	zajtrk
déjeuner	обед	обед	ручек	ručak	obed
dîner	ужин	вечера	вечера	večera	večerja
cuisine	кухня	кухня	кујна	kuhinja	kuhinja
faim	голод	глад	глад	glad	glad, lakota
soif	жажда	жажда	жед	žeđa	žeja
nourrir	кормить	храня	храни	hraniti	hraniti, krmiti
manger	кушать	ям	јаде	jesti	jesti
boire	пить	пия	піе	piti	piti
cuire	готовить	готвя	готви	kuvati	kuhati
vêtement	одежда	дреха	алиште, дреа	odelo	obleka
costume	костюм	костюм	одело	odelo	noša, kroj
chapeau	шляпа	шапка	шапка, шешир	šešir	klobuk
manteau	пальто	палто	палто	kabanica	plašč
veste	пиджак	сако	сако	kaput	jopič
pantalon	брюки	панталон	панталони	hlače	hlače
robe	платье	рокля	одело	haljina	halja, obleka
jupe	юбка	пола	сукнја	suknia	krilo
chemise	рубашка	риза	кошула	košulje	srajce, ovoj
bas	чулок	чорапа	чорапа	čarapa	nogavica
soulier	башмак	обуща	обувка	cipela	čevelj
poche	карман	джоб	џеб	džep	žep, vreča
gant	перчатка	ръкавица	ракавица	rukavica	rokavica
mouchoir	платок	носна крпа	марамче	marama	žepni robec
ceinture	пояс	пояс	појас	pojas	pas
bouton	пуговица	копче	копче	dugme	gumb
fil	нитка	нанизва	наниз	konac	nit, vlakno
coudre	шить	шия	шие	šiti	šivati, prišiti
laver	мыть	пере	пере	oprati	prati, umivati

3	russe	ukrainien	biélorusse	polonais	tchèque	slovaque
famille	семья	сім'я	сям'я	rodzina	rodina	rodina
parents	родители	батьки	бацькі	rodzice	rodiča	rodičia
père	отец	батько	бацька	ojciec	otec	otec
mère	мать	мати	матка	matka	matka	matka
fils	сын	син	сын	syn	syn	syn
fille	дочь	дочка	дачка	córka	dcera	dcéra
frère	брат	брат	брат	brat	bratr	brat
sœur	сестра	сестра	сястра	siostra	sestra	sestra
grand-père	дедушка	дід	дзядуля	dziadek	děd	dedo
grand-mère	бабушка	бабка	бабуля	babka	babička	babička
petit-fils	внук	внук	унук	wnuk	vnuk	vnuk
petite-fille	внучка	внучка	унучка	wnuczka	vnučka	vnučka
oncle	дядя	дядько	дзядзька	wuj, stryj	ujec, strýc	ujec, strýc
tante	тётка	тітка	цётка	ciotka	teta	teta
neveu	племянник	племінник	пляменьник	siostrzeniec	synovec	synovec
nièce	племянница	племінница	пляменьніца	siostrzenica	neť	netera
cousin	двоюродый брат	двоюрідний брат	стрыечны брат	kuzyn	bratranec	bratanec
cousine	двоюродная сестра	двоюрідна сестра	стрыечна сестра	kuzynka	sestřenice	sesternica
mari	муж, супруг	чоловик	муж, чалавек	mąż	manžel	manžel
épouse	жена	жінка	жонка	żona	manželka	manželka
veuf	вдовец	вдівець	удавец	wdowiec	vdovec	vdovec
veuve	вдова	вдова	удава	wdowa	vdova	vdova
beau-père	тесть	тесть	сьвёкар	teść	tchán	tesť, svokor
belle-mère	тёща	теща	сьвякрова	teściowa	tchyně	svokra
gendre	зять	зять	зяць	zięć	zeť	zať
belle fille	невестка	невістка	нявестка	synowa	snacha	snacha
belle sœur	невестка	невістка	нявестка	szwagierka	švakrová	švagrová
mariage	брак	шлюб	шлюб	małżeństwo	manželství	sňatok
se marier	жениться	женитися	жаніцца	ożenić się	ženiti se	oženiť sa

	russe	bulgare	macédonien	serbo-croate	slovène
famille	семья	семейство	семејство	porodica	rodbina
parents	родители	родители	родители	roditelji	roditelji
père	отец	баща	татко	otac	oče
mère	мать	майка	мајка	majka	mati
fils	сын	син	син	sin	sin
fille	дочь	дъщеря	ќерка	kćerka	hči
frère	брат	брат	брат	brat	brat
sœur	сестра	сестра	сестра	sestra	sestra
grand-père	дедушка	дядо	дедо	djed	ded
grand-mère	бабушка	баба	баба	baka	babica
petit-fils	внук	внук	внук	unuk	vnuk
petite-fille	внучка	внучка	унука	unuka	vnukinja
oncle	дядя	чичо	чичко	stric, ujak	stric, ujec
tante	тётка	леля	тетка	tetka	teta
neveu	племянник	племенник	братанец	sinovac	nečak
nièce	племянница	племенница	братаница	sinovica	nečakinja
cousin	двоюродый брат	братовчед	братучед	bratić	bratranec
cousine	двоюродная сестра	братовчедка	братучеда	sestrična	bratranka
mari	муж, супруг	супруг	маж	muž	mož, soprog
épouse	жена	жена	жена	žena	žena, soproga
veuf	вдовец	вдовец	вдовец	udovac	vdovac
veuve	вдова	вдовица	вдовица	udovica	vdova
beau-père	тесть	тъст	свекор	tast	tast
belle-mère	тёща	тъща	свекрва	punica	tašča
gendre	зять	зет	зет	zet	zet
belle fille	невестка	снаха	снаха	snaha	snaha
belle sœur	невестка	етърва	балдаза	šogorica	svakinja
mariage	брак	женитба	брак	brak	možitev, ženitev
se marier	жениться	оженвам се	жени се	vjenčati se	poročiti se

4

	russe	ukrainien	biélorusse	polonais	tchèque	slovaque
maison	дом	дім	дом	dom	dům	dom
château	замок	замок	палац	zamek	zámak, hrad	zámok, hrad
mur	стена	стіна	сьцяна	ściana	zeď	stena
toit	крыша	покрива	дах	dach	střecha	strecha
cave	погреб	погреб	склеп	piwnica	sklep	pivnica
grenier	чердак	амбар	клець	spichrz, strych	půda	pójd
escalier	лестница	сходи	сходкі	schody	schodiště	schodište
marche	ступень	східець	стопень	stopień	postup	stupeň
chambre	комната	кімната	пакой	pokój	pokoj	izba
cuisine	кухня	кухня	кухня	kuchnia	kuchyně	kuchyňa
plancher	пол	підлога	падлога	podłoga	podlaha	dlážka
plafond	потолок	стеля	столь	sufit	strop	povala
porte	дверь	двери	дзьверы	drzwi	dvéře	dvere
fenêtre	окно	вікно	вакно	okno	okno	okno
poteau	столб	стовп	слуп	słup	sloup	slup
cour	двор	двір	двор	podwórze	dvůr	dvor
jardin	сад	город	агарод	ogród	zahrada	záhrada
puits	колодец	колодязь	колодзеж	studnia	studna	studňa
meuble(s)	мебель	меблі	мэбля	mebel	nábytek	nábytok
lit	кровать	ліжко	ложак	łóżko	postel	postel
armoire	шкаф	шафа	шафа	szafa	skříně	skriňa
table	стол	стил	стол	stół	stůl	stól
chaise	стул	стілець	крэсла	krzesło	židle	stolička
horloge	часы	годинник	гадзіньнік	zegar	hodiny	hodiny
miroir	зеркало	дзеркало	люстра	zwierciadło	zrcadlo	zrkadlo
vase	ваза	ваза	ваза	waza	vása	váza
boîte	коробка	коробка	карабок	pudełko	krabice	krabica
panier	корзина	корзина	кош	kosz	košík	košík
sac	мешок	мішок	мяшок	wór, worek	vak, pytel	vrece
pot	горшок	горщик	гаршчок	garnek	hrnec	hrnec
plat	блюдо	блюдо	блюдо	półmisek	mísa	misa
seau	ведро	відро	вядро	wiadro	vědro	vedro
bouteille	бутылка	пляшка	пляшка	butelka	láhev	láhev, flaša
cuiller	ложка	ложка	лыжка	łyżka	lžíce	lyžica
fourchette	вилка	виделка	відэлец	widelec	vidlička	vidlička
assiette	тарелка	тарілка	талерка	talerz	talíř	tanier
verre	стакан	склянка	шклянка	szklanka	sklenice	sklenica

	russe	bulgare	macédonien	serbo-croate	slovène
maison	дом	къща	дом	kuća, dom	dom, hiša
château	замок	замак	дворец	dvor, zamak	grad
mur	стена	стена	Ѕид	zid	zid, stena
toit	крыша	покрив	покрив	krov	krov, streha
cave	погреб	мазе	визда	podrum	klet
grenier	чердак	таван	таван	tavan	podstrešje
escalier	лестница	стълба	лествица	stepenice	stopnice
marche	ступень	стъпка	степен	stupanj	stopnica
chambre	комната	стая	соба	soba	soba
cuisine	кухня	кухня	кујна	kuhinja	kuhinja
plancher	пол	пол	пол	pod	pod
plafond	потолок	таван	таваница	strop, tavan	strop
porte	дверь	врата	врата	vrata	vrata, duri
fenêtre	окно	прозорец	прозорец	prozor	okno
poteau	столб	стълб	столб	stup	kol, drog
cour	двор	двор	двор	dvorište	dvorišče
jardin	сад	градина	градина	vrt	vrt
puits	колодец	кладенец	кладенец	bunar	vodnjak, jašek
meuble(s)	мебель	мебел	мэбел	pokućstvo	pohištvo
lit	кровать	легло	легло	krevet, postelja	postelja
armoire	шкаф	шкаф	шкаф	orman, dolap	omara
table	стол	маса	маса	sto	miza
chaise	стул	стол	стол	stolica	stol
horloge	часы	часовник	часовник	ura	ura
miroir	зеркало	огледало	огледало	ogledalo	zrcadlo,ogledalo
vase	ваза	ваза	ваза	vaza	vaza
boîte	коробка	кутия	кутија	kutija	škatla, skrinjica
panier	корзина	кошница	кош	košara	košara, jerbas
sac	мешок	чувал	врећа	vreća	vreča
pot	горшок	гърне	грне	lonac	lonec
plat	блюдо	паница	паница	tanjur	krožnik
seau	ведро	ведро	ведро	vedro, kablica	vedro, škaf
bouteille	бутылка	ботилка	шише	boca	steklenica
cuiller	ложка	лъжица	лажица	kašilka	žlica
fourchette	вилка	вилица	вилица	viljuška	vilice
assiette	тарелка	чиния	чинија	tanjir	krožnik
verre	стакан	стъкло	чаша	čaša	kozarec

5	russe	ukrainien	biélorusse	polonais	tchèque	slovaque
outil	орудие	знаряддя	снасьць	narzędzie	nástroj	nástroj
clef	ключ	ключ	ключ	klucz	klíč	kľúč
échelle	лестница	драбина	драбіны	drabina	žebřík	rebrík
voiture	машина	машина	машына	wóz	vůz	voz
roue	колесо	колесо	каток, кола	koło	kolo	kolo
clou	гвоздь	гвіздок	гвоздь	gwóźdź	hřeb	klinec
aiguille	иголка	голка	голка	igła	jehla	ihla
épingle	булавка	шпилька	шпілька	szpilka	špendlík	špendlík
couteau	нож	ніж	нож	nóż	nůž	nôž
scie	пила	пила, пилка	піла	piła	pila	píla
ciseaux	ножницы	ножиці	ножніцы	nożyczki	nůžky	nožnice
fourche	вилка	вилка	вілкі	widły	vidle	vidly
pelle	лопата	лопата	лапата	łopata	lopata	lopata
bêche	заступ	рискаль	рыдлёўка	rydel	rýč	rýl
marteau	молот	молот	молат	młot	kladivo	kladivo
hache	топор	сокира	сякера	siekiera, topór	sekera	sekera
pince	клещи	кліщі	абцугі	szczypce	kleště	kliešte
peigne	гребешок	гребінець	грабянец	grzebień	hřeben	hrebeň
brosse	щётка	щітка	щчотка	szczotka	kartáč	kartáč
bâton	палка	ціпок	палка	kij, pałka	hůl	palica, tyč
fouet	бич	бич	бізун	bat, bicz	bič	bič
chaîne	цепь	ланцюг	ланцуг	łańcuch	řetěz	reťaz
anneau	кольцо	кільце	колца	kółko	kruh	kruh
corde	верёвка	мотузка	вяроўка	sznur	provaz	motúz
charrue	плуг	плуг	плуг	pług	pluh	pluh
lampe	лампа	лампа	лямпа	lampa	lampa	lampa
lunettes	очки	окуляри	акуляры	okulary	brejle	okuliare
moulin	мельница	млин	млын	młyn	mlýn	mlyn
montre	часы	години	гадзіньнік	zegarek	hodinky	hodinky
fusil	ружьё	рушница	стрэльба	strzelba	ručnice	puška
sonnette	звонок	дзвінок	званок	dzwon	zvonek	zvonček
sifflet	свисток	свисток	свісток	gwizd	píšťalka	píšťalka

	russe	bulgare	macédonien	serbo-croate	slovène
outil	орудие	оръдие	орудие	oruđe	orodje
clef	ключ	ключ	клуч	ključ	ključ
échelle	лестница	стълба	лествица	ljestvica	lestva
voiture	машина	кола	кола	kola	voz
roue	колесо	колесо	коло	kotač, točak	kolo
clou	гвоздь	гвоздей	чивија	čavao, čir	žebelj
aiguille	иголка	игла	игла	igla	igla, šivanka
épingle	булавка	топлийка	карфина	gumbašnica	zaponka
couteau	нож	нож	нож	nož	nož
scie	пила	трион	пила	pila	žaga
ciseaux	ножницы	ножици	ножици	makaze	škarje
fourche	вилка	вила	вила	vile	vila
pelle	лопата	лопата	лопата	lopata	lopata
bêche	заступ	бел	лопата	lopata	lopata
marteau	молот	чук	чекан	čekić	kladivo
hache	топор	брадва	брадва	sjekira	sekira
pince	клещи	клещи	клешти	kliješta	klešče
peigne	гребешок	гребен	гребен	češalj	češelj
brosse	щётка	четка	четка	četka	ščet, krtača
bâton	палка	пръчка	прат	palica	palica
fouet	бич	камшик	камшик	bič	bič
chaîne	цепь	верига	верига	lanac	veriga
anneau	кольцо	кръг	круг	krug	krog
corde	верёвка	въже	врв	uže, konopac	vrv, konopac
charrue	плуг	плуг	рало	plug	plug
lampe	лампа	лампа	ламба	lampa	svetilka
lunettes	очки	очила	очила	naočari	očala, naočniki
moulin	мельница	мелница	мелница	mlin	mlin
montre	часы	часовник	часовник	sat	ura
fusil	ружьё	пушка	пушка	puška	puška
sonnette	звонок	звънец	ѕвонец	zvonce	zvonec, zvonček
sifflet	свисток	свирка	свирка	zviždaljka	piščalka

6	russe	ukrainien	biélorusse	polonais	tchèque	slovaque
terre	земля	земля	зямля	ziemia	země	zem
monde	свет	світ	сьвет	świat	svět	svet
campagne	деревня	село	вёска	wieś	venkov	vonkov
montagne	гора	гора	гара	góra	hora	pohorie, hora
colline	холм	горб	пагорак	pagórek	vrch	pahorok
vallée	долина	долина	далина	dolina	údolí	údolie
pays	страна	країна	край,краіна	kraj	kraj	zem, krajan
route	дорога	дорога	дарога,шлях	droga	cesta	cesta, dráha
sentier	тропинка	стежка	сьтежачка	ścieżka	stezka	chodníček
rivière	река	ріка	рака	rzeka	řeka	rieka
pont	мост	міст	мост	most	most	most
mare	лужа	калюха	лужына	kałuża	kaluž	keluž
lac	озеро	озеро	возера	jezioro	jezero	jazero
bois	лес	ліс	лес	las	les	les
buisson	кустарник	чагарник	хмызьняк	krzak	křoví	krovie
fossé	ров	рів	роў	rów	příkop	priekopa
haie	ограда	огорожа	агарода	ogrodzenie	plot	plot
barrière	шлагбаум	шлагбаум	шлагбаум	zapora	přehrada	priehrada
champ	поле	поле	поле	pole	pole	pole
prairie	луг	лука	луг	łąka	louka	lúka
semence	семя	сім'я	семя	nasienie	sémě	semeno
moisson	жатва	жнива	жнива	żniwo	podzim, žeň	žatva
cultiver	обрабатывать	обробляти	абрабіць	uprawiać	vzdělati	obrabať
labourer	пахать	орати	араць	orać	orati	orať
semer	сеять	сіяти	сеяць	siać	seti	siať
planter	сажать	саджати	саджаць	sadzić	sázeti	sádzať
plante	растение	рослина	расьліна	roślina	rostlina	rastlina
arbre	дерево	дерево	дрэва	drzewo	strom	strom
racine	корень	корінь	корань	korzeń	kořen	koreň
tronc	ствол	стовбур	ствол	pień	stvol	trup
branche	ветвь	гілка, вітка	галіна	gałąź	větev	vetva
feuille	лист	лист	ліст	liść	list	list
fleur	цветок	квітка	кветка	kwiat	květ	kvet
fruit	плод, фрукт	плід	плод	owoc, płód	ovoce, plod	ovocie, plod
graine	зерно	зерно	зярно	ziarno	zrno	zrno
pomme	яблоко	яблуко	яблык	jabłko	jablko	jablko
poire	груша	груша	груша	gruszka	hruška	hruška
noix	орех	горіх	арэх	orzech	ořech	orech
chou	капуста	капуста	капуста	kapusta	kapusta	kupusta, kel
p.de terre	картофель	картопля	бульба	ziemniak	brambor	zemiak
pois	горох	горох	гарох	groch	hrách	hrach
blé	пшеница	пшениця	пшаніца	zboże	pšenice	pšenica
seigle	рожь	жито	жыта	żyto	žito, réž	žito
avoine	овёс	овес	авёс	owies	oves	ovos
herbe	трава	трава	трава	trawa	tráva	tráva
foin	сено	сіно	сена	siano	seno	seno
fleurir	цвести	цвісти	цьвісьці	kwitnąć	kvésti	kvitnúť
mûrir	зреть	зріти	сьпець	dojrzewać	dozráti	zreť
mûr	зрелый	зрілий	сьпелы	dojrzały	dozrálý	zralý

	russe	bulgare	macédonien	serbo-croate	slovène
terre	земля	земя	земја	zemlja	zemlja
monde	свет	свят	свет	svijet	svet
campagne	деревня	село	село	polje	polje
montagne	гора	планина	планина	planina	gora
colline	холм	хълм	брег	brežuljak	gorica, grič
vallée	долина	долина	долина	dolina	dolina
pays	страна	страна	крај	kraj	dežela
route	дорога	път	пат	cesta, put	cesta, pot
sentier	тропинка	пътека	патека	staza	steza
rivière	река	река	река	rijeka	reka
pont	мост	мост	мост	most	most
mare	лужа	локва, вир	локва	bara, lokva	mlaka, luža
lac	озеро	езеро	езеро	jezero	jezero
bois	лес	гора	гора	šuma	les, gozd
buisson	кустарник	храст	грмушка	grm	grm
fossé	ров	ров	ров	jarak	jarak
haie	ограда	преграда	плет	ograda	ograja, plot
barrière	шлагбаум	преграда	преграда	pregrada	pregraja
champ	поле	поле	поле	polje	polje
prairie	луг	ливада	ливада	livada	travnik
semence	семя	семе	семе	sjeme	seme
moisson	жатва	жътва	жетва	žetva	žetev
cultiver	обрабатывать	обработвам	обработи	obrađivati	obdelovati
labourer	пахать	ора	ора	orati	orati
semer	сеять	сея	сее	sijati	sejati
planter	сажать	садя	сади	saditi	zasaditi
plante	растение	растение	растение	biljka	rastlina
arbre	дерево	дърво	дрво	drvo	drevo
racine	корень	корен	корен	korijen	koren
tronc	ствол	ствол	стебло	deblo	deblo
branche	ветвь	клон	гранка	grana	veja
feuille	лист	лист	лист	list	list
fleur	цветок	цвете	цвет	cvijet	cvet
fruit	плод, фрукт	плод	плод	plod, voće	plod
graine	зерно	зърно	зрно	zrno	zrnje
pomme	яблоко	ябълка	јаболко	jabuka	jabolko
poire	груша	круша	круша	kruška	hruška
noix	орех	орех	орев	orah	oreh
chou	капуста	зеле	зелка	kupus	kapus
p.de terre	картофель	картоф	картоф	krumpir	krompir
pois	горох	грах	грашок	grašak	grah
blé	пшеница	пшеница	пченица	žito, pšenica	žito, pšenica
seigle	рожь	ръж	рж	raž	rž
avoine	овёс	овес	овес	zob	oves
herbe	трава	трева	трева	trava	trava
foin	сено	сено	сено	sijeno	seno
fleurir	цвести	цъфтя	цвета	cvasti	cvesti, cveteti
mûrir	зреть	зрея	зрее	sazreti	zoriti
mûr	зрелый	зрял	зрел	zreo	zrel

7	russe	ukrainien	biélorusse	polonais	tchèque	slovaque
matière	материя	матерія	матэрыя	materia	hmota, látka	látka
laine	шерсть	вовна	воўна	wełna	vlna	vlna
drap	сукно	сукно	сукно	sukno	úbrus	súkno
soie	шёлк	шовк	шоўк	jedwab	hedvábí	hodváb
velours	бархат	оксамит	аксаміт	aksamit	samet	zamat
bois	дерево	дерево	дрэва	drzewo	dřevo	drevo
cuir	кожа	шкіра	скура	skóra	kůže	koža
verre	стекло	скло	шкло	szkło	sklo	sklo
boue	грязь	грязь	бруд, грязь	błoto	bláto	blato
chaux	известь	вапно	вапна	wapno	vápno	vápno
papier	бумага	папір	папера	papier	papír	papier
savon	мыло	мило	мыла	mydło	mýdlo	mydlo
cire	воск	віск	воск	wosk	vosk	vosk
paille	солома	солома	салома	słoma	sláma	slama
métal	металл	метал	мэталь	metal	kov	kov
or	золото	золото	золата	złoto	zlato	zlato
argent	серебро	срибро	срэбра	srebro	stříbro	striebro
fer	железо	залізо	зялеза	żelazo	železo	železo
acier	сталь	сталь	сталь	stal	ocel	oceľ
cuivre	медь	мідь	медзь	miedź	měd	med
plomb	свинец	свинець	волава	ołów	olovo	olovo
pierre	камень	камінь	камень	kamień	kámen	kameň
charbon	уголь	вугіль	вугаль	węgiel	uhlí	uhlie
feu	огонь	вогонь	агонь	ogień	oheň	oheň
flamme	пламя	полум'я	полымя	płomień	plamen	plameň
fumée	дым	дим	дым	dym	dým, kouř	dým
cendre	пепель, зола	попіл	попел	popiół	popel	popol
poussière	пыль	пил	пыл	pył	prach	prach
couleur	цвет	барва	краска	barwa, kolor	barva	barva
blanc	белый	білий	белы	biały	bílý	biely
noir	чёрный	чорний	чорны	czarny	černý	čierný
gris	серый	сірий	шэры	szary, siwy	šedý	šedý
bleu	синий	блакитний	блакітны	niebieski	modrý	modrý
jaune	жёлтый	жовтий	жаўты	żółty	žlutý	žltý
rouge	красный	червоний	чырвоны	czerwony	červený	červený
clair	светлый	ясний	ясни	jasny	světlý	jasný, svetlý
sombre	тёмный	темний	тямны	ciemny	tmavý	temný
brillant	блестящий	блискучий	бліскучы	błyszczący	skvělý	skvelý

7

	russe	bulgare	macédonien	serbo-croate	slovène
matière	материя	материя	материја	materija	gmota
laine	шерсть	вълна	волна	vuna	volna
drap	сукно	платно	платно	sukno, platno	sukno
soie	шёлк	коприна	свила	svila	svila
velours	бархат	кадифе	кадифе	baršun	baršun, žamet
bois	дерево	дърво	дрво	drvo	les, gozd
cuir	кожа	кожа	кожа	koža	koža
verre	стекло	стъкло	стакло	staklo	steklo
boue	грязь	кал	блато	blato	blato
chaux	известь	вар	вар	vapno	apno
papier	бумага	хартия	хартија	papir	papir
savon	мыло	сапун	сапун	sapun	milo
cire	воск	въск	восок	vosak	vosek
paille	солома	слама	слама	slama	slama
métal	металл	метал	метал	kovina	kovina
or	золото	злато	злато	zlato	zlato
argent	серебро	сребро	сребро	srebro	srebro
fer	железо	желязо	железо	željezo	železo
acier	сталь	стомана	челик	čelik	jeklo
cuivre	медь	мед	бакар	bakar	baker
plomb	свинец	олово	олово	olovo	svinec
pierre	камень	камък	камен	kamen	kamen
charbon	уголь	въглища	ќумур	ugljen	oglje
feu	огонь	огън	оган	vatra	ogenj
flamme	пламя	пламък	пламен	plamen	plamen
fumée	дым	пушек	пушек	dim	dim
cendre	пепель,зола	пепел	пепел	pepeo	pepel
poussière	пыль	прах	прашина	prašina	prah
couleur	цвет	цвят	боја	boja	barva
blanc	белый	бял	бел	bijel	bel
noir	чёрный	черен	црн	crn	črn
gris	серый	сив	сив	siv	siv
bleu	синий	син	син	modar	moder
jaune	жёлтый	жълт	жолт	žut	žolt, rumen
rouge	красный	червен	црвен	crven	rdeč
clair	светлый	ясен	јасен	svijetao	jasen, svetel
sombre	тёмный	тъмен	темен	tamno	temen
brillant	блестящий	блестящ	сјаен	sjajan	sijajen

8	russe	ukrainien	biélorusse	polonais	tchèque	slovaque
animal	животное	тварина	жывёла	zwierzę	zvíře	zvierací
chien	собака	собака	сабака	pies	pes	pes
chat	кошка	кішка	кошка	kot	kočka	mačka
cheval	лошадь, конь	кінь	конь	koń	kůň	kóň
jument	кобыла	кобила	кабыла	kobyła	kobyla, klisna	kobyla
poulain	жеребёнок	лоша	жарабя	źrebiec	hříbě	žriebä
âne	осёл	осел	асёл	osioł	osel	somár
taureau	бык	бик	бык	byk	býk	býk
boeuf	вол	віл	вол	wół	vůl	vol
vache	корова	корова	карова	krowa	kráva	krava
veau	телёнок	теля	цяля	cielę	tele	tela
porc	свинья	свиня	сьвіньня	wieprz	prase	prasa
mouton	баран	баран	баран	baran	beran, skopec	škopec
agneau	ягнёнок	ягня	ягня	jagnię	jehně	jahňa
chèvre	коза	коза	каза	koza	koza	koza
lion	лев	лев	леў	lew	lev	lev
tigre	тигр	тигр	тыгра	tygrys	tygr	tygr
renard	лиса	лисиця	лісіца	lis	liška	líška
loup	волк	вовк	воўк	wilk	vlk	vlk
ours	медведь	ведмідь	мядзьведзь	niedźwiedź	medvěd	medveď
lièvre	заяц	заець	заяц	zając	zajíc	zajac
lapin	кролик	кролик	трус	królik	králík	králik
souris	мышь	миша	мыш	mysz	myš	myš
rat	крыса	щур	пацух	szczur	krysa	krysa
serpent	змея	змія	гадзіна	wąż	had	had
oiseau	птица	птах	птушка	ptak	pták	vták
coq	петух	півень	певень	kogut	kohout	kohút
poule	курица	курка	курица	kura	slepice	sliepka
oie	гусь	гуска	гусь	gęś	husa	hus
canard	утка	качка	качка	kaczka	kachna	kačica
pigeon	голубь	голуб	голуб	gołąb	holub	holub
hirondelle	ласточка	ластівка	ластаўка	jaskółka	vlaštovka	lastovica
poisson	рыба	риба	рыба	ryba	ryba	ryba
hareng	селёдка	оселедець	селядзець	śledź	sled	sled
saumon	лосось	лосось	ласось	łosoś	losos	losos
truite	форель	форель	форель	pstrąg	pstruh	pstruh
morue	треска	тріска	траска	wątłusz	kabelouš	kabeluš
tortue	черепаха	черепаха	чарапаха	żółw	želva	želva
lézard	ящерица	ящірка	яшчарка	jaszczurka	ještěrka	jašterica
grenouille	лягушка	жаба	жаба	żaba	žába	žaba
escargot	улитка	слимак	сьлімак	ślimak	hlemýžď	slimák
insecte	насекомое	комаха	шасьціножка	owad	hmyz	hmyz
abeille	пчела	бджола	пчала	pszczola	včela	včela
guêpe	оса	оса	аса	osa	vosa	osa
mouche	муха	муха	муха	mucha	moucha	mucha
moustique	комар	комар	камар	komar	komár	moskyt
papillon	бабочка	метелик	матыль	motyl	motýl	motýl

	russe	bulgare	macédonien	serbo-croate	slovène
animal	животное	животно	животнина	životinja	žival
chien	собака	куче	куче	pas, pseto	pes
chat	кошка	кошка	мачка	mačka	mačka
cheval	лошадь, конь	кон	коњ	konj	konj
jument	кобыла	кобила	кобила	kobila	kobila
poulain	жеребёнок	жребче	ждребе	ždrijebe	žrebe
âne	осёл	магаре	магаре	magarac	osel
taureau	бык	бик	бик	bik	bik
boeuf	вол	вол	вол	vo	vol
vache	корова	крава	крава	krava	krava
veau	телёнок	теле	теле	tele	tele
porc	свинья	свиня, прасе	свиња	svinja	svinja
mouton	баран	овца	коч	ovca	ovca
agneau	ягнёнок	ягне	јагне	janje	jagnje
chèvre	коза	коза	коза	koza	koza
lion	лев	лъв	лав	lav	lev
tigre	тигр	тигър	тигар	tigar	tiger
renard	лиса	лисица	лисица	lisica	lisica
loup	волк	вълк	волк	vuk	volk
ours	медведь	мечка	мечка	medvjed	medved
lièvre	заяц	заек	зајак	zec	zajec
lapin	кролик	заек	зајак	kunić	kunec
souris	мышь	мишка	мишка	miš	miš
rat	крыса	плъх	плах	pacov, štakor	podgana
serpent	змея	змия	змија	zmija	kača
oiseau	птица	птица	птица	ptica	ptič, ptica
coq	петух	петел	петле	petao	petelin
poule	курица	кокошка	кокошка	kokoš	kokoš
oie	гусь	гъска	гуска	guska	gos
canard	утка	патица	патица	patka	raca
pigeon	голубь	гълъб	гулаб	golub	golob
hirondelle	ласточка	ластвица	ластвица	lastavica	lastovka
poisson	рыба	риба	риба	riba	riba
hareng	селёдка	херинг	харинга	sleđ	slanik
saumon	лосось	сьомга	лосос	losos	losos
truite	форель	пъстърва	пастрмка	pastrva	postrv
morue	треска	моруна	моруна	bakalar	treska
tortue	черепаха	костенурка	костенурка	kornjača	želva, kornjača
lézard	ящерица	гущер	гуштер	gušter	kuščar
grenouille	лягушка	жаба	жаба	žaba	rega
escargot	улитка	охлюв	полжав	puž	polž
insecte	насекомое	насекомо	инсект	kukac	žuželka
abeille	пчела	пчела	пчела	pčela	čebela
guêpe	оса	оса	оса	osa	osa
mouche	муха	муха	муха	muva	muha
moustique	комар	мущица	комарец	komarac	komar
papillon	бабочка	пеперуда	пеперуда	leptir	metulj

9

	russe	ukrainien	biélorusse	polonais	tchèque	slovaque
ville	город	місто	горад, места	miasto	město	mesto
bourg	местечко	містечко	мястэчко	osada, wieś	městys	mestys
banlieue	предместье	передмістя	прадмесьце	przedmieście	předměstí	predmestie
hôtel	гостиница	гостиница	гасцініца	hotel	hotel	hotel
restaur.	ресторан	ресторан	рэстаран	restauracja	restaurace	reštaurácia
poste	почта	пошта	пошта	poczta	pošta	pošta
gare	вокзал	вокзал	вакзал	stacja	nádraží	nádražie
rue	улица	вулица	вуліца	ulica	ulice	ulica
place	площадь	площа	плошта	plac	náměstí	námestie
parc	парк	парк	парк	park	park, sad	sad
banque	банк	банк	банк	bank	banka	banka
magasin	магазин	магазин	магазын	magazyn,skład	sklad	sklad
boutique	лавка	крамниця	крама, лава	sklep	krám	obchod, sklep
librairie	книжный маг.	книгарня	кнігарня	księgarnia	knihkupectví	kníhkupectvo
livre	книга	книжка	кніга	książka	kniha	kniha
école	школа	школа	школа	szkoła	škola	škola
théâtre	театр	театр	тэатр	teatr	divadlo	divadlo
église	церковь	церква	царква	kościół	kostel	kostol
douane	таможня	митниця	мытніца	komora celna	celnice	colný úrad
hôpital	больница	лікарня	больніца	szpital	nemocnice	nemotnica
palais	дворец	палац	палац	pałac	palác	palác
cimetière	кладбище	кладовище	могілкі	cmentarz	hřbitov	cintorín
prison	тюрьма	в'язниця	вастрог	uwięzienie	vězení	väzenie
temps	погода	погода	пагода	pogoda	počasí	počasie
air	воздух	повітря	паветра	powietrze	vzduch	vzduch
ciel	небо	небо	неба	niebo	nebe	nebo
soleil	солнце	сонце	сонца	słońce	slunce	slnko
lune	луна	місяць	месяц	księżyc	měsíc	mesiac
étoile	звезда	зоря,зірка	зорка	gwiazda	hvězda	hviezda
pluie	дождь	дощ	дождж	deszcz	déšť	dážd
neige	снег	сніг	сьнег	śnieg	sníh	sneh
glace	лёд	лід	лёд	łód	led	ľad
chaud	тепло	тепло	цяпло	ciapło	teplo	teplo, vrelo
froid	холод	холод	холад	zimno	studeno	studeno
vent	ветер	вітер	вецер	wiatr	vítr	vietor
nuage	облако	хмара	воблак	chmura	chmura	chmura, mrak
brouillard	туман	туман	туман	mgła	mlha	hmla
orage	гроза	гроза	навальніца	burza,nawałnica	bouře	búrka
éclair	молния	блискавка	бліскавіца	błyskawica	blesk	blesk
tonnerre	гром	грім	гром	grom, grzmot	hrom	hrom
mer	море	море	мора	morze	moře	more
côte	берег	берег	бераг	wybrzeże	pobřeží	pobrežie
vague	волна	хвиля	хваля	fala	vlna	vlna
île	остров	острів	выспа	wyspa	ostrov	ostrov
port	гавань	гавань	прыстань	przystań, port	přístav	prístav
barque	лодка	човен	човен	łódź, barka	loďka	loďka
navire	судно	судно	судно	okręt	lod	lod

	russe	bulgare	macédonien	serbo-croate	slovène
ville	город	град	град	grad, varoš	mesto
bourg	местечко	община	место	trgovište	tržič
banlieue	предместье	предградие	предградие	predgrađe	predmestja
hôtel	гостиница	хотел	хотел	hotel, gostionica	hotel
restaur.	ресторан	ресторан	ресторација	restoran	restavracija
poste	почта	поща	пошта	pošta	pošta
gare	вокзал	гара	станица	stanica, kolodvor	kolodvor
rue	улица	улица	улица	ulica	ulica
place	площадь	площад	плоштад	trg	trg
parc	парк	парк	парк	park	park
banque	банк	банка	банка	banka	banka
magasin	магазин	магазин	магазин	trgovina	skladišče
boutique	лавка	дюкян	дуќан	dućan	prodajalna
librairie	книжный маг.	книжарница	книжарница	knjižara	knjigarna
livre	книга	книга	книга	knjiga	knjiga
école	школа	школа	школа	škola	šola
théâtre	театр	театър	театар	kazalište	gledališče
église	церковь	църква	црква	crkva	cerkev
douane	таможня	митница	митница	carinarnica	carinarnica
hôpital	больница	болница	болница	bolnica	bolnišnica
palais	дворец	палат	дворец	palača	palača
cimetière	кладбище	гробище	гробишта	groblje	pokopališče
prison	тюрьма	затвор	затвор	zatvor	ječa, zapor
temps	погода	време	време	vrijeme	vreme
air	воздух	въздух	воздух	vazduh	zrak, vzduh
ciel	небо	небе	небо	nebo	nebo
soleil	солнце	слънце	сонце	sunce	sonce
lune	луна	луна	луна	mesec	mesec, luna
étoile	звезда	звезда	Ѕвезда	zvezda	zvezda
pluie	дождь	дъжд	дожд	kiša	dež
neige	снег	снег	снег	sneg	sneg
glace	лёд	лед	лед	led	led
chaud	тепло	топло	топал	topao	topel, vroč
froid	холод	студено	студ	hladno	mraz
vent	ветер	вятър	ветар	vetar	veter
nuage	облако	облак	облак	oblak	oblak
brouillard	туман	мъгла	магла	magla	megla
orage	гроза	буря	бура	oluja	vihar, burja
éclair	молния	светкавица	светкавица	munja	blisk
tonnerre	гром	гръм	гром	grmljenie	grom
mer	море	море	море	more	morje
côte	берег	бряг	брег	obala	obrežje
vague	волна	вълна	талас, далга	val	val
île	остров	остров	остров	ostrvo	ostrov, otok
port	гавань	пристанище	пристаниште	luka	luka, pristanišče
barque	лодка	лодка	лотка	barka, lađa	barka, ladja
navire	судно	кораб	брод	brod	brod

	russe	ukrainien	biélorusse	polonais	tchèque	slovaque
siècle	столетие	століття	сталецьце	wiek	století	storočie
an	год	рік	год	rok	rok	rok
mois	месяц	місяць	месяц	miesiąc	měsíc	mesiac
semaine	неделя	тиждень	тыдзень	tydzień	týden	týždeň
jour	день	день	дзень	dzień	den	deň
matin	утро	ранок	раніца	rano	ráno	ráno
midi	полдень	південь	поўдзень	południe	poledne	poludnia
après midi	после обеда	пополудні	попоўдня	popołudnie	odpoledne	odpoludnia
soir	вечер	вечір	вечар	wieczór	večer	večer
nuit	ночь	ніч	ноч	noc	noc	noc
minuit	полночь	північ	поўнач	północ	půlnoc	polnoc
heure	час	година	гадзіна	godzina	hodina	hodina
minute	минута	мінута	мінюта	minuta	minuta	minuta
seconde	секунда	секунда	сэкунда	sekunda	sekunda	sekunda
aujourd'hui	севодня	сьогодні	сёньня	dziś	dnes	dnes
demain	завтра	завтра	заўтра	jutro	zítra	zajtra
hier	вчера	вчора	учора	wczoraj	včera	včera
saison	время года	пора	пара года	pora roku	roční doba	ročná doba
printemps	весна	весна	вясна	wiosna	jaro	jaro
été	лето	літо	лета	lato	léto	leto
automne	осень	осінь	восень	jesień	podzim	jeseň
hiver	зима	зима	зіма	zima	zima	zima
lundi	понедельник	понеділок	панядзелак	poniedziałek	pondělí	pondelok
mardi	вторник	вівторок	аўторак	wtorek	uterý	utorok
mercredi	среда	середа	серада	środa	středa	streda
jeudi	четверг	четверг	чацьвер	czwartek	čtvrtek	štvrtok
vendredi	пятница	п'ятниця	пятніца	piątek	pátek	piatok
samedi	суббота	субота	субота	sobota	sobota	sobota
dimanche	воскресенье	неділя	нядзеля	niedziela	neděla	nedeľa
janvier	январь	січень	студзень	styczeń	leden	január
février	февраль	лютий	люты	luty	únor	február
mars	март	березень	сакавік	marzec	březen	marec
avril	апрель	квітень	красавік	kwiecień	duben	apríl
mai	май	травень	травень	maj	květen	máj
juin	июнь	червень	чэрвень	czerwiec	červen	jún
juillet	июль	липень	ліпень	lipiec	červenec	júl
août	август	серпень	жнивень	sierpień	srpen	august
septembre	сентябрь	вересень	верасень	wrzesień	září	september
octobre	октябрь	жовтень	кастрычнік	październik	říjen	október
novembre	ноябрь	листопад	лістапад	listopad	listopad	november
décembre	декабрь	грудень	сьнежань	grudzień	prosinec	december
Noël	Рождество	Різдво	Нараджэнне	Narodzenie	Vánoce	Vianoce
Pâques	Пасха	Велик день	Вялікдзень	Wielkanoc	Velikonoce	Velká noc
nord	север	північ	поўнач	północ	sever	sever
sud	юг	південь	поўдзень	południe	jih	juh, poludnie
est	восток	схід	усход	wschód	vychod	východ
ouest	запад	захід	захад	zachód	západ	západ

	russe	bulgare	macédonien	serbo-croate		slovène
siècle	столетие, век	столетие, век	столетие, век	vijek, stoleće		vek, stoletje
an	год	година	година	godina		leto
mois	месяц	месец	месец	mesec		mesec
semaine	неделя	седмица	седмица	nedelja		teden
jour	день	ден	ден	dan		dan
matin	утро	сутри	утро	jutro		jutro
midi	полдень	пладне	пладне	podne		poldne
après midi	после обеда	следобед	попладне	posle podne		popoldan
soir	вечер	вечер	вечер	veče		večer
nuit	ночь	нощ	ноќ	noć		noč
minuit	полночь	полунощ	полноќ	ponoć		polnoč
heure	час	час	час	sat		ura
minute	минута	минута	минута	minut		minuta
seconde	секунда	секунда	секунда	sekunda		sekunda
aujourd'hui	сегодня	днес	денес	danas		danes
demain	завтра	утре	утре	sutra		jutri
hier	вчера	вчера	вчера	juče		včeraj
saison	время года	годишно време	пора	godišnje doba		letni čas
printemps	весна	пролет	пролет	proleće		pomlad
été	лето	лято	лето	leto		poletje
automne	осень	есен	есен	jesen		jesen
hiver	зима	зима	зима	zima		zima
lundi	понедельник	понеделник	понеделник	ponedeljak		ponedeljek
mardi	вторник	вторник	вторник	utorak		torek
mercredi	среда	сряда	среда	sreda		sreda
jeudi	четверг	четвъртък	четврток	četvrtak		četrtak
vendredi	пятница	петък	петок	petak		petek
samedi	суббота	събота	сабота	subota		sobota
dimanche	воскресенье	неделя	недела	nedelja		nedelja
janvier	январь	януари	јануари	januar	siječanj	januar
février	февраль	февруари	февруари	februar	veljača	februar
mars	март	март	март	mart	ožujak	marec
avril	апрель	април	април	april	travanj	april
mai	май	май	мај	maj	svibanj	maj
juin	июнь	юни	јуни	juni	lipanj	junij
juillet	июль	юли	јули	juli	srpanj	julij
août	август	август	август	avgust	kolovoz	avgust
septembre	сентябрь	септември	септември	septembar	rujan	september
octobre	октябрь	октомври	октомври	oktobar	listopad	oktober
novembre	ноябрь	ноември	ноември	novembar	studeni	november
décembre	декабрь	декември	декември	decembar	prosinac	december
Noël	Рождество	Рождество	Божик	Božić		Božič
Pâques	Пасха	Велик ден	Велигден	Uskrs		Velika noč
nord	север	север	север	sever		sever
sud	юг	юг	југ	jug		jug
est	восток	изток	исток	istok		vzhod
ouest	запад	запад	запад	zapad		zapad, zahod

11

	russe	ukrainien	biélorusse	polonais	tchèque	slovaque
grand	большой	великий	вялікі	duży	veliký	veľky
petit	маленький	маленький	маленький	mały	malý	malý
haut	высокий	високий	высокі	wysoki	vysoký	vysoký
bas	низкий	низький	нізкі	niski	nízký	nízký
long	длинный	довгий	доўгі	długi	dlouhý	dlhý
court	короткий	короткий	кароткі	krótki	krátky	krátky
large	широкий	широкий	шыпокі	szeroki	široký	široký
étroit	узкий	вузький	вузкі	wąski	úzky	úzky
épais	толстый	товстый	грубы	gruby	tlustý	hrubý
mince	тонкий	тонкий	тонкі	cienki	tenký	tenký
profond	глубокий	глибокий	глыбокі	głęboki	hluboký	hlboký
plein	полный	повний	поўны	pełny	plný	plný
vide	пустой	порожній	пусты	pusty	prázdný	prázdný
lourd	тяжёлый	важкий	цяжкі	ciężki	těžký	ťažký
léger	лёгкий	легкий	лёгкі	lekki	lehký	lahký
ouvert	открытый	відкритий	адкрыты	otwarty	otevřený	otvartý
fermé	закрытый	задкритий	закрыты	zamknięty	zavřený	uzavrený
neuf	новый	новий	новы	nowy	nový	nový
vieux	старый	старий	стары	stary	starý	starý
propre	чистый	чистий	чисты	czysty	čistý	čistý
sale	грязный	брудний	брудны	brudny	špinavý	špinavý
sec	сухой	сухий	сухі	suchy	suchý	suchý
mouillé	мокрый	мокрий	мочаны	wilgotny	mokrý	mokrý
solide	крепкий	міцний	моцны	mocny	pevný	pevný
fragile	слабый	слабкий	слабы	słaby, łamliwy	křehký	krehký
rond	круглый	круглий	круглы	okrągły	kulatý	guľatý
carré	квадратный	квадратний	квадратны	kwadratowy	čverečný	štvorcový
cassé	разбитый	разбитий	разбиты	rozbity	zlomený	rozbitý
bon	хороший	добрий	добры	dobry	dobrý	dobrý
mauvais	плохой	поганий	благі	zły	špatný	špatný, zlý
loin	далеко	далёко	далеко	daleko	daleko	ďaleko
près	близко	близько	блізко	blisko	blízko	blízko
avant	перед	перед	перад	przed	před	pred
après	после	після	пасьля	po	po	po
devant	перед	перед	перад	przed	před	pred
derrière	позади	позад	адзаду	za	za	za, vzadu
droite	право	право	права	prawa	pravý	pravo
gauche	лево	ліво	лево	lewa	levý	lavo
dedans	внутри	всередині	унутра	wewnątrz	uvnitř	vnútri
dehors	вне	поза	па-за, звонку	zewnątrz, poza	venku	von

	russe	bulgare	macédonien	serbo-croate	slovène
grand	большой	голям	голем	velik	velik
petit	маленький	малък	мал	mali	mali, majhen
haut	высокий	висок	висок	visok	visok
bas	низкий	нисък	низок	nizak	nizek
long	длинный	дълго	долг	dug	dolg
court	короткий	кратък, къс	краток	kratak	kratek
large	широкий	широк	широк	širok	širok
étroit	узкий	тесен	тесен	uzan	tesen, ozek
épais	толстый	дебел	дебел	debeo	debel
mince	тонкий	тънък	танок	tanak	tanek
profond	глубокий	гълбок	глабок	dubok	globok
plein	полный	пълен	полн	pun	poln
vide	пустой	празен	празен	prazan	prazen
lourd	тяжёлый	тежък	тежок	težak	težek
léger	лёгкий	лек	лек	lak	lahek
ouvert	открытый	отворен	отворен	otvoren	odprt
fermé	закрытый	заворен	заворен	zatvoren	zaprt
neuf	новый	нов	нов	nov	nov
vieux	старый	стар	стар	stari	star
propre	чистый	чист	чист	čist	čist
sale	грязный	мръсен	нечист	prljav	umazan
sec	сухой	сух	сув	suh	suh
mouillé	мокрый	мокър	мокар	mokar	moker
solide	крепкий	твърд	тврд	čvrst	trden, čvrst
fragile	слабый	крехък	слаб	krhak	krhek
rond	круглый	кръгъл	кругол	okrugao	okrogel
carré	квадратный	квадратен	квадратен	četvorni	kvadraten
cassé	разбитый	разбит	разбит	razbijen	razbijen
bon	хороший	добър	добар	dobar	dober
mauvais	плохой	лош	лош	rđav, loš	slab
loin	далеко	далеко	далеко	daleko	daleč
près	близко	близко	близко	blizu	blizu
avant	перед	пред	пред	pre	pred
après	после	след	после	posle	po, za
devant	перед	пред	пред	pred	pred
derrière	позади	зад	за, позади	za	zadaj
droite	право	дясно	десно	desno	desno
gauche	лево	ляво	лево	levo	levo
dedans	внутри	вътре	внатре	unutra	notri
dehors	вне	навън	вон	vani, van	ven, zunaj

	russe	ukrainien	biélorusse	polonais	tchèque	slovaque
voir	видеть	бачити	бачыць	widzieć	viděti	videť
regarder	смотреть	дивитися	глядзець	patrzeć	dívati se	pozerať sa
entendre	слышать	чути	чуць	słyszeć	slyšeti	slyšať
écouter	слушать	слухати	слухаць	słuchać	naslouchati	poslichať
dire	сказать	сказати	казаць	powiedzieć	říci	povedať
parler	говорить	говорити	гаварыць	mówić	mluviti	hovoriť
demander	спросить	питати	пытацца	prosić, pytać	tázati se	pýtať
répondre	отвечать	відповідати	адказваць	odpowiedać	odpověděti	odvetiť
accepter	принимать	приймати	прыймаць	przyjmować	přijmouti	prijať
refuser	отказать	відмовляти	адмаўляць	odmówić	odmítnouti	odmietnuť
écrire	писать	писати	пісаць	pisać	psáti	písať
lire	читать	читати	чытаць	czytać	čísti	čitať
traduire	переводить	переводити	перевадзіць	przełożić	přeložiti	prekladať
faire	делать	робити	рабіць	robić	dělati	robiť
aller	ходить	ходити	хадзіць	iść, chodzić	jíti	ísť
venir	приходить	приходити	прыходзіць	przychodzić	přijíti	prísť
marcher	ходить	ходити	хадзіць	iść, chodzić	jíti, choditi	kráčať
courir	бегать	бігати	бегаць	biegać	běžeti	bežať
monter	подниматься	підніматися	падымацца	wznosić się	vystoupiti	vystúpiť
descendre	спускаться	спускатися	пускаць	schodzić	sestoupiti	sostúpiť
sauter	прыгать	плигати	скакаць	skoczyć	skočiti	skočiť
nager	плавать	плавати	плаваць	pływać	plavati	plávať
tomber	падать	падати	падаць	spadać	padnouti	padať
savoir	знать	знати	ведаць	wiedzieć, znać	věděti	vedeť, znať
oublier	забывать	забувати	забывацца	zapomnieć	zapomenouti	zabudnuť
apprendre	учиться	учитися	учытацца	uczyć się	naučiti se	učiť sa
enseigner	обучать	навчати	навучаць	nauczać	učiti	vyučovať
vouloir	хотеть	хотіти	хацець	chcieć	chtíti	chceť
aimer	любить	кохати	кахаць	kochać, lubić	milovati	milovať
appeler	звать	звати	клікаць	wołać	volati	volať
remercier	благодарить	дякувати	дзякаваць	dziękować	děkovati	ďakovať
travailler	работать	працювати	працаваць	pracować	pracovati	pracovať
acheter	купить	купити	купіць	kupić	koupiti	kúpiť
vendre	продавать	продавати	прадаваць	sprzedawać	prodávati	predávať
payer	платить	платити	плаціць	płacić	platiti	platiť
ouvrir	открывать	відкривати	адчыняць	otwierać	otevříti	otvárať
fermer	закрывать	закривати	зачыняць	zamknąć	zavříti	zavreť
perdre	потерять	губити	згубіць	zgubić	ztratiti	stratiť
trouver	находить	знаходити	знаходзіць	znaleść	nalézti	najsť
cacher	прятать	ховати	хаваць	chować	ukrýti	skryť
prendre	взять	взяти	узяць	brać, wziąć	bráti	vziať
recevoir	получать	одержати	атрымліваць	otrzymać	obdržeti	prijímať
envoyer	посылать	посилати	пасылаць	posyłać	poslati	odoslať
apporter	приносить	приносити	прынасіць	przynieść	přinésti	priniesť
porter	носить	носити	насіць	nieść	nésti	niesť, nosiť
tenir	держать	тримати	трымаць	trzymać	držeti	držať
tirer	тянуть	тягти	цягнуць	ciągnąć	táhnouti	ťahať
pousser	толкать	штовхати	штурхаць	pchać	tlačiti	strkať
attendre	ждать	чекати	чакаць	czekać	čekati	čakať
finir	кончать	кінчати	скончыць	skończyć	ukončiti	ukončiť
commencer	начинать	починати	начынаць	zaczynać	začiti	začinať
arriver	приходить	приходити	прыходзіць	przychodzić	přijíti	prísť
partir	уходить	іти	адхазіць	odejść	odjeti	odísť

	russe	bulgare	macédonien	serbo-croate	slovène
voir	видеть	виждам	видува	videti	videti
regarder	смотреть	гледам	гледа	pogledati	gledati, zreti
entendre	слышать	чувам	слуша	čuti	slišati, čuti
écouter	слушать	слушам	ислуша	slušati	poslušati
dire	сказать	казва	рече	reći	povedati, praviti
parler	говорить	говоря	говори	govoriti	govoriti
demander	спросить	питам	моли	pitati	prositi
répondre	отвечать	отговарям	одговори	odgovoriti	odgovoriti
accepter	принимать	приемам	прифаќа	prihvatiti	sprejeti
refuser	отказать	отказвам	откаже	otkloniti	odkloniti
écrire	писать	пиша	пиша	pisati	pisati
lire	читать	чета	чита	čitati	čitati
traduire	переводить	превеждам	преведе	prevoditi	prevesti
faire	делать	правя	прави	činiti	storiti
aller	ходить	отивам	иде	ići	iti, hoditi
venir	приходить	идвам	дојде	doći	priti, prihajati
marcher	ходить	ходя	врви	ići hodati	korakati
courir	бегать	тичам	трга	trčati	teči, dirjati
monter	подниматься	издигам се	издига	dizati se	iti gori
descendre	спускаться	слизам	спушта	silaziti	iti doli, sestopiti
sauter	прыгать	скачам	скока	skakati	skočiti, skakati
nager	плавать	плувам	плива	plivati	plavati
tomber	падать	падам	паѓа	padati	pasti, padati
savoir	знать	зная	знае	znati	vedeti, znati
oublier	забывать	забравам	заборава	zaboraviti	pozabiti
apprendre	учиться	научавам	научува	učiti, naučiti	naučiti se
enseigner	обучать	уча, обучавам	учи	poučavati	poučevati, učiti
vouloir	хотеть	искам	сака	htjeti	hoteti
aimer	любить	любя, обичам	милее	voleti	ljubiti
appeler	звать	викам	вика	prizvati	klicati
remercier	благодарить	благодаря	благодари	zahvaliti	zahvaliti
travailler	работать	работя	работи	raditi	delati, delovati
acheter	купить	купувам	купува	kupiti	kupiti
vendre	продавать	продавам	продава	prodavati	prodati, prodajati
payer	платить	плащам	плаќа	platiti	plačati
ouvrir	открывать	отварям	отвора	otvoriti	odpreti, otvoriti
fermer	закрывать	затварям	затвора	zatvoriti	zapreti, zatvoriti
perdre	потерять	губя	губи	izgubiti	gubiti
trouver	находить	намирам	најде	naći	najti
cacher	прятать	крия	крие	sakriti	skriti
prendre	взять	вземам	зема	uzeti	vzeti, prijati
recevoir	получать	получавам	прима	primiti	prejeti
envoyer	посылать	испращам	испраќа	poslati	poslati
apporter	приносить	донасям	донесе	doneti	prinesti
porter	носить	нося	носи	nositi	nesti, nositi
tenir	держать	държа	држи	držati	držati
tirer	тянуть	тегля	тегне	vući	vleči
pousser	толкать	тласкам	тласка	gurati	suniti
attendre	ждать	чакам	чека	čekati	čakati
finir	кончать	свършам	сврши	svršiti	končati,dovršiti
commencer	начинать	започвам	започнува	početi	začeti
arriver	приходить	пристигам	пристига	doći	priti, prihajati
partir	уходить	заминавам	отиде	otići, poći	oditi, izhajati

13	russe	ukrainien	biélorusse	polonais	tchèque	slovaque
oui	да	так	але, ага, так	tak	ano	áno
non	нет	ні	не, няма	nie	ne	nie
et	и	і, та	і	i	a	a
ou	или	або, чи	або, ці	albo, lub	nebo	alebo
ici	здесь	тутки	тут	tutaj	zde	tu
là	там, тут	тут	там	tam	tam	tade, tam
avec	с	з, зо	з, са	z	s	s
sans	без	без	без, бяз	bez	bez	bez
où ?	где?	де?	дзе?	gdzie?	kde?	kde?
qui ?	кто?	хто?	хто?	kto?	kdo?	kto?
quoi ?	что?	що?	што?	co?	co?	čo?
lequel ?	какой?	який?	які?	który?	ktery?	aky?, ktory?
combien ?	сколько?	скільки?	колькі?	ile?	kolik?	koľko?
quand ?	когда	коли?	калі?	kiedy?	když?	keď?, kedy?
comment ?	как?	як?	як?	jak?	jak?	ako?
pourquoi?	почему?	чому?, чого?	чаму?	dlaczego?	proč?	prečo?
peut-être	может быть	може	можа	może	snad	snád, azda
partout	везде	всюди	усюди	wszędzie	všude	všade
toujours	всегда	завжди	заўжды	zawsze	vždy	vždy, vždycky
jamais	никогда	ніколи	ніразу	nigdy	nikdy	kedy, nikdy
assez	довольно	досить	досыць	dosyć	dosti	dosť
seulement	только	тільки	толькі	tylko	jenom	len
plus	больше	більше	болей,больш	więcej	více	viac
moins	меньше	менше	меней,менш	mniej	méně	menej
beaucoup	много	багато	многа, шмат	wiele	mnoho	mnoho
un peu	немного	мало	троху, трошку	trochę	trochu	trocha
aucun	никакой	ніякий	ніякі	żaden	žádný	žiadny
tout	всё	все	усё	wszystko	všehno	všetko
rien	ничего	ничого	нішто	nic	nic	nič
autre	другой	інший	другі	drugi	jiný	druhý
sur	на	на	на	na	na	na
sous	под	під	пад	pod	pod	pod
entre	между	серед, між	між, паміж	między	mezi	medzi
contre	против	проти	супраць	przeciw	proti	oproti
pour	за, для	за, для	для	dla	pro	pre, za
dans	в	в	у, ў, ва	w	v	v
à côté	возле, при	біля, при	ля, каля	obok	vedle	vedľa
comme	как	як	як	jak	jak, jako	ako
bien	хорошо	добре	добра	dobrze	dobře	dobro
mal	плохо	погано	блага	zło	špatně	zlo
autant	столько	стілки	столькі	tyle	pravě tak	prave toľko
souvent	часто	часто	часта	często	často	často
encore	ещё	ще	яшчэ	jeszcze	ještě	ešte
déjà	уже	вже	ужо	już	již	už
tôt	рано	рано	рана	wcześnie	časně	skoro
tard	поздно	пізно	позна	późno	pozdě	pozde
vite	быстро	швидко	шыбка	szybko,prędko	rychle	rychle
lentement	медленно	повільно	павольна	powoli	pomalu	pomalo
maintenant	теперь	тепер	цяпер	teraz	nyní	teraz
aussitôt	тотчас	зараз, вже	зараз	zaraz	hned	ihned

	russe	bulgare	macédonien	serbo-croate	slovène
oui	да	да	да	da	da
non	нет	не	не	ne	ne
et	и	и	и	i	in, pa
ou	или	или	или	ili	ali
ici	здесь	тука	тука	ovde	tu, tuka
là	там, тут	там	таму	tamo	tam, tja
avec	с	с	с, з	sa	s, z
sans	без	без	без	bez	brez
où ?	где?	къде?	каде?	gde?	kje?, kjer?
qui ?	кто?	кой?	кој?	ko?	ki?
quoi ?	что?	що?	што?	šta?	kaj?
lequel ?	какой?	какъв?	каков?	koji?	kateri?
combien ?	сколько?	колко?	колку?	koliko?	koliko?
quand ?	когда	кога	кога?	kada?	kedaj?
comment ?	как?	како?	како?	kako?	kako?
pourquoi?	почему?	защо?,	зашто?	zašto?	zakaj?
peut-être	может быть	може би	може	možda	morda
partout	везде	навсякъде	секаде	svuda	povsod
toujours	всегда	винаги	секогаш	uvijek	vedno
jamais	никогда	никога	никогаш	nikad	kdaj, nikoli
assez	довольно	достатъчно	доста	dosta	zadosti, dovolj
seulement	только	само	само	samo	samo
plus	больше	повече	повеќе	više	bolj, več
moins	меньше	по-малък	помалку	manje	manj
beaucoup	много	много	многу	mnogo	mnogo
un peu	немного	малко	малу	malo	malce
aucun	никакой	никакъв	никој	nijedan	noben, nikak
tout	всё	всичко	се	sve	ves, vse
rien	ничего	нищо	ништо	ništa	nič
autre	другой	друг	друг	drugi	drugi
sur	на	на	на	na	na
sous	под	под	под	pod	pod
entre	между	между	меѓу	među	med
contre	против	против	против	protiv	proti
pour	за, для	за	за	za	za
dans	в	в	в	u	v
à côté	возле, при	при	при	pokraj	poleg
comme	как	като	како	kao	kakor, kot
bien	хорошо	добре	добре	dobro	dobro
mal	плохо	лош	лошо	loše	zlo
autant	столько	тъй како	таков	toliko	toliko
souvent	часто	често	честопати	često	često
encore	ещё	още	уште	još	še
déjà	уже	вече	веќе	već	že
tôt	рано	рано	рано	rano	zgodaj, kmalu
tard	поздно	късен	касен	kasno	pozno, kasno
vite	быстро	бързо	брго	brzo	hitro, brzo
lentement	медленно	бавно	бавно	polako	počasno
maintenant	теперь	сега	сега	sada	sedaj
aussitôt	тотчас	веднага	веднаш	odmah	takoj

Vocabulaire parallèle de trois langues celtiques

breton

gallois

irlandais

1 VOCABULAIRE PARALLÈLE DE TROIS LANGUES CELTIQUES

		breton	gallois	irlandais	
corps	body	korf	corph	corp	corp
tête	head	penn	pen	ceann	ceann
cheveux	hair	bleo	gwallt	gruaig	ᵹruaiᵹ
front	forehead	tal	talcen	éadan	éadan
oeil	eye	lagad	llygad	súil	súil
oreille	ear	skouarn	clust	cluas	cluas
nez	nose	fri	trwyn	srón	ꞅꞃón
bouche	mouth	genou, beg	genau, safn	béal	béal
lèvre	lip	muzell	gwefus	liopa	liopa
dent	tooth	dant	dant	fiacail	fiacail
langue	tongue	teod	tafod	teanga	teanᵹa
menton	chin	elgez	gen	smig	ꞅmiᵹ
cou	neck	gouzoug	gwddf	muineál	muineál
épaule	shoulder	skoaz	ysgwydd	gualainn	ᵹualainn
poitrine	chest	bruched	bron	cliabh	cliaḃ
dos	back	kein	cefn	droim	druim
coeur	heart	kalon	calon	croí	cꞃoí
estomac	stomach	poull-kalon	cylla, stumog	goile	ᵹoile
poumon	lung	skevent	ysgyfaint	scamhóg	ꞅcaṁóᵹ
ventre	belly	kof	bol	bolg	bolᵹ
bras	arm	brec'h	braich	géag	ᵹéaᵹ
main	hand	dourn	llaw	lámh	láṁ
doigt	finger	biz	bys	méar	méaꞃ
genou	knee	glin	glin	glúin	ᵹlúin
jambe	leg	gar	coes	cos	coꞅ
pied	foot	troad	troed	troigh, cos	tꞃoiġ
talon	heel	seul	sawdl	sáil	sáil
os	bone	askourn	asgwrn	cnámh	cnáṁ
peau	skin	kroc'hen	croen	craiceann	croiceann
ongle	nail	ivin	ewin	ionga	ionᵹa
sang	blood	gwad	gwaod	fuil	fuil
aveugle	blind	dall	dallu	dall	dall
malade	sick	klañv	claf	tinn	tinn
sourd	deaf	bouzar	byddar	bodhar	boḋaꞃ
muet	dumb	mut	mud	balbh	balḃ
fatigué	tired	skuizh	blin	tuirseach	tuiꞃꞅeaċ
nourriture	food	boued	bwyd	bia	bia
pain	bread	bara	bara	arán	arán
vin	wine	gwin	gwin	fíon	fíon
eau	water	dour	dwfr, dŵr	uisce	uiꞅce
viande	meat	kig	cig	feoil	feoil
farine	meal,flour	bleud	peillied	plúr	plúꞃ
lait	milk	laezh	llaeth	bainne	bainne
crème	cream	dienn	hufen	uachtar	uaċtaꞃ
beurre	butter	amann	ymenyn	im	im
fromage	cheese	keuz	cawz	cáis	cáise

		breton	gallois	irlandais	
sel	salt	holen	halen	salann	salann
sucre	sugar	sukr	siwgr	siúcra	siúcra
miel	honey	mel	mêl	mil	mil
huile	oil	eoul	olew	ola	ola
vinaigre	vinegar	gwinegr	gwinegr	fínéagar	fíonéagar
thé	tea	te	te	tae	tae
petit déj.	breakfast	lein	boreufwyd	bricfeasta	breicfeásta
déjeuner	dinner	merenn	cinio	dinnéar	dinnéar
dîner	supper	koan	swper	suipéar	suipéar
cuisine	kitchen	kegin	cegin	cistin	ciscin
faim	hunger	naon	newyn	ocras	ocras
soif	thirst	sec'hed	syched	tart	tart
nourrir	to feed	magañ	porthi, bwydo	beathaím	beaċaim
manger	to eat	debriñ	bwyta	ithim	iċim
boire	to drink	evañ	yfed	ólaim	ólaim
cuire	to cook	poazhañ	coginio	bruithim	bruiċim
vêtement	clothe(s)	dilhad	dilladu	éidím	éiḋím
costume	suit	gwiskament	gwisgo	culaith	culaiḋ
chapeau	hat	tog	penwisg	hata	hata
manteau	overcoat	mantell	cob uchaf	cóta mor	cóta mor
veste	coat	chupenn	cob	cóta, casog	cóta, casóg
pantalon	trousers	bragou	llodrau	bríste	bríste
robe	dress	sae	gwisg, gŵn	gúna	gúna
jupe	skirt	brozh	godre	sciorta	sgiorta
chemise	shirt	roched	crys	léine	léine
bas	stockings	loer	hosan	stoca	stoca
soulier	shoe	botez	esgid	bróg	bróg
poche	pocket	godell	llogel, poccd	póca	póca
gant	glove	maneg	maneg	lámhainn	láṁainn
mouchoir	handkerchief	frilien	hances	ciarsúr	ciarsúir
ceinture	belt	gouriz	gwregys	crios	crios
bouton	button	nozelenn	botwn	cnaipe	cnaipe
fil	thread	neud	edau	snáithe	snáċ, snaiċe
coudre	to sew	gwiriat	gwnio	fuáil	fuaġaim
laver	to wash	gwalc'hiñ	golchi	ionlaim	ionlaim

3		breton	gallois	irlandais	
famille	family	tiegezh	teulu	clann	clann
parents	parents	kerent	rhieni	tuistí	tuistí
père	father	tad	tad	athair	aṫair
mère	mother	mamm	mam	máthair	máṫair
fils	son	mab	mab	mac	mac
fille	daughter	merc'h	merch	iníon	inġean
frère	brother	breur	brawd	deartháir	drioṫáir
sœur	sister	c'hoar	chwaer	deirfiúr	dreiṡiúr
grand-père	grandfather	tad-kozh	tad-cu, taid	seanathair	sean-aṫair
grand-mère	grandmother	mamm-gozh	mamgu, nain	seanmháthair	sean-ṁáṫair
petit-fils	grandson	mab-bihan	wyr	garmhac	garṁac
petite-fille	granddaughter	merc'h-vihan	wyras	gariníon	garinġean
oncle	uncle	eontr	ewythr	uncail	uncal
tante	aunt	moereb	modryb	aintín	aintín
neveu	nephew	niz	nai	nia	nia
nièce	niece	nizez	nith	neacht	neaċt
cousin	cousin	kenderv	cefnder	col ceathrar	colceaṫar
cousine	cousin	keniterv	cyfnither	col ceathrar	colceaṫar
mari	husband	pried	gwr	fear	fear
épouse	wife	pried	gwraig	bean	bean
veuf	widower	intañv	gweddw	baintreach fir	baintreáċ fir
veuve	widow	intañvez	gwidw	baintreach fir	baintreaċ fir
beau-père	father-in-law	tad-kaer	tad-yn-nghyfraith	athair céile	aṫair céile
belle-mère	mother-in-law	mamm-kaer	mam-yn-nghyfraith	máthair céile	máṫair céile
gendre	son-in-law	mab-kaer	mab-yn-nghyfraith	cliamhain	cliaṁain
belle fille	daughter-in-law	merc'h-kaer	merch-yn-nghyfraith	leasiníon	leasinġean
belle sœur	sister-in-law	c'hoar-gaer	chwaer-yn-nghyfraith	deirfiúr céile	drioṫáir céile
mariage	marriage	dimezi	priodas	pósadh	pósaḋ
se marier	to marry	dimeziñ	priodi	pósaim	pósaim

		breton	gallois	irlandais	
maison	house	ti	tŷ	teach	teaċ
château	castle	kastell	castell	caisleán	caisleán
mur	wall	moger	gwal, mur	balla	balla
toit	roof	toenn	to, nen	díon	díon
cave	cellar	kao	seler	siléar	siléar
grenier	attic	solier	lloft	lochta	loċta
escalier	staircase	diri	grisiau	staighre	staiġre
marche	step	pazenn	gris, cam	céim	céim
chambre	room	kambr	ystafell, lle	seómra	seómra
cuisine	kitchen	kegin	cegin	cistin	cistin
plancher	floor	leur	llawr	urlár	urlár
plafond	ceiling	lein	nen, nenfwd	síleáil	síleáil
porte	door	dor	drws	doras	doras
fenêtre	window	prenestr	ffenestr	fuinneóg	fuinneóg
poteau	pole	peul	pawl	cuaille	cuaille
cour	courtyard	porzh	buarth	clós	clós
jardin	garden	liorzh	gardd	gáirdín	gáirdín
puits	well	puñs	ffynnon	tobar	tobar
meuble(s)	furniture	gloestr	dodrefn, celfí	troscán	troscán
lit	bed	gwele	gwely	leaba	leaba
armoire	wardrobe	armel	cwpwrdd dillad	almóir	almóir
table	table	taol	bwrdd	bórd	bórd
chaise	chair	kador	cadair	cathaoir	caṫaoir
horloge	clock	horolaj	cloc	clog	clog
miroir	mirror	melezour	drych	scáthán	scáṫán
vase	flower vase	lestr	cwpan	cuach	cuaċ
boîte	box	boest	bocs	bosca	bosca
panier	basket	paner	basged	ciseách	ciseáċ
sac	bag	sac'h	sach	sac	sac
pot	pot	pod	pot	pota	pota
plat	dish	plad	dysgl	mias	mias
seau	pail	sailh	ystwc, crwc	buicéad	buicéad
bouteille	bottle	boutailh	potel	buidéal	buidéal
cuiller	spoon	loa	llwy	spúnóg	spúnóg
fourchette	fork	fourchetezh	fforc	forc	forc
assiette	plate	asied	plât	pláta	pláta
verre	glass	gwerenn	gwydr	gloine	gloine

5

		breton	gallois	irlandais	
outil	tool	benveg	arf, offeryn	uirlis	uirlis
clef	key	alc'houez	agoriad	eochair	eoċair
échelle	ladder	skeul	ysgol	dréimire	dréimire
voiture	car	karr	car	carr	carr
roue	wheel	rod	rhod, olwyn	roth	roṫ
clou	nail	tach	hoelen	tairne	tairnge
aiguille	needle	nadoz	nodwydd	snathaid	snaṫad
épingle	pin	spilhenn	pin	biorán	biorán
couteau	knife	kontell	cyllel	scian	scián
scie	saw	heskenn	llif	sábh	sáḃ
ciseaux	scissors	sizailh	gwellaif, siswrn	siosúr	siosúr
fourche	fork	forc'h	fforch	píce	píce
pelle	shovel	pal	pâl, rhaw	sluasaid	sluasad
bêche	spade	pal	rhaw, siefl	spáid	spád
marteau	hammer	morzol	mortwyl	casúr	casúr
hache	axe	bouc'hal	bwyell	tua	tuaġ
pince	pliers	gevel	gefail	tlú	tlúġ
peigne	comb	krib	crib	cíor	cíor
brosse	brush	barrskuber	gwrychell	scuab	scuab
bâton	stick	baz	pen, ffon	bata	bata
fouet	whip	foet	chwip	lasc,fuip	lasc, fuip
chaîne	chain	chadenn	cadwyn	slabhra	slaḃra
anneau	ring	gwalenn	modrwy	fáinna	fáinne
corde	rope	kordenn	rhaff	córda	córda
charrue	plougn	arar	aradr	céachta	céaċta
lampe	lamp	lamp	lamp	lampa	lampa
lunettes	glasses	lunedoù	drychau	spéaclai	spéacla
moulin	mill	milin	melin	muileann	muileann
montre	watch	eurier	oriawr	uaireadóir	uaireadóir
fusil	rifle	fuzuilh	rhychddryll	raidhfil	raiḋfil
sonnette	bell	kloc'hig	cloch	clog	clog
sifflet	whistle	c'hourtell	chwiban	fead	fead

		breton	gallois	irlandais	
terre	earth	douar	daear	cré, domhan	cré, doṁan
monde	world	bed	byd	saol	saol
campagne	country	maez	gwlad	tuath	tuaiṫ
montagne	mountain	menez	mynydd	sliabh	sliaḃ
colline	hill	torgenn	bryn	cnoc	cnoc
vallée	valley	traonienn	dyffryn, cwm	gleann	gleann
pays	land	bro	tir	talamh	talaṁ
route	road	hent	heol	bóthar	bóṫar
sentier	path	gwenodenn	llwybr	conair	conair
rivière	river	stêr	afon	abhainn	aḃainn
pont	bridge	pont	pont	droichead	droiċead
mare	pool,pond	poull	pwll	lochán	loċán
lac	lake	lenn	llyn	loch	loċ
bois	wood,forest	koad	coedwig	coill	coill
buisson	bush	bod	perth	tor	tor
fossé	ditch	kleuz	ffos	clais,díog	clais, díog
haie	hedge	kae	gwrych	fál	fál
barrière	barrier	kloued	atalfa	claí	claí
champ	field	park	cae, maes	páirc,gort	páirc, gort
prairie	meadow	prad	dôl	móinéar,léana	móinéar, léana
semence	seed	had	had	síol	síol
moisson	harvest	eost	cynhaeaf	fómhar	fóṁar
cultiver	to till	gounit	trin	saothraím	saoṫruiġim
labourer	to plough	arat	aredig	treabhaim	treaḃaim
semer	to sow	hadañ	hau	cuirim	cuirim
planter	to plant	plantañ	plannu	plandálaim	planduiġim
plante	plant	plantenn	planhigyn	planda	planda
arbre	tree	gwezenn	pren	crann	crann
racine	root	gwrizienn	gwreiddyn	fréamh	fréaṁ
tronc	trunk	kef	cyff	ceap	ceap
branche	branch	brank	cangen	craobh	craoḃ
feuille	leaf	delienn	deilen	duilleóg	duilleóg
fleur	flower	bleunienn	blodeuyn	bláth	bláṫ
fruit	fruit	frouezhenn	ffrwyt	toradh	toraḋ
graine	seed, grain	greunenn	had, hedyn	grán	grán
pomme	apple	aval	afal	ubhaill	uḃaill
poire	pear	perenn	peren	piora	piora
noix	nut	kraoñenn	cneuen	cnó	cnó
chou	cabbage	kaolenn	cawl	cabáiste	cabáiste
p.de terre	potato	aval-douar	cloronen, taten	práta	práta
pois	pea	piz	pys	pis	pis
blé	corn	edenn	yd	arbhar	arḃar
seigle	rye	segalenn	rhyg	seagal	seagal
avoine	oat	kerc'henn	ceirchen	coirce	coirce
herbe	grass	geot	gwellt	féar	féar
foin	hay	foenn	gwair	féar	féar
fleurir	to blossom	bleuniañ	blodeuo	bláthaím	bláṫaím
mûrir	to ripen	dareviñ	aeddfedu	aibím	aibím

		breton	gallois	irlandais	
matière	material	danvez	defnydd	ábhar	abar
laine	wool	gloan	gwlân	olann	olann
drap	cloth	mezher	iliain	éadach	éadaċ
soie	silk	seiz	sidan	síoda	síoda
velours	velvet	voulouz	melfed	veilbhit	veilbit
bois	wood	koad	coed	adhmad	aḋmad
cuir	leather	ler	lledr	leathar	leaċar
verre	glass	gwer	gwydr	gloine	gloine
boue	mud	pri	mwd	pluda	ploda
chaux	lime	raz	calch	aol	aol
papier	paper	paper	papur	páipéar	páipéar
savon	soap	soavon	sebon	gallúnach	gallúanaċ
cire	wax	koar	cŵyr	céir	céir
paille	straw	plouz	gwellt	tuí	tuiġe
métal	metal	metal	metel	miotal	miotal
or	gold	aour	aur	ór	ór
argent	silver	arc'hant	arian	airgead	airgead
fer	iron	houarn	haearn	iarann	iarann
acier	steel	dir	dur	cruach	cruaiḋ
cuivre	copper	kouevr	copr	copar	copar
plomb	lead	ploum	plwm	luaidhe	luaiḋe
pierre	stone	maen	maen	cloch	cloċ
charbon	coal	glaou	glo	gual	gual
feu	fire	tan	tân	tine	tine
flamme	flame	flamm	fflam	lasair	lasair
fumée	smoke	moged	mwg	deatach	deataċ
cendre	ash	ludu	onnen	luaith	luaiċreaċ
poussière	dust	poultrenn	llwch	smúit	smuirt
couleur	colour	liou	lliw	dath	daċ
blanc	white	gwenn	gwyn	geal	geal
noir	black	du	du	dubh	dub
gris	grey	louet	llwyd	liath	liaċ
bleu	blue	glas	glas	gorm	gorm
jaune	yellow	melen	melyn	buí	buiḋe
rouge	red	ruz	coch	rua, dearg	ruaḋ, dearg
clair	clear,light	sklaer	golen	léir	léir
sombre	dark	teñval	tywyll	dorcha	dorċa
brillant	bright	skedus	disglair	solasta	solasta

		breton	gallois	irlandais	
animal	animal	loen	anifail	ainmhí	ainṁiḋe
chien	dog	ki	ci	cú, madra	madra, cú
chat	cat	kazh	cath	cat	cat
cheval	horse	marc'h	march, ceffyl	capall	capall
jument	mare	kazeg	caseg	láir	láir
poulain	colt	ebeul	ebol	bromach	bromaċ
âne	ass, donkey	azen	asyn	asal	asal
taureau	bull	tarw	tarw	tarbh	tarḃ
boeuf	ox	ejen	ych, eidion	damh	daṁ
vache	cow	buoc'h	buwch	bó	bó
veau	calf	leue	llo	lao	laoġ
porc	pig	pemoc'h	mochyn	muc	muc
mouton	sheep	dañvad	dafad	caora	caora
agneau	lamb	oan	oen	uan	uan
chèvre	goat	gavr	gafr	gabhar	gaḃar
lion	lion	leon	llew	leon	leóṁan
tigre	tiger	tigr	teigr	tíogar	tíogar
renard	fox	louarn	llwynog	sionnach	sionnaċ
loup	wolf	bleiz	blaidd	mactíre	mactíre
ours	bear	arzh	arth	béar	béar
lièvre	hare	gad	ysgyfarnog	giorria	girrḟiaḋ
lapin	rabbit	konikl	cwningen	coinín	coinín
souris	mouse	logodenn	llygoden	luch	luċ
rat	rat	razh	llygoden fawr	francach	franncaċ
serpent	snake	naer	neidr	nathair	naṫair
oiseau	bird	labous	aderyn	éan	éan
coq	cock	kilhog	ceiliog	coileach	coileaċ
poule	hen	yar	iar	cearc	cearc
oie	goose	gwaz	gwydd	gé	gé
canard	duck	houad	hwyaden	lacha	laċa
pigeon	pigeon, dove	dube	colomen	colbhar, colúr	colḃar
hirondelle	swallow	gwennili	gwennol	fáinleog	fáinleóg
poisson	fish	pesk	pysgodyn	iasc	iasc
hareng	herring	harink	pennog	scadán	scadán
saumon	salmon	eog	eog	bradán	bradán
truite	trout	dluzhenn	brithyll	breac	breac
morue	cod	moruenn	penfras	trosc	trosc
tortue	tortoise	baot	crwban	tortóis	tortóis
lézard	lizard	glazard	lysard	earc luachra	earc luaċra
grenouille	frog	ran	llyfant	frog	frog
escargot	snail	melc'houedenn	malwoden	seilide	seilċide
insecte	insect	amprevan	pryf	feithid	feiṫid
abeille	bee	gwenanenn	gwenynen	beach	beaċ
guêpe	wasp	gwespedenn	cacynen	puch	puċ
mouche	fly	kelienenn	gwybedyn	cuil	cuil
moustique	mosquito	pikerez	moscito	corrmhíol	corrṁíol
papillon	butterfly	balafenn	eilir	féileacán	féiliacán

9		breton	gallois	irlandais	
ville	city	kêr	dinas,tref	cathair,baile	caṫair, baile
bourg	borough	bourc'h	bwrdeisdref	buirg	buirg
banlieue	suburbs	bannlev	maestref	bruachbhaile	bruaċbaile
hôtel	hotel	ostaleri	gwesty	teach,ósta	teaċ ósta
restaurant	restaurant	ti-debriñ	ty bwyta	proinnteach	proinnteaċ
poste	post office	ti-post	llythyrdy	post-oifig	post-oifig
gare	station	ti-hent-houarn	gorsaf	stáisiún	stáisiún
rue	street	straed	stryd	sráid	sráid
place	square	leurgêr	sgwâr	cearnóg	cearnóg
parc	park	gourliorzh	parc	páirc	páirc
banque	bank	ti-bank	banc, ariandy	banc	banc
magasin	store	ti-dastum	ystôr	stóras	stóras
boutique	shop	stal	siop	siopa	siopa
librairie	bookshop	stal-levrioù	llyfrwerthwr	siopa leabhar	siopa leaḃar
livre	book	levr	llyfr	leabhar	leaḃar
école	school	skol	ysgol	scoil	scoil
théâtre	theater	c'hoariva	chwareudy	amharclann	aṁarclann
église	church	iliz	eglys	teach pobail	teaċ pobail
douane	customs	maltouterezh	tolldy	custam	custam
hôpital	hospital	klañvdi	ysbyty	otharlann	oṫarlann
palais	palace	palez	palas,llys	pálás	pálás
cimetière	churchyard	bered	claddfa	reilig	reilig
prison	jail	karc'har	carchar	carcair, príosún	carcair
temps	weather	amzer	tywydd, amser	aimsir	aimsear
air	air	aer	awyr	aer	aer
ciel	sky	oabl	wybren	spéir	spéir
soleil	sun	heol	haul	grian	grian
lune	moon	loar	lleuad	gealach	gealaċ
étoile	star	steredenn	seren	réalt	réalt
pluie	rain	glao	glaw	báisteach	báisteaċ
neige	snow	erc'h	eira	sneachta	sneaċta
glace	ice	skourn	rhew, ia	oighear	oiġear
chaud	warm	tomm	twym	te, bog	te, bog
froid	cold	yen	oer	fuar	fuar
vent	wind	avel	gwynt	gaoth	gaoṫ
nuage	cloud	koumoulenn	cwmwl	scamall, néal	scamal, néall
brouillard	fog	brumenn	niwl	ceóbhrán	ceóḃrán
orage	storm	arne	storm	stoirm	stoirm
éclair	lightning	luc'hedenn	lluched	tintreach	tintreaċ
tonnerre	thunder	kurun	taran	toirneach	toirneaċ
mer	sea	mor	mor	muir	muir
côte	coast	aod	côst, glan	cósta	cósta
vague	wave	houlenn	ton	tonn	tonn
île	island	enezenn	ynys	inis, oileán	inis, oileán
port	harbour	porzh	porthladd	cuan	cuan
barque	boat	bag	bad, cwch	bád	bád
navire	ship	lestr	llong	long	long

		breton	gallois	irlandais	
siècle	century	kantved	canrif	céad	céad
an	year	bloaz	blwyddyn	bliain	bliaḋain
mois	month	miz	mis	mí	mí
semaine	week	sizhun	wythnos	seachtain	seaċtṁain
jour	day	deiz	diwrnod	lá	lá
matin	morning	mintin	boreu	maidin	maidean, maidin
midi	midday	kreisteiz	canol dydd	meán lae	meán lae
ap.midi	afternoon	endervezh	prynhawn	iarnóin	iarnóin, nóin
soir	evening	abardaez	min nos	tráthnóna	tráṫnóna
nuit	nignt	noz	nos	oíche	oiḋċe
minuit	midnight	hanternoz	haner nos	meán oíche	meán oiḋċe
heure	hour	eur	awr	uair	uair
minute	minute	munutenn	munud	nóiméad	nóimeint
seconde	second	eilenn	eiliad	soicind	soicind
aujourd'hui	to-day	hizio	heddyw	inniu	indiu
demain	to-morrow	warc'hoazh	yfory	amárach	amáireaċ
hier	yesterday	dec'h	ddoe	inné	indé
saison	season	koulz-amzer	amser	séasúr	séasúr
printemps	spring	nevez-amzer	gwanwyn	earrach	earraċ
été	summer	hañv	haf	samhradh	saṁraḋ
automne	autumn	diskar-amzer	hydref	fómhar	foġṁar
hiver	winter	goañv	gawaf	geimhreadh	geiṁreaḋ
lundi	monday	dilun	dydd llun	dé luain	dia Luain
mardi	tuesday	dimeurzh	dydd mawrth	dé mairt	dia Mairt
mercr.	wednesday	dimerc'her	dydd mercher	dé céadaoin	dia Céadaoin
jeudi	thursday	diriaou	dydd iau	dé ardaoin	dia riuaoin
vendredi	friday	digwener	dydd gwener	dé h aoine	dia h Aoine
samedi	saturday	disadorn	dydd sadwrn	dé sathairn	dia saṫairn
dimanche	sunday	disul	dydd sul	dé domhnaigh	dia Doṁnaiġ
janvier	january	genver	ionawr	eanáir	eanair
février	februar	c'houevrer	chwefror	feabhra	feaḃra
mars	march	meurzh	mawrth	márta	marta
avril	april	ebrel	ebrill	aibréan	Aibreán
mai	may	mae	mai	bealtaine	bealtaine
juin	june	mezheven	mehefin	meitheamh	meiṫaṁ
juillet	july	gouere	gorphenaf	lúil	iúl
août	august	eost	awst	lúnasa	luġnasa
septembre	september	gwangolo	medi	meán fómhair	meaḋon foġṁair
octobre	october	here	hydref	deireadh	Deireaḋ
novembre.	november	du	tachwedd	samhain	Saṁain
décembre	december	kerzu	rhagfyr	nollaigeacha	mí na nodlag
Noël	Christmas	Nedeleg	Nadolig	Nollag	nodlaig
Pâques	Easter	Pask	Pasg	Cásca	Ċásc
nord	north	hanternoz	gogledd	tuaisceart	tuaisceart
sud	south	kreisteiz	dehau	deisceart	deisceart
est	east	sav-heol	dwyrain	oirthear	oirṫear
ouest	west	kuzh-heol	gorllawin	iarthar	iarṫar

11

		breton	gallois	irlandais	
grand	large	bras, meur	mawr	mór	móꞃ
petit	small	bihan	bychan	beag	beaᵹ
haut	high	uhel	uchel	árd	áꞃꝺ
bas	low	izel	isel	íseal	íꞅeal
long	long	hir	hir	fada	ꝼaꝺa
court	short	berr	byr	geárr	ᵹeáꞃꞃ
large	wide	ledan	llydan	leathan	leaṫan
étroit	narrow	strizh	cul	caol, cúng	caol, cúnᵹ
épais	thick	teo	tew	tiubh, ramhar	ꞇiuḃ, ꞃaṁaꞃ
mince	thin	moan	tenau	tana	ꞇana
profond	deep	doun	dwfn	domhain	ꝺoṁain
plein	full	leun	llawn	lán	lán
vide	empty	goullo	gwag	folamh	ꝼolaṁ
lourd	heavy	pounner	trwm	trom	ꞇꞃom
léger	light	skañv	ysgafn	éadrom	éaꝺꞇꞃom
ouvert	open	digor	agored	oscailte	oꞅcailꞇe
fermé	shut	serr	caead	iata	iaꞇa
neuf	new	nevez	newydd	nua	nua
vieux	old	kozh	hen	sean, aosta	sean, aoꞅꞇa
propre	clean	naet	glân	néata, glan	néaꞇa, ᵹlan
sale	dirty	lous	budr, brwnt	salach	salaċ
sec	dry	sec'h	sych	tirim	ꞇiꞃim
mouillé	wet	gleb	gwlwb	fliuch	ꝼliuċ
solide	strong	start	diogel	láidir, teann	láiꝺiꞃ, ꞇeann
fragile	fragile	bresk, torrus	brau	briosc	bꞃioꞅc, laᵹ
rond	round	krenn	crwn	cruinn	cꞃuinn
carré	square	karrezek	ysgwâr, pedrougl	cearnach	ceaꞃnaċ
cassé	broken	torr	drylliedig	briste	bꞃiꞅꞇe
bon	good	mat	mad	maith	maiṫ
mauvais	bad	fall	drwg	olc, droch-	olc, ꝺꞃoċ-
loin	far	pell	pell	fada	ꝼaꝺa
près	near	tost	agos	i ngar, cóngarach	i nᵹaꞃ, cónᵹaꞃaċ
avant	before	a-raok, kent	cynt	roimh	ꞃoiṁ
après	after	war-lerc'h, goude	wedyn	tar éis	ꞇaꞃ éiꞅ
devant	before	dirak	o flaen	os coinne	oꞅ coinne
derrière	behind	a-dreñv	ar ol	ar chúl, laistiar	aꞃ ċúl, laiꞅꞇiaꞃ
droite	right	a-zehou	deau	deas	ꝺeaꞅ
gauche	left	a-gleiz	chwith	clé	clé
dedans	inside	e-barzh	tu mewn	istigh	iꞅꞇiġ
dehors	outside	er-maez	tu allan	amuigh	amuiġ

		breton	gallois	irlandais	
voir	to see	gwelout	gweled	feicim	feicim
regarder	to look	sellout	edrych	féachaim	féaċaim
entendre	to hear	klevout	clywed	cloisim	cloisim
écouter	to listen	selaou	gwrando	éistim	éistim
dire	to say	lavarout	dywedyd	insim	innsim
parler	to speak	komz	siarad	labhraím	labraím
demander	to ask	goulenn	gofyn, dymuno	iarraim	iarraim
répondre	to answer	eilgeriañ	ateb	freagraim	freagraim
accepter	to accept	asantiñ	derbyn	glacaim	glacaim
refuser	to refuse	nac'h	gwrthod	eitighim	eitiġim
écrire	to write	skrivañ	ysgrifennu	scríobhaim	scríoḃaim
lire	to read	lenn	darllen	léighim	leiġim
traduire	to translate	treiñ	cyfieithu	aistrighim	aistriġim
faire	to do	ober	gwneud	déanamh	déanaṁ
aller	to go	mont	myned	imím	imṫiġim
venir	to come	dont	dyfod	tighim	tiġim
marcher	to walk	kerzhout	cerdedd	siúlaim	siuḃlaim
courir	to run	redek	rhedeg	rithim	riṫim
monter	to go up	pignat	esgyn, dringo	éirigh	éiriġ
descendre	to go down	diskenn	disgyn	tuirlingim	tuirlingim
sauter	to jump	lammat	neidio	léim	léim
nager	to swim	neui	nofio	snámhaim	snáṁaim
tomber	to fall	kouezhañ	cwympo	titim	titim
savoir	to know	gouzout	gwybod	is eol dom	is eol dom
oublier	to forget	ankounac'haat	anghofio	dearmadaim	dearmadaim
apprendre	to learn	deskiñ	dysgu	foghlaim	foġlaim
enseigner	to teach	kelenn	dysgu	múinim	múinim
vouloir	to want	fellout	angen	santaím	santaím
aimer	to love	karout	caru	gráim,gráú	gráḋuiġim
appeler	to call	gervel	galw	glaoim	glaoḋaim
remercier	to thank	trugarekaat	diolch	gabh buíochas	gaḃ buíoċas
travailler	to work	labourat	gweithio	saothraím	saoṫraím
acheter	to buy	prena	prynu	ceannachaim	ceannaċaim
vendre	to sell	gwerzhañ	gwerthu	díolaim	díolaim
payer	to pay	paeañ	talu	íocaim	iocaim
ouvrir	to open	digeriñ	agor	osclaim	osclaim
fermer	to shut	serriñ	cau	dúnaim	dúnaim
perdre	to lose	koll	colli	caillim	caillim
trouver	to find	kavout	caffael, cael	faighim	faiġim
cacher	to hide	kuzhat	cuddio	ceilim, folaím	ceilim, folaím
prendre	to take	kemer	cymryd	tógaim	tóġaim
recevoir	to receive	degemer	derbyn	glacaím	glacaim
envoyer	to send	kas	anfon	cuirim	cuirim
apporter	to bring	degas	dwyn	tugaim	tugaim
porter	to carry	dougen	dwyn	iompraím	iompraím
tenir	to hold	derc'hel	dal	coinním	coinním
tirer	to draw	tenna	tynnu	tarraingim	tarraingim
pousser	to push	bounta	gwthio	sáim	saiṫim
attendre	to wait	gortoz		fanaim	fanaim
finir	to finish	echuiñ	gorffen	críochnaím	críoċnuiġim
commencer	to begin	kregiñ	dechrau	tosaím	tosaím
arriver	to arrive	degouezhout	cyrraedd	tigim	tiġim
partir	to leave	loc'hañ	ymadael	imím	imím

		breton	gallois	irlandais	
oui	yes	ya	ie	is, tá	iꞅ, tá
non	no	nann	na	ní, níl	ní, níl
et	and	ha, hag	a, ac	is, agus	iꞅ, aᵹuꞅ
ou	or	pe	neu	nó	nó
ici	here	amañ	yma	anseo, anso	anꞅeo
là	there	aze, eno	yna, yno	ansin, ansan	anꞅin
avec	with	gant	gan	le, leis	le, leiꞅ
sans	without	hep	heb	gan, amuigh	ᵹan, amuiġ
où ?	where?	pelec'h ?	ple ?	cá áit ?	cá áit?
qui ?	who?	piou ?	pwy ?	cé ?	cé?
quoi ?	what?	petra ?	pa ?	cad ?	caꝺ?
lequel ?	which?	pe ? pehini ?	pa un ?	cé acu ?	cé acu?
combien?	how much?	pegement ?	sawl ?	cá mhéad ?	cá ṁéaꝺ?
quand ?	when?	pegoulz ?, peur ?	pen ?	cén uair ?	cén uaiꞃ?
comment ?	how?	penaos ?	sut ?	conas ?	conaꞅ?
pourquoi?	why?	perak ?	pam ?, paham ?	cén fáth ?	cén ꝼáṫ?
peut-être	perhaps	marteze	efallai	b'fhéidir	b'ḟéiꝺiꞃ
partout	everywhere	dre-holl	pob man	gach cá	ᵹaċ cá
toujours	always	atav	bob amser	i gcónaí	i ᵹcoṁnuiḋe
jamais	never	gwech ebet	ni un amser	riamh,choíche	ꞃiaṁ, ċoiḋċe
assez	enough	a-walc'h	digon,gwala	sá, dóthain	ꞅá, ꝺóṫain
seulement	only	ken	unig, ond	amháin	aṁáin
plus	more	mui	rhagor	breis	bꞃeiꞅ
moins	less	nemet	llai	is lú	iꞅ lú
beaucoup	much	kalz	llawer, gwaith	mórán	móꞃán
un peu	a little	nebeut	ychydig	beag	beaᵹ
aucun	none	ebet	dim un	aon rud	aon ꞃuꝺ
tout	everything	holl	pob peth	gach rud	ᵹaċ ꞃuꝺ
rien	nothing	netra	dim	pioc	pioc
autre	other	all	llall	eile	eile
sur	on	war	ar	ar	aꞃ
sous	under	dindan	dan	fá, faoi	ꝼá, ꝼaoi
entre	between	etre	rhwng	idir	iꝺiꞃ
contre	against	ouzh	erbyn	in aghaidh	in aᵹaiḋ
pour	for	evit	er	ar, le aghaidh	aꞃ, le aᵹaiḋ
dans	in	e-barzh	yn, ym, yng	i	i
à côté	near	e-kichen	yn agos	in aice	in aice
comme	like	evel ma	fel	cosúil	coꞅúil
bien	well	mat, ervat	iach	go maith	ᵹo maiṫ
mal	badly	fall	drwg	olc, droch	olc, ꝺꞃoċ
autant	as much	kement	cymaint	a oiread, chomh	a oiꞃeaꝺ, ċoṁ
souvent	often	alies	yn aml	go minic	ᵹo minic
encore	again	adarre	drachefn, eto	arís	aꞃíꞅ
déjà	already	c'hoazh	eisves	cheana	ċeana
tôt	early	abred	yn fore	luath, go moch	luaṫ, ᵹo moċ
tard	late	diwezhat	yn hwyr	mall	mall
vite	quickly	buan	yn fuan	gasta	ᵹaꞅta
lentement	slowly	goustad	yn araf	righin	ꞃiġin
maintenant	now	bremañ	yn awr	anois	anoiꞅ
aussitôt	at once	diouzhtu, raktal	ar unwaith	ar an toirt	aꞃ an toiꞃt

Vocabulaire parallèle de cinq langues indo-européennes et du turc osmanli

lituanien

letton

grec

albanais

arménien

turc

	lituanien	letton	grec	albanais	arménien		turc
corps	kunas	miesa	τὸ σῶμα	trup	marmin	մարմի՛ն	vücut
tête	galva	galva	τὸ κεφάλι	krye	qlukh	գլուխ	bas
cheveux	plaukai	mati	τὰ μαλλιά	flokë	maz	մազ	saç
front	kakta	piere	τὸ μέτωπον	ballë	djagad	ճակատ	alın
oeil	akis	acs	τὸ μάτι	sy	ačk	աչք	göz
oreille	ausis	auss	τὸ αὐτί	vesh	akandš	ակա՛նջ	kulak
nez	nosis	deguns	ἡ μύτη	hundë	kit’	քիթ	burun
bouche	burna	mute	τὸ στόμα	gojë	peran	բերա՛ն	ağız
lèvre	lupa	lūpa	τὸ χεῖλος	buzë	šrt’unk	շրթու՛նք	dudak
dent	dantis	zobs	τὸ δόντι	dhëmp	adam	ատամ	diş
langue	liežuvis	mēle	ἡ γλῶσσα	gjuhë	lezu	լեզու	dil
menton	smakras	smakrs	τὸ πηγοῦνι	mjekrë	tunč	դու՛նչ	çene
cou	kaklas	kakls	ὁ λαιμός	qafë	viz	վիզ	boyun
épaule	petys	plecs	ὁ ὦμος	sup	us	ուս	omuz
poitrine	krutinė	krūtis	τὸ στῆθος	kraharor	kurtzk	կուրծք	göğüş
dos	nugara	mugura	ἡ πλάτη	kurris	kŕnak	կռ՛նակ	arka
coeur	širdis	sirds	ἡ καρδιά	zemër	sird	սիրտ	kalp
estomac	skilvys	kunģis	τὸ στομάκι	stomak	sdamoks	ստամոքս	mide
poumon	plaučias	plaušas	ὁ πλεύμων	mushkëri	t’ok	թոք	ak ciğer
ventre	pilvas	vēders	ἡ κοιλιά	bark	p’or	փոր	karın
bras	ranka	ŗoka	ὁ βραχίων	krah	t’ev	թեւ	kol
main	ranka	roka	τὸ χέρι	dorë	tzeŕk	ձեռք	el
doigt	pirštas	pirksts	τὸ δάκτυλο	gisht	mad	մատ	parmak
genou	kelys	celis	τὸ γόνατο	gju	dzunk	ծու՛նկ	diz
jambe	koja	kāja	τὸ σκέλος	shalë,kofshë	srunq	սրու՛նգ	bacak
pied	koja	kāja	τὸ πόδι	këmbë	vodk	ոտք	ayak
talon	kulnis	papēdis	ἡ φτέρνα	thembër	krunk	կրու՛նկ	ökçe
os	kaulas	kauls	τὸ κόκκαλο	koskë	oskor	ոսկոր	kamik
peau	oda	āda	τὸ δέρμα	cipë	mort’	մորթ	deri
ongle	nagas	nags	τὸ νύχι	thua	yeghunq	եղու՛նգ	çivi
sang	kraujas	asins	τὸ αἷμα	gjak	ariun	արիու՛ն	kan
aveugle	aklas	akls	τυφλὸς	i verbër	kuyr	կույր	kör
malade	nesveikas	slims	ἄρρωστος	i sëmurë	hivant	հիվա՛նդ	hasta
sourd	kurčias	kurls	κουφός	i shurdhër	khul	խուլ	sağır
muet	nebylys	mēms	ἄλαλος	memec	hamr	համր	dilsiz
fatigué	pailsės	noguris	κουρασμένος	i lodhur	hoqnadz	հոգ՛նած	yorgun
nourriture	maistas	baŗiba	ἡ τροφή	ushqim	udelik	ուտելիք	yiyecek
pain	duona	maize	τὸ ψωμὶ	bukë	hats	հաց	ekmek
vin	vynas	vīns	τὸ κρασὶ	verë	qini	գի՛նի	şarap
eau	vanduo	ūdens	τὸ νερό	ujë	dšur	ջուր	su
viande	mesa	gaļa	τὸ κρέας	mish	mis	միս	et
farine	miltai	milti	τὸ ἄλεβρι	oft	aliur	ալիուր	un
lait	pienas	piens	τὸ γάλα	qumesht	kat’	կաթ	süt
crème	grietin	krējums	ἡ κρέμα	kajmak	ser	սեր	kaymak
beurre	sviestas	sviests	τὸ βούτυρο	gjalpë	karaq	կարագ	tereyağı
fromage	suris	siers	τὸ τυρί	djathë	banir	պա՛նիր	peynir

2	lituanien	letton	grec	albanais	arménien		turc
sel	druskà	sāls	τὸ ἁλάτι	kripë	agh	աղ	tuz
sucre	cùkrus	cukurs	ἡ ζάχαρι	sheqer	šakar	շաքար	šeker
miel	medùs	medus	τὸ μέλι	mjaltë	meghr	մեղր	bal
huile	alièjus	eļļa	τὸ λάδι	vaj	yugh	յուղ	yağ
vinaigre	àctas	etiķis	τὸ ξύδι	uthull	katsakh	քացախ	sirke
thé	arbatà	tēja	τὸ τσάι	çaj	t'ey	թեյ	çay
petit déj.	pùsrytis	brokastis	τὸ πρωϊνό	mëngjes	nakhadjaš	նախաճաշ	kahvaltı
déjeuner	piètūs	pusdienas	μεσημεριανό	drekë, sillë	djaš	ճաշ	öğle yemeği
dîner	vakariènė	vakariņas	τὸ δεῖπνο	darkë	ent'rik	ընթրիք	akšam yemeği
cuisine	virtùvė	virtuve	ἡ μαγειρική	kuzhinë	khohanots	խոհանոց	mutfak
faim	bàdas, àlkis	bads	ἡ πεῖνα	uri	kaghts	քաղց	açlık
soif	tròškis	slāpes	ἡ δίψα	etje	dzarav	ծարավ	susama
nourrir	penėti	barot	τρέφω	ushqej, mënd	kerakrel	կերակրել	beslemek
manger	vàlgyti	ēst	τρώω	ha	udel	ուտել	yemek
boire	gėrti	dzer	πίνω	pi	khmel	խմել	içmek
cuire	vìrinti	vārīt	μαγειρεύω	pjek	ep'el	եփել	piširmek
vêtement	rūbai	apģērbs	τὸ ροῦχο	petk	haqusd	հագուստ	elbise
costume	kostiùmas	kostīms	τὸ φόρεμα	kostum	daraz	տարազ	kostüm
chapeau	skrybėlė	platmale	τὸ καπέλο	kapelë	qlkhark	գլխարկ	šapka
manteau	pàltas	mētelis	τὸ παλτό	pallto	verarku	վերարկու	pardesü
veste	švàrkas	svārki	ἡ ζακέτα	xhaketë	djaket'	ճաքեթ	jaket
pantalon	kelnės	bikses	τὸ παντελόνι	pantallona	p'ant'ol	փանթոլ	pantolon
robe	rūbas	kleita	τὸ φουστάνι	fustan	zqesd	զգեստ	ruba
jupe	sijònas	kleita	ἡ φούστα	fustë,fund	fistan	Ֆիստան	etek
chemise	marškiniài	krekls	πουκάμισο	këmishë	šabik	շապիկ	gömlek
bas	kòjinė, àutė	zeķe	ἡ κάλτσα	çorap	qulba	գուլպա	çorap
soulier	kùrpė	kurpe	τὸ παπούτσι	këpucë	košik	կոշիկ	kundura
poche	kilšėnė	kabata	ἡ τσέπι	xhep	qrban	գրպան	cep
gant	pìrštinė	pirkstainie	τὸ γάντι	dorashkë	tseŕnots	ձեռնոց	eldiven
mouchoir	nòsinė	lakats	τὸ μανδῆλι	shami	t'ačkinak	թաշկինակ	mendil
ceinture	juòsta	josta	ἡ ζώνη	brez,rrup	qodi	գոտի	kemer
bouton	sagùtė	poga	τὸ κουμπί	kopsë	kodjak	կոճակ	düğme
fil	siūlas	diegs	τὸ νῆμα	fill, pe	tertzan	դերձան	iplik,tel
coudre	siūti	šūt	ράπτω	qep	karel	կարել	dikmek
laver	mazgòti	mazgāt	πλύνω	laj	lual	լուալ	yıkamak

	lituanien	letton	grec	albanais	arménien		turc
famille	šeima	ģimene	ἡ οἰκογένεια	familje	endanik	ը՛նտա՛նիք	aile
parents	tėvai	vecāki	οἱ συγγενεῖς	prindërit	dznoghner	ծ՛նող՛ներ	anne-baba
père	tėvas	tēvs	ὁ πατέρας	at, baba	hayr	հայր	baba
mère	motina	māte	ἡ μητέρα	nënë	mayr	մայր	anne
fils	sūnus	dēls	ὁ γίος	bir, djalë	vorti	որդի	oğul
fille	duktė	meita	ἡ κόρη	vajzë	aghdšik	աղջիկ	kız
frère	brolis	brālis	ὁ ἀδερφός	vëlla	yeghpayr	եղբայր	kardeş
soeur	sesuo	māsa	ἡ ἀδερφή	motër	kuyr	քույր	kız kardeş
gd. père	senėlis	vectēvs	ὁ παππούς	gjysh	bab	պապ	dede
gd. mère	bobūtė	vecmāmiņa	ἡ γιαγιά	gjyshe, nëno	mam	մամ	baba anne
pet. fils	àinis	dēla dēls	ὁ ἔγγονος	nip	t'or	թոռ	torun
pt. fille	àinė	dēla meita	ἡ ἐγγόνη	mbesë	aghdšik t'or	աղջիկ թոռ	kız torunruntn
oncle	dėdė	tēvocis	ὁ θεῖος	ungj	horeghpayr	հորեղբայր	amca,dayı
tante	teta	krustmāte	ἡ θεία	hallë, teto	horakuyr	հորաքույր	hala,teyze
neveu	brolėnas	brāļa dēls	ὁ ἀνηψιός	nip	yeghpororti	եղբորորդի	yeğen
nièce	dukterėčia	brāļa meita	ἡ ἀνηψιά	mbesë	yegh. aghdšik	եղբորաղջիկ	yeğen
cousin	pusbrolis	brālēns	ὁ ἐξάδερφος	kushëri	horeghpororti	հորեղբորորդի	dayı zade
cousine	pusseserė	māsīca	ἡ ἐξαδέρφη	kushërinë	hor. aghdšik	հորեղբորաղջիկ	dayı zade
mari	vyras,pats	vīrs	ὁ ἄνδρας	burrë	amusin	ամուսի՛ն	koca
épouse	žmona, pati	sieva	ἡ γυνή	nusjë	kin	կի՛ն	hanım
veuf	našlýs	atraitnis	ὁ χῆρος	i ve	ayri	այրի	dul
veuve	našlė	atraitne	ἡ χήρα	e ve	ayri kin	այրի կի՛ն	dul
b.père	uòšvis	tēvocis	ὁ πεθερός	njerk,vjehër	aner	ա՛ներ	kayın peder
b.mère	uòšvė	vīra	ἡ πεθερά	njerkë,vjehër	zokanč	զոքա՛նչ	k.valide
gendre	žèntas	znots	ὁ γαμβρός	dhëndër	p'esa	փեսա	damat
b.fille	martì	vedekla	ἡ νύφη	thjestër	hars	հարս	gelin
b.frère	làiguonas	vīra brālis	γυναικαδέρφος	kunat	deqr	դեգր	enişte
b.soeur	intė	līgava	γυναικαδέρφη	kunatë	kuyrık	քույրիկ	baldız
mariage	jungtùvės	laulıba	ὁ γάμος	martesë	amusnut'iun	ամուսնություն	evlenme
se marier	vèsti,apsivèsti	precēties	πανδρεύομαι	martohem	amusnanal	ամուսնանալ	evlenmek

	lituanien	letton	grec	albanais	arménien		turc
maison	namai	māja	τὸ σπίτι	shtëpi	dun	տուն	ev
château	pilis	pils	τὸ παλάτι	kështjellë	balad	պալատ	saray
mur	siena	siena	τὸ τεῖχος	mur	bad	պատ	duvar
toit	stogas	jumts	ἡ στέγη	pullaz, çati	danik	տանիք	dam
cave	rūsys	pagrabs	τὸ κελλάρι	bodrum, bimsë	maŕan	մառան	mahzen
grenier	klėtis	klēts	τὸ ἀμπάρι	hambar	vernahark	վերնահարկ	ambar
escalier	laiptai	kāpenes	ἡ σκάλα	shkallë	santugh	սանդուղք	merdiven
marche	laiptas	pakāpe	σκαλοπάτι	shkallare	astidjan	աստիճան	adım
chambre	kambarys	istaba	τὸ δωμάτιο	dhomë	senyak	սենյակ	oda
cuisine	virtuvė	virtuve	τὸ μαγερειό	kuzhinë	khohanots	խոհանոց	mutfak
plancher	grindys	grīda	τὸ πάτομα	dyshemé	hadak	հատակ	kat
plafond	lubos	griesti	τὸ ταβάνι	tavan	tzeghun	ձեղուն	tavan
porte	durys	durvis	ἡ θύρα	derë, portë	tur	դուր	kapı
fenêtre	langas	logs	τὸ παράθυρο	dritare	lusamut	լուսամուտ	pencere
poteau	stulpas, šulas	stabs	ὁ πασσάλος	shtyllë	syun	սյուն	direk
cour	kiėmas	pagalms	ἡ αὐλή	oborr	pak	բակ	avlu
jardin	daržas	dārzs	τὸ περιβόλι	kopsht	bardez	պարտեզ	bahçe
puits	šulinys	aka	τὸ πυγάδι	pus	hor	հոր	kuyu
meuble	baldai	mēbeles	τὸ ἔπιπλον	mobilje	kahuyk	կահույք	döşeme
lit	lova	gulta	τὸ κρεββάτι	shtrat, krevat	mahtjakal	մահճակալ	yatak
armoire	spinta	skapis	τὸ ντουλάπι	dollap	baharan	պահարան	dulap
table	stalas	galds	τὸ τραπέζι	tryezë	seghan	սեղան	sofra
chaise	kėdė, krėslas	krēsls	ἡ καρέκλα	karrike	at'oŕ	աթոռ	sandalya
horloge	laikrodis	stundenis	τὸ ὡρολόγιο	sahat	jamatsuyts	ժամացույց	saat
miroir	veidrodis	spogulis	ὁ καθρέφτης	pasqyrë	hayeli	հայելի	ayna
vase	vaza	vāze	τὸ βάζο	enë, saksi	vaza	վազա	kap,vazo
boîte	dėžė	kārba	τὸ κουτί	kuti	dup'	տուփ	kutu
panier	pintìnė	grozs	κάνιστρον	shportë	koghov	կողով	sepet
sac	maišas	maiss	ὁ σάκκος	thes	toprak	տոպրակ	torba
pot	puodas	pods	ἡ κανάτα	poç	bduk	պտուկ	kap
plat	dubuò	bļoda	τὸ πιάτο	pjatë	aman	աման	tabak
seau	kibìras	spainis	ὁ κουβᾶς	kovë	tuyl	դույլ	kova
bouteille	butelis	pudele	τὸ μπουκάλι	shishe	šiš	շիշ	şişe
cuiller	šaukštas	karote	τὸ κουτάλι	lugë	tqal	դգալ	kašik
fourchette	šakutė	dakšiņas	τὸ πηρούνι	furkulicë	badaŕakagh	պատառաքաղ	çatal
assiette	lėkštė	šķīvis	τὸ πιάτο	pjatë	bnak	պնակ	tabak
verre	stiklas,stiklinė	glāze	τὸ ποτήρι	gotë	pajak	բաժակ	bardak

	lituanien	letton	grec	albanais	arménien		turc
outil	įrankis	rīks, daikts	τὸ ἐργαλεῖον	vegël, hallat	qordzik	գործիք	alet
clef	raktas	atslēga	τὸ κλειδί	kyç, çelës	panali	բանալի	anahtar
échelle	kòpėčios	trepes	ἡ σκάλα	shkallë	santughk	սանդուղք	iskele
voiture	vežimas	vezums	τὸ ὄχημα	veturë	sayl	սայլ	araba
roue	ratas	ritenis,rats	ἡ ρόδα	rrotë	aniv	անիվ	tekerlek
clou	vinis	nagla	τὸ καρφί	gozhdë	qam	գամ	çivi
aiguille	àdata	adata	τὸ βελόνι	gjilpërë	asegh	ասեղ	iğne
épingle	spilgà	spilka	ἡ καρφίτσα	paramanë	qntasegh	գնդասեղ	toplu iğne
couteau	peilis	nazis	τὸ μαχαῖρι	thikë	tanak	դանակ	bıçak
scie	piūklas	zāģis	τὸ πριόνι	sharrë	sghots	սղոց	testere
ciseaux	žirklės	šķēres	ἡ ψαλίδα	gërshërë	mkrat	մկրատ	makas
fourche	šakės	dakša	ἡ σχαλίς	cfurk	yeŕajani	եռաժանի	çatal
pelle	kastuvas	lāpsta	τὸ φτυάρι	lopatë	t'i	թի	kürek
bêche	kastuvas	lāpsta	ἡ τσάπα	bel	prič	բրիչ	bel
marteau	plaktas	veseris	τὸ σφυρί	çekan	murdj	մուրճ	çekiç
hache	kirvis	cirvis	τὸ τσεκούρι	sëpatë	dabar	տապար	balta
pince	replės	lūkšas	ἡ τανάλια	pincë	unelik	ունելիք	kerpeten
peigne	šukos	ķemme	τὸ χτένι	krehër	sandr	սանտր	tarak
brosse	šepetys	birste	ἡ βοῦρτσα	furcë	khozanak	խոզանակ	fırça
bâton	lazdà	kūja, nūja	τὸ ῥαβδί	shkop	tzogh	ձող	çubuk
fouet	botàgas	pātaga	ἡ μάστιξ	kamxhik	kharazan	խարազան	kamçı
chaîne	grandinė	ķēde	ἡ ἁλυσίδα	zinxhir	čght'a	շղթա	zincir
anneau	žiėdas	gredzens	ὁ κρῖκος	rreth	madani	մատանի	halka
corde	virvė	valgs,virve	ἡ κορδέλλα	litar, tërkuzë	baran	պարան	ip
charrue	arklas	arkls	τὸ ἄροτρον	parmendë	aror	արոր	sapan
lampe	lempa	lampa	ἡ λάμπα	llambë	lamba	լամպա	lâmba
lunettes	akiniai	brilles	τὰ γυαλιά	syze	aknots	ակնոց	gözlük
moulin	malūnas	dzirnavas	ὁ μῦλος	mulli	aghorik	աղորիք	değirmen
montre	laikrodis	pulkstens	τὸ ὡρολόγιον	sahat	jamatsuyts	ժամացույց	cep saatı
fusil	šautuvas	plinte,bise	τὸ τουφέκι	pushkë	hratsan	հրացան	tüfenk
sonnette	skambutis	zvans	τὸ κουδούνι	zile	zanqak	զանգակ	çan, zil
sifflet	švilpis	svilpe	ἡ σφυρίχτρα	bilbil	sulič	սուլիչ	ıslık

	lituanien	letton	grec	albanais	arménien		turc
terre	žemė	zeme	ἡ γῆ	tokë	yerkir	երկիր	zemin
monde	pasaulis	pasaule	ὁ κόσμος	botë	aškharh	աշխարհ	dünya
campagne	kaimas, šalis	lauki	ἡ ἐξοχή	fushë	qjugh	գյուղ	köy
montagne	kalnas	kalns	τὸ βουνό	mal	leŕ	լեռ	dağ
colline	kalnelis	pakalns	ὁ λόφος	kodër	plur	բլուր	tepe
vallée	slėnis, klonis	ielaja	ἡ κοιλάδα	lugajë	hovid, tzor	հովիտ, ձոր	dere
pays	šalis	zeme	ἡ χώρα	vend, vis	yerkir	երկիր	toprak
route	vieškelis	ceļš	ὁ δρόμος	udhë	ughi	ուղի	yol
sentier	kelelis	teka	τὸ μονοπάτι	shteg	čavigh	շավիղ	tarik
rivière	upė	upe	τὸ ποτάμι	lumë	qed	գետ	nehir
pont	tiltas	tilts	τὸ γεφύρι	urë	kamurdš	կամուրջ	köprü
mare	klànas	palte	ὁ βάλτος	pellg	dšrap'os	ջրափոս	batak
lac	ežeras	ezers	ἡ λίμνη	liqen	lidj	լիճ	göl
bois	miškas, giria	mežs	τὸ δάσος	pyll	antaŕ	անտառ	orman
buisson	krūmas	krūms	ὁ θάμνος	gëmushë	matsaŕ	մացառ	çalılık
fossé	griovis	grāvis	τὸ χαντάκι	hendek	khandak	խանդակ	hendek
haie	tvorà	žogs	ὁ φράχτης	gardh	bad	պատ	çit
barrière	ùžtvaras	aizkārtne	ὁ σύρτης	trinë, gardh	arqel	արգել	mania
champ	làukas	lauks	ὁ κάμπος	arë, fushë	ard	արտ	tarla
prairie	pieva	pļava	τὸ λιβάδι	livadh, luadh	marq	մարգ	çayır
semence	sėkla	sēkla	ὁ σπόρος	farë	serm	սերմ	tohum
moisson	piūtis	pļauja	τὸ θέρος	korrja	huntzk	հունձք	hasat
cultiver	apdirbti	apstrādāt	γεωργῶ	lëroj, lavroj	mčakel	մշակել	sürmek
labourer	àrti	art	ἀροτριῶ	lëroj	herkel	հերկել	sapan «
semer	sėti	sēt	σπέρνω	mbjell	tsanel	ցանել	ekmek
planter	sodinti	stādīt	φυτεύω	mbëltoj	dnkel	տնկել	dikmek
plante	àugalas	augs, stāds	τὸ φυτό	bimë	dunk	տունկ	nebat
arbre	medis	koks	τὸ δέντρο	dru, pemë	tzaŕ	ծառ	ağaç
racine	šaknis	sakne	ἡ ῥίζα	rrënjë	armad	արմատ	kök
tronc	stuobrys	stumbrs	ὁ κορμός	trung	pun	բուն	kütük
branche	šaka	zars	ὁ κλάδος	degë	djyugh	ճյուղ	dal
feuille	lapas	lapa	τὸ φύλλον	gjeth	derev	տերև	yaprak
fleur	gėlė	puķe	τὸ λουλοῦδι	lule	dzaghik	ծաղիկ	çiçek
fruit	vaisias	auglis	ὁ καρπός	pemë, fryt	bdugh	պտուղ	meyva
graine	grūdas	grauds	ὁ σπόρος	barë	serm	սերմ	tohum
pomme	obuolys	ābols	τὸ μῆλον	mollë	khntzor	խնձոր	elma
poire	kriaušė	krausis	τὸ ἀχλάδι	dardhe	dantz	տանձ	armut
noix	riešutas	rieksts	τὸ καρύδι	arrë	enkuyz	ընկույզ	ceviz
chou	kopūstas	kāposti	τα λάχανα	lakër	kaghamp	կաղամբ	lahana
p.de terre	bulvė	kartupeli	ἡ πατάτα	patate	qednakhntzor	գետնախնձոր	patates
pois	žirnis	zirņi	τὸ μπιζέλι	bizele	oloŕ	ոլոռ	bezelye
blé	kviečài	kvieši	τὸ σιτάρι	grurë	vtsoren	ցորեն	buğday
seigle	rugiài	rudzi	ἡ σήκαλι	thekër	hadjar	հաճար	çavdar
avoine	avižà	auzas	ἡ βρώμη	tërshërë	varsak	վարսակ	yulaf
herbe	žolė	zāle	τὸ χορτάρι	bar	khod	խոտ	ot
foin	šiėnas	siens	ὁ σανός	sanë	khar	խար	kuru ot
fleurir	žydėti	ziedēt	ἀνθῶ	lulëzoj	dzaghkel	ծաղկել	çiçeklenmek
mûrir	brę̃sti	nobriest	ὡριμάζω	pjek	hasnel	հասնել	olgunlaşmak
mûr	subrėndęs	nobriedis	ὥριμος	i pjekur	hasun	հասուն	olgun

	lituanien	letton	grec	albanais	arménien		turc
matière	medžiaga	viela	ἡ ὕλη	lëndë	niut’	նիւթ	madde
laine	vilna	vilna	το μαλλί	lesh	purt	բուրդ	yün
drap	gelumbė	vadmala	ἡ τσόχα	cohë	mahut	մահուդ	kumaš
soie	šilkas	zīds	τὸ μετάξι	mëndafsh	medaks	մետաքս	ipek
velours	aksòmas	samts	τὸ βελοῦδο	kadifé	t’avič	թավիշ	kadife
bois	mėdis	koks	τὸ ξύλον	dru	p’ayd	փայտ	odun
cuir	òda	āda	τὸ πετσί	lëkurë	kači	կաշի	deri
verre	stiklas	stikls	τὸ γυαλί	qelq, xhami	abaki	ապակի	cam
boue	dumblas	dubļi	ἡ λάσπη	baltë	tsekh	ցեխ	çamur
chaux	kàlkės	kaļķi	ὁ ἀσβέστης	gëlqere	kir	կիր	kireç
papier	pòpieris	papīris	τὸ χαρτί	kartë, letër	t’ught’	թուղթ	kâğıt
savon	mùilas	ziepes	τὸ σαποῦνι	sapun	odjaŕ	օճառ	sabun
cire	vàškas	vaski	τὸ κερί	dyllë	meghramom	մեղրամոմ	balmumu
paille	šiaudài	salmi	τὸ ἄχερο	kashtë	dzkhod	ծղոտ	saman
métal	metalas	metals	τὸ μέταλλον	metal	medagh	մետաղ	maden
or	auksas	zelts	ὁ χρυσός	ar, flori	vosgi	ոսկի	altın
argent	sidabras	sidrabs	ὁ ἄργυρος	ergjënd	ardzat’	արծաթ	gümüş
fer	geležis	dzelzs	τὸ σίδερο	hekur	yerkat’	երկաթ	demir
acier	plienas	tērauds	τὸ ἀτσάλι	çelik	boghbad	պողպատ	çelik
cuivre	varis	varš	τὸ μπακίρι	bakër	bghintz	պղինձ	bakır
plomb	švinas	svins	τὸ μολύβι	plumb	kabar	կապար	kurşun
pierre	akmuo	akmens	ἡ πέτρα	gur	kar	քար	taş
charbon	auglis	ogle	τὸ κάρβουνο	qymyr	adzukh	ածուխ	kömür
feu	ugnis	uguns	ἡ φωτιά	zjarr	hur, krak	հուր, կրակ	ateş
flamme	liepsnà	liesma	ἡ φλόγα	flakë	pots	բոց	alev
fumée	dūmai	dūmi	ὁ καπνός	tym	mukh	մուխ	duman
cendre	pelenai	pelni	ἡ στάχτη	hi	mokhir	մոխիր	kül
poussière	dulkė	putekļi	η σκόνη	pluhur	p’oči	փոշի	toz
couleur	spalv	krāsa	τὸ χρῶμα	ngjyrë	quyn	գոյն	renk
blanc	baltas	balts	ἄσπρος	i bardhë	djermak	ճերմակ	beyaz
noir	juodas	melns	μαῦρος	i zi	sev	սև	kara
gris	pilkas, žilas	pelēks	πολιός	ngjyre hiri	qorš	գորշ	boz
bleu	mėlinas	zilgs	γαλανός	mavi, i kaltër	kabuyd	կապոյտ	mavi
vert	žàlias	zaļš	πράσινος	i gjelbër	kanač	կանաչ	yeşil
jaune	geltonas	dzeltens	κίτρινος	i verdhë	teghin	դեղին	sarı
rouge	raudonas	sarkans	κόκκινος	i kuq	karmir	կարմիր	kızıl
clair	šviesus	gaišs, skaidrs	ἀνοιχτός	i qartë	pats	բաց	açık
sombre	tamsus	tumšs	σκοτεινός	i errët	qots	գոց	karanlık
brillant	skaidrùs	spīdīgs	λαμπρός	i shkëlqyer	p’aylun	փայլուն	parlak

8

	lituanien	letton	grec	albanais	arménien		turc
animal	gyvulỳs	dzīvnieks	τὸ ζῶον	kafshë	kentani	կենդանի	hayvan
chien	šuo	suns	τὸ σκυλί	qen	šun	շուն	köpek
chat	katė	kaķis	ἡ γάτα	maçok	katu	կատու	kedi
cheval	arklys	zirgs	τὸ ἄλογο	kalë	tzi	ձի	at
jument	kumelė	ķēve	ἡ φοράδα	pelë	zampik	զամբիկ	kısrak
poulain	kumeliukas	kumeļš	τὸ πουλάρι	mëz	quřak	քուռակ	tay
âne	asilas	ēzelis	τὸ γαϊδοῦρι	gomar	eš	էշ	eşek
taureau	bulius	bullis	τὸ ταυρί	dem, mëzat	tsul	ցուլ	buğa
boeuf	jautis	vērsis	τὸ βῶδι	ka	ez	եզ	öküz
vache	karvė	govs	ἡ ἀγελάδα	lopë	gov	կով	inek
veau	veršis	teļš	τὸ μοσχάρι	viç	hort'	հորթ	dana
porc	kiaulė	cūka	τὸ γουροῦνι	derr	khoz	խոզ	domuz
mouton	avis,avelė	auns	τὸ πρόβατον	dash	vočkhar	ոչխար	koyun
agneau	avinėlis	jērs	τὸ ἀρνί	qengj	qařnuk	գառնուկ	kuzu
chèvre	ožka	kaza	τὸ γίδι	dhi	aydz	այծ	keçi
lion	liūtas	lauva	τὸ λιοντάρι	luan	ařiudz	առյուծ	aslan
tigre	tigras	tīģeris	ἡ τίγρις	tigër	vaqr	վագր	kaplan
renard	lapė	lapsa	ἡ ἀλεποῦ	dhelpër	aghves	աղվես	tilki
loup	vilkas	vilks	ὁ λύκος	ujk	qayl	գայլ	kurt
ours	lokys,meška	lācis	ἡ ἄρκτος	ari	ardš	արջ	ayı
lièvre	kiškis	zaķis	ὁ λαγός	lepur	nabasdak	նապաստակ	tavšan
lapin	triušis	trusītis	τὸ κουνέλι	lepur	djaqar	ճագար	adatavšan
souris	pelė	pele	τὸ ποντίκι	mi	muk	մուկ	fare
rat	žiurkė	žurka	μεγ.πόντικον	mi	muk	մուկ	fare
serpent	gyvatė	čūska	τὸ φίδι	gjarpër	votz	օձ	yılan
oiseau	paukštis	putns	τὸ πουλί	zog	t'řčun	թռչուն	ku'
coq	gaidys	gailis	ὁ πετεινός	gjel	akaghagh	աքաղաղ	horoz
poule	višta	vista	ἡ ὄρνιδα	pulë	hav	հավ	tavuk
oie	žąsis	zoss	ἡ χῆνα	patë	saq	սագ	kaz
canard	antis	pīle	ἡ πάπια	rosë	pat	բադ	ördek
pigeon	balandis	balodis	τὸ περιστέρι	pëllumb	aghavni	աղավնի	güvercin
hirondelle	kregždė	bezdelīga	τὸ χελιδόνι	dallëndyshe	dzidzeřnak	ծիծեռնակ	kırlangıç
poisson	žuvis	zivs	τὸ ψάρι	peshk	tzuk	ձուկ	balık
hareng	silkė	silķe	ἡ ἀρέγγα	marengë	dařekh	տառեխ	ringa
saumon	lašiša	lasis	ὁ σολομός	salmon	losdi	լոստի	yayın
truite	upėtakis	taimiņš	ἡ πέστροφα	troftë	karmrakhayd	կարմրախայտ	alabalık
morue	menkė	menza	βακαλιάρος	merluc	tzoghadzuk	ձողաձուկ	morina
tortue	vežlys	bruņu rupucis	ἡ χελῶνα	breshkë	kria	կրիա	kaplumbağa
lézard	driėžas	ķirzaka	ἡ γουστερίτσα	hardhje	moghez	մողեզ	kertenkele
grenouille	varlė	varde	ὁ βάθρακας	bretkosë	qord	գորտ	kurbağa
escargot	šliužas	gliemezis	ὁ κοχλίας	kërmill	khkhundš	խխունջ	salyangoz
insecte	valzdys	kukainis	τὸ ἔντομον	kandër	midšad	միջատ	böcek
abeille	bitė	bite	ἡ μέλισσα	bletë	meghu	մեղու	arı
guêpe	vapsva	lapsene	ἡ σφῦκα	grerë, greth	bidzak	պիծակ	yabanarısı
mouche	musė	muša, mūsa	ἡ μῦγα	mizë	djandj	ճանճ	sinek
moustique	uodas	ods	τὸ κουνοῦπι	mushkonjë	mjghuk	մժղուկ	sivrisinek
papillon	peteliškė	taurenis	ἡ πεταλοῦδα	flutur	t'it'eřnik	թիթեռնիկ	kelebek

	lituanien	letton	grec	albanais	arménien		turc
ville	miestas	pilsēta	ἡ πόλις	qytet	kaghak	քաղաք	şehir
bourg	miestėlis	miests	τὸ χωριό	fshat	qyugh	գյուղ	köy
banlieue	prièmiestis	priekšpilsēta	τὸ προάστιον	periferí	aruartzan	արուարձան	periferí
hôtel	viešbutis	viesnīca	τὸ ξενοδοχεῖον	hotel	hyuranots	հյուրանոց	otel
restaurant	restoranas	restorāns	ἑστιατόριον	restorant	djašaran	ճաշարան	lokanta
poste	paštas	pasts	ταχυδρομείο	poste	p'ostadun	փոստատուն	postahane
gare	stotis	stacija	ὁ σταθμός	stacion	kayaran	կայարան	istasyon
rue	gatvė	iela	ἡ ὁδός	rrugë	p'oghots	փողոց	sokak
place	aikštė	skvērs	ἡ πλατεῖα	shesh	hrabarak	հրապարակ	meydan
parc	medynas	parks	τὸ πάρκον	park	ayqi	այգի	park
banque	bankas	banka	ἡ τράπεζα	bankë	dramadun	դրամատուն	banka
magasin	parduòtuvė	veikals	τὸ κατάστημα	magasi	khanut'	խանութ	pazar
boutique	krautuvė	pārdotava	ἡ μπουτίκ	dyqan	khanut'	խանութ	dükkan
librairie	knygynas	grāmattirgotava	βιβλιοπωλεῖον	librari	qrakhanut'	գրախանութ	kütüphane
livre	knyga	grāmata	τὸ βιβλίο	libër	qirk	գիրք	kitap
école	mokykla	skola	τὸ σχολεῖον	shkollë	dbrots	դպրոց	okul
théâtre	teatras	teātris	τὸ θέατρον	teatër	t'adron	թատրոն	tiyatro
église	bažničia	baznīca	ἡ ἐκκλησία	kishë	yegeghetsi	եկեղեցի	kilise
douane	muitinė	muitnīca	τὸ τελωνείο	doganë	maks	մաքս	gümrük
hopital	ligoninė	slimnīca	νοσοκομείο	spital	hivantanots	հիվանդանոց	hastahane
palais	rūmai	pils	τὸ ἀνάκτορον	pallat	balad	պալատ	saray
cimetière	kapinės	kapsēta	νεκροταφείο	spital	qerezmanots	գերեզմանոց	mezarlık
prison	kalėjimas	cietums	ἡ φυλακή	burg	pand	բանտ	hapishane
temps	oras	laiks	ὁ καιρός	kohë	yeghanak	եղանակ	hava
air	oras	gaiss	ὁ ἀήρ	ajër, erë	ot	օդ	hava
ciel	dangus	debess	ὁ οὐρανός	qjell	yerkink	երկի՛նք	gök
soleil	saulė	saule	ὁ ἥλιος	diell	arev	արև	güneş
lune	mėnulis	mēness	τὸ φεγγάρι	hënë	lusin	լուսի՛ն	ay
étoile	žvaigždė	zvaigzne	ἡ ἀστήρ	yll	asdgh	աստղ	yıldız
pluie	lietus	lietus	ἡ βροχή	shi	antsrev	անձրև	yağmur
neige	sniegas	sniegs	τὸ χιόνι	borë	tziun	ձյուն	kar
glace	ledas	ledus	ὁ πάγος	akull	saŕuyts	սառույց	buz
chaud	šiltas	silts,siltums	θερμός	nxehtë	dšerm	ջերմ	sıcak
froid	šaltis	salts,saltums	κρύος	ftohët	tsurd	ցուրտ	soğuk
vent	vėjas	vējš	ὁ ἄνεμος	erë	hov	հով	rüzgâr
nuage	debesis	mākonis	τὸ σύννεφον	re	amb	ամպ	bulut
brouillard	migla	migla	ἡ καταχνιά	mjegull	meq	մեգ	duman
orage	audra	vētra, auka	ἡ θύελλα	stuhi	mrrik	մրրիկ	fırtına
éclair	žaibas	zibens	ἡ ἀστραπή	shkrepëtimë	p'aylak	փայլակ	šimšek
tonnerre	griausmas	pērkons	ἡ βροντή	bubullimë	orod	որոտ	gürültü
mer	jūra	jūŗa	ἡ θάλασσα	det	dzov	ծով	deniz
côte	pajūrys	krasts	ἡ ἀκτή	breg	yezerk	եզերք	kenar
vague	banga, vilnis	vilnis	τὸ κύμα	valë, dallgë	alik	ալիք	dalga
île	sala	sala	τὸ νησί	ishull	keghzi	կղզի	ada
port	uòstas,	osta	τὸ λιμάνι	liman	navahanqizd	նավահանգիստ	liman
barque	valtis	laiva	ἡ βάρκα	varkë, lundër	navak	navak	kayÈk
navire	laivas	kuģis	τὸ καράβι	anije	nav	նավ	gemi

	lituanien	letton	grec	albanais	arménien		turc
siècle	àmžius	gadsimtenis	ὁ αἰών	shekull	tar	դար	asır
an	metai	gads	ὁ χρόνος	vjet	dari	տարի	yıl, sene
mois	mėnulis	mēnesis	ὁ μήν	muaj	amis	ամիս	ay
semaine	savaitė	nedēļa	ἡ ἑβδομάδα	javë	šapat'	շաբաթ	hafta
jour	diena	diens	ἡ ἡμέρα	ditë	or	օր	gün
matin	rytas	rīts	τὸ πρωΐ	mëngjes	aŕavot	առավոտ	sabah
midi	vidudienis	pusdiena	μεσημέρι	mjesditë	kes or	կես օր	öğle
après-midi	popietis	pēcpusdiena	τὸ ἀπόγευμα	pasdreke	djašits hedi egh.	ճաշից հետի ե	öğleden s.
soir	vakaras	vakars	ἡ βραδειά	mbrëmjë	yereko	երեկո	akşam
nuit	naktis	nakts	ἡ νύχτα	natë	qišer	գիշեր	gece
minuit	vidunaktis	pusnakts	μεσάνυκτα	mesnatë	kes qišer	կես գիշեր	yarı gece
heure	valanda	stunda	ἡ ὥρα	orë, sahat	jam	ժամ	saat
minute	minutė	minūte	τὸ λεπτόν	minutë	robe	րոպե	dakika
seconde	sekundė	zekunde	δευτερόλεπτον	sekondë	vayrkyan	վայրկյա՛ն	saniye
aujourd'hui	šiaudien	šodien	σήμερα	sot	aysor	այսոր	bugün
demain	rytoj	rītu	μεθαύριον	nesër	vaghë	վաղը	yarın
hier	vakar	vakar	χθές	dje	yerek	երէկ	dün
saison	sezonas	gadskārta	ὥρα τοῦ ἔτοῦς	stinë	yeghanak	եղա՛նակ	mevsim
printemps	pavasaris	pavasars	ἡ ἄνοιξις	pranverë	garun	գարու՛ն	ilkbahar
été	vasara	vasara	τὸ καλοκαίρι	verë	amaŕ	ամառ	yaz
automne	ruduò	rudens	τὸ φθινόπωρον	vjeshtë	ašun	աշու՛ն	sonbahar
hiver	žiema	ziema	ὁ χειμών	dimër	tzmeŕ	ձմեռ	kış
Lundi	pirmadienis	pirmdiena	δευτέρα	e hanë	yerkušapt'i	երկուշաբթի	pazar ertesi
Mardi	antradienis	otrdienaJ	τρίτη	e martë	yerekšapt'i	երեքշաբթի	«salı
Mercredi	trečiadienis	trešdiena	τετάρτη	e merkurë	čorekšapt'i	չորեքշաբթի	çarşamba
Jeudi	ketvirtadienis	ceturtdiena	πέμπτη	e enjtë	hinqšapt'i	հի՛նգշաբթի	perşembe
Vendredi	penktadienis	piektdiena	παρασκευή	e premte	urpat'	ուրբաթ	cuma
Samedi	šeštadienis	sestdiena	σάββατον	e shtunë	šapat'	շաբաթ	cuma ert.
Dimanche	sekmadienis	svētdiena	κυριακή	e djelë	kiraki	կիրակի	pazar
Janvier	sausis	janvāris	ἰανουάριος	kallnuer	hunvar	հու՛նվար	kânunusani
Février	vasaris	februāris	φεβρουάριος	fruer	p'edrvar	փետրվար	şubat
Mars	kovas	marts	μάρτιος	mars	mart	մարտ	mart
Avril	balandis	aprīlis	ἀπρίλιος	prill	abril	ապրիլ	nisan
Mai	gegužės	majs	μάϊος	maj	mayis	մայիս	mayıs
Juin	birželis	jūnijs	ἰούνιος	qershor	hunis	հու՛նիս	hazıran
Juil.	liepos	jūlijs	ἰούλιος	korrik	hulis	հուլիս	temmuz
Août	rugpiūtis	augusts	αὔγουστος	gusht	ogosdos	ոգոստոս	ağustos
Septembre	rugsėjis	septembris	σεπτέμβριος	shtator	sebdember	սեպտեմբեր	eylül
Octobre	spalių	oktobris	ὀκτώβριος	tetor	hogdember	հոկտեմբեր	tişrini evv.
Novembre	lapkritis	novembris	νοέμβριος	nëndor	noyember	նոյեմբեր	tişrini sani
Décembre	gruodis	decembris	δεκέμβριος	dhetor	degdember	դեկտեմբեր	kânunu evvel
Noël	Kalėdos	Ziemas svetki	Χριστούγεννα	Kshnella	Dznunt	Ծնունդ	Noel
Pâques	Velykos	Lieldienas	Πάσχα	Pashkë	Zadik	Զատիկ	Paskalya
nord	žiemiài	ziemeļi	ὁ βορέας	veri	hyusis	հյուսիս	şimal
sud	piėtūs	dienvidi	ὁ νότος	jugë	harav	հարավ	cenup
est	rytài	austrumi	ἡ ἀνατολή	lindje	arevelk	արևելք	şark
ouest	vakarài	rietumi	ἡ δύσις	perëndim	arevmudk	արևմուտք	garp

	lituanien	letton	grec	albanais	arménien		turc
grand	didelis	liels	μέγας	i madh	medz	մեծ	büyük
petit	mažas	maziņš_	μικρός	i vogël	p'okr	փոքր	küçük
haut	aukštas	augsts	ύψηλός	i lartë	partzr	բարձր	yüksek
bas	tykus, žėmas	zems	χαμηλός	i ulët	tsadz	ցած	aşağı
long	ilgas	garš	μακρός	i gjatë	yerkayn	երկայն	uzun
court	trumpas	īss	κοντός	i shkurtër	kardj	կարճ	kısa
large	platus, erdvus	plats	πλατύς	i gjanë	layn	լայն	geniş
étroit	siauras	šaurs	στενός	i ngushtë	negh	նեղ	dar
épais	storas, tirštas	resns	πυκνός	i trashë	hasd	հաստ	kalın
mince	plonas	plāns	λεπτός	i hollë	parak	բարակ	ince
profond	gilus	dziļš	βαθὺς	i thellë	khor	խոր	derin
plein	pilnas	pilns	πλήρης	i plotë	li	լի	dolu
vide	tuščias	tukšs	κενός	i zbrazët	tadark	դատարկ	boş
lourd	sunkus	smags	βαρύς	i rëndë	dzanr	ծանր	ağır
léger	lèngvas	viegls	ἐλαφρός	i lehtë	t'et'ev	թեթև	hafif
ouvert	atviras	klajš	ἀνοιχτός	i çilun	pats	բաց	açık
fermé	uždarỹtas	slēgts	κλειστός	i mbyllun	qots	գոց	kapalı
neuf	naujas	jauns	καινός	i ri	nor	նոր	yeni
vieux	senas	vecs	παλιός	i vjetër	hin	հին	eski
propre	švarus	tīrs	καθαρός	i pastër	makur	մաքուր	temiz
sale	nešvarus	dubļains	λερωμένος	i ndyt	aghdod	աղտոտ	kir
sec	sausas	sauss	ξερός, ξηρός	i thatë	čor	չոր	kuru
mouillé	šlapias	slapjš	βρεγμένος	i lagët	t'ats	թաց	yaş
solide	stiprus, tvirtas	dūšīgs	στερεός	i fortë	ujegh	ուժեղ	metîn
fragile	silpnas	vājš	εὔθραυστος	i brishtë	t'uyl	թոյլ	zayıf
rond	apskritas	apaļš	στρογγύλος	rrumbullakët	klor	կլոր	yuvarlak
carré	teisingas	kvadrat	τετράγωνος	i katror	kařakusi	քառակուսի	murabba
cassé	sudaužỹtas	beigts	σπασμένος	i thyet	tsradz	ցրած	kırık
bon	geras	labs	καλός	i mirë	lav	լավ	eyi
mauvais	blogas	slikts	κακός	i keq	qeš	գէշ	kötü, fena
loin	tolì	tālu	μακρὺς	larg	heřu	հեռու	uzak
près	arti, prie	tuvs	κοντά	afër	mot	մոտ	yakın
avant	prieš	priekš	πρό	përpara	ařadš	առաջ	önce
après	paskui, po	pēc	σέ, εἰς, ἀπό	pas	hedo	հետո	sonra
devant	prieš	priekša	μπροστά	përpara	ařdšev	առջև	önünde
derrière	už	porakaļ	απο πίσω	prapa	yetev	ետև	arkasında
droite	dešinis	labais	δεξιά	dhjathtas	adš	աջ	sağ
gauche	kàirias	kreiss	ἀριστερά	majtas	tzakh	ձախ	sol
dedans	vidurỹ	iekšā	ἐντός, μέσα	brënda	nersum	ներսում	içinde
dehors	laukàn	ārā, ārs	ἔξω, ὄξω	jashtë	turs	դուրս	dış

12	lituanien	letton	grec	albanais	arménien		turc
voir	matyti	redzēt	βλέπω	shoh, shikoj	desnel	տեսնել	görmek
regarder	žiūrėti	skatīt	κοιτάζω	vështroj	nayel	նայել	bakmak
entendre	girdėti	dzirdēt	ἀκούω	kuptoj	sp'rel	սփրել	işitmek
écouter	klausỳti	klausīties	ἀκροῶμαι	dëgjoj	lsel	լսել	dinlemek
dire	sakyti	sacīt	λέω, λέγω	them	asel	ասել	söylemek
parler	kalbėti	runāt	μιλῶ, ὁμιλῶ	flas	khosel	խոսել	konuşmak
demander	klausti	jautāt	ρωτῶ, ἐρωτῶ	kërkoj	hartsnel	հարցնել	sormak
répondre	atsakyti	atbildēt	ἀπαντῶ	përgjigjem	badaskhanel	պատասխանել	cevap verm.
accepter	priimti	pieņemt	δέχομαι	pranoj	ëntunel	ընդունել	kabul etm.
refuser	atsisakyti	atteikt	βγάζω	shkagoj	merjel	մերժել	reddetmek
écrire	rašyti	rakstīt	γράφω	shkruaj	qrel	գրել	yazmak
lire	skaityti	lasīt	διαβάζω	lexoj	kartal	կարդալ	okumak
traduire	versti	pārtulkot	μεταφράζω	përkthej	t'arqmanel	թարգմանել	tercüme.et
faire	darỳti	taisīt	κάνω, ποιῶ	bëj, kryej	anel	անել	yapmak
aller	eiti	iet	πηγαίνω	shkoj, vete	qnal	գնալ	gitmek
venir	atèiti	atnākt	ἔρχομαι	vij	qal	գալ	gelmek
marcher	vàikščioti	staigāt	πορεύομαι	eci	kalel	քալել	yürümek
courir	bėgti	skriet	τρέχω	rend, vrapoj	vazel	վազել	koşmak
monter	kèlti	uzkāpt	βγαίνω	ngjitem, hypi	bartzranal	բարձրանալ	yükselmek
descendre	nužengti	kāpt zemē	κατεβαίνω	zbres, bie	idšnel	իջնել	inmek
sauter	šokinėti	lēkāt	πηδῶ	kërcej, hov	tsadkel	ցատկել	sıçramak
nager	plaukỳti	peldēt	κολυμπῶ	notoj	loghal	լողալ	yüzmek
tomber	kristi	krist	πέφτω	bie	ënknel	ընկնել	düşmek
savoir	žinoti, pažinti	zināt	ξέρω	di	gidenal	գիտենալ	bilmek
oublier	užmiršti	aizmirst	ξεχνῶ	harroj	mofnal	մոռնալ	unutmak
apprendre	mokytis	mācīties	μαθαίνω	mësoj	usanel	ուսանել	öğrenmek
enseigner	mòkyti	mācīt	διδάσκω	i mësoj	dasavandel	դասավանդել	öğretmek
vouloir	morėti	velēties	θέλω	dua, dëshiroj	uzel	ուզել	istemek
aimer	mylėti	mīlēt	ἀγαπῶ	dua, dashuroj	sirel	սիրել	sevmek
appeler	šaukti	saukt	καλῶ	thërrés	kančel	կանչել	çağırmak
remercier	dėkoti	pateikties,	εὐχαριστῶ	falënderoj	šnorhakal	շնորհակալ	teşekkür.e
travailler	dirbti	strādāt	δουλεύω	punoj	qordzel	գործել	işlemek
acheter	pirkti	pirkt	ἀγοράζω	blej	qnel	գնել	satın almak
vendre	parduoti	pārdot	πουλῶ, πωλῶ	shes	dzakhel	ծախել	satmak
payer	užmokėti	maksāt	πληρώνω	paguaj	vdjarel	վճարել	ödemek
ouvrir	atidaryti	atvērt	ἀνοίχω	hap	panal	բանալ	açmak
fermer	uždarỳti	aiztaisīt	κλείω	mbyll	qotsel	գոցել	kapamak
perdre	pamesti	zaudēt	χάνω	humbas	kortsnel	կորցնել	kaybetmek
trouver	rasti	atrast	βρίσκω	gjej	qdnel	գտնել	bulmak
cacher	slėpti	slēpt	κρύβω	fsheh	bahel	բահել	gizlemek
prendre	imti	ņemt	παίρνω	marr, kap	afnel	առնել	almak
recevoir	priimti	saņemt	λαμβάνω	marr, pranoj	sdanal	ստանալ	kabul etm
envoyer	siųsti	sūtīt	στέλνω	dërgoj	ugharkel	ուղարկել	göndermek
apporter	atnèšti	atnest	φέρνω	sjell	berel	բերել	getirmek
porter	nešti	nest	φέρω	mbaj, shpie	danel	տանել	taşımak
tenir	turėti, laikỳti	turēt	κρατῶ	mbaj	bahel	պահել	tutmak
tirer	traukti,vilkti	vilkt	τραβῶ	tërheq, nduk	kašel	քաշել	çekmek
pousser	stùmdyti	stiemdīt	σφίγγω	shtyj	hrel	հրել	itmek
attendre	làukti	gaidīt	περιμένω	pres	sbasel	սպասել	beklemek
finir	baigti	pabeigt	τελειώνω	mbaroj	verdjatsnel	վերջացնել	bitirmek
commencer	pradėti	iesākt	ἀρχίζω	filloj, nis	sksel	սկսել	başlamak
arriver	atvykti	ierasties	φτάνω	arrij, ndodh	hasnel	հասնել	varmak
partir	išvykti	aiziet	ἀναχωρῶ	nisem	qnal, meknel	գնալ, մեկնել	gitmek

	lituanien	letton	grec	albanais	arménien		turc
oui	taip	ja	ναι	po	ayo	այո	evvet
non	ne	ne	ὄχι	jo	voč	ոչ	yok
et	ir	un	και	dhe	yev	և	ve
ou	arba,ar	vaj, jeb	ἤ	ose	kam, t'é	կամ, թէ	ya
ici	čia	še	ἐδῶ	këtu	ays	այս	burada
là	ten	tur	ἐκεῖ	atje	aysdegh	այստեղ	orada
avec	su	ar	με	me	hed	հետ	ile
sans	be	bez	χωρίς	pa	aŕantz	առանց	sız,siz
où ?	kur ?	kur ?	ὅπου ;	ku ?	vordegh, ur ?	որտե՞ղ, ու՞ր	nerede
qui ?	kas ?	kas ?	ποιός ;	kush ?	ov ?	ո՞վ	kim
quoi ?	ką ?	ko ?	τί ;	çfarë ?	inč ?	ի՞նչ	ne
lequel ?	kuris?	kuŗš ?	ὁποῖος ;	i cili?	vor ?	ո՞ր	hangi
combien ?	kiek ?	cik ?	πόσος ;	sa ?	kani ?	քանի՞	nekadar
quand ?	kada ?	kad ?	πότε ;	kur ?	yerp ?	ե՞րբ	ne zaman
comment ?	kaip ?	kā	πῶς ;	si ?	inčbes ?	ինչպե՞ս	nasıl
pourquoi ?	kodel ?	kāpēc	γιατί ;	pse, përse ?	inču ?	ինչու՞	niçin
peut-être	galbūt	varbūt	γίνεται	ndofta	gutse	գուցե	belki
partout	visur	visur	παντοῦ	kudo	amenurek	ամենուրեք	her yerde
toujours	visada	vienmer	πάντοτε	gjithmonë	mišd	միշտ	her zaman
jamais	niekad	nekad	ποτέ	kurrë	yerpek	երբեք	hiç zaman
assez	gana	diezgan	ἀρκετά	mjaft	pavakan	բավական	kâfi
seulement	tik, tiktai	tikai	μόνον	vetëm	miayn	միայն	yalnız
plus	daugiau	vēl	περισσότερος	më	aveli	ավելի	daha
moins	mažiau	mazāk	λιγώτερο	më pak	bakas	պակաս	daha az
beaucoup	daug	daudz	πολύ	shumë	šat	շատ	çok
un peu	màža	maz	ὀλίγος	ca pak	kič	քիչ	bir az
aucun	nėkoks	nekā'ds	κανένας	askush	ačmi	աչմի	hiç
tout	viskas	viss	ὅλα	gjithë	amen	ամեն	hepsi
rien	nieko	nekā	τίποτε	gjë	vočinč	ոչինչ	hiç bir şey
autre	kitas	cits	ἄλλος	tjetër	uriš, myus	ուրիշ, մյուս	başka
sur	ant	uz, vizs	ἐπί	mbi	vra	վրա	üzerine
sous	po	apakš	ὑπό	nën	dak	տակ	altında
entre	tarp	starp	μεταξύ	midis	medš	մեջ	arasında
contre	prieš	pret	κατά	kundër	tem	դեմ	karşı
pour	už, dėl, iš	priekš	γιά, διά, ὑπέρ	për	hamar	համար	için
dans	į, viduj, tenai	iekš	εἰς, σέ, ἐν	në	medš	մեջ	-da,-de
à côté	arti, prie	tuvs	κοντά	anë	mot	մոտ	yakında
comme	kaip, kai, kad	kā	πῶς	si, sa	bes	պես	gibi
bien	gerài	labi	καλά	mirë	lav	լավ	iyi
mal	blogai	slikti	κακός	keq	vad	վատ	kötü
autant	kaitik	tikdaudz	τόσο	aq sa	aynkan	այնքան	gibi
souvent	dažnai	bieži	συχνά	shpes	hadjakh	հաճախ	çok kere
encore	vėl dar	vēl atkal	πάλι	përsëri	deŕ	դեռ	tekrar
déjà	jau	jau	πλιά, πλιό	tashmë	arten	արդեն	hemen
tôt	anksti	agri	πρωί, νωρίς	shpejt	vagh	վաղ	erken
tard	vėlai	vēls	ἀργά	vonë	uš	ուշ	geç
vite	greitai	stiprs	γρήγορα	shpejt	šut	շուտ	çabuk
lentement	pamažu	lēnām	σιγά	ngadalë	dandaghoren	դանդաղորեն	yavaş
maintenant	dabar	tagad	τώρα, νῦν	tani	hima	հիմա	şimdi
aussitôt	tuojau	tūdaļ	ἀμέσος	menjëherë	iskuyn	իսկույն	birdenbire

Vocabulaire parallèle de cinq langues d'Europe non indo-européennes

hongrois

finnois

estonien

basque

géorgien

	hongrois	finnois	estonien	basque	géorgien	
corps	test	ruumis	keha	gorputz	skheuli	სხეული
tête	fej	pää	pää	buru	tavi	თავი
cheveux	haj	hiukset	juuksed	bilho	tma	თმა
front	homlok	otsa	otsaesine	kopet	šubli	შუბლი
oeil	szem	silmä	silm	begi	tvali	თვალი
oreille	fül	korva	kõrv	beharri	quri	ყური
nez	orr	nenä	nina	sudur	tskhviri	ცხვირი
bouche	száj	suu	suu	aho	piri	ფირი
lèvre	ajak	huuli	huul	ezpain	tuči	ტუჩი
dent	fog	hammas	hammas	hortz	kbili	კბილი
langue	nyelv	kieli	keel	mihi	ena	ენა
menton	áll	leuka	lõug	bidar	nikapi	ნიკაფიკ
cou	nyak	kaula	kael	lepo	kiseri	კისერი
épaule	váll	ilka, olkapää	õlg	soin	mkhari	მხარუ
poitrine	mell	rinta	rind	bulhar	mkerdi	მკერდი
dos	hát	selkä	selg	bizkar	zurgi	ზურგი
coeur	szív	sydän	süda	bihotz	guli	გული
estomac	gyomor	maha	kõht	urdail	stomaki	სტომაქი
poumon	tüdő	keuhko	kops	birika, errai	p'iltvi	ფილტვი
ventre	has	vatsa	kõht	sabel	mutseli	მუცელი
bras	kar	käsivarsi	käsivars	beso	mklavi	მკლავი
main	kéz	käsi	käsi	esku	kheli	ხელი
doigt	ujj	sormi	sõrm	erhi	titi	თითი
genou	térd	polvi	põlv	belhaun	mukhli	მუხლი
jambe	láb (szár)	sääri	jalg	hanka	p'ekhi	ფეხი
pied	láb	jalka	jalg	oin	p'ekhi	ფეხი
talon	sar	kantapää	kand	aztal	terpi	ტერფი
os	csont	luu, ruoto	luu, kont	ezur	dzvali	ძვალი
peau	bőr	nahka, iho	nahk	azal	tqavi	ტყავი
ongle	köröm	kynsi	küünis	beatz	p'rčkhili	ფრჩხილი
sang	vér	veri	veri	odol	siskhli	სისხლი
aveugle	vak	sokea	pime	itsu	brma	ბრმა
malade	beteg	sairas	haige	gaixo, eri	avadmqopi	ავადმყოფი
sourd	süket	kuuro	kurt	sor	qru	ყრუ
muet	néma	mykkä	tumm	minge	mundji	მუნჯი
fatigué	fáradt	väsynyt	väsinud	nekatu	dallili	დალლილი
nourriture	élelem	ruoka	söök	janari	sačmeli	საჭმელი
pain	kenyér	leipä	leib	ogi, okin	puri	პური
vin	bor	viini	vein	ardo	ghvino	ღვინო
eau	víz	vesi	vesi	ur	ts'qali	წყალი
viande	hús	liha	liha	haragi	khortsi	ხორცი
farine	liszt	jauho	jahu	irin	p'k'vili	ფქვილი
lait	tej	maito	piim	ezne	rdze	რძე
crème	tejszin	kerma	koor	eznegain	nalebi	ნალები
beurre	vaj	voi	või	guri	karak'i	კარაქი
fromage	sajt	juusto	juust	gazta, gazna	qveli	ყველი

	hongrois	finnois	estonien	basque	géorgien	
sel	só	suola	sool	gatz	marili	მარილი
sucre	cukor	sokeri	suhkur	azukre	šak'ari	შაქარი
miel	méz	mesi, hunaja	mesi	ezti	tap'li	თაფლი
huile	olaj	öljy	õli	gaimel	zeti	ზეთი
vinaigre	ecet	etikka	äädikas	ozpin	dzmari	ძმარი
thé	tea	tee	tee	te	čai	ჩაი
petit déjeuner	reggeli	aamiainen	pruukost	gosari	sauzme	საუზმე
déjeuner	ebéd	lounas	eine	bazkari	vakhšami	ვახშამი
dîner	vacsora	päivällinen	lõuna	afari	sadili	სადილი
cuisine	konyha	keittiö	köök	sukalde	samzareulo	სამზარეულო
faim	éhség	nälkä	nälg	gose	šimšili	შიმშილი
soif	szomjúság	jano	janu	egarri	ts'qurgili	წყურგილი
nourrir	táplálni	ravita	toitma	eraz(i)	kveba	კვება
manger	eszik	syödä	sööma	jan	č'ama	ჭამა
boire	inni	juoda	jooma	edan	sma	სმა
cuire	főzni	keittää	sööki	egos(i)	kharšva	ხარშვა
vêtement	öltözet	vaatteet	riided	jantzi	tanisamosi	ტანისამოსი
costume	öltöny	puku	ülikond	janzkera	tamsatsmeli	ტანსაცმელი
chapeau	kalap	hattu	kübar	ginbal	k'udi	ქუდი
manteau	kabát	päällystakki	palitu	beroki	ts'amosaskhami	წამოსასხამი
veste	mellény	takki	kuub	jaka	kurtaki	კურტაკი
pantalon	nadrág	housut	püksid	galtz	šarvali	შარვალი
robe	ruha	leninki	kleit	zai	kaba	კაბა
jupe	szoknya	hame	seelik	gon	k'vedatani	ქვედათანი
chemise	ing	paita	särk	atorra	pirangi	პირანგი
bas	harisnya	sukat	sukad	galtzerdi	ts'inda	წინდა
soulier	cipő	kenkä	king	oinetako	p'ekhsatsmeli	ფეხსაცმელი
poche	zseb	tasku	tasku	poltsiko	djibe	ჯიბე
gant	keztyű	hansikas	kinnas	esku-larru	kheltatmani	ხელთათმანი
mouchoir	zsebkendő	nenäliina	taskurätik	zapi	tskhvirsakhotsi	ცხვისახოცი
ceinture	öv	vyö	vöö	gerriko	k'amari	ქამარი
bouton	gomb	nappi	nööp	botoin	p'olaki	ფოლაქი
fil	cérna	rihma	niit	ari	dzap'i	ძაფი
coudre	varrni	ommella	õmblema	jos(i)	kerva	კერვა
laver	mosni	pestä	pesema	garbi(tu)	garetskhva	გარეცხვა

	hongrois	finnois	estonien	basque	géorgien	
famille	család	perhe	perekond	sendi	odjakhi	ოჯახი
parents	szülők	vanhemmat	vanemad	guraso	mšoblebi	მშობლები
père	atya	isä	isa	aita	mama	მამა
mère	anya	äiti	ema	ama	deda	დედა
fils	fiú	poika	poeg	seme	vaji	ვაჟი
fille	leány	tytär	tütar	alaba	k'ali	ქალი
frère	fivér	veli	vend	anai, neba	dzma	ძმა
sœur	nővér	sisar	õde	arreba, ahizpa	da	და
grand-père	nagyatya	isoisä	vanaisa	aitona	babua	ბაბუა
grand-mère	nagyanya	isoäiti	vanaema	amona	bebia	ბებია
petit-fils	unoka	pojanpoika	pojus	biloba	švilišvili (v)	შვილიშვილი
petite-fille	unoka(nő.)	pojantytär	tütris	biloba	švilišvili (k')	შვილიშვილი
oncle	nagybátya	setä, eno	onu	osaba	bidza	ბიძა
tante	nagynéne	täti	tädi	izeba	bitsola	ბიცოლა
neveu	unokaöcs	veljenpoika	vennapoeg	loba	dzmis an disšvili	ძმის ან დისშვილი
nièce	unokahúg	veljentytär	vennatütar	loba	dists'uli	ძმისწული
cousin	unokafivér	serkku	tädipoeg	lehengusu	bidzašvili (v)	ბიძაშვილი ვაჟი
cousine	unokanővér	serkku	täditütar	lehengusin	bidzašvili (k')	ბიძაშვილი ქალი
mari	férj	aviamies	mees	senar	k'mali	ქმალი
épouse	feleség	vaimo	naine	emazte	tsoli	ცოლი
veuf	özvegember	leskimies	lesk	alargun	k'vrivi	ქვრივი
veuve	özvegasszony	leskirouva	lesk	alarguntsa	k'vrivi	ქვრივი
beau-père	após	appi	äi	aitaginarreba	simamri	სიმემრი
belle-mère	anyós	anoppi	ämm	amaginarreba	dedinatsvali	დედინაცვალი
gendre	vő	vävy	väimees	suhi	geri	გერი
belle fille	meny	miniä	minia	erren	geri	გერი
belle sœur	sógornő	käly	käli	koinata	rdzali	რძალი
mariage	házasság	avioliitto	abielu	ezkontza	djvris ts'era	ჯვრის წერა
se marier	megházasodni	mennä naimisiin	abielluma	ezkon(du)	tkhovdeba	თხოვდება

4	hongrois	finnois	estonien	basque	géorgien	
maison	ház	talo	maja	etxe	sakhli	სახლი
château	kastély	linna	loss	gaztelu	sasakhle	სასახლე
mur	fal	seinä	müür	harresi	kedeli	კედელი
toit	tető	katto	katus	teilatu	sakhuravi	სახურავი
cave	pince	kellari	kelder	soto	sardap'i	სარდაფი
grenier	padlás	ullakko	pööning	altegi	beghali	ბეღალი
escalier	lépcső	portaat	trepp	eskailera	kibe	კიბე
marche	fok	porras	aste	koska	sap'ekhuri	საფეხური
chambre	szoba	huone	tuba	logela	sats'oli	საწოლი
cuisine	konyha	keittiö	köök	sukalde	samzareulo	სამზარეულო
plancher	padló	lattia	põrand	dorna	iataki	იატაკი
plafond	mennyezet	sisäkatto	plafoon	sapai	č'eri	ჭერი
porte	ajtó	ovi	uks	ate	karebi	კარები
fenêtre	ablak	akkuna	aken	leiho	p'andjara	ფანჯარა
poteau	cölöp	paalu	tulp	zutoin	bodzi	ბოძი
cour	udvar	piha	hoov	bakalduri	ezo	ეზო
jardin	kert	puutarha	aed	lorategi	baghi	ბაღი
puits	kút	kaivo	kaev	gayo	č'a	ჭა
meuble(s)	bútor	huonekalu	mööbel	tresna	avedji	ავეჯი
lit	ágy	vuode	säng	ohe	kraoti	კრაოტი
armoire	szekrény	kaappi	kapp	armarri	škap'i	შკაფი
table	asztal	pöytä	laud	mahai	magida	მაგიდა
chaise	szék	tuoli	tool	kadera	skami	სკამი
horloge	állóóra	kello	kell	ordulari	saati	საათი
miroir	tükör	kuvastin	peegel	ispilu	sarke	სარკე
vase	váza	maljakko	vaas	ontzi	vaza	ვაზა
boîte	doboz	laatikko	karp	kutxa	quti	ყუთი
panier	kosár	kori	korv	saski	kalati	კალათი
sac	zsák	laukku	käekott	zorro	tomara	ტომარა
pot	fazék	pannu	pott	pote	k'otani	ქოთანი
plat	tál	ruokavati	liud	azpil	langari	ლანგარი
seau	vödör	sanko	ämber	zubil	satli	სათლი
bouteille	palack	pullo	pudel	boteil	botli	ბოთლი
cuiller	kanál	lusikka	lusikas	goilare	kovzi	კოვზი
fourchette	villa	kahveli	kahvel	sardeska	čangali	ჩანგალი
assiette	tányér	lautanen	taldrek	plater, azit	tep'ši	თეფში
verre	pohár	lasi	klaas	ontzi, kopa	č'ika	ჭიქა

	hongrois	finnois	estonien	basque	géorgien	
outil	szerszám	työkalu	tööriist	tresna	iarali	იარალი
clef	kulcs	avain	võti	giltza	ganaghebi	გასაღები
échelle	létra	tikapuut	redel	zurubi	kibe	კიბე
voiture	kocsi	vaunu	vauker	kotxe	uremi	ურემი
roue	kerék	pyörä	ratas	errota	gogora	გოგორა
clou	szeg	naula	nael	iltze, itze	lursmani	ლურსმანი
aiguille	tű	neula	nõel	orratz	nemsi	ნემსი
épingle	gombostű	nuppineula	nõel	iskilima	k'indzistavi	ქინძისთავი
couteau	kés	veitsi	nuga	laban	dana	დანა
scie	fűrész	saha	saag	zerra, sega	kherki	ხერხი
ciseaux	olló	sakset	käärid	haixtur	makrateli	მაკრატელი
fourche	vasvilla	talikko	haug	urka	orkapi	ორკაპი
pelle	lapát	lapio	kühvel	pal, piko	ničabi	ნიჩაბი
bêche	ásó	lapio	labidas	haitzur	ts'erak'vi	წერაქვი
marteau	kalapács	vasara	vasar	mallu	čak'uči	ჩაქუჩი
hache	balta	kirves	kirves	haizkora	tsuli	ცული
pince	harapófogó	kohtimet	tangid	gorrika	gazi	გაზი
peigne	fésű	kampa	kamm	orraze	savartskheli	სავარცხელი
brosse	kefe	harja	hari	eskubila	čotk'i	ჩოთქი
bâton	pálca	keppi	kepp	bastoi	djokhi	ჯოხი
fouet	ostor	ruoska	piits	zigorr	matrakhi	მათრახი
chaîne	lánc	ketju	kett	kadena	djač'vi	ჯაჭვი
anneau	láncszem	rengas	lüli	estun	rgoli	რგოლი
corde	kötél	nuora	köis, nöör	soka	toki	თოკი
charrue	eke	aura	ader	golde	gutani	გუთანი
lampe	lámpa	lamppu	lamp	arguntzi	lampa	ლამპა
lunettes	szemüveg	silmälasit	prillid	betaurr	satvale	სათვალე
moulin	malom	mylly	veski	errota	ts'isk'vili	წისქვილი
montre	óra	rannekello	uur	ordulari	saati	საათი
fusil	puska	pyssy	püss	harma, zizpa	top'i	თოფი
sonnette	csengettyű	kello	kell	txilintxa	sareki	სარეკი
sifflet	fütyülő	vihellyspilli	vile	txistu	sastveni	სასტვენი

	hongrois	finnois	estonien	basque	géorgien	
terre	föld	maa, multa	maa, muld	lur	mits'a	მიწა
monde	világ	maailma	maailm	mundu	k'veqana	ქვეყანა
campagne	vidék	maaseutu	väli	baserri	sop'eli	სოფელი
montagne	hegy	vuori	mägi	mendi	mta	მთა
colline	halom	mäki	küngas	muru	seri, goraki	სერი, გორაკი
vallée	völgy	laakso	org	haran, ibar	khevi	ხევი
pays	ország	maa	maa	herrialde	mkhare	მხარე
route	út	tie	tee	errepide	gza	გზა
sentier	ösvény	polku	rada	bidexka	biliki	ბილიკი
rivière	folyó	joki	jõgi	ibai, erreka	mdinare	მდინარე
pont	híd	silta	sild	zubi	khidi	ხიდი
mare	pocsolya	lätäkkö	loik	istil	gube	გუბე
lac	tó	järvi	järv	aintzira	tba	ტბა
bois	erdő	metsä	mets	oihan	tqe	ტყე
buisson	bokor	pensas	põõsas	sasi	bučk'i	ბუჩქი
fossé	árok	oja	kraav	arroil	ormo	ორმო
haie	sövény	pensasaita	põõsastara	esi, zezi	ghobe	ღობე
barrière	védőfál	este	tõkepuu	olesi	zghude	ზღუდე
champ	mező	pelto	väli	zelai	mindori	მინდორი
prairie	rét	niitty	aas	larre	mdelo	მდელო
semence	vetőmag	siemen	seeme	azi	tesli	თესლი
moisson	aratás	sato	lõikus	uzta	mosavali	მოსავალი
cultiver	termeszteni	viljellä	viljama	irauli	mits'is damušaveba	მიწის დამუშავება
labourer	felszántani	kyntää	kündma	golde(tu)	mokhvna	მოხვნა
semer	vetni	kylvää	külvama	erein, te	tesva	თესვა
planter	ültetni	istuttaa	istutama	landa(tu)	čaqra	ჩაყრა
plante	növény	kasvi	kasv	landare	mts'enare	მწენარე
arbre	fa	puu	puu	zuhaitz	khe	ხე
racine	gyökér	juuri	juur	erro	dziri	ძირი
tronc	törzs	runko	tüvi	enbor	ghero	ღერო
branche	ág	oksa	oks	adarr	toti	ტოტი
feuille	levél	lehti	leht	hosto	p'otoli	ფოთოლი
fleur	virág	kukka	lill	lili, lore	qvavili	ყვავილი
fruit	gyümölcs	hedelmä	vili	fruta	khili	ხილი
graine	vetés	siemen	seemnetera	ale	martsvali	მარცვალი
pomme	alma	omena	õun	sagar	vašli	ვაშლი
poire	körte	päärynä	pirn	madari	mskhali	მსხალი
noix	dió	pähkinä	pähkel	intzaur	kakali	კაკალი
chou	káposzta	kaali	kapsad	aza	kombosto	კომბოსთო
p.de terre	burgonya	peruna	kartuli	patata	kartop'ili	კარტოფილი
pois	borsó	herne	hernes	ilarr	tsertsvi	ცერცვი
blé	búza	vehnä	nisu	ogi	khorbali	ხორბალი
seigle	rozs	ruis	rukis	zekale	č'vavi	ჭვავი
avoine	zab	kaura	kaer	olo	švria	შვრია
herbe	fű	ruoho	rohi	belar	balakhi	ბალახი
foin	széna	heinä	hein	zuain	tiva	თივა
fleurir	virágzani	kukoistaa	õitsema	gara(tu)	aqvaveba	აყვავება
mûrir	érni	kypsyä	küpsma	zohi(tu)	damts'ip'eba	დამწიფება
mûr	érett	kypsä	küps	ondu	mts'ip'e	მწიფე

	hongrois	finnois	estonien	basque	géorgien	
matière	anyag	aine	aine	gai	masala	მასალა
laine	gyapjú	villa	vill	artil	matqli	მატყლი
drap	posztó	kangas	kalev	oikal	maudi	მაუდი
soie	selyem	silkki	siid	zeta	abrešuni	აბრეშუნი
velours	bársony	sametti	samet	lairatsu	khaverdi	ხავერდი
bois	fa	puu	puu	baso	khe-tqe	ხე-ტყე
cuir	bőr	nahka	nahk	larru	tqavi	ტყავი
verre	üveg	lasi	klaas	leyar	mina, šuša	მინა, შუშა
boue	sár	lieju	muda	loi	talakhi	ტალახი
chaux	mész	kalkki	lubi	kisu	kiri	კირი
papier	papiros	paperi	paber	paper	k'aghaldi	ქაღალდი
savon	szappan	saippua	seep	salboin	saponi	საპონი
cire	viasz	vaha	vaha	ezko	tsvili	ცვილი
paille	szalma	olki	õlg	lasto	čala	ჩალა
métal	fém	metalli	metall	menasta	litoni	ლითონი
or	arany	kulta	kuld	xuriz, urre	ok'ro	ოქრო
argent	ezüst	hopea	hõbe	zilar	vertskhli	ვერცხლი
fer	vas	rauta	raud	burni	rkina	რკინა
acier	acél	teräs	teras	altzairu	p'oladi	ფოლადი
cuivre	réz	kupari	vask	urraida	spilendzi	სპილენძი
plomb	ólom	lyijy	tina	berun	tqvia	ტყვია
pierre	kő	kivi	kivi	harri	k'va	ქვა
charbon	szén	hiili	söed	ikatz	nakhširi	ნახშირი
feu	tűz	tuli	tuli	su	tsetskhli	ცეცხლი
flamme	láng	liekki	leek	gar	ali	ალი
fumée	füst	savu	suits	ke	kvamli	კვამლი
cendre	hamu	tuhka	tuhk	erauts	natsari	ნაცარი
poussière	por	pöly	põrm	hauts	mtveri	მტვერი
couleur	szin	väri	värv	kolore	p'eri	ფერი
blanc	fehér	valkea	valge	zuri	tetri	თეთრი
noir	fekete	musta	must	beltz	šavi	შავი
gris	szürke	harmaa	hall	gris	rukhi	რუხი
bleu	kék	sininen	sinine	urdin	lurdji	ლურჯი
jaune	sárga	keltainen	kollane	hori	qviteli	ყვითელი
rouge	piros	punainen	punane	gorri	ts'iteli	წითელი
clair	világos	vaalea	hele	argitsu	ghia	ღია
sombre	sötét	tumma	tume	ilunegi	muk'i	მუქი
brillant	fényes	valoisa	hiilgav	distikor	mrbrts'qinavi	მბრწყინავი

	hongrois	finnois	estonien	basque	géorgien	
animal	állat	eläin	loom	abere	tskhoveli	ცხოველი
chien	kutya	koira	koer	zakur	dzaghli	ძახლი
chat	macska	kissa	kass	gatu	kata	კათა
cheval	ló	hevonen	hobune	zaldi	tskhini	ცხინი
jument	kanca	tamma	mära	behor	č'aki	ჭაკი
poulain	csikó	varsa	varss	behor umea	kvitsi	კვიცი
âne	szamár	aasi	eesel	asto	viri	ვირი
taureau	bika	sonni	pull	zezen	khari	ხარი
boeuf	ökör	härkä	härg	idi	khari	ხარი
vache	tehén	lehmä	lehm	behi	dzrokha	ძროხა
veau	borjú	vasikka	vasikas	xahal	khbo	ხბო
porc	disznó	sika	siga	urrde	ghori	ღორი
mouton	juh	lammas	oinas	zikiro, ardi	tskhvari	ცხვარი
agneau	bárány	vuona	lambatall	bildots	batkani	ბატკანი
chèvre	kecske	kuttu	kits	ahuntz	tkha	თხა
lion	oroszlán	leijona	lõvi	lun, leoe	lomi	ლომი
tigre	tigris	tiikeri	tiiger	katamotz	vep'khvi	ვეფხვი
renard	róka	kettu	rebane	azeri	mela	მელა
loup	farkas	susi	hunt	otso	mgeli	მგელი
ours	medve	karhu	karu	hartz	datvi	დათვი
lièvre	nyúl	jänis	jänes	erbi	kurdgheli	კურდღელი
lapin	házi nyúl	kaniini	kodujänes	lapina	šinauri k.	შინაური კ.
souris	egér	hiiri	hiir	sagu	tagvi	თაგვი
rat	patkány	rotta	rott	sagu handi	tagvi	თაგვი
serpent	kigyó	käärme	madu	suge	gveli	გველი
oiseau	madár	lintu	lind	xori	p'rinveli	ფრინველი
coq	kakas	kukko	kukk	oilar	mamali	მამალი
poule	tyúk	kana	kana	oilo	k'atami	ქათამი
oie	lúd, liba	hanhi	hani	antzara	bati	ბატი
canard	kacsa	ankka	part	piru	ikhvi	იხვი
pigeon	galamb	kyyhkynen	tuvi	use, urtzo	mtredi	მტრედი
hirondelle	fecske	pääskynen	pääsuke	etxenara	mertskhali	მერცხალი
poisson	hal	kala	kala	arrain	tevzi	თევზი
hareng	hering	silli	heeringas	arenke	k'ašaqi	ქაშაყი
saumon	lazac	lohi	lõhi	izokin	oraguli	ორაგული
truite	pisztráng	purolohi	forell	amuarrain	kalmakhi	კალმახი
morue	tőkehal	turska	rahnakala	bakailao	virtevza	ვირთევზა
tortue	teknősbéka	kilpikonna	kilpkonn	txaberama	ku	კუ
lézard	gyík	sisilisko	sisalik	muskerr	khvliki	ხვლიკი
grenouille	béka	sammakko	konn	igel	baqaqi	ბაყაყი
escargot	csiga	etana	tigu	kurkuillo	lokokina	ლოკოკინა
insecte	rovar	hyönteinen	putukas	zomorro	mts'eri	მწერი
abeille	méh	mehiläinen	mesilane	errle	p'utkari	ფუტკარი
guêpe	darázs	ampiainen	herilane	liztama	krazana	კრაზანა
mouche	légy	kärpänen	kärbes	euli, uli	buzi	ბუზი
moustique	szúnyog	sääski	moskiito	eltxo	kogho	კოღო
papillon	pillangó	perhonen	liblikas	mitxirrika	papela	პეპელა

	hongrois	finnois	estonien	basque	géorgien	
ville	város	kaupunki	linn	hiri	k'alak'i	ქალაქი
bourg	mezőváros	kauppala	alev	txalai	daba	დაბა
banlieue	külváros	esikaupunki	linnaümbrus	hiribazter	gareubani	გარეუბანი
hôtel	szálloda	hotelli	hotell	ostatu	sastumro	სასტუმრო
restaurant	étterem	ravintola	restoran	jatetxe	restorani	რესტორანი
poste	postahivatal	postikonttori	postkontor	posta	posta	ფოსტა
gare	pályaudvar	asema	jaam	geltoki	sadguri	სადგური
rue	utca	katu	tänav	kale	k'uča	ქუჩა
place	tér	tori	plats	enparantza	moedani	მოედანი
parc	liget	puisto	park	zumardi	parki	პარკი
banque	bank	pankki	pank	banko	banki	ბანკი
magasin	áruház	tavaratalo	ladu	denda	maghazia	მაღაზია
boutique	bolt	puoti	kauplus	saloki	duk'ani	დუქანი
librairie	könyves bolt	kirjakauppa	raamatukauplus	idaztegi	ts'ignis magh.	წიგნის მაღაზია
livre	könyv	kirja	raamat	idazti	ts'igni	წიგნი
école	iskola	koulu	kool	eskola	skola	სკოლა
théâtre	színház	teatteri	teater	antzoki	teatri	თეატრი
église	egyház	kirkko	kirik	eliza	tadzari	ტაძარი
douane	vámház	tullihuone	tollimaja	zergaetxe	sabajo	საბაჟო
hôpital	kórház	sairaala	haigemaja	eritegi	saavadmqop'o	საავადმყოფო
palais	palota	linna	palee	jauregi	sasakhle	სასახლე
cimetière	temető	hautausmaa	surnuaed	hilerri	sarsap'lao	სასაფლაო
prison	fogház	vankila	vangla	espetxe	sapatimro	საპატიმრო
temps	időjárás	ilma	ilm	denbora	amindi	ამინდი
air	levegő	ilma	õhk	aize	haeri	ჰაერი
ciel	ég	taivas	taevas	zeru	tsa, hava	ცა, ჰავა
soleil	nap	aurinko	päike	eguzki	mze	მზე
lune	hold	kuu	kuu	ilargi	mtgare	მთვარე
étoile	csillag	tähti	täht	izar	garsklavi	გარსკვლავი
pluie	eső	sade	vihm	euri	ts'vima	წვიმა
neige	hó	lumi	lumi	elur	tovli	თოვლი
glace	jég	jää	jää	izotz	qinuli	ყინული
chaud	hőség	lämpö	soe	bero, biziki	tbili	თბილი
froid	hideg	kylmä	külm	hotz	tsivi	ცივი
vent	szél	tuuli	tuul	haize	k'ari	ქარი
nuage	felhő	pilvi	pilv	hodei	ghrubeli	ღრუბელი
brouillard	köd	usva	udu	laino	nisli	ნისლი
orage	vihar	ukonilma	äike	ortzia	k'ariškhali	ქარიშხალი
éclair	villám	salama	välk	ximista	elva	ელვა
tonnerre	mennydörgés	ukkonen	kõu	ortzantza	mekhi	მეხი
mer	tenger	meri	meri	itsaso	zghva	ზღვა
côte	part	ranta	kallas	kosta	piri	პირი
vague	hullam	aalto	laine	uhain	talgha	ტალღა
île	sziget	saari	saar	ugarte	kundzuli	კუნძული
port	kikötő	satama	sadam	portu	navsadguri	ნავსადგური
barque	csolnak	vene	parklaev	ontzi	navi	ნავი
navire	hajó	laiva	laev	itsasontzi	gemi	გემი

	hongrois	finnois	estonien	basque	géorgien	
siècle	század	vuorisata	sajand	menda	saukune	საუკუნე
an	év	vuosi	aasta	urte	ts'elits'adi	წელიწადი
mois	hónap	kuukausi	kuu	hilabeta, hil	tve	თვე
semaine	hét	viikko	nädal	asta	kvira	კვირა
jour	nap	päivä	päev	egun	dghe	დღე
matin	reggel	aamu	hommik	goiz	dila	დილა
midi	dél	keskipäivä	keskpäev	eguerdi	šuadghe	შუადღე
ap.midi	délután	iltapäivä	pärastlõnna	arratsalde	šuadghis šemdeg	შუადღის შემდეგ
soir	est	ilta	õhtu	arrats	saghamo	საღამო
nuit	éjszaka	yö	öö	gau	ghame	ღამე
minuit	éjfél	keski yö	kesköö	gauerdi	šuaghame	შუაღამე
heure	óra	tunti	tund	oedu	saati	საათი
minute	perc	minuutti	minut	minutu	ts'uti	წუთი
seconde	másodperc	sekunti	sekund	zegunda	ts'ami	წამი
aujourd'hui	ma	tänään	täna	gaur	dghes	დღეს
demain	holnap	huomenna	homme	bihar	khval	ხვალ
hier	tegnap	eilen	eile	atzo	gušin	გუშინ
saison	évszak	vuodenaika	hooaeg	urtaro	ts'lis dro	წლის დრო
printemps	tavasz	kevät	kevad	udaberri	gazap'khuli	გაზაფხული
été	nyár	kesä	suvi	uda	zap'khuli	ზაფხული
automne	ősz	syksy	sügis	udazken	šemodgoma	შემოდგომა
hiver	tél	talvi	talv	negu	zamtari	ზამთარი
lundi	hétfő	maanantai	esmapäev	astelehen	oršabati	ორშაბათი
mardi	kedd	tiistai	teisipäev	astearte	samšabati	სამშაბათი
mercredi	szerda	keskiviikko	kolmapäev	asteazken	otkhšabati	ოთხშაბათი
jeudi	csütörtök	torstai	neljapäev	ostegun	khutšabati	ხუთშაბათი
vendredi	péntek	perjantai	reede	ostiral	paraskevi	პარასკევი
samedi	szombat	lauantai	laupäev	larunbat	šabati	შაბათი
dimanche	vasárnap	sunnuntai	pühapäev	igande	kvira	კვირა
janvier	január	tammikuu	jaanuar	urtarril	ianvari	იანვარი
février	február	helmikuu	veebruar	otsail	tebervali	თებერვალი
mars	március	maaliskuu	märts	martxo	marti	მარტი
avril	április	huhtikuu	aprill	apiril	aprili	აპრილი
mai	május	toukokuu	mai	maiatz	maisi	მაისი
juin	junius	kesäkuu	juuni	ekain	ivnisi	ივნისი
juillet	julius	heinäkuu	juuli	uztail	ivlisi	ივლისი
août	augusztus	elokuu	august	abuztu	agvisto	აგვისტო
septembre	szeptember	syyskuu	september	irail	sek'temberi	სექტემბერი
octobre	október	lokakuu	oktoober	urri	ok'tomberi	ოქტომბერი
novembre	november	marraskuu	november	azaro	noemberi	ნოემბერი
décembre	december	joulukuu	december	abendu	dekemberi	დეკემბერი
Noël	Karácsony	Joulu	Jõulud	Eguberri	šoba	შობა
Pâques	Húsvét	Pääsiäinen	lihavõtta	Bazko	aghdgoma	აღდგომა
nord	észak	pohjoinen	põhi	ipar	črdiloeti	ჩრდილოეთი
sud	dél	etälä	lõuna	hego	samkhreti	სამხრეთი
est	kelet	itä	ida	ekialde	aghmosavleti	აღმოსავლეთი
ouest	nyugat	länsi	lääs	sartalde	dasavleti	დასავლეთი

	hongrois	finnois	estonien	basque	géorgien	
grand	nagy	suuri	suur	handi	didi	დიდი
petit	kis	pieni	väike	txiki	patara	პატარა
haut	magas	korkea	kõrge	goi	maghali	მაღალი
bas	alacsony	matale	madal	behe	dabali	დაბალი
long	hosszú	pitkä	pikk	luze	godzeli	გრძელი
court	rövid	lyhyt	lühike	labur	mokle	მოკლე
large	széles	leveä	lai	zabal	ganieri	განიერი
étroit	keskeny	kapea	kitsas	hestu, hertsi	vits'ro	ვიწრო
épais	vastag	paksu	paks	lodi	sk'eli	სქელი
mince	vékony	ohut	õhuke	meha	tkhali	თხელი
profond	mély	syvä	sügav	sakon	ghrma	ღრმა
plein	tele	täysi	täis	bete	savse	სავსე
vide	üres	tyhjä	tühi	hutz	tsarieli	ცარიელი
lourd	nehéz	raskas	raske	pisu	mdzime	მძიმე
léger	könnyű	kevyt	kerge	arin	msubuk'i	მსუბუქი
ouvert	nyilt	avonainen	avatud	irekita	dia	ღია
fermé	zárt	suletty	suletud	itxita	dakhurveli	დახურველი
neuf	uj	uusi	uus	berri	akhali	ახალი
vieux	öreg	vanha	vana	zahar	beberi	ბებერი
propre	tiszta	puhdas	puhas	garbi	sup'ta	სუფთა
sale	piszkos	likainen	must	zikin	č'uč'qiani	ჭუჭყიანი
sec	száraz	kuiva	kuiv	idor	mšrali	მშრალი
mouillé	nedves	märkä	märg	legor	dasvelebuli	დასველებული
solide	erős	vahva	tugev	azkar	magari	მაგარი
fragile	törékeny	hauras	habras	kaskar, ahul	mqip'e	მყიფე
rond	kerek	pyöreä	ümmargune	borobil	mrgvali	მრგვალი
carré	négyszögletes	neliönmuotoinen	neljanurgaline	lauki	otkhkutkha	ოთხკუთხა
cassé	tört	rikkinäinen	purustanud	ausi	mtvrevuli	მტვრეული
bon	jó	hyvä	hää	on	kargi	კარგი
mauvais	rosz	paha	halb	zar	tsudi	ცუდი
loin	messze	kaukana	kaugel	urrun	šors	შორს
près	közel	lähellä	lähedal	hurbil	akhlos	ახლოს
avant	előtt	ennen	enne	aitrin	ts'in, -mde	წინ, -მდე
après	után	jälkeen	pärast	gero	šemdeg	შემდეგ
devant	előtt	edessä	ees	aurre	ts'in	წინ
derrière	mögőtt	takana	taga	atze, gibelean	gava	გავა
droite	jobb	oikea	parem	eskubi	mardjvniv	მარჯვნივ
gauche	bal	vasen	pahem	ezker	martskhniv	მარცხნივ
dedans	belül	sisällä	sees	barnean	šig, šignit	შიგ, შიგნით
dehors	kivül	ulkopuolella	väljaspool	kaupoan	garet	გარეთ

	hongrois	finnois	estonien	basque	géorgien	
voir	látni	nähdä	nägema	ikus(i)	nakhva	ნახვა
regarder	nézni	katsella	vaatama	begira(tu)	mzera	მზერა
entendre	hallani	kuulla	kuulma	entzun	sosmena	სოსმენა
écouter	hallgatni	kuunnella	kuulama	adi(tu)	mosmena	მოსმენა
dire	mondani	sanoa	ütlema	esan	tk'ma	თქმა
parler	beszélni	puhua	rääkima	hitz egin	laparaki	ლაპარაკი
demander	kérni	kysyä	küsima	galde(tu)	tkhovna	თხოვნა
répondre	felelni	vastata	vastama	erantzun	pasukhisgeba	პასუხისგება
accepter	elfogadni	ottaa vastaan	vastu võtma	onar(tu)	mileba	მილება
refuser	megtagadni	kieltäytä	ära ütlema	uka(tu)	uarqop'a	უარყოფა
écrire	irni	kirjottaa	kirjutama	idatz(i)	datsera	დაწერა
lire	olvasni	lukea	lugema	irakur(ri)	kitkhva	კითხვა
traduire	forditani	kääntää	tõlkima	itzul(i)	targmna	თარგმნა
faire	tenni	tehdä	tagema	egin	k'mna	ქმნა
aller	menni	mennä	minema	joan	siaruli	სიარული
venir	jönni	tulla	tulema	etorr(i)	mosvla	მოსვლა
marcher	járni	kävellä	kõndima	ibili	svla	სვლა
courir	szaladni	juosta	jooksma	korrika egin	rbena	რბენა
monter	felmenni	kiivetä	ronima	igo	asvla	ასვლა
descendre	leszállani	laskeutua	alla laskuma	jetx(i)	čamosvla	ჩამოსვლა
sauter	ugrani	hypätä	hüppama	jauzi egin	khtoma	ხტომა
nager	uszni	uida	ujuma	igeri egin	tsurva	ცურვა
tomber	esni	pudota	kukkuma	eror(i)	datsema	დაცემა
savoir	tudni	tietää	teadma	jakin	ts'ak'tseba	წაქცება
oublier	elfelejteni	unohtaa	unustama	ahaz(tu)	dagits'qeba	დაგიწყება
apprendre	tanulni	oppia	õppima	ikas(i)	sts'avla	სწავლა
enseigner	tanitani	opettaa	õpetama	irakas(i)	sts'avleba	სწავლება
vouloir	akarni	tahtoa	tahtma	nai izan	ndoma	ნდომა
aimer	szeretni	rakastaa	armastama	maite izan	siqvaruli	სიყვარული
appeler	hívni	kutsua	kutsuma	dei(tu)	dedzakheba	დაძახება
remercier	megköszönni	kiittää	tänama	esker(tu)	madlobis tk'ma	მადლობის თქმა
travailler	dolgozni	tehdä työtä	töötama	lan egin	mušaoba	მუშაობა
acheter	venni	ostaa	ostma	eros(i)	qidva	ყიდვა
vendre	eladni	myödä	müüma	sal(du)	gaqidva	გაყიდვა
payer	fizetni	maksaa	maksma	ordain(du)	gadakhda	გადახდა
ouvrir	kinyitni	avata	avama	irek(i)	gagheba	გაღება
fermer	bezárni	sulkea	sulgema	itxi	dakhurva	დახურვა
perdre	elveszíteni	kadottaa	kaotama	gal(du)	dakargva	დაკარგვა
trouver	találni	löyttää	leidma	aurki(tu)	povna	პოვნა
cacher	elrejteni	piilottaa	peitma	ezkuta(tu)	damalva	დამელვა
prendre	venni	ottaa	võtma	har(tu)	agheba	აღება
recevoir	kapni	vastaanottaa	saama	abetal(du)	migheba	მიღება
envoyer	küldeni	lähettää	saatma	bidal(du)	gagzavna	გაგზავნა
apporter	hozni	tuoda	tooma	ekarr(i)	motana	მოტანა
porter	hordani	kantaa	kandma	eraman	zidva	ზიდვა
tenir	tartani	välittää	pidama	euki	č'era	ჭერა
tirer	húzni	vedä	tõmmata	atera	mits'eva	მიწევა
pousser	tolni	työnnä	lükata	bultza(tu)	djgvleba	ჯგვლება
attendre	várni	odottaa	ootama	itxaron	lodini	ლოდინი
finir	bevégezni	lopettaa	lõpetama	buka(tu)	gataveba	გათავება
commencer	kezdeni	alkaa	algama	has(i)	dats'qeba	დაწყება
arriver	megérkezni	saapua	jõudma	irits(i)	mosvla	მოსვლა
partir	eltávozni	lähteä	lahkuma	alde egin	ts'asvla	წასვლა

	hongrois	finnois	estonien	basque	géorgien	
oui	igen	kyllä	jah	bai	diakh	დიახ
non	nem	ei	ei	ez	ara	არა
et	és	ja	ja	eta	da	და
ou	vagy	eli	või	ala	an	ან
ici	itt	täällä	siin	hemen	ak', ak'et	აქ, აქეთ
là	ott	tuolla	sääl	hor	ik', mand	იქ, მანდ
avec	-val, -vel	kanssa	-ga	-kin	it, urt	-ით, -ურთ
sans	nélkül	ilman	-ta, ilma	gabe	u-	უ-
où ?	hol?	missä?	kus?	non?	sad?	სად?
qui ?	ki?	kuka?	kes?	zer?	vin?	ვინ?
quoi ?	mi?	mitä?	mis?	nor?	ra?	რა?
lequel ?	melyik?	mikä?	milline?	zertzuk?	romeli?	რომელი?
combien ?	mennyi?	kuinka paljon?	kui palju?	zenbat?	ramdeni?	რამდენი?
quand ?	mikor?	koska?	kus?	noiz?	rodis?	როდის?
comment ?	hogy?	kuinka?	kuidas?	nola?	rogor?	როგორ?
pourquoi?	miért?	miksi?	miks?	zergatik?	ratom?	რატომ?
peut-être	talán	ehkä	võibolla	behar bada	šeidzleba	შეიძლება
partout	mindenütt	kaikkialla	kõikjal	orotan	qvelgan	ყველგან
toujours	mindig	aina	ikka	beti	qoveldghe	ყოველდღე
jamais	soha	ei koskaan	iialgi	inviz	arasdros	არასდროს
assez	elég	kyllin	küllalt	nahikoa	kmara	კმარა
seulement	csak	ainoastaan	ainult	bakarrik	martod	მარტოდ
plus	többet	enemmän	enam	gehi	metad, up'ro	მეტად, უფრო
moins	kevesebb	vähemmän	vähem	guti	naklebad	ნაკლებად
beaucoup	nagyon	paljon	palju	asko, anitz	bevri	ბევრი
un peu	egy kevés	vähän	natuke	samar	erti bets'va	ერთი ბეწვა
aucun	egy sem	ei yhtään	keegi	iñor ez	aravin	არავინ
tout	minden	kaikki	kõik	dena, guzti	sul	სულ
rien	semmi	ei mitään	ei midagi	ezer ez, deus	arap'eri	არაფერი
autre	másik	toinen	teine	beste	skhva	სხვა
sur	-on,-en,ön	-lla, -llä	-l, pääl	gain	-ze, zevit	-ზე ,ზევით
sous	alatt	alla	all	azpi	-it, k'veš	-ით, ქვეშ
entre	között	välissa	vahel	artean	šoris, -šua, -šig	შორის, -შუა, შიგ
contre	ellen	vastaan	vastu	aurka	ts'inaaghmdeg	წინააღმდეგ
pour	-ért	vuoksi, puolesta	-le, jaoks	-teko	-istvis	-ისთვის
dans	-ban, -ben	-ssa	-s, sees	-n	-ši	-ში
à côté	közel	lähellä	lähedal	alboan	gverdit	გვერდით
comme	mint	kuin	kui	hala, bezala	rogorts	როგორც
bien	jól	hyvin	hästi	ondo, ongi	kargad	კარგად
mal	roszúl	huonosti	halvasti	gaizki	tsudad	ცუდად
autant	olyan	niin	nii	bezain	amdenive	ამდენივე
souvent	gyakran	usein	sagedasti	mai	khširad	ხშირად
encore	ismét	taas	jälle	oraindik	kidev	კიდევ
déjà	már	jo	juba	bai, ba	ukve	უკვე
tôt	korán	varhain	varane	goiz	adre	ადრე
tard	késő	myöhäinen	hiline	berandu	gvian	გვიან
vite	gyors	nopea	kiiresti	laster	čk'ara	ჩქარა
lentement	lassan	hitaasti	aeglaselt	geldiro,astiro	nela	ნელა
maintenant	most	nyt	nüüd	orain	akhla	ახლა
aussitôt	azonnal	heti	kohe	berehala	akhlave	ახლავე